Friedrich Keun | Roswitha Prott

Einführung in die Krankenhaus-Kostenrechnung

Friedrich Keun | Roswitha Prott

Einführung in die Krankenhaus-Kostenrechnung

Anpassung an neue Rahmenbedingungen

7., überarbeitete Auflage

GABLER

Bibliografische Information der Deutschen Nationalbibliothek
Die Deutsche Nationalbibliothek verzeichnet diese Publikation in der
Deutschen Nationalbibliografie; detaillierte bibliografische Daten sind im Internet über
<http://dnb.d-nb.de> abrufbar.

Prof. Dr. Friedrich Keun lehrt Betriebswirtschaftslehre an der Fachhochschule Münster.

Dipl.-Betriebswirtin (FH) Roswitha Prott ist Referentin der Hessischen Krankenhausgesellschaft e.V. in Eschborn.

1. Auflage 1996
.
.
.
4., überarbeitete Auflage 2001
5., überarbeitete und erweiterte Auflage 2004
6., überarbeitete Auflage 2006
7., überarbeitete Auflage 2008

Lektorat: Jutta Hauser-Fahr | Renate Schilling

Gabler ist Teil der Fachverlagsgruppe Springer Science+Business Media.
www.gabler.de

Umschlaggestaltung: Ulrike Weigel, www.CorporateDesignGroup.de
Druck und buchbinderische Verarbeitung: MercedesDruck, Berlin
Gedruckt auf säurefreiem und chlorfrei gebleichtem Papier
Printed in Germany

ISBN 978-3-8349-0746-2

Vorwort zur 7. Auflage

Nach zwei Jahren ist wieder eine Neuauflage notwendig geworden, einmal wegen des guten Widerhalls der an dieser Materie Interessierten, zum anderen wegen der in der Zwischenzeit angefallenen Neuerungen der Rahmenbedingungen. Dazu gehören das GKV-Wettbewerbsstärkungsgesetz und die aktuellen Fallpauschalenvereinbarungen. Darüber hinaus wird ein Ausblick auf die ab 2009 diskutierte und zu erwartende Situation in der Krankenhauslandschaft gewagt.

Man erkennt, daß die dynamische Entwicklung in der Krankenhaus-Kostenrechnung und -abrechnung nicht nachlässt. Die vorliegende Neuauflage will ihren Teil dazu beitragen, daß der Stand der Entwicklung nachvollziehbar bleibt und damit eine Grundlage für die jeweils anstehenden Entscheidungen zur Verfügung steht.

Münster und Eschborn, Frühsommer 2008

Friedrich Keun
Roswitha Prott

Vorwort zur 6. Auflage

In nur kurzer Zeit ist diese Neuauflage wegen guter Resonanz erforderlich geworden. Es sind die neuesten Entwicklungen zum Thema DRGs berücksichtigt worden, so z.B. das Zweite Fallpauschalenänderungsgesetz und die Fallpauschalenvereinbarung 2006. Damit ist sichergestellt, daß auch diese Auflage auf einem aktuellen Stand ist.

Die Veränderungen im Abrechnungssystem und damit korrespondierend in der Krankenhaus-Kostenrechnung sind nach wie vor besonders dynamisch. Die vorliegende Schrift möge dazu beitragen, den Stand der Entwicklung zu verfolgen und zielgerecht Schlüsse für das eigene Umfeld zu ziehen.

Münster und Eschborn, Anfang 2006

Friedrich Keun
Roswitha Prott

Vorwort zur 5. Auflage

Das ab 2004 obligatorisch anzuwendende DRG-Entgeltsystem hat eine umfassendere Neugewichtung einzelner Teile dieser Auflage erforderlich gemacht. Die Ausführungen zum bisherigen Abrechnungssystem, das nach wie vor für einzelne Bereiche des Krankenhauswesens Gültigkeit besitzt, sind gekürzt worden, um Platz für die Darstellung neuer Entwicklungen im Rahmen der DRGs zu schaffen.

Die Umgestaltungen im Gesundheitswesen, insbesondere im Krankenhausbereich, erfordern eine sorgfältige Beobachtung, um rechtzeitig Vorkehrungen für Neugestaltungen treffen zu können. Dazu soll mit der vorliegenden Schrift ein Beitrag geleistet werden.

Frau Dipl.-Betriebsw. Roswitha Prott, bereits an der Erstellung der vorhergehenden Auflagen beteiligt, konnte als Mitautorin für diese Auflage gewonnen werden.

Münster und Hildesheim, Anfang 2004

Friedrich Keun
Roswitha Prott

Vorwort zur 4. Auflage

Die 3. Auflage ist in relativ kurzer Zeit verkauft gewesen, so daß zusammen mit der vorgesehenen Einführung der Diagnosis Related Groups (DRGs) als neues Krankenhaus-Entgeltsystem der Anlaß bestand, gegenüber der 3. Auflage in weiten Teilen Kapitel zu ergänzen und zusätzliche Kapitel einzufügen.

Es wird so ein Bild über die neueste Entwicklung der sich fast ständig verändernden Anforderungen an die Krankenhaus-Kostenrechnung geliefert. Dabei ist zu berücksichtigen, daß die Ausgestaltung dieses neuen Pauschalvergütungssystems, das die bisherige Entgeltstruktur vollständig ablösen wird, noch voll im Fluß ist.

Frau Dipl.-Betriebsw. Roswitha Prott hat sich auch bei dieser Neuauflage in starkem Maße eingebracht. Dafür danke ich ihr besonders.

Münster, im Frühsommer 2001 Friedrich Keun

Vorwort zur 3. Auflage

Nachdem auch die 2. Auflage rasch vom Markt aufgenommen wurde, ist eine Neuauflage erforderlich geworden.

Die inzwischen eingetretenen Veränderungen der Rahmenbedingungen sind berücksichtigt worden. So haben die Fünfte Änderungsverordnung zur Bundespflegesatzverordnung 1995 sowie das Gesetz zur Stärkung der Solidarität in der gesetzlichen Krankenversicherung umfassende Veränderungen in den davon betroffenen Kapiteln erforderlich gemacht. Auch die übrigen Kapitel sind überarbeitet worden.

Bei den Anpassungsarbeiten hat mich Frau Dipl.-Betriebsw. Roswitha Prott unterstützt. Ihr gilt mein besonderer Dank.

Münster, Anfang 1999 Friedrich Keun

Vorwort zur 2. Auflage

Die rege Nachfrage hat eine zweite Auflage dieser Schrift schon nach kurzer Zeit notwendig gemacht. Wegen der inzwischen eingetretenen Veränderungen der rechtlichen Rahmenbedingungen mußten insbesondere im ersten Teil eine Reihe von zusätzlichen Informationen berücksichtigt, aber auch Änderungen wegen Außerkraftsetzung gesetzlicher Vorschriften vorgenommen werden. So wurden die Neuerungen des Krankenhausfinanzierungsgesetzes und der Bundespflegesatzverordnung 1995 aufgrund des Gesetzes zur Stabilisierung der Krankenhausausgaben 1996 sowie die dritte Stufe der Gesundheitsreform berücksichtigt, die sich vor allem in dem ersten und zweiten Gesetz zur Neuordnung von Selbstverwaltung und Eigenverantwortung in der gesetzlichen Krankenversicherung niederschlägt und modifizierte Rahmenbedingungen ab 1997 schafft.

Vor dem Hintergrund dieser neuen gesetzlichen Entwicklungen gewinnt die Kostenrechnung im Krankenhaus als Voraussetzung zur betriebsinternen Steuerung sowie zur Beurteilung der Wirtschaftlichkeit und Leistungsfähigkeit noch mehr an Bedeutung als bisher.

Frau Dipl.-Betriebsw. Maxi Dominik, Frau Dipl.-Betriebsw. Britta Heine, Herrn Dipl.-Betriebsw. Avid Koppmeier und Frau Dipl.-Betriebsw. Roswitha Prott danke ich dafür, daß sie an dieser zweiten Auflage mit Umsicht und Tatkraft mitgearbeitet haben.

Münster, Anfang 1997 Friedrich Keun

Vorwort zur 1. Auflage

Die Umstrukturierungen im Krankenhaus aufgrund des Gesundheitsstrukturgesetzes und damit einhergehenden neuen Regelungen, die sich unter anderem in der Bundespflegesatzverordnung 1995 niederschlagen führen auch zu Anpassungsmaßnahmen im Rechnungswesen, insbesondere in der Kostenrechnung.

Die vorliegende Untersuchung soll in die neue Situation der Erfassung und Verarbeitung von Kosten und Leistungen im Krankenhaus einführen und Wege aufzeigen, wie eine Krankenhaus-Kostenrechnung strukturiert sein kann, um den neuen Anforderungen insbesondere aufgrund der neuen Entgeltsysteme und Pflegesatzregelungen gerecht werden zu können.

Die Krankenhausverwaltungen werden mit einer Reihe neuer kostenrechnerischer Überlegungen konfrontiert, die sich in zusätzlichen, bisher in dieser Weise nicht immer gekannten Kosteninformationen niederschlagen werden. Die Krankenhausleitung erhält damit gleichzeitig ein neues Führungsinstrument, dessen Nutzen in Anbetracht der anstehenden Veränderungen im Krankenhausbereich von besonderer Bedeutung sein wird.

Insofern wird diese Schrift - so ist zu hoffen - nicht nur für Krankenhäuser, sondern auch für die Sozialversicherungsträger und alle, die sich mit der neuen Lage im Krankenhausrechnungswesen beschäftigen, von Interesse sein.

Die vorliegende Veröffentlichung ist unter Mitarbeit von Frau Dipl.-Betriebsw. Barbara Sutmann entstanden. Sie hat mit großem Engagement zu deren Gelingen beigetragen. Ihr gilt mein besonderer Dank. Bedanken möchte ich mich auch bei Frau Dipl.-Betriebw. Christiane Bußmann und Frau Dipl.-Betriebw. Andrea Husmann, die sich mit viel Tatkraft und Umsicht ebenfalls an der Verwirklichung dieser Einführung in die Krankenhaus-Kostenrechnung beteiligt haben. Frau Britta Heine, stud. Hilfskraft, sei für das sorgfältige Anfertigen von Grafiken und Tabellen gedankt.

Münster, Anfang 1996 Friedrich Keun

Inhaltsverzeichnis

Vorwort zur 7. Auflage V

Vorwort zur 6. Auflage VI

Vorwort zur 5. Auflage VII

Vorwort zur 4. Auflage VIII

Vorwort zur 3. Auflage IX

Vorwort zur 2. Auflage X

Vorwort zur 1. Auflage XI

Inhaltsverzeichnis XIII

Tabellenverzeichnis XVI

Abbildungsverzeichnis XVII

Abkürzungsverzeichnis XIX

1 Das betriebliche Rechnungswesen und der Leistungsprozeß im Krankenhaus 1

2 Das Rechnungswesen der Krankenhäuser - Regelungen und Strukturen 5

2.1 Gesetzliche Bestimmungen 5

2.1.1 Allgemeine Vorschriften 6

2.1.2 Krankenhausspezifische Vorschriften 7

2.1.2.1 Gesundheitsstrukturgesetz 7

2.1.2.2 Krankenhaus-Buchführungsverordnung 7

2.1.2.3 Krankenhausfinanzierungsgesetz 8

2.1.2.4 Bundespflegesatzverordnung 8

2.1.2.5 Abgrenzungsverordnung 10

2.1.2.6 Fünftes Buch Sozialgesetzbuch (SGB V) 10

2.1.2.7 Pflege-Personalregelung 11

2.1.2.8 Stabilisierungsgesetz 13

2.1.2.9 GKV-Neuordnungsgesetz 14

2.1.2.10 Solidaritätsstärkungsgesetz 15

2.1.2.11 GKV-Gesundheitsreformgesetz 2000 16

2.1.2.12 Fallpauschalengesetz 28

2.1.2.13 Krankenhausentgeltgesetz 34

2.1.2.14 Fallpauschalenverordnung/-vereinbarung 40

2.1.2.15 Fallpauschalenänderungsgesetz 50

2.1.2.16 GKV-Modernisierungsgesetz 51

2.1.2.17 Zweites Fallpauschalenänderungsgesetz 53

2.1.2.18 GKV-Wettbewerbsstärkungsgesetz 60

2.2 Teilgebiete des Rechnungswesens 65

2.2.1 Externes Rechnungswesen 66

2.2.2 Internes Rechnungswesen 70

2.2.2.1 Kosten- und Leistungsrechnung 70

2.2.2.2 Statistik 71

2.2.2.3 Planungsrechnung 72

2.3 Begriffsdefinitionen zum betrieblichen bzw. krankenhausspezifischen Rechnungswesen 73

2.4 Krankenhausfinanzierung **81**
2.5 Entgeltsysteme im Krankenhaus **87**
2.5.1 Die Reformschwerpunkte des Gesundheitsstrukturgesetzes 1993 87
2.5.1.1 Aufhebung des Selbstkostendeckungsprinzips 87
2.5.1.2 Budgetdeckelung 1993 bis 1995/1996 88
2.5.1.3 Beitragssatzstabilität 89
2.5.1.4 Einführung eines leistungsorientierten Entgeltsystems 1995 93
2.5.2 Entgeltsystem gemäß Bundespflegesatzverordnung ab 1995 96
2.5.2.1 Fallpauschalen und pauschalierte Sonderentgelte 96
2.5.2.2 Abteilungspflegesätze 98
2.5.2.3 Basispflegesatz 100
2.5.2.4 Flexibles Budget 100
2.5.3 Diagnose-orientiertes Fallpauschalensystem ab 2003 104
2.5.3.1 Einführung eines DRG-basierten Entgeltsystems im Optionsjahr 2003 105
2.5.3.2 Systematik des G-DRG-Systems 107
2.5.3.3 Weitere Entgeltarten in Ergänzung des G-DRG-Systems 127
2.5.3.4 Erlösausgleiche bis 2008 130
2.5.3.5 Handlungsbedarf in deutschen Krankenhäusern 139
2.5.4 Teilstationäre Krankenhausbehandlung 141
2.5.5 Vor- und nachstationäre Behandlung 142
2.5.6 Ambulantes Operieren 144
2.5.7 Wahlleistungen 147

3 Die Stellung der Kosten- und Leistungsrechnung im Rechnungswesen **149**
3.1 Rechtlich vorgegebene Zwecke der Kosten- und Leistungsrechnung **149**
3.1.1 Betriebsinterne Planung und Steuerung 149
3.1.2 Ermittlung der Wirtschaftlichkeit und der Leistungsfähigkeit 151
3.1.2.1 Innerbetrieblicher Vergleich 152
3.1.2.2 Externer Betriebsvergleich 152
3.1.3 Ermittlung der Kosten- und Leistungsstruktur 154
3.2 Gemeinsamkeiten der allgemeinen und der krankenhausspezifischen Funktionen der Kosten- und Leistungsrechnung **156**
3.2.1 Preischarakter der DRG-Fallpauschalen 156
3.2.2 Erfolgsermittlung 157

4 Teilgebiete der Kosten- und Leistungsrechnung **158**
4.1 Aufbau der Kostenrechnung **158**
4.2 Kostenartenrechnung **161**
4.2.1 Aufbau der Kostenartenrechnung 161
4.2.2 Gliederungskriterien 161
4.2.3 Verfahren der Kostenerfassung 167
4.2.4 Erfassung einzelner Kostenarten 168
4.2.4.1 Personalkosten 169
4.2.4.2 Sachkosten 170
4.2.4.2.1 Mengenerfassung 171
4.2.4.2.2 Bewertung der Verbrauchsmengen 174
4.2.4.2.3 Abschreibungen 175
4.3 Kostenstellenrechnung **181**
4.3.1 Aufgaben der Kostenstellenrechnung 182
4.3.2 Grundsätze der Kostenstellenbildung 183
4.3.3 Kriterien zur Kostenstellengliederung 183

4.3.4 Der Kostenstellenrahmen nach der Krankenhaus-Buchführungsverordnung ... 185
4.3.4.1 Vorkostenstellen ... 185
4.3.4.2 Endkostenstellen ... 186
4.3.4.3 Alternativer Kostenstellenplan ... 186
4.3.5 Das System des Betriebsabrechnungsbogens ... 188
4.3.5.1 Verteilung der primären Gemeinkosten auf Kostenstellen ... 191
4.3.5.2 Umlage bzw. Verrechnung der innerbetrieblichen Leistungen der Vorkostenstellen auf die Endkostenstellen ... 194
4.3.5.2.1 Beispiel einer Kostenverrechnung ... 195
4.3.5.2.2 Kostenverteilung mit Hilfe von Kostenumlageschlüsseln ... 196
4.3.5.2.3 Verfahren der innerbetrieblichen Leistungsverrechnung ... 197
4.3.5.3 Ermittlung der Kalkulationssätze zur Verteilung der Stellenkosten auf die Kostenträger ... 203
4.3.6 Kostenstellenrechnung für den BPflV-Bereich ... 204
4.4 Kostenträgerrechnung ... 207
4.4.1 Kostenträgerzeitrechnung ... 208
4.4.2 Kostenträgerstückrechnung/Kalkulation ... 208
4.4.2.1 Die Merkmale der Kalkulation ... 208
4.4.2.2 Aufgaben der Kostenträgerstückrechnung (Kalkulation) ... 209
4.4.2.3 Zeitpunkt der Kalkulation ... 210
4.4.2.4 Umfang und Inhalt der Kalkulation ... 210
4.4.2.5 Ausgewählte allgemeine Kalkulationsverfahren in der Übersicht ... 212
4.4.3 Kostenträger im Krankenhaus ... 215
4.4.3.1 Einzelleistungen als Kostenträger ... 217
4.4.3.1.1 Leistungen der medizinischen Institutionen ... 217
4.4.3.1.2 Operative Leistungen ... 218
4.4.3.1.3 Leistungen der Wirtschafts-, Verwaltungs- und Versorgungsbereiche im Krankenhaus ... 220
4.4.3.2 Fallgruppen als Kostenträger ... 222
4.4.3.2.1 Entwicklung der Fallidentifikation durch ausgewählte Methoden ... 223
4.4.3.2.2 ICD-Schlüssel ... 224
4.4.3.2.3 Diagnosis Related Groups (DRGs) ... 225
4.4.3.2.4 Patient Management Categories (PMC) ... 225
4.4.3.2.5 Patientenbehandlungsleitlinien/Klinische Behandlungspfade ... 226
4.4.3.3 Patientenbezogene Leistungserfassung ... 231
4.4.4 Kostenträgerrechnung im G-DRG-System ... 234
4.4.4.1 Bundeseinheitliches Kalkulationsschema ... 234
4.4.4.2 Implementierung einer Kostenträgerrechnung im Krankenhaus ... 248
4.4.4.3 Projektorganisation ... 250
4.4.4.4 Alternative Lösungen ... 252
5 Ausgewählte Kostenrechnungsverfahren ... 254
5.1 Prozeßkostenrechnung ... 254
5.2 Target Costing (Zielkostenrechnung) ... 258
6 Diskutierte ordnungspolitische Rahmenbedingungen ab 2009 ... 260
Ausblick ... 266
Literaturverzeichnis ... 267
Stichwortverzeichnis ... 287

Tabellenverzeichnis

Tabelle 1: Gegenüberstellung von DRG-Systemen, Grundstrukturen 22
Tabelle 2: Gegenüberstellung von DRG-Systemen, nationale Einbindung 23
Tabelle 3: Abgrenzung von pflegesatzrelevanten Kosten, Investitionskosten und kalkulatorischen Kosten 79
Tabelle 4: Bedeutung der Fördermittel im Rahmen der dualen Finanzierung 82
Tabelle 5: Veränderungsraten gemäß § 71 Abs. 3 bzw. 3a SGB V 91
Tabelle 6: Quantitative Entwicklung der G-DRGs 110
Tabelle 7: Hauptdiagnosegruppen (MDC) im G-DRG-System, Version 2008 113
Tabelle 8: Landesweite Basisfallwerte 2005-2008 121
Tabelle 9: Vereinfachende Beispiele für die Ermittlung der Mehrerlösausgleiche nach § 4 Abs. 9 KHEntgG 137
Tabelle 10: Anteil der variablen und fixen Kosten bei ausgewählten Kostenarten 165
Tabelle 11: Darstellungsbeispiel Skontrationsmethode 173
Tabelle 12: Entwicklung der linearen Abschreibung und des Restbuchwertes 178
Tabelle 13: Entwicklung der geometrisch-degressiven Abschreibung und des Restbuchwertes 180

Abbildungsverzeichnis

Abbildung 1: Typologie der Dienstleistungsbetriebe ... 2
Abbildung 2: Zweistufiger Leistungsprozeß im Krankenhaus ... 3
Abbildung 3: Patientengruppen gem. § 4 PPR ... 12
Abbildung 4: Pflegeminuten je Patientengruppe gem. § 6 Abs. 2 PPR ... 12
Abbildung 5: Historische Entwicklung von DRG-Systemen ... 21
Abbildung 6: Mindestmengen ab 01.01.2007 ... 29
Abbildung 7: Aufgabenschwerpunkte und Informationsempfänger des betrieblichen Rechnungswesens ... 65
Abbildung 8: Kontenklassen des Kontenrahmens für die Buchführung ... 67
Abbildung 9: Auszug aus dem Musterkontenplan nach KHBV-Kontengruppe 69 ... 68
Abbildung 10: Abgrenzung von Kosten und Aufwand ... 75
Abbildung 11: Prozeß der Krankenhausfinanzierung ... 81
Abbildung 12: Herkunft der Investitionsmittel im Jahr 2004 ... 84
Abbildung 13: Verwendung der Investitionsmittel im Jahr 2004 ... 85
Abbildung 14: Das Entgeltsystem von 1995/1996 bis 2002/2003 ... 94
Abbildung 15: Vergütung von Krankenhausleistungen von 1995/1996 bis 2002/2003 ... 94
Abbildung 16: Erlösarten der Krankenhäuser in 1996 ... 95
Abbildung 17: Unterschiede Sonderentgelte - Fallpauschalen ... 97
Abbildung 18: Verhältnis zwischen Kostenverlauf eines Krankenhausaufenthaltes und dem konstanten Pflegesatz ... 98
Abbildung 19: Ausgleichsmechanismus im flexiblen Budget ... 103
Abbildung 20: Auszug aus dem Fallpauschalen-Katalog 2008 ... 111
Abbildung 21: G-DRG-Gruppierungsprozeß, Version 2008 ... 112
Abbildung 22: Vereinfachende Darstellung zur Verweildauerregelung ... 118
Abbildung 23: Anpassung der krankenhausindividuellen Basisfallwerte an die Landes-Basisfallwerte ... 122
Abbildung 24: B2-Formular zur Ermittlung des Basisfallwertes ... 123
Abbildung 25: Vereinfachendes Beispiel zur Budgetermittlung im DRG-System nach der Konvergenzphase ... 126
Abbildung 26: Erlösausgleichssätze ... 133
Abbildung 27: Erlösausgleich nach § 4 Abs. 9 KHEntgG ... 136
Abbildung 28: Fachabteilungsbezogene Vergütungspauschalen für vor- und nachstationäre Behandlung ... 143
Abbildung 29: Stufen und Phasen der Kostenrechnung ... 159
Abbildung 30: Traditionelle und phasenorientierte Aufteilung der Kostenrechnung ... 160

Abbildung 31: Untergliederung der Kosten nach der Art der Zurechnung auf Kostenträger und Kostenstellen ... 163
Abbildung 32: Intervall- oder sprungfixe Kosten ... 165
Abbildung 33: Kostenbewertung ... 168
Abbildung 34: Kostenarten und Kostenstruktur ... 169
Abbildung 35: Gliederung der Sachkosten ... 170
Abbildung 36: Differenzierung des Medizinischen Bedarfs ... 171
Abbildung 37: Gemeinsame Kostenstellen ... 185
Abbildung 38: Versorgungseinrichtungen/Medizinische Institutionen ... 185
Abbildung 39: Kostenstellen-Hierarchie, dargestellt am Beispiel der St. Vincentius-Krankenhäuser Karlsruhe ... 187
Abbildung 40: Verkürzter, formaler Aufbau eines Betriebsabrechnungsbogens - Horizontaler Aufbau ... 188
Abbildung 41: Verkürzter, formaler Aufbau eines Betriebsabrechnungsbogens - Vertikaler Aufbau ... 189
Abbildung 42: Verkürzter, formaler Aufbau eines Betriebsabrechnungsbogens im Krankenhaus ... 190
Abbildung 43: Ablauf der Primär- und Sekundärkostenverrechnung bei der Kostenstellenrechnung im Betriebsabrechnungsbogen ... 191
Abbildung 44: Beispiele für Verteilungsschlüssel im allgemeinen Betriebsabrechnungsbogen ... 192
Abbildung 45: Ausschnitt eines Betriebsabrechnungsbogens ... 193
Abbildung 46: Beispiele für Umlageschlüssel bei Verteilung der Sekundärkosten ... 197
Abbildung 47: Summarische Kostenstellenumlage ... 199
Abbildung 48: Kostenstellenumlage unter Beibehaltung der Kostenartenstruktur ... 200
Abbildung 49: Beispiel für das Stufenleiterverfahren ... 201
Abbildung 50: Kostenstellenumlageverfahren als Anbauverfahren ... 202
Abbildung 51: Merkmale der Kalkulation ... 208
Abbildung 52: Leistungserfassung ... 221
Abbildung 53: Darstellung eines exemplarischen Behandlungsverlaufes PMC Normale Entbindung ... 227
Abbildung 54: Wesentliche Arbeitsschritte der G-DRG-Kalkulation ... 235
Abbildung 55: IBLV-Verrechnungsschlüssel, Auszug ... 242
Abbildung 56: Bezugsgrößen zur Ermittlung der Kalkulationssätze ... 246
Abbildung 57: Modulare Kostenstruktur im fallbezogenen Datensatz ... 247
Abbildung 58: Bottom-up- und Top-down-Verfahren der Kostenkalkulation ... 252

Abkürzungsverzeichnis

A	„andere" Partition
à	zu
a.a.O.	am angegebenen Ort
Abb.	Abbildung
AbgrV	Abgrenzungsverordnung
Abs.	Absatz
ÄD	Ärztlicher Dienst
ADV	automatische Datenverarbeitung
AEB	Aufstellung der Entgelte und Budgetermittlung
a.F.	alter Fassung
AfA	Absetzung für Abnutzung
AG	Aktiengesellschaft
AHB	Anschlußheilbehandlung
AHK	Anschaffungs- oder Herstellungskosten
AiP	Arzt im Praktikum
AN-DRG	Australian National Diagnosis Related Group
Anm.	Anmerkung
AOK	Allgemeine Ortskrankenkasse
AP-DRG	All Patient Diagnosis Related Group
APR-DRG	All Patient Refined Diagnosis Related Group
AR-DRG	Australian Refined Diagnosis Related Group
Art.	Artikel
Ärztl.	Ärztlich
Aug.	Augen
AVWG	Gesetz zur Verbesserung der Wirtschaftlichkeit in der Arzneimittelverordnung
BAB	Betriebsabrechnungsbogen
BAT	Bundes-Angestelltentarif
BB	Blutbild
Bd.	Band
BGBl	Bundesgesetzblatt
BG-T	vereinbarter Tarif für die Abrechnung mit den gesetzlichen Unfallversicherungsträgern
Bhltg.	Buchhaltung
BMG	Bundesministerium für Gesundheit
BMGS	Bundesministerium für Gesundheit und Soziale Sicherung
BPflV	Bundespflegesatzverordnung
Bsp.	Beispiel
BSSichG	Beitragssatzsicherungsgesetz
bzw.	beziehungsweise
ca.	circa
CC	Comorbidity or Complication
CCF	Complicating Clinical Factor
CCL	Complication or Comorbidity Level
CdAM	Catalogue des actes médicaux
CH	Schweiz
Chir.	Chirurgie
CM	Casemix
CMI	Casemix-Index

CTG	Kardiotokogramm
D	Degressionsbetrag
d.h.	das heißt
diagn.	diagnostisch(e)
DIMDI	Deutsches Institut für medizinische Dokumentation und Information
DKG	Deutsche Krankenhausgesellschaft
DKG-NT	Tarif der Deutschen Krankenhausgesellschaft für die Abrechnung erbrachter Leistungen und für die Kostenerstattung vom Arzt an das Krankenhaus, zugleich BG-T vereinbarter Tarif für die Abrechnung mit den gesetzlichen Unfallversicherungsträgern
DKI	Deutsches Management Beratung und Forschung GmbH
DKR	Deutsche Kodierrichtlinien für die Verschlüsselung von Krankheiten und Prozeduren
DM	Deutsche Mark
DMP	Disease-Management-Programm
DPR	Deutscher Pflegerat
DRG	Diagnosis Related Group
€	Euro
EBM	Einheitlicher Bewertungsmaßstab
EDV	Elektronische Datenverarbeitung
EEG	Elektro-Enzephalographie
EKG	Elektro-Kardiographie
EMG	Elektro-Myographie
EstG	Einkommensteuergesetz
etc.	et cetera
evtl.	eventuell
f.	folgende
FAZ	Frankfurter Allgemeine Zeitung
FB/IE	Zeitschrift für Unternehmensentwicklung und Industrial Engineering
FD	Funktionsdienst
ff.	fortfolgende
FIFO	first in - first out
FP	Fallpauschale
FPÄndG	Fallpauschalenänderungsgesetz
FPG	Fallpauschalengesetz
FPV	Fallpauschalenvereinbarung
FPVBE	Fallpauschalenverordnung besondere Einrichtungen
f&w	führen und wirtschaften im Krankenhaus
G-BA	Gemeinsamer Bundesausschuß
G-DRG	German Diagnosis Related Group
gem.	gemäß
ggf.	gegebenenfalls
gGmbH	gemeinnützige Gesellschaft mit beschränkter Haftung
GHM	Groupes Homogène de Malade
GKR	Gemeinschaftskontenrahmen
GKV	Gesetzliche Krankenversicherung
GKV-NOG	GKV-Neuordnungsgesetz
GKV-SolG	GKV-Solidaritätsstärkungsgesetz
GKV-WSG	Wettbewerbsstärkungsgesetz
GMG	GKV-Modernisierungsgesetz

GOÄ	Gebührenordnung für Ärzte
GoB	Grundsätze ordnungsgemäßer Buchführung
GSG	Gesundheitsstrukturgesetz
GuV	Gewinn- und Verlustrechnung
GWG	geringwertige Wirtschaftsgüter
Gyn.	Gynäkologie
GZF	Gleichzeitigkeitsfaktor
HCFA	Health Care Financing Administration
HGB	Handelsgesetzbuch
HIFO	highest in - first out
HIS	Health Information System
HLM	Herz-Lungen-Maschine
HNO	Hals-Nasen-Ohren
Hrsg.	Herausgeber
hrsg.	herausgegeben
IAP-DRG	International All Patient Diagnosis Related Group
IBLV	Innerbetriebliche Leistungsverrechnung
ICD	Internationale Klassifikation der Krankheiten
ICD-9-CM	The International Classification of Diseases, 9th Revision, Clinical Modification
ICD-10-AM	The International Statistical Classification of Diseases and Related Health Problems, 10th Revision, Australian Modification
ICD-10-GM	Internationale statistische Klassifikation der Krankheiten und verwandter Gesundheitsprobleme, 10. Revision, German Modification
ICD-10-SGB V	Internationale statistische Klassifikation der Krankheiten und verwandter Gesundheitsprobleme, 10. Revision, Ausgabe für die Zwecke des SGB V
ICPM	Internationale Klassifikation der Prozeduren in der Medizin
i.d.	in der
i.d.F.	in der Fassung
i.d.R.	in der Regel
IfG	Institut für Gesundheitsökonomie
IKR	Industriekontenrahmen
InEK	Institut für das Entgeltsystem im Krankenhaus
inkl.	inklusive
Inn.	Innere Medizin
IQWiG	Institut für Qualität und Wirtschaftlichkeit im Gesundheitswesen
i.S.v.	im Sinne von
IT	Informationstechnik
i.V.m.	in Verbindung mit
kalk.	kalkulatorisch
Kap.	Kapitel
KBV	Kassenärztliche Bundesvereinigung
KFPV	Verordnung zum Fallpauschalensystem für Krankenhäuser
kg	Kilogramm
KHBV	Krankenhaus-Buchführungsverordnung
KHEntgG	Krankenhausentgeltgesetz
KHG	Krankenhausfinanzierungsgesetz
KHStatV	Krankenhausstatistik-Verordnung
KIS	Krankenhaus-Informationssystem
KKG	Kuratorium für Fragen der Klassifikation im Gesundheitswesen

KLR	Kosten- und Leistungsrechnung
km	Kilometer
KoArtGrp	Kostenartengruppe
KoStGrp	Kostenstellengruppe
KPMG	KPMG Deutsche Treuhand-Gesellschaft Aktiengesellschaft Wirtschaftsprüfungsgesellschaft, German member firm of KPMG International, a Swiss association (nach den Gründungsvätern: Klynveld, Peat, Marwick und Goerdeler)
KSt	Kostenstelle
Kto.	Konto
ku	Krankenhaus Umschau bzw. KU Gesundheitsmanagement
KV	Kassenärztliche Vereinigung
KVG	Krankenversicherungsgesetz (in der Schweiz)
KVM	klinisches Verteilungsmodell
kWh	Kilowattstunde
L4-Statistik	anonymisierte, abteilungsbezogene Diagnosestatistik
lfd.	laufende
L&G	Lohn und Gehalt
LIFO	last in - first out
LKA	Leistungs- und Kalkulationsaufstellung
LOFO	lowest in - first out
LSP	Leitsätze für die Preisermittlung aufgrund von Selbstkosten
lt.	laut
M	medizinische Partition
m^2	Quadratmeter
m^3	Kubikmeter
max.	maximal
MCC	Major Comorbidity or Complication
MDC	Major Diagnostic Category, Hauptdiagnosegruppen
MDK	Medizinischer Dienst der Krankenkassen
med.	medizinisch
med.-techn.	medizinisch-technisch
Min	Minute(n)
mind.	mindestens
n	Nutzungsdauer
NCSP	Nordic Classification of Surgical Procedures
NKG	Niedersächsische Krankenhausgesellschaft
NOG	Neuordnungsgesetz
Nord-DRG	Nordic Diagnosis Related Group
Nr.	Nummer
NRW	Nordrhein-Westfalen
NUB	Neue Untersuchungs- und Behandlungsmethoden
O	operative Partition
od.	oder
oGVD	obere Grenzverweildauer
OP	Operation, Operationssaal
ÖPP	Öffentlich Private Partnerschaft
OPS	Operationenschlüssel
OPS-301	Operationenschlüssel nach § 301 SGB V
o.V.	ohne Verfasser
p	Abschreibungsprozentsatz
PBL	Patientenbehandlungsleitlinie

PCCL	Patient Clinical Complexity Level, Patientenbezogener Gesamtschweregrad
PD	Pflegedienst
PKU	Phenylketonurie
PKV	Private Krankenversicherungen
PMC	Patient Management Category
PMP	Patient Management Paths
PPP	Public Private Partnerships
PPR	Pflege-Personalregelung
q	jährliche Abschreibungsquote
QM	Qualitätsmanagement
QS	Qualitätssicherung
R-DRG	Refined Diagnosis Related Group
RW	Restwert
S.	Seite
SE	Sonderentgelt
SGB V	Sozialgesetzbuch, Fünftes Buch
SPD	Sozialdemokratische Partei Deutschlands
StabG	Stabilisierungsgesetz
Std.	Stunde(n)
techn.	technisch(er)
therap.	therapeutisch(e)
TUR	Transurethrale Elektroresektion
TVöD	Tarifvertrag für den öffentlichen Dienst
u.	und
U	Kinderfrüherkennungsuntersuchung
u.a.	unter anderem
uGVD	untere Grenzverweildauer
USA	United States of America
v.a.	vor allem
VÄndG	Vertragsarztrechtsänderungsgesetz
VBE	Vereinbarung zur Bestimmung von Besonderen Einrichtungen
vgl.	vergleiche
VKD	Verband der Krankenhausdirektoren Deutschlands e.V.
VPöA	Verordnung über die Preise bei öffentlichen Aufträgen
VUV	Vereinfachtes Umlageverfahren
WidO	Wissenschaftliches Institut der Allgemeinen Ortskrankenkasse (AOK)
www	world wide web
z.B.	zum Beispiel
ZE	Zusatzentgelt
Z/I/M	Zentrum für Informatik und wirtschaftliche Medizin
z.T.	zu Teil

1 Das betriebliche Rechnungswesen und der Leistungsprozeß im Krankenhaus

Die **Betriebswirtschaftslehre** bezeichnet und erklärt den Prozeß der Leistungserstellung und Leitungsverwertung als eine Kombination von Produktionsfaktoren. Hierbei wird der Einsatz der **Elementarfaktoren** (menschliche Arbeitsleistung, Betriebsmittel, Werkstoffe und Dienstleistungen) durch den **dispositiven Faktor** (Betriebs- und Geschäftsleitung) gesteuert. Eines der wichtigsten Hilfsmittel, durch die eine ordnungsgemäße Planung, Steuerung, Überwachung und Kontrolle des Kombinationsprozesses gewährleistet wird, ist das betriebliche Rechnungswesen.[1]

Die Art und Weise der betrieblichen Betätigung, die Position des Betriebes/ der Branche in der Volkswirtschaft und die Determinierung der Leistungserstellung beeinflussen Organisation und Zielsetzung des betrieblichen Rechnungswesens. So wird auch das der Krankenhäuser in der Organisation und Zielsetzung der Aufgabenerfüllung aufgrund der Stellung der Krankenhausbetriebe innerhalb der Dienstleistungsbetriebe beeinflußt.[2]

Das **betriebliche Rechnungswesen** hat die quantitativen Daten der im Betrieb auftretenden Geld- und Leistungsströme zu erfassen, zu speichern, zu verarbeiten und zu überwachen.[3]

Das Rechnungswesen liefert wichtige Informationen, die zur Führung einer zielgerichteten Organisation notwendig sind. Das Hauptziel des Krankenhausbetriebes ist die Deckung des Krankenversorgungsbedarfs der Bevölkerung. Die **Bedarfsdeckung** soll durch die betrieblichen Leistungen der Krankenhäuser erreicht werden.[4]

Die Kernaufgaben, das Erkennen, Heilen, Bessern oder Lindern von Krankheiten, Leiden, Körperschäden der das Krankenhaus aufsuchenden Patienten wird durch Leistungen erfüllt, die das Krankenhaus unmittelbar für den Markt erbringt. Krankenhäuser sind somit kundenpräsenzbedingte **Dienstleistungsbetriebe**.[5]

---

[1] Vgl. *Haberstock, L.*: Kostenrechnung I, Einführung, 10. unveränderte Auflage, Berlin 1998, S. 7 (Haberstock spricht vom betriebswirtschaftlichen Rechnungswesen).

[2] Vgl. *Hübner, H.*: Kostenrechnung im Krankenhaus, Grundlagen - Wirtschaftlichkeitsanalysen - Betriebsvergleich, 2., neubearbeitete Auflage, Stuttgart/Berlin/Köln/Mainz 1980, S. 22.

[3] Vgl. *Wöhe, G.*: Einführung in die Allgemeine Betriebswirtschaftslehre, 21., neubearbeitete Auflage, München 2002, S. 823.

[4] Vgl. *Eichhorn, S.*: Krankenhausbetriebslehre - Theorie und Praxis des Krankenhausbetriebes Band I, 3., überarbeitete und erweiterte Auflage, Stuttgart/Berlin/Köln/Mainz 1975, [im folgenden zitiert als: *Eichhorn, S.*: Krankenhausbetriebslehre Band I], S. 24ff.

[5] Vgl. *Eichhorn, S.*: Krankenhausbetriebslehre Band I, a.a.O., S. 13f.; *Kaltenbach, T.*: Qualitätsmanagement im Krankenhaus, Qualitäts- und Effizienzsteigerung auf der Grundlage des Total Quality Management, 2. Auflage, Melsungen 1993, S. 45ff.

Abbildung 1: Typologie der Dienstleistungsbetriebe

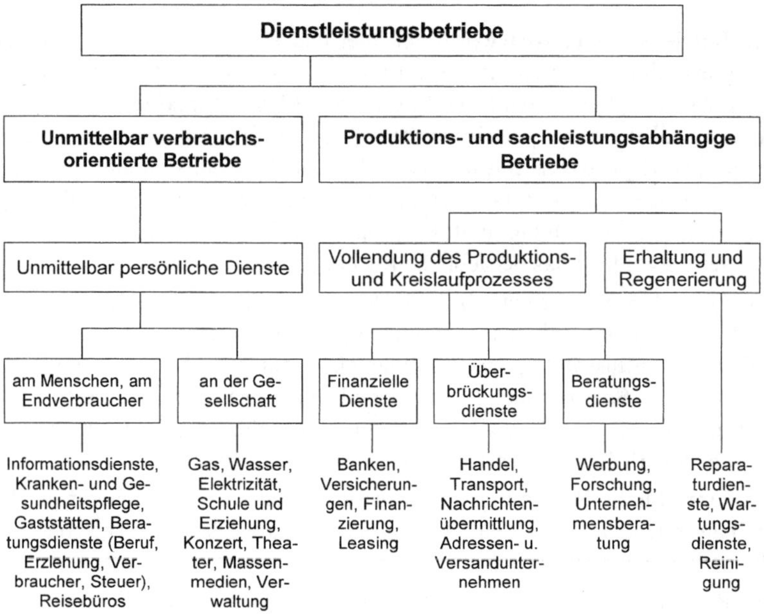

Quelle: Decker, F.: Dienstleistungsbetriebe, in: Grochla, E., Wittmann, W. (Hrsg.): Handwörterbuch der Betriebswirtschaft, Band I, 4., völlig neu gestaltete Auflage, Stuttgart 1974, Spalte 1169f.

Das Krankenhaus erbringt die **Gesundheitsleistungen** in Form der stationären, teilstationären, vor- und nachstationären sowie ambulanten Behandlung.[1] Sie entstehen vor allem durch ärztliche, pflegerische und medizinisch-technische Dienste sowie durch eine Vielzahl von Sachgütern des medizinischen, technischen und wirtschaftlichen Bedarfs.[2]

Der **Betriebsprozeß** des Krankenhauses ergibt sich, wie in allen Bereichen der Wirtschaft, aus der Kombination

- der Elementarfaktoren (menschliche Arbeitsleistung, Sachgüter, Betriebsmittel) mit
- dem dispositiven Faktor (zuständige Organe des Krankenhausträgers und der Krankenhausleitung), sowie
- dem Humanfaktor (Patient als Dienstleistungssubjekt).[3]

---

[1] Vgl. § 39 Abs. 1 SGB V.

[2] Vgl. *Eichhorn, S.*: Krankenhausbetriebslehre Band I, a.a.O., S. 15.

[3] Vgl. *Eichhorn, S.*: Krankenhausbetriebslehre Band I, a.a.O., S. 15.

Es ist davon auszugehen, daß der dispositive Faktor von den Leitungspersonen (zuständige Organe des Krankenhausträgers und der Krankenhausleitung) personifiziert wird und damit die leitenden menschlichen Tätigkeiten umfaßt.[1] Die folgende Abbildung stellt den Leistungserstellungsprozeß des Krankenhauses unter Berücksichtigung des Faktoreinsatzes dar.[2]

Abbildung 2: Zweistufiger Leistungsprozeß im Krankenhaus

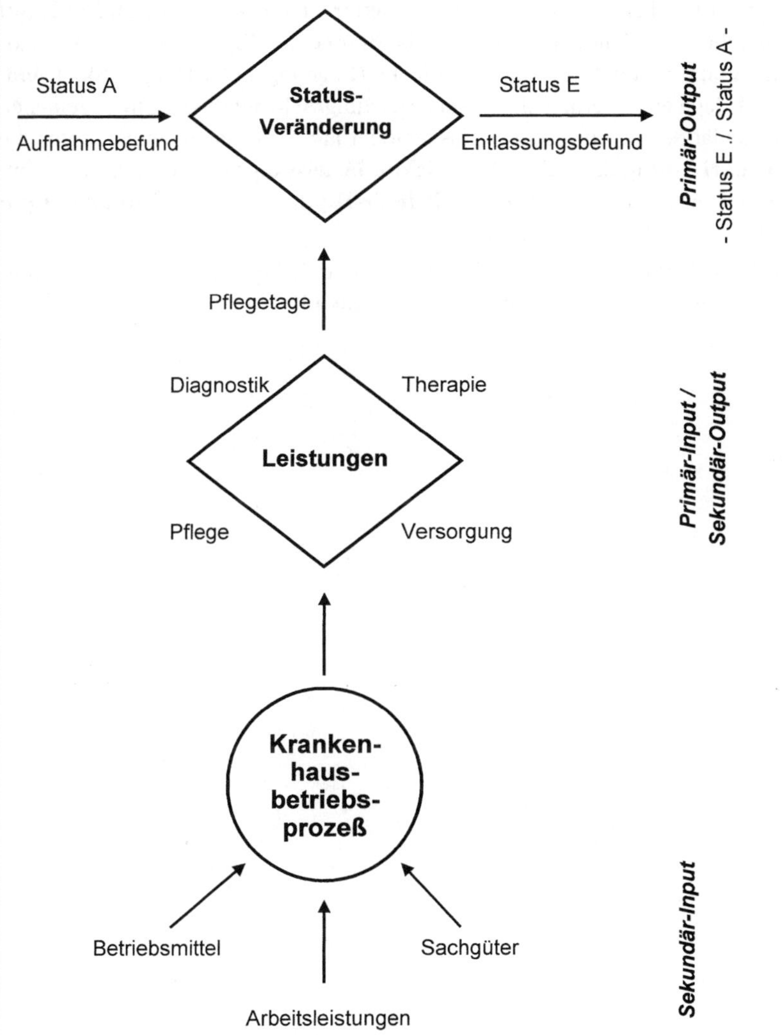

Quelle: Eichhorn, S.: Krankenhausbetriebslehre, Band I, 3., überarbeitete und erweiterte Auflage, Stuttgart/Berlin/Köln/Mainz 1975, S. 16.

[1] Vgl. *Eichhorn, S.*: Krankenhausbetriebslehre Band I, a.a.O., S. 15; *Haubrock, M.*: Sachgütereinsatz im Krankenhaus, in: *Peters, S., Schär, W.* (Hrsg.): Betriebswirtschaft und Management im Krankenhaus, Berlin 1994, S. 194.

[2] Vgl. *Eichhorn, S.*: Krankenhausbetriebslehre Band I, a.a.O., S. 16.

Die eigentliche **Krankenhausleistung** kann als die Veränderung des Gesundheitszustandes des Patienten (krank - geheilt oder gebessert bzw. gestorben, pflegebedürftig - vollreaktiviert oder teilreaktiviert) bzw. die Geburten in der Geburtshilfe verstanden werden, die sich z.B. in der Anzahl der Patienten, differenziert nach den verschiedenen Diagnosen, und in der Anzahl der Geburten messen läßt.[1] Diese Ansicht vertritt unter anderem *Eichhorn*, der die eingesetzten Produktivfaktoren (Elementarfaktoren und dispositiver Faktor) und den Humanfaktor „Patient" als **Sekundär-Input** darstellt.[2] Die Zahl der Pflegetage als Summe der Tagesleistungen am Patienten und die Zahl der Einzelleistungen (Leistungen der Diagnostik, Therapie, Pflege etc.) werden als Sekundärleistung/**Sekundär-Output** bezeichnet. Sekundär deswegen, da die Statusveränderung des behandelten Patienten die **Primärleistung** darstellt.[3] Diese **Sekundärleistungen**, Pflegetage und Einzelleistungen sind gleichzeitig **Primär-Input**, um den **Primär-Output** „Statusveränderung" zu erhalten.[4]

Auf die Definition des für die Kosten- und Leistungsrechnung maßgeblichen Leistungsbegriffs wird in nachfolgenden Kapiteln eingegangen.

---

1 Vgl. *Preuß, O.*: Das Krankenhaus als Betrieb, in: *Peters, S., Schär, W. (Hrsg.)*: Betriebswirtschaft und Management im Krankenhaus, Berlin 1994, S. 104ff.

2 Vgl. *Eichhorn, S.*: Krankenhausbetriebslehre Band I, a.a.O., S. 15.

3 Vgl. *Schmidt-Rettig, B., Westphely, K.*: Kosten- und Leistungsrechnung im Krankenhaus, in: *Männel, W. (Hrsg.)*: Handbuch Kostenrechnung, Wiesbaden 1992, S. 1181.

4 Vgl. *Eichhorn, S.*: Krankenhausbetriebslehre Band I, a.a.O., S. 15f.

2 Das Rechnungswesen der Krankenhäuser - Regelungen und Strukturen

Das Rechnungswesen ist ein umfassendes System, mit dem unterschiedliche Teilzusammenhänge des Betriebsprozesses in verschiedenen Rechenmodellen erfaßt werden.

Intern gesehen ist das Rechnungswesen für Betriebe eine der wichtigsten Informationsquellen, um Daten zur Durchführung von Entscheidungen zu erhalten. Es zählt damit zu den Instrumenten der Unternehmens- und Krankenhausführung.

Zur Erfüllung **externer Aufgaben** werden Informationen über die Situation des Krankenhausbetriebes allen berechtigten und interessierten Stellen zur Verfügung gestellt. Dazu hat das Krankenhaus mehr als andere Einzelwirtschaften gesetzliche Vorschriften zu beachten. Neben allgemeinen Vorschriften, wie handels- und steuerrechtliche Bestimmungen, zählen hierzu krankenhausspezifische Regelungen wie z.B. das Krankenhausfinanzierungsgesetz (KHG), die Bundespflegesatzverordnung (BPflV), das Krankenhausentgeltgesetz (KHEntgG), die Krankenhaus-Buchführungsverordnung (KHBV) und landesgesetzliche Regelungen.

2.1 Gesetzliche Bestimmungen

Speziell für das Krankenhaus besteht die Notwendigkeit rechtlicher Vorschriften für das Rechnungswesen darin, Kontrollmöglichkeiten für den Träger und den Staat sicherzustellen. So begründet die Finanzierung von Investitionen durch den Staat und von Betriebskosten durch die Kostenträger - Patienten bzw. Sozialversicherungsträger - (**duales Finanzierungssystem**[1]) eine Kontrolle der Krankenhausfinanzierung durch das Rechnungswesen, die ohne spezifische Rechnungslegungsvorschriften nicht möglich wäre.[2] Trotz der vorgesehenen und schrittweise geplanten Aufhebung der dualen Finanzierung und Einführung einer monistischen Finanzierungsform bleibt die Notwendigkeit entsprechender gesetzlicher Rahmenbedingungen bestehen.

Weiterhin können Krankenhäuser durch die Wahl ihrer **Rechtsform** allgemeinen gesetzlichen Bestimmungen unterliegen. So können Krankenhäuser als privatrechtliche Kapitalgesellschaften, Einzelgesellschaften, Personengesellschaften, privatrechtliche Stiftungen oder in öffentlich-rechtlicher Rechtsform (Regie- oder Eigenbetrieb einer Körperschaft des öffentlichen Rechts oder öffentlich-rechtlichen Stiftung) geführt werden.[3]

---

[1] Siehe Kap. 2.4 Krankenhausfinanzierung.

[2] Vgl. *Fuchs, M.*: Grundlagen des betrieblichen Rechnungswesens, in: *Eichhorn, S. (Hrsg.)*: Handbuch Krankenhaus Rechnungswesen, Grundlagen - Verfahren - Anwendungen, 2., überarbeitete und erweiterte Auflage, Wiesbaden 1988, S. 36f.

[3] Vgl. *Fuchs, M.*: a.a.O., S. 50f.

2.1.1 Allgemeine Vorschriften

Zu den allgemeinen Vorschriften gehören **handels-** und **steuerrechtliche** sowie **kommunalrechtliche Vorschriften**.

Die handelsrechtlichen Vorschriften sind als Mindestvorschriften aufzufassen. Sie enthalten unter anderem konkrete Einzelheiten wie

- die Buchführungspflicht,
- die Aufstellung von Bilanz und Inventar sowie
- die Bewertung von Vermögen und Schulden.

Für das Krankenhaus besteht nach diesen handelsrechtlichen Vorschriften in Verbindung mit § 1 Abs. 1 und § 3 KHBV die Verpflichtung, Bücher zu führen und die Vermögenslage nach den Grundsätzen ordnungsmäßiger Buchführung (GoB) darzulegen.[1]

Im Unterschied zum erwerbswirtschaftlichen Bereich kommen den **Steuergesetzen** für viele Krankenhäuser etwas weniger Bedeutung zu. Öffentliche und freigemeinnützige Krankenhäuser sind als Einrichtungen des öffentlichen Gesundheitswesens von der Steuerpflicht befreit. Gegebenenfalls können die steuerrechtlichen Vorschriften für Teilbereiche des Krankenhauses Anwendung finden, z.B. beim Betrieb der Wäscherei auch für dritte Abnehmer.

Für erwerbswirtschaftliche Privatkliniken gelten jedoch die Steuervorschriften uneingeschränkt.[2]

Die **kommunalrechtlichen** Vorschriften gelten für Krankenhäuser in öffentlich-rechtlicher Trägerschaft der Kommunen und Kreise. Zu den kommunalrechtlichen Vorschriften gehören unter anderem[3]

- die Gemeinde-(Kreis-)ordnungen, wobei insbesondere die Bestimmungen beispielsweise über die Haushaltswirtschaft, den Erwerb und die Veräußerung des Vermögens und die wirtschaftliche Betätigung der Gemeinden (Kreise) Anwendung finden,
- die Eigenbetriebsgesetze bzw. -verordnungen, die in speziellen Landesvorschriften über die Wirtschaftsführung und das Rechnungswesen der Krankenhäuser verankert sind, sowie
- die Bestimmungen und die für diese Eigenbetriebe zutreffenden Vorschriften der Gemeindehaushalts- bzw. Gemeindekassenverordnungen der Länder mit Verordnungen z.B. über die Vergabe von Verträgen. Diese Bestimmungen gelten nur für Krankenhäuser als Sondervermögen der Gemeinden.[4]

---

[1] Vgl. *Purzer, K., Haertle, R.*: Das Rechnungswesen der Krankenhäuser - Handkommentar, Kommentar zur KHBV, Teil A 1 des Handkommentars i.d.F. der 14. Ergänzung Januar 1991, Stuttgart/München/Hannover/Berlin/Weimar/Dresden 1991, S. 112ff. und i.d.F. der 17. Ergänzung, August 1994 Stuttgart/München/Hannover/Berlin/Weimar/ Dresden 1994, S. 132 Anm. 6 zu § 3 KHBV.

[2] Vgl. *Fuchs, M.*: a.a.O., S. 56.

[3] Vgl. *Fuchs, M.*: a.a.O., S. 56.

[4] Vgl. *Fuchs, M.*: a.a.O., S. 56.

2.1.2 Krankenhausspezifische Vorschriften

Die Besonderheiten der Krankenhausfinanzierung bedingen gesetzliche Vorschriften, die über die allgemeinen Rechtsgrundlagen hinausgehen. Im folgenden werden die krankenhausspezifischen Vorschriften vorgestellt.

2.1.2.1 Gesundheitsstrukturgesetz

Durch das **Gesetz zur Sicherung und Strukturverbesserung der gesetzlichen Krankenversicherung (Gesundheitsstrukturgesetz - GSG)** vom 21.12.1992 wurden im wesentlichen die folgenden sechs krankenhausspezifischen Vorschriften beeinflußt:

- Krankenhaus-Buchführungsverordnung
- Krankenhausfinanzierungsgesetz
- Bundespflegesatzverordnung
- Abgrenzungsverordnung
- Fünftes Buch Sozialgesetzbuch - Gesetzliche Krankenversicherung
- Pflege-Personalregelung

Das Gesundheitsstrukturgesetz war als Artikelgesetz aufgebaut und sah vor allem die Einführung fallorientierter Krankenhausentgelte vor. Die nachstehend aufgeführten Gesetze bzw. Verordnungen unterliegen bis heute weiteren Veränderungen, die als solche nicht mehr auf das Gesundheitsstrukturgesetz zurückzuführen sind, da dieses als Artikelgesetz nur eine einmalige Wirkung besaß.

Auf die Bedeutung der folgenden Regelungen für den Krankenhausbereich wird in den Kapiteln 2.4 (Krankenhausfinanzierung) und 2.5 (Entgeltsysteme im Krankenhaus) noch genauer eingegangen.

2.1.2.2 Krankenhaus-Buchführungsverordnung

Als Spezialvorschrift für die Rechnungs- und Buchführungspflicht von Krankenhäuser gilt die **Verordnung über die Rechnungs- und Buchführungspflichten von Krankenhäusern (Krankenhaus-Buchführungsverordnung - KHBV)** im Rahmen des § 16 Satz 1 Nr. 7 KHG.

Die Krankenhaus-Buchführungsverordnung stellt die Mindestanforderungen an das Rechnungswesen für jedes Krankenhaus dar. Ausgenommen sind die nach § 1 Abs. 2 KHBV bestimmten Krankenhäuser, für die das Krankenhausfinanzierungsgesetz aufgrund der §§ 3 und 5 KHG keine Anwendung findet. Dazu gehören unter anderem

- Krankenhäuser im Straf- oder Maßregelvollzug,
- Polizeikrankenhäuser,
- Krankenhäuser der Träger der gesetzlichen Rentenversicherung und Krankenhäuser der Träger der gesetzlichen Unfallversicherung, oder
- nach § 5 Abs. 1 Nr. 2, 4 oder 7 KHG nicht geförderte Krankenhäuser, es sei denn, dass diese Krankenhäuser aufgrund Landesrechts nach § 5 Abs. 2 KHG gefördert werden.

Die Krankenhaus-Buchführungsverordnung wird ergänzt durch die nachstehend aufgeführten Anlagen:

- Anlage 1: Gliederung der Bilanz
- Anlage 2: Gliederung der Gewinn- und Verlustrechnung
- Anlage 3: Anlagennachweis
- Anlage 4: Kontenrahmen für die Buchführung
- Anlage 5: Kostenstellenrahmen für die Kosten- und Leistungsrechnung.

Die Anlagen 4 und 5 werden in späteren Kapiteln näher erläutert.

Gemäß § 8 und der Anlage 5 KHBV wird neben der Finanzbuchführung und dem Jahresabschluß auch die Kosten- und Leistungsrechnung gesetzlich vorgeschrieben. Gesetzliche Detailvorschriften zur Kosten- und Leistungsrechnung fehlen jedoch bisher.

2.1.2.3 Krankenhausfinanzierungsgesetz

Mit dem **Gesetz zur wirtschaftlichen Sicherung der Krankenhäuser und zur Regelung der Krankenhauspflegesätze (Krankenhausfinanzierungsgesetz - KHG)** von 1972 wurde erstmals die sogenannte duale Finanzierung eingeführt, d.h., die Finanzierung der Investitionen durch die Länder und der Betriebskosten über die Pflegesätze.[1] Zugleich wurde den Krankenhäusern die Deckung der Selbstkosten garantiert.

Durch Artikel 11 des Gesundheitsstrukturgesetzes ist das Krankenhausfinanzierungsgesetz modifiziert worden: an der dualen Finanzierung wurde zwar weitgehend festgehalten, aber die Selbstkostendeckungsgarantie wurde zugunsten eines leistungsgerechten Vergütungssystems aufgehoben.[2] Die das Rechnungswesen betreffenden Regelungen blieben unberücksichtigt. So galt z.B. nach § 17 Abs. 2 Satz 2 KHG weiterhin, daß im Rahmen der Grundsätze für die Pflegesatzregelung die Kosten der Krankenhausleistungen nach Maßgabe der Krankenhaus-Buchführungsverordnung auf der Grundlage der kaufmännischen Buchführung und einer Kosten- und Leistungsrechnung zu ermitteln sind. Erst mit dem Fallpauschalengesetz[3] im April 2002 wurde dieser Passus aufgehoben.

2.1.2.4 Bundespflegesatzverordnung

Die **Verordnung zur Regelung der Krankenhauspflegesätze (Bundespflegesatzverordnung - BPflV)** wurde durch Artikel 12 des Gesundheitsstrukturgesetzes für die Jahre 1993 bis 1995 geändert. Für die vorgesehene Einführung eines neuen Entgeltsystems gemäß § 17 Abs. 2a KHG in der durch das Gesundheitsstrukturgesetz geänderten Fassung wurde eine vom

[1] Vgl. *Mis, U.*: Grundlagen der Krankenhausfinanzierung, in: *v. Eiff, W., Fenger, H., Gillessen, A., Kerres, A., Mis, U., Raem, A. und Winter, S. (Hrsg.)*: Der Krankenhausmanager - Praktisches Management für Krankenhäuser und Einrichtungen des Gesundheitswesens, Berlin/Heidelberg/New York 2000, S. 3; siehe auch Kap. 2.4 Krankenhausfinanzierung.

[2] Vgl. *Mis, U.*: a.a.O., S. 14.

[3] Siehe Kap. 2.1.2.12 Fallpauschalengesetz.

Gesetzgeber zu verabschiedende Neufassung der Bundespflegesatzverordnung erforderlich. Aufgrund des Artikels 1 der Verordnung zur Neuformulierung des Pflegesatzrechts vom 29.09.1994 ist die Verordnung zur Regelung der Krankenhauspflegesätze (Bundespflegesatzverordnung - BPflV 1995) erlassen worden.[1] Sie wurde gegenüber der zuvor bestehenden Bundespflegesatzverordnung aufgrund umfangreicher Veränderungen, insbesondere der Einführung des neuen Entgeltsystems, insgesamt neu gefaßt.

Für die Kostenrechnung ist die Bundespflegesatzverordnung besonders relevant, da hier

- die Abgrenzung der pflegesatzfähigen Leistungen und Kosten,
- die Grundlage der Entgeltbemessung,
- die Vergütung der allgemeinen Krankenhausleistungen und
- das Pflegesatzverfahren

geregelt werden.

Die Bundespflegesatzverordnung unterlag - wie auch das Krankenhausfinanzierungsgesetz - bereits diversen Ergänzungen und Einschränkungen unter anderem durch fünf Änderungsverordnungen[2] sowie für das Jahr 1996 durch das Gesetz zur Stabilisierung der Krankenhausausgaben 1996 (Stabilisierungsgesetz - StabG)[3] und mit Rückwirkung zum 01.01.1997 durch das Zweite Gesetz zur Neuordnung von Selbstverwaltung und Eigenverantwortung in der gesetzlichen Krankenversicherung (2. GKV-Neuordnungsgesetz - 2. GKV-NOG).[4]

Zum 01.01.1999 führte das Solidaritätsstärkungsgesetz (GKV-SolG)[5] und zum 01.01.2000 das Gesetz zur Reform der gesetzlichen Krankenversicherung ab dem Jahr 2000 (GKV-Gesundheitsreformgesetz 2000)[6] zu weiteren Änderungen.

Grundsätzlich war die Anwendung der Bundespflegesatzverordnung von 1996 bis 2002 für alle Krankenhäuser zwingend vorgeschrieben. Mit der Einführung des diagnose-orientierten Fallpauschalensystems in 2003/2004 ist es jedoch zu einer weitreichenden Reform im Krankenhausbereich gekommen. Das Gesetz zur Einführung des diagnose-orientierten Fallpauschalensystems für Krankenhäuser (Fallpauschalengesetz - FPG)[7] vom 23.04.2002 und das Gesetz zur Änderung der Vorschriften zum diagnose-orientierten Fallpauschalensystem für Krankenhäuser (Fallpauschalenänderungsgesetz - FPÄndG)[8] vom 17.07.2003 führten zu einer Neufassung der

[1] Im folgenden wird die novellierte Bundespflegesatzverordnung 1995 nur als Bundespflegesatzverordnung bezeichnet.

[2] Erste, Zweite und Dritte Verordnung zur Änderung der Bundespflegesatzverordnung, vom 18.12.1995; Vierte Verordnung zur Änderung der Bundespflegesatzverordnung, vom 17.04.1996; Fünfte Verordnung zur Änderung der Bundespflegesatzverordnung, [im folgenden bezeichnet als: 5. Änderungsverordnung] vom 09.12.1997.

[3] Siehe Kap. 2.1.2.8 Stabilisierungsgesetz.

[4] Siehe Kap. 2.1.2.9 GKV-Neuordnungsgesetz.

[5] Siehe Kap. 2.1.2.10 Solidaritätsstärkungsgesetz.

[6] Siehe Kap. 2.1.2.11 GKV-Gesundheitsreformgesetz 2000.

[7] Siehe Kap. 2.1.2.12 Fallpauschalengesetz.

[8] Siehe Kap. 2.1.2.15 Fallpauschalenänderungsgesetz.

Bundespflegesatzverordnung, der Bundespflegesatzverordnung 2004. Diese gilt nur noch für Einrichtungen im Sinne von Krankenhäusern oder bettenführenden Abteilungen der Psychiatrie, Psychosomatik und der Psychotherapeutischen Medizin. Für alle anderen Krankenhäuser bzw. Abteilungen löste ab 2003/2004 das mit dem Fallpauschalengesetz neu eingeführte Gesetz über die Entgelte für voll- und teilstationäre Krankenhausleistungen (Krankenhausentgeltgesetz - KHEntgG)[1] die Bundespflegesatzverordnung zum größten Teil ab. Auch das Zweite Gesetz zur Änderung der Vorschriften zum diagnose-orientierten Fallpauschalensystem für Krankenhäuser und zur Änderung anderer Vorschriften (Zweites Fallpauschalenänderungsgesetz - 2. FPÄndG)[2] vom 15.12.2004 hatte Auswirkungen unter anderem auf die Bundespflegesatzverordnung.

2.1.2.5 Abgrenzungsverordnung

Die nach § 16 Satz 1 Nr. 5 KHG erlassene **Verordnung über die Abgrenzung der im Pflegesatz nicht zu berücksichtigenden Investitionskosten von den pflegesatzfähigen Kosten der Krankenhäuser (Abgrenzungsverordnung - AbgrV)** regelt die Abgrenzung und Zuordnung von Wirtschafts-, Gebrauchs- und Verbrauchsgütern und die Bestimmung der durchschnittlichen Nutzungsdauer der Wirtschaftsgüter in Krankenhäusern. Diese Verordnung findet Anwendung bei allen Krankenhäusern, für die das Krankenhausfinanzierungsgesetz verpflichtend ist.[3]

2.1.2.6 Fünftes Buch Sozialgesetzbuch (SGB V)

Das **Fünfte Buch Sozialgesetzbuch (SGB V) - Gesetzliche Krankenversicherung -** ist nur in Auszügen für den Krankenhausbereich relevant. Der **Grundsatz der Beitragssatzstabilität** (§ 71 SGB V) betrifft auch die Krankenhäuser als Leistungserbringer. Er besagt, daß Beitragserhöhungen der gesetzlichen Krankenkassen aufgrund höherer Kosten im Gesundheitswesen vermieden werden sollen.

Zu den grundlegenden Veränderungen des Gesundheitsstrukturgesetzes gehörte neben der Berechtigung der Krankenhäuser zur **vor- und nachstationären Behandlung** von Patienten (§ 115 a SGB V)[4] auch die gesetzliche Regelung des **ambulanten Operierens** im Krankenhaus (§ 115 b SGB V)[5]. Der Begriff der Krankenhausbehandlung, der sich bisher nur auf die voll- und teilstationäre Versorgung bezog, wurde dementsprechend erweitert. Gemäß § 39 Abs. 1 Satz 1 SGB V wird die Krankenhausbehandlung vollstationär, teilstationär, vor- und nachstationär sowie ambulant erbracht. Über diese Erweiterung hinaus wird sogar festgeschrieben, daß die stationäre Behandlung nur als letzte Versorgungsart in Frage kommen soll, wenn nach Prüfung durch das Krankenhaus „das Behandlungsziel nicht durch teilstationäre, vor- und nachstationäre oder ambulante Behandlung einschließlich

1 Siehe Kap. 2.1.2.13 Krankenhausentgeltgesetz.
2 Siehe Kap. 2.1.2.17 Zweites Fallpauschalenänderungsgesetz.
3 Vgl. *Fuchs, M.*: a.a.O., S. 66f.
4 Siehe Kap. 2.5.5 Vor- und nachstationäre Behandlung.
5 Siehe Kap. 2.5.6 Ambulantes Operieren.

häuslicher Krankenpflege erreicht werden kann" (§ 39 Abs. 1 Satz 2 SGB V).

Darüber hinaus enthält das SGB V Regelungen zur **Sicherung der Qualität** der Leistungserbringer (§§ 135 a ff. SGB V), die auch für den Krankenhausbereich von Bedeutung sind.

Mit dem Gesetz zur Reform des Risikostrukturausgleichs in der gesetzlichen Krankenversicherung wurden im Dezember 2001 die §§ 137 f und g SGB V eingefügt, die sich mit der Ausgestaltung von strukturierten Behandlungsprogrammen bei chronischen Krankheiten (**Disease-Management-Programme, DMP**) beschäftigen.

Eine weitere wesentliche Bestimmung des Gesundheitsstrukturgesetzes ist die Verpflichtung der Krankenhäuser zu einer ausführlichen maschinenlesbaren **Berichterstattung** an die Krankenkassen über jeden einzelnen Patienten (§ 301 Abs. 1 SGB V). Dazu sind die Diagnosen nach der internationalen Klassifikation der Krankheiten (ICD) in der jeweils vom Deutschen Institut für medizinische Dokumentation und Information (DIMDI) im Auftrag des Bundesministeriums für Gesundheit (BMG) herausgegebenen deutschen Fassung zu verschlüsseln (§ 301 Abs. 2 SGB V). Die Operationen und sonstigen Prozeduren sind nach dem vom DIMDI herausgegebenen Operationenschlüssel zu verschlüsseln; dieser orientiert sich an den Internationalen Klassifikationen der Prozeduren in der Medizin.

2.1.2.7 Pflege-Personalregelung

Die mit dem Gesundheitsstrukturgesetz eingeführte **Regelung über Maßstäbe und Grundsätze für den Personalbedarf in der stationären Krankenpflege (Pflege-Personalregelung - PPR)**[1] war die gesetzliche Grundlage zur Bestimmung der Anzahl des Fachpersonals für den Pflegedienst.

Da mit 21.000 Stellen 8.000 Stellen mehr geschaffen wurden als ursprünglich mit der Personalbemessung entsprechend der Pflege-Personalregelung vorgesehen war, die gesetzlich festgelegten Minutenwerte nur in seltenen Fällen der Realität entsprachen und die tägliche Erfassung einen hohen Aufwand für die Krankenhäuser darstellte, wurde die Pflege-Personalregelung durch das 2. GKV-Neuordnungsgesetz wieder aufgehoben. Der Pflegekräfteeinsatz sollte zukünftig von den Vertragsparteien allein anhand eigener Anhaltszahlen ermittelt werden.[2]

Da die Pflege-Personalregelung jedoch sowohl intern weiterhin als auch extern im Rahmen der DRG-Kalkulation wieder neu für die Leistungserfassung des Pflegepersonals und die Kostenermittlung für den pflegerischen Aufwand im Rahmen der Anwendung und Kalkulation der Entgelte von Bedeutung[3] ist, soll sie hier näher erläutert werden.

---

[1] Art. 13 GSG vom 21.12.1993 (BGBl. I, S. 2266, 2316).

[2] Vgl. *Zipperer, M.*: Wohin steuert die Gesundheitspolitik? Vorstellungen des BMG zur Weiterentwicklung des Gesundheitswesens und zur politischen Umsetzung, in: das Krankenhaus, 11/1996, S. 550; *Meurer, U.*: Krankenhausfinanzierung `97 - Regierungsentwurf des 2. GKV-Neuordnungsgesetz (NOG), in: f&w, 6/1996, S. 501; siehe auch Kap. 2.1.2.9 GKV-Neuordnungsgesetz.

[3] Vgl. *Ritter, J., Trill, R.*: EDV-gestützte Umsetzung der PPR, in: f&w, 5/1993, S. 421.

Mit der Regelung werden die Patienten je nach Pflegeaufwand verschiedenen **Pflegekategorien** zugeordnet. § 4 PPR regelt die Kriterien, nach denen jeder Patient, der zwischen 12.00 Uhr und 20.00 Uhr auf der Station versorgt wird, in die Pflegestufen und Patientengruppen einmal täglich einzuordnen ist. Die Einstufung für die Kinderkrankenpflege erfolgt nach den §§ 9 und 10 PPR. Die Definition der einzelnen Kategorien erfolgt in den Anlagen 1 bis 4 PPR.

Abbildung 3: Patientengruppen gem. § 4 PPR

Allgemeine Pflege / Spezielle Pflege	A 1 Grund-leistungen	A 2 Erweiterte Leistungen	A 3 Besondere Leistungen
S 1 Grundleistungen	A 1 / S 1	A 2 / S 1	A 3 / S 1
S 2 Erweiterte Leistungen	A 1 / S 2	A 2 / S 2	A 3 / S 2
S 3 Besondere Leistungen	A 1 / S 3	A 2 / S 3	A 3 / S 3

Quelle: Innungskrankenkasse Münster (Hrsg.): Das Krankenhausrecht in NRW, Münster 1994, S. 51.

Diesen Pflegekategorien ist wiederum eine bestimmte Anzahl von Minuten je Patient und Tag zugrunde gelegt.

Abbildung 4: Pflegeminuten je Patientengruppe gem. § 6 Abs. 2 PPR

Patienten-gruppe	Minuten-wert	Patienten-gruppe	Minuten-wert	Patienten-gruppe	Minuten-wert
A 1 / S 1	52	A 2 / S 1	98	A 3 / S 1	179
A 1 / S 2	62	A 2 / S 2	108	A 3 / S 2	189
A 1 / S 3	88	A 2 / S 3	134	A 3 / S 3	215

Quelle: Innungskrankenkasse Münster (Hrsg.): Das Krankenhausrecht in NRW, Münster 1994, S. 51.

Zusätzlich zu den Pflegeminuten wird ein **Pflegegrundwert** von 30 Minuten pro Patient und Tag gemäß § 6 Abs. 1 PPR und für jede Krankenhausaufnahme ein **Fallwert** von 70 Minuten gemäß § 6 Abs. 3 PPR angerechnet. Für gesunde Neugeborene, tagesklinisch zu behandelnde Patienten und Stundenfälle innerhalb eines Tages gelten ähnliche Vorgaben gemäß § 6 Abs. 4 und 5 PPR.

Die Zahl der Personalstellen ist unter Berücksichtigung des § 3 PPR aufgrund der gesamten Pflegeminuten zu ermitteln. Die Ermittlung des Pflegeaufwands eines Patienten bzw. im weiteren eines Fallgruppenpatienten und der Abteilung stellt somit transparente Informationen zur Verfügung, die Entscheidungen im Stationsmanagement, in der Leitung des Pflegedienstes und im kaufmännischen Management vorbereiten.[1]

---

[1] Vgl. *Ritter, J., Trill, R.*: a.a.O., S. 421.

2.1.2.8 Stabilisierungsgesetz

Das **Gesetz zur Stabilisierung der Krankenhausausgaben 1996 (Stabilisierungsgesetz - StabG)** trat im April 1996 rückwirkend zum 01.01.1996 in Kraft und mit Ablauf des 31.12.1996 außer Kraft (§ 4 StabG). Das Stabilisierungsgesetz sah eine Budgetdeckelung in Form eines Gesamtbetrags vor (§ 1 StabG). Durch § 2 StabG wurden die Berechnungsgrundlagen geregelt. Ausgleichsregelungen[1] sind in § 3 StabG berücksichtigt worden und galten nach Artikel 10 des 2. GKV-Neuordnungsgesetzes über den in § 4 StabG festgelegten Zeitraum hinaus.[2]

Durch die erneute Deckelung - ab 1996 in Form eines Gesamtbetrags - sollten die Krankenhausausgaben weiterhin begrenzt werden. Es handelt sich dabei um eine „verschärfte“[3] Deckelung, da die Fortschreibung des Budgets nicht mehr entsprechend der Bundespflegesatzverordnung auf der Grundlohnentwicklung, sondern auf dem linearen Anstieg des Bundes-Angestelltentarifs (BAT) beruhte. Den Gesamtbetrag durften die Erlöse aus Fallpauschalen, Sonderentgelten, tagesgleichen Pflegesätzen, vor- und nachstationären Behandlungen und ambulanten Operationen nicht überschreiten (§ 1 Abs. 1 StabG).

Das Stabilisierungsgesetz in seiner ursprünglichen Fassung warf bei den Budgetverhandlungen einige Fragen auf, die mit dem 2. GKV-Neuordnungsgesetz durch die „Maßgaben zur Anwendung des Gesetzes zur Stabilisierung der Krankenhausausgaben 1996“ (Artikel 10 2. GKV-NOG) weitgehend klargestellt wurden. So wurde in § 1 StabG festgelegt, daß die Berechnungsgrundlage für das Budget 1996 um 1,106 % (in den neuen Bundesländern) und 0,855% (in den alten Bundesländern) erhöht wurde; d.h., daß auch Einmalzahlungen nach dem Bundes-Angestelltentarif budgeterhöhenden Charakter hatten.

Auch die Ausgleichsregelungen in § 3 StabG wurden nachgebessert:

- Mehrerlöse aufgrund von Transplantationen wurden zu 50% ausgeglichen,
- Mehrerlöse aus der Behandlung von Blutern verblieben dem Krankenhaus in voller Höhe,
- für die übrigen Erlöse wurde klargestellt, daß die Ausgleichsregelungen gemäß §§ 12 Abs. 4 und 11 Abs. 8 BPflV normal anzuwenden waren; jedoch nur bis zur Höhe des Gesamtbetrags nach § 1 StabG.[4]

---

[1] Siehe Kap. 2.5.2.4 Flexibles Budget.

[2] Vgl. *Dietz, O., Bofinger, W.*: Krankenhausfinanzierungsgesetz, Bundespflegesatzverordnung und Folgerecht, Kommentare, 39. Nachlieferung Juli 2007, Wiesbaden 2007, Bd. 1, StabG, S. 33.

[3] Vgl. *Deutsche Krankenhausgesellschaft (Hrsg.)*: Pressemitteilung, in: das Krankenhaus, 3/1996, S. 96.

[4] Vgl. *Dietz, O., Bofinger, W.*: a.a.O., Bd. 1, StabG, S. 5ff. und S. 30ff; *Mohr, F. W.*: 2. GKV-Neuordnungsgesetz (NOG), in: ku, 5/1997, [im folgenden zitiert als: *Mohr, F. W.*: 2. GKV-NOG], S. 367; *Tuschen, K. H.*: Neue wirtschaftliche Rahmenbedingungen für Krankenhäuser, in: f&w, 3/1997, [im folgenden zitiert als: *Tuschen, K. H.*: Rahmenbedingungen], S. 184.

2.1.2.9 GKV-Neuordnungsgesetz

Das **Zweite Gesetz zur Neuordnung von Selbstverwaltung und Eigenverantwortung in der gesetzlichen Krankenversicherung (2. GKV-Neuordnungsgesetz - 2. GKV-NOG)** vom 23.06.1997 trat rückwirkend zum 01.01.1997 in Kraft. Als Artikelgesetz wirkte es unter anderem auf das Krankenhausfinanzierungsgesetz, die Bundespflegesatzverordnung und das Stabilisierungsgesetz ein. Mit dem Gesetz ist die 3. Stufe der Gesundheitsreform und damit ein grundlegender Richtungswechsel vollzogen worden,[1] der insbesondere in den folgenden Punkten Ausdruck gefunden hat:

- Abkehr von Gesamtbudgets - nach vierjähriger Budgetdeckelung[2]
- „**Vorfahrt für die Selbstverwaltung**",[3] d.h., staatliche Regelungen sollten zurückgenommen und den Selbstverwaltungspartnern (den Spitzenverbänden der Krankenkassen, dem Verband der privaten Krankenversicherung und der Deutschen Krankenhausgesellschaft) mehr Spielräume und Verantwortung übertragen werden.

  So ist z.B. die Pflege-Personalregelung aufgehoben worden. Anstelle der gesetzlichen Vorgaben für die Personalbemessung sollen Verhandlungslösungen treten, wobei die Kriterien der Pflege-Personalregelung weiterhin herangezogen werden konnten. Außerdem ist die Großgeräteplanung (bisher § 10 KHG) aufgehoben und die Sicherstellung eines wirtschaftlichen Einsatzes entsprechender Geräte der Selbstverwaltung übertragen worden. Darüber hinaus sollten die Entgeltkataloge der Bundespflegesatzverordnung aus der Verordnung herausgenommen und deren Weiterentwicklung ebenfalls der Selbstverwaltung übertragen werden.[4]
- Pauschale Finanzierung von Instandhaltungsmaßnahmen über Pflegesätze, d.h. konkret: die Krankenhäuser erhielten in den Jahren 1997 bis 1999[5] eine **Instandhaltungspauschale** in Höhe von 1,1% auf die Budgets sowie auf Fallpauschalen und Sonderentgelte. Die Instandhaltungskosten waren pflegesatzfähig, womit ein weiterer Schritt in Richtung monistischer Finanzierung getan war. Zur Gegenfinanzierung der Instandhaltungskosten war von 1997 bis 1999 ein jährlicher Pauschalbeitrag in Höhe von DM 20,-- je GKV-Mitglied - auch „Notopfer" genannt - vorgesehen.[6]

---

[1] Vgl. *Tuschen, K. H.*: Rahmenbedingungen, a.a.O., S. 180; *Regler, K.*: Die Zukunft unserer Krankenhäuser unter den restriktiven Rahmenbedingungen der 3. Stufe der Gesundheitsreform, in: das Krankenhaus, 1/1997, [im folgenden zitiert als: *Regler, K.*: Die Zukunft unserer Krankenhäuser], S. 3.

[2] Siehe Kap. 2.5.1.2 Budgetdeckelung 1993 bis 1995/1996.

[3] Vgl. *Tuschen, K. H.*: Rahmenbedingungen, a.a.O., S. 180.

[4] Vgl. *Mohr, F. W.*: Die neue Bescheidenheit: 2. NOG, in: ku, 12/1996, [im folgenden zitiert als: *Mohr, F. W.*: neue Bescheidenheit], S. 896.

[5] Die Regelung wurde über 1999 hinaus verlängert, siehe unter anderem Kap. 2.1.2.12 Fallpauschalengesetz.

[6] Vgl. *Meurer, U.*: a.a.O., S. 502; *o.V.*: Gesetzgebung: Perspektiven ab 1997 - BMG legt Entwurf für 2. GKV-Neuordnungsgesetz vor, in: das Krankenhaus, 11/1996, [im folgenden zitiert als: *o.V.*: Gesetzgebung: Perspektiven ab 1997], S. 545f.

Grundsätzlich wurde durch das 2. GKV-Neuordnungsgesetz zur leistungsorientierten Vergütung - wie sie die Bundespflegesatzverordnung ursprünglich vorsah - zurückgekehrt. Zur Ausgabenbegrenzung wurden jedoch Einschränkungen vorgenommen. So sollten Kostenentwicklungen nur im Rahmen einer von den Selbstverwaltungspartnern geschätzten Veränderungsrate, die der voraussichtlichen Einnahmesteigerung bei den Krankenkassen entspricht, finanziert werden.[1] Außerdem waren die Mehr- oder Mindererlöse[2] zuungunsten der Krankenhäuser verändert worden.

Vor allem im Hinblick auf die Vereinbarung der Veränderungsrate ist durch Erweiterung des § 18 a KHG die Bildung einer **Bundesschiedsstelle** (§ 18 a Abs. 6 KHG) begründet worden. Dieser Schiedsstelle gehören in gleicher Zahl Vertreter der Spitzenverbände der Krankenkassen und der Deutschen Krankenhausgesellschaft und darüber hinaus unparteiische Mitglieder an. Kommt es zwischen den Selbstverwaltungspartnern zu keiner Einigung, entscheidet die Bundesschiedsstelle.[3]

2.1.2.10 Solidaritätsstärkungsgesetz

Das **Gesetz zur Stärkung der Solidarität in der gesetzlichen Krankenversicherung (Solidaritätsstärkungsgesetz - GKV-SolG)** vom 18.12.1998 trat zum 01.01.1999 in Kraft. Ziel des Gesetzes war es, die Finanzierungsgrundlagen der gesetzlichen Krankenversicherung zu stabilisieren und einen weiteren Anstieg der Krankenversicherungsbeiträge zu stoppen.[4]

Als Artikelgesetz nahm das Solidaritätsstärkungsgesetz Änderungen unter anderem an der Bundespflegesatzverordnung und dem Fünften Buch Sozialgesetzbuch vor. Hinzu kam in Artikel 7 GKV-SolG ein **Gesetz zur Begrenzung der Erlöse für stationäre Krankenhausleistungen im Jahr 1999**. Dieser Artikel orientiert sich an dem Stabilisierungsgesetz 1996 und sollte ursprünglich - nach zweijähriger Pause - die Serie der Deckelungsgesetze fortsetzen. Die im ersten Gesetzesentwurf vorgesehene strenge Deckelung der Erlössteigerungen wurde jedoch nicht durchgesetzt.

Als sogenanntes „Vorschaltgesetz“ sollte das Solidaritätsstärkungsgesetz die Voraussetzungen zur Durchführung einer Strukturreform zum 01.01.2000 schaffen.

Das Krankenhaus-Notopfer von DM 20,-- pro Versicherten wurde rückwirkend ab 1998 ausgesetzt; wohingegen die Instandhaltungspauschale von 1,1% für 1999 beibehalten wurde.

Erbrachte Mehrleistungen wurden wie bisher vergütet und das Erlösabzugsverfahren[5] wurde erneut verlängert bis zum 31.12.2001.

---

1 Vgl. *Tuschen, K. H.*: Rahmenbedingungen, a.a.O., S. 181f.; siehe auch Kap. 2.5.1.3 Beitragssatzstabilität.

2 Siehe Kap. 2.5.2.4 Flexibles Budget.

3 Vgl. *Meurer, U.*: a.a.O., S. 501.

4 Vgl. *Mohr, F. W.*: Serie der Deckelungsgesetze wird fortgesetzt, in: ku, 12/1998, S. 911.

5 Siehe Kap. 2.5.2.4 Flexibles Budget.

Darüber hinaus waren für den Krankenhausbereich folgende Bestrebungen relevant:[1]

- Einführung eines Globalbudgets,
- bessere Zusammenarbeit von Hausärzten, Fachärzten und Krankenhäusern, z.B. durch gemeinsame Nutzung teurer Medizintechnik, und
- Neuordnung der ambulanten und stationären Vergütungssysteme (Vertragsgebührenordnungen, Pflegesätze einschließlich monistischer Finanzierung).

2.1.2.11 GKV-Gesundheitsreformgesetz 2000

Aufgrund der Mehrheitsverhältnisse im Bundesrat ließ sich das ursprünglich zustimmungspflichtige Reformgesetz nicht wie geplant verwirklichen. Im Rahmen der Gesetzesdiskussion wurde zunehmend deutlich, daß insbesondere das Globalbudget und die monistische Finanzierung blockiert würden. So ist zum 01.01.2000 eine reduzierte, zustimmungsfreie Gesundheitsreform in Kraft getreten.

Das **Gesetz zur Reform der gesetzlichen Krankenversicherung ab dem Jahr 2000 (GKV-Gesundheitsreformgesetz 2000)** vom 22.12.1999 enthält für den Krankenhausbereich die folgenden Schwerpunkte:[2]

verpflichtendes Qualitätsmanagement,

ambulante Operationen und integrierte Versorgung und

DRG-orientierte Vergütung.

Zu 1) Qualitätsmanagement (QM)

Gemäß § 135 a Abs. 2 SGB V werden die Krankenhäuser verpflichtet, einrichtungsintern ein Qualitätsmanagement einzuführen und weiterzuentwickeln und sich an einrichtungsübergreifenden Maßnahmen der Qualitätssicherung zu beteiligen. Die Vereinbarung dieser Qualitätssicherungsmaßnahmen sowie der grundsätzlichen Anforderungen an ein internes Qualitätsmanagement war Aufgabe der Selbstverwaltung (Krankenkassen und Deutsche Krankenhausgesellschaft) unter Beteiligung der Bundesärztekammer sowie der Berufsorganisationen der Krankenpflegeberufe. Seit der Bildung des Gemeinsamen Bundesausschusses (G-BA) durch das GKV-Modernisierungsgesetzes[3] bestimmt dieser die verpflichtenden Maßnahmen zur Qualitätssicherung (§ 137 Abs. 1 SGB V). Hält das Krankenhaus seine Verpflichtung zur Qualitätssicherung nicht ein, sind Abschläge von den Entgelten vorzunehmen (§ 14 Abs. 6 BPflV bzw. § 8 Abs. 4 KHEntgG).

---

[1] Vgl. *o.V.*: Koalitionsvereinbarungen und aktuelle Gesetzgebungsverfahren, in: f&w, 6/1998, S. 464.

[2] Vgl. *Tuschen, K. H.*: Das zustimmungsfreie GKV-Gesundheitsreformgesetz 2000 - Verpflichtendes Qualitätsmanagement, integrierte Versorgung und DRG-orientierte Vergütung, in: f&w, 1/2000, [im folgenden zitiert als: *Tuschen, K. H.*: GKV-Gesundheitsreformgesetz 2000], S. 6.

[3] Siehe Kap. 2.1.2.16 GKV-Modernisierungsgesetz.

Zu 2) Ambulante Operationen und integrierte Versorgung

Der Katalog der ambulanten Operationen nach § 115 b SGB V[1] wird erweitert um die sonstigen stationsersetzenden Eingriffe. Der Spitzenverband der Krankenkassen, die Deutsche Krankenhausgesellschaft und die Kassenärztliche Bundesvereinigung haben einen **Katalog ambulant durchführbarer Operationen und sonstiger stationsersetzender Eingriffe** zu vereinbaren (§ 115 b Satz 1 Nr. 1 SGB V). In dieser Vereinbarung, die bis zum 31.12.2000 vorliegen sollte, sind die Leistungen gesondert zu benennen, die in der Regel ambulant durchgeführt werden können, sowie Tatbestände zu bestimmen, bei deren Vorliegen eine stationäre Durchführung erforderlich sein kann (§ 115 b Satz 2 SGB V).

Für den Fall, daß ein Krankenhaus entgegen dieser Vereinbarung Leistungen stationär erbringt, war ursprünglich vorgesehen, den Vergütungsanspruch entfallen zu lassen.[2] Zwar wurde dieser Vergütungsvorbehalt nicht in das Gesetz aufgenommen, jedoch muß das Krankenhaus einen solchen Fall gut zu begründen wissen.[3]

Neu eingefügt wurden die §§ 140 a bis h SGB V zur **integrierten Versorgung**. Aufgrund der Verträge nach den §§ 140 b und d SGB V werden integrierte Versorgungsformen, d.h. eine verschiedene Leistungssektoren übergreifende Versorgung der Versicherten ermöglicht (§ 140 a Abs. 1 Satz 1 SGB V). Krankenkassen können mit Gemeinschaften niedergelassener Ärzte, Kassenärztlichen Vereinigungen, Trägern zugelassener Krankenhäusern und Rehabilitationseinrichtungen oder Gemeinschaften der vorgenannten Leistungserbringer Verträge über integrierte Versorgungsformen abschließen (§ 140 b Abs. 1 SGB V). In diesen Verträgen wird auch die Vergütung festgelegt, aus der sämtliche Leistungen, die von teilnehmenden Versicherten im Rahmen der Integrationsversorgung in Anspruch genommen werden, zu vergüten sind (§ 140 c Abs. 1 SGB V). In Absatz 2 präzisiert der Gesetzgeber die Form der Vergütung: Die Verträge können die Übernahme der Budgetverantwortung insgesamt oder für definierte Teilbereiche (kombiniertes Budget) vorsehen.

Mit diesen Regelungen soll

- die starre Aufgabenverteilung zwischen ambulanter und stationärer Versorgung durchbrochen,
- die Zusammenarbeit der Beteiligten verbessert,
- die Behandlung der Patienten optimiert und
- die Behandlungskosten gesenkt werden.[4]

---

1 Siehe Kap. 2.5.6 Ambulantes Operieren.

2 Vgl. Artikel 1 Änderung des Fünften Buches Sozialgesetzbuch des Regierungsentwurfes eines Gesetzes zur Reform der gesetzlichen Krankenversicherung ab dem Jahr 2000 (GKV-Gesundheitsreform 2000) vom 23.06.1999.

3 Vgl. *Baum, G.*: Die Krankenhäuser unter dem Zwang zur Anpassung, in: f&w, 2/2000, S. 120.

4 Vgl. *Tuschen, K. H.*: GKV-Gesundheitsreformgesetz 2000, a.a.O., S. 8.

Der Erfolg hängt wesentlich ab von

- der Qualität der Medizin und Pflege,
- dem verbesserten Service für die Versicherten,
- der internen Fallsteuerung sowie
- den Einsparmöglichkeiten gegenüber der herkömmlichen Versorgung.[1]

Zu 3) DRG-orientierte Vergütung

Die Bundesregierung hat mit dem GKV-Gesundheitsreformgesetz 2000 unter anderem im Krankenhausfinanzierungsgesetz den § 17 b neu eingefügt, in dem die **Einführung eines durchgängigen, leistungsorientierten und pauschalierenden Vergütungssystems** für die allgemeinen voll- und teilstationären Krankenhausleistungen angekündigt wird. Von diesem Vergütungssystem ausgenommen sind lediglich Einrichtungen (i.S.v. Krankenhäusern oder bettenführenden Abteilungen) der Psychiatrie, Psychosomatik und Psychotherapeutischen Medizin.

Einerseits hat dieses Vergütungssystem Komplexitäten im Sinne von **Komplikationen** und **Comorbiditäten** abzubilden, andererseits soll sein Differenzierungsgrad praktikabel sein (§ 17 b Abs. 1 Satz 2 KHG).

Soweit allgemeine Krankenhausleistungen nicht in diese Entgelte einbezogen werden können, sind bundeseinheitlich Regelungen für **Zu- oder Abschläge** zu vereinbaren (§ 17 b Abs. 1 Satz 4 KHG). Dies gilt besonders für[2]

- die Notfallversorgung,
- eine zur Sicherstellung der Versorgung der Bevölkerung notwendige Vorhaltung von Leistungen,
- die Ausbildungsstätten und -vergütungen und
- die aus medizinischen Gründen notwendige Mitaufnahme einer Begleitperson des Patienten.

Die Fallgruppen und ihre Bewertungsrelationen, die als Relativgewicht auf eine Bezugsleistung definiert sind, sind bundeseinheitlich festgelegt (§ 17 b Abs. 1 Satz 10f. KHG).

Die zur Einführung dieses neuen Fallpauschalensystems notwendigen Entwicklungsarbeiten überließ der Gesetzgeber der Selbstverwaltung. Er gab jedoch vor, daß sich das neue System an einem international bereits eingesetzten Vergütungssystem auf der Grundlage der **Diagnosis Related Groups (DRGs)** orientieren sollte (§ 17 b Abs. 2 KHG).

In diesen überwiegend diagnosebezogenen Fallgruppen werden die im Krankenhaus erbrachten Leistungen aufgrund der Diagnosen (Haupt- und Nebendiagnosen), aber darüber hinaus auch aufgrund der Prozeduren (v.a. Operationen) und einiger weiterer Kriterien (z.B. Entlassungsgrund, Alter,

---

[1] Vgl. *Hildebrandt, H., Hesselmann, H., Martini, O., Rippmann, K., Seipel, P.*: Integrierte Versorgung - bald die Regel?, in: ku, 1/2000, 26.

[2] Vgl. *Tuschen, K. H.*: GKV-Gesundheitsreformgesetz 2000, a.a.O., S. 12.

Geschlecht, Verweildauer, Beatmungszeiten, Aufnahmegewicht bei Kindern unter einem Jahr) zu Leistungskomplexen zusammengefaßt, die hinsichtlich des Ressourcenverbrauchs vergleichbar sind.

DRG-Systeme verwenden bei der Eingruppierung der Behandlungsfälle im Rahmen hierarchischer Entscheidungsbäume unter anderem sogenannte CC-Listen (Comorbidity or Complication), um so kostenwirksamen Unterschieden in der Fallschwere Rechnung zu tragen.[1]

Die Bewertungsrelationen für die einzelnen Fallgruppen konnten entweder auf der Grundlage der Fallkosten einer Stichprobe[2] von Krankenhäusern kalkuliert, aus international bereits eingesetzten Bewertungsrelationen übernommen oder auf deren Grundlage weiterentwickelt werden (§ 17 b Abs. 3 Satz 3 KHG).

Zugleich wurde im Gesetz ein Zeitrahmen[3] für die Einführung des neuen Entgeltsystems festgelegt (§ 17 b Abs. 3 KHG), der jedoch, wie sich gezeigt hat, nicht in allen Punkten eingehalten werden konnte:

- bis 30.06.2000: Vereinbarung der Grundstrukturen des Vergütungssystems (inkl. der Zu- und Abschläge nach § 17 b Abs. 1 Satz 4 KHG) und des Bewertungsverfahrens, insbesondere der Fallgruppen, sowie der Grundzüge des Verfahrens der laufenden Pflege des Systems,
- bis 31.12.2001: Vereinbarung der Bewertungsrelationen sowie der Bewertung der Zu- und Abschläge nach § 17 b Abs. 1 Satz 4 KHG,
- ab 01.01.2003: Ablösung der bisher abgerechneten Entgelte durch das neue Vergütungssystem; für das Jahr 2003 budgetneutral (§ 17 b Abs. 3 Satz 4 KHG i.d. ursprünglichen Fassung).

Eine der vordringlichsten Aufgaben der Selbstverwaltung war also zu Beginn des Jahres 2000 die Auswahl des Fallgruppen- oder auch Patientenklassifikationssystems.[4] Zur Umsetzung des neuen Entgeltsystems hatten die Spitzenverbände der Gesetzlichen Krankenversicherungen (GKV) und die Deutschen Krankenhausgesellschaft (DKG) daher einen paritätisch besetzten Lenkungs- und Arbeitskreis gebildet.[5]

[1] Vgl. *Rau, F., Schnürer, M.*: DRG-Systeme: Wer die Wahl hat, hat die Qual, in: f&w, 1/2000, S. 46.

[2] Die Regelung wurde durch das zweite Fallpauschalenänderungsgesetz geändert in „sachgerechte Auswahl von Krankenhäusern".

[3] Vgl. *Rochell, B.*: DRG à la francais, in: ku, 3/2000, S. 190.

[4] Vgl. *Rochell, B.*: a.a.O., S. 190.

[5] Vgl. *Pföhler, W.*: Entgeltsystem: Welchen Weg schlagen Deutschlands Krankenhäuser ein?, in: das Krankenhaus, 5/2000, S. 346.

Darüber hinaus hatte die Deutsche Krankenhausgesellschaft Gutachten in Auftrag gegeben[1] und sich an Praxisprojekten[2] beteiligt, um die in der Diskussion befindlichen Fallgruppensysteme in vergleichenden Betrachtungen gegenüberzustellen und diese Gegenüberstellungen anhand deutscher Daten zu bereichern.

Mit der Bildung von Fallgruppen zur Erfassung stationärer Patienten und Unterstützung der Qualitätssicherung begann 1967 in der Yale-Universität die Entwicklung der DRGs.[3] Der erste praktische Einsatz der DRGs erfolgte ab 1983 für die Versicherten des Medicare-Systems, einer staatlichen Versicherung der Rentner, die von der Health Care Financing Administration (HCFA), einer Einrichtung des amerikanischen Gesundheitsministeriums, betrieben wird. Komplikationen und Begleiterscheinungen werden in diesem HCFA-DRG-System nur begrenzt berücksichtigt.[4] 1967 wurde im Staat New York beschlossen, ein DRG-System einzuführen, das sich über den Medicare-Bereich hinaus auf alle stationären Patienten erstreckt (All-Patient-DRG, AP-DRG). Die dazu notwendige Weiterentwicklung wurde der privaten Forschungseinrichtung 3M Health Information Systems (3M-HIS) übertragen, die über die Lizenzrechte an den AP-DRG verfügt.[5]

Unter der Berücksichtigung von Multimorbiditäten und Komplikationen wurden die DRGs zu den Refined-DRGs weiterentwickelt (R-DRG für den Medicare-Bereich bzw. APR-DRG von 3M-HIS). Gemeinsames Kennzeichen dieser neueren Systeme ist die Unterteilung der DRGs nach Art der angegebenen Nebendiagnosen in mehrere Komplexitäts-Subklassen.

Auch in anderen Ländern wurden im Laufe der Jahre DRG-Systeme eingeführt. Insbesondere die Berücksichtigung von Multimorbidität und Komplikationen führte so zu verschiedenen Weiterentwicklungen der DRG-Systeme.

Die folgende Abbildung zeigt die historische Entwicklung und die verschiedenen Generationen von DRG-Systemen. Die grobe Einteilung der Systeme in vier Generationen bezieht sich auf Unterschiede bei der Berücksichtigung von Schweregraden.

---

1 Siehe: *Fischer, W.*: Diagnosis Related Groups (DRG's) und verwandte Patientenklassifikationssysteme, Version 1.2, Z/I/M - Zentrum für Informatik und wirtschaftliche Medizin, CH-Wolfertswil 2000, www.fischer-zim.ch; oder auch *Neubauer, G., Nowy, R.*: Wege zur Einführung eines leistungsorientierten und pauschalierenden Vergütungssystems für operative und konservative Krankenhausleistungen in Deutschland, Gutachten im Auftrag der Deutschen Krankenhausgesellschaft, IfG - Institut für Gesundheitsökonomik, München 2000.

2 Siehe z.B.: *Roeder, N., Rochell, B.*: Empirischer Vergleich von Patientenklassifikationssystemen auf der Grundlage von DRGs in der Herzchirurgie, Erste Ergebnisse eines Praxisprojektes an 18 Kliniken, in: das Krankenhaus, 5/2000, S. 525ff.

3 Vgl. *Schmitz, H., Steiner, P., Robbers, B., Roths, U.*: Die DRGs werden den Alltag im Krankenhaus verändern, in: f&w, 1/2000, S. 51.

4 Vgl. *Mansky, Th.*: Fallgruppensysteme, in: f&w, 3/1997, S. 211.

5 Vgl. *Schmitz, H., Steiner, P., Robbers, B., Roths, U.*: a.a.O., S. 51.

Abbildung 5: Historische Entwicklung von DRG-Systemen

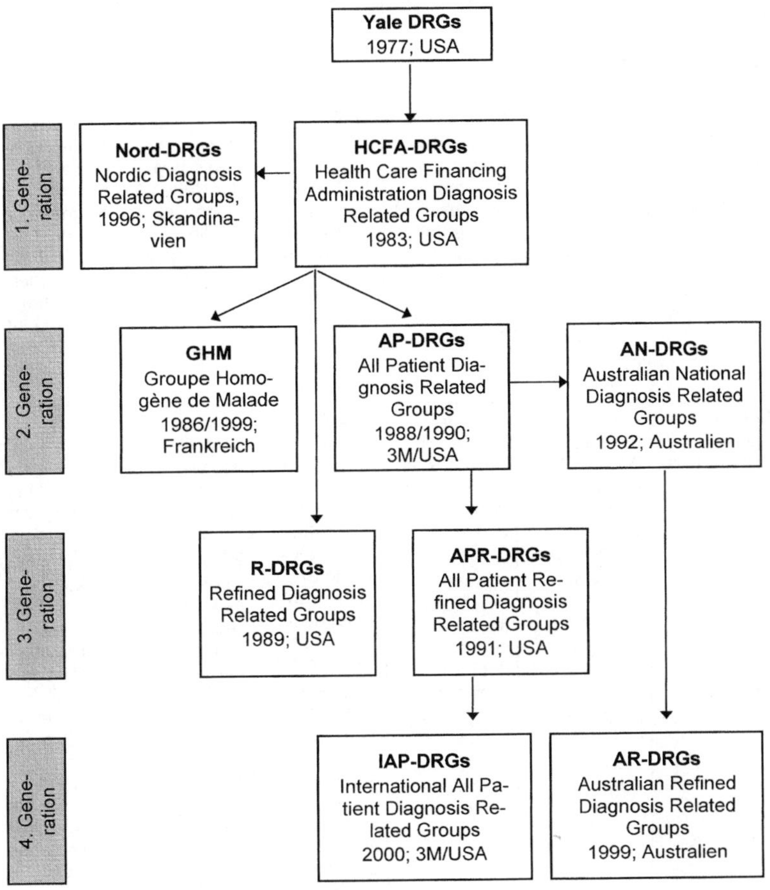

Quelle: In Anlehnung an: Fischer, W.: Diagnosis Related Groups (DRG's) und verwandte Patientenklassifikationssysteme, Version 1.2, Z/I/M - Zentrum für Informatik und wirtschaftliche Medizin, CH-Wolfertswil 2000, www.fischer-zim.ch.

In den folgenden zwei Tabellen sind wesentliche Kriterien bezüglich der Grundstrukturen und der nationalen Einbindung in die Krankenhausfinanzierung einiger der Systeme, die für die Einführung der DRGs in Deutschland zur Wahl gestanden haben, zusammengefaßt.

Tabelle 1: Gegenüberstellung von DRG-Systemen, Grundstrukturen

Kriterien \ System	HCFA-DRGs	Nord-DRGs	GHM	AP-DRGs	AN-/AR-DRGs
Differenzierungsgrad	492-511 Fallgruppen	495 Fallgruppen	590 Fallgruppen (davon 72 ambulante)	641 Fallgruppen	667 bzw. 661 Fallgruppen
Fehlertoleranz bei unvollständiger Kodierung	Hoch: Nebendiagnosen werden zwar bei der Fallgruppierung einbezogen, bewirken aber immer dieselbe Zuschlagshöhe	Gering: Die Kodierung der Nebendiagnosen ist für die Fallgruppierung relevant	Gering: Die Kodierung der Nebendiagnosen ist für die Fallgruppierung relevant	Gering: Die Kodierung der Nebendiagnosen ist für die Fallgruppierung relevant	Gering: Die Kodierung der Nebendiagnosen und der CCL- und CCF-Informationen ist bei den AR-DRG für die Fallgruppierung relevant
Berücksichtigung der Fallschwere	• Auf der Ebene der Basis-DRGs Unterteilung in zwei Schweregradstufen • ökonomisch orientierte Berücksichtigung der Fallschwere • CCs bewirken immer dieselbe Zuschlagshöhe	• Auf der Ebene der Basis-DRGs Unterteilung in zwei Schweregradstufen • ökonomisch orientierte Berücksichtigung der Fallschwere • CCs bewirken unterschiedliche Zuschlagshöhe	• Bestimmte Komplikationen werden als MCCs (Sammel-DRGs für schwerwiegende Begleiterkrankung) definiert und höher vergütet • sofern keine MCC vorliegt, kommen die zwei Schweregradstufen auf Ebene der Basis-DRGs zum Tragen • ökonomisch orientierte Berücksichtigung der Fallschwere	• Bestimmte Komplikationen werden als MCCs definiert und höher vergütet • sofern keine MCC vorliegt, kommen die zwei Schweregradstufen auf Ebene der Basis-DRGs zum Tragen • ökonomisch orientierte Berücksichtigung der Fallschwere	• Auf der Ebene der Basis-DRGs Unterteilung in bis zu vier Schweregradstufen • ökonomisch-medizinisch orientierte Berücksichtigung der Fallschwere, weil die CCs durch Schweregradniveaus (CCL) besser differenziert werden • Erweiterung der für die DRG-Zuordnung relevanten Patientenkriterien durch Kombination von fünf klinischen Faktoren
Gemeinfreiheit	Ja, außer Software-Lizenzen	Ggf.: nationale Systeme	Ja, außer Software-Lizenzen	Nein: Lizenzkosten (System und Software)	Ggf.: nationales System

Quelle: In Anlehnung an: Rau, F.; Schnürer, M.: DRG-Systeme: Wer die Wahl hat, hat die Qual, in: f&w, 1/2000, S. 47.

Tabelle 2: Gegenüberstellung von DRG-Systemen, nationale Einbindung

System / Kriterien	HCFA-DRGs	Nord-DRGs	GHM	AN-/AR-DRGs
Einsatzzweck	Finanzierungsinstrument für 50% des Krankenhausumsatzes, Instrument zur Leistungsbemessung	Unterschiedliche Anwendung in den einzelnen Staaten: Instrument zur Leistungsbemessung und zur Finanzierung	Instrument zur Leistungsbemessung und zur Ermittlung morbiditätsorientierter Budgets für Budgetverhandlungen	Unterschiedliche Anwendung in den einzelnen Staaten: Instrument zur Leistungsbemessung und -planung, zur Budgetermittlung und zur leistungsorientierten Finanzierung
Abdeckungsgrad	Akut-stationäre Versorgung: ohne Rehabilitation, Langzeitpflege, Kinderklinik, Klinik für die Behandlung Krebskranker, Psychiatrie	Akut-stationäre Versorgung, z.T. Geriatrie; Studien zur Einbindung der Psychiatrie	Akut-stationäre Versorgung, Rehabilitation, AHB, inkl. ambulante Leistungen (24-Std.-Fälle)	Akut-stationäre Versorgung in Südaustralien Psychiatrie
Kodiersysteme (Diagnosen, Prozeduren)	ICD-9-CM, Bd. 1 ICD-9-CM, Bd. 3	ICD-10 NCSP (Nordic Classification of Surgical Procedures)	ICD-10 CdAM (Catalogue des actes médicaux)	ICD-9-CM bzw. ICD-10-AM (Australian Modification)
Ausreißer (Patienten, deren Kosten/Verweildauer außergewöhnlich hoch oder niedrig sind)	5% Ausreißer, obere Kosten- und Verweildauer-Grenzwerte	Etwa 5% Ausreißer, obere Kosten- und Verweildauer-Grenzwerte	Bei der Berechnung der durchschnittlichen Kosten der GHM werden jeweils bei 1% der oberen und der unteren Kostenausreißer Grenzwerte gesetzt	Obere und untere Grenzwert; unterschiedliche Kosten- und/oder Verweildauer-Grenzwerte; z.T. degressive Vergütung nach Überschreitung des Grenzwertes
Kalkulationsverfahren	Ermittlung der Bewertungsrelationen erfolgt auf Basis der nach Einzelleistungsvergütung in Rechnung gestellten, aber nach DRGs bezahlten Leistungen aller Krankenhäuser aus dem Vorjahr; korrigiert um Faktoren u.a. für den technischen Fortschritt, Casemix-Veränderungen, Produktivitätsveränderungen, Inflationsrate	Jährliche Stichproben; Fortschreibungen nationaler Kostenstudien	Jährliche Stichprobe einer kleinen Anzahl von Krankenhäusern; diese Stichprobe wird anhand von Kostendaten aus 151 Krankenhäusern berichtigt	Jährliche Stichproben bzw. Fortschreibungen einer nationalen Kostenstudie
Zu- und Abschläge	Pauschale Zuschläge für Lehrkrankenhäuser, regionale Differenzen nach Lohnniveaus, nicht versicherte Patienten; Krankenhäuser in dünn besiedelten Regionen werden kostenorientiert bezahlt	In den einzelnen Staaten unterschiedlich: Zuschläge in einzelnen Regionen unterschiedlich, feste Zuschläge in dünn besiedelten Gebieten oder Zuschläge für Lehrkrankenhäuser	Pauschale Zuschläge für Dialyse, Strahlentherapie und Schwerbrandverletzte; krankenhausindividuelle Vereinbarungen	Unterschiedliche pauschale Zuschläge in den einzelnen Staaten u.a. für Lehrkrankenhäuser, regionale Differenzen, Vorhaltungen

Quelle: In Anlehnung an: Rau, F.; Schnürer, M.: DRG-Systeme: Wer die Wahl hat, hat die Qual, in: f&w, 1/2000, S. 49.

Die im Gesetz festgelegte Terminsetzung für die Vertragsparteien zur Einigung auf eine Grundstruktur eines Vergütungssystems ist eingehalten worden: die Parteien haben sich am 27.06.2000 auf die Systematik der **Australian Refined Diagnosis Related Groups (AR-DRGs), Version 4.1** als Grundlage für die Einführung eines deutschen DRG-Systems geeinigt.[1] In der engeren Wahl waren lediglich die DRG-Systeme der vierten Generation (vgl. Abb. 5): die IAP-DRG der Firma 3M, USA und die AR-DRG. Ausschlaggebend für die Entscheidung war die gesetzliche Vorgabe, das DRG-System solle sich an einem international bereits eingesetzten orientieren; dem wurden die IAP-DRG nicht gerecht.[2] Das AR-DRG-System war mit 661 DRGs ökonomisch überschaubar und zugleich medizinisch hinreichend differenziert.[3]

Die **Vereinbarung über die Einführung eines pauschalierenden Entgeltsystems nach § 17 b KHG** vom 27.06.2000 enthält außerdem die Aufforderung an den Gesetzgeber, die notwendigen ordnungspolitischen Rahmenbedingungen festzulegen. Der budgetneutralen Einführung im Jahr 2003 müsse anschließend eine dreijährige **Konvergenzphase** folgen.[4]

Für das weitere Vorgehen wurde ein umfangreiches Arbeitspaket festgelegt:[5]

- Bis zum 30.09.2000 sollten Abrechnungsgrundsätze, ergänzende Rechnungslegungen und die Abgrenzung zu komplementären Vergütungsbereichen (z.B. der ambulanten Versorgung im Krankenhaus) vereinbart sein.
- Bis zum 30.11.2000 sollte das AR-DRG-System in die deutsche Sprache übersetzt sein und die Grundversion für die kalkulationsbasierte Anpassung vorliegen, d.h. insbesondere Übersetzung der Handbücher und Übertragung auf deutsche Diagnose- und Prozedurenschlüssel.
- Außerdem sollten bis zu diesem Termin einheitliche **Kodierregeln** für die Dokumentation der Diagnosen, Prozeduren und sonstiger gruppierungsrelevanter Merkmale aufgestellte sein.

Gemäß dieser Vereinbarung wird für den Anpassungsprozeß auf deutsche Verhältnisse die Grundsystematik des AR-DRG-Systems mit den fünf medizinischen Schweregraden beibehalten. Für die Abrechnung werden je **Basis-DRG**[6] bis zu drei Fallgruppen vereinbart. Die Anzahl der voll- und teilstationär abrechenbaren Fallgruppen wurde zunächst bis 2005 auf eine Band-

---

1 Vgl. § 1 Abs. 1 der Vereinbarung über die Einführung eines pauschalierenden Entgeltsystems nach § 17 b KHG, 27.06.2000.

2 Vgl. *o.V.*: Kassenverbände und DKG vereinbaren Grundstrukturen des neuen Vergütungssystems, in: das Krankenhaus, 7/2000, S. 520.

3 Vgl. *o.V.*: Jetzt geht die Arbeit erst richtig los, in: das Krankenhaus, 8/2000, S. 655.

4 Vgl. Präambel der Vereinbarung über die Einführung eines pauschalierenden Entgeltsystems nach § 17 b KHG, 27.06.2000; siehe ausführlicher Kap. 2.5.3.2 Systematik des G-DRG-Systems.

5 Vgl. § 1 Abs. 3 und 5 und § 4 Abs. 1 der Vereinbarung über die Einführung eines pauschalierenden Entgeltsystems nach § 17 b KHG, 27.06.2000.

6 Zum Begriff Basis-DRG siehe Kap. 2.5.3.2. Systematik des G-DRG-Systems.

breite von 600 bis maximal 800 DRGs festgelegt.[1] Die Klassifikation soll jährlich bis zum 30. September für das Folgejahr angepaßt werden.[2] Zeitgleich sollte die Höhe eines bundeseinheitlichen **Basisfallwertes** vereinbart werden.[3] Für die Ermittlung und Fortschreibung der **Relativgewichte** der deutschen Fallgruppen sind Istkosten einer repräsentativen Anzahl von Krankenhäusern zu erheben, wobei mittelfristig die Beteiligung aller Krankenhäuser an der Kalkulation angestrebt wird.[4] Grundlage für das Jahr 2003 sollte das gesamte Kalenderjahr 2001 sein.[5]

Die Systemanpassung und -pflege wird einem für die Selbstverwaltungspartner arbeitenden Institut übertragen.[6] Die Finanzierung des Systems, insbesondere die Kosten für die Implementierung, Adaption und Pflege des DRG-Systems, sowie die Kalkulationskosten erfolgt durch Zuschlagszahlungen je Fall über die Krankenhäuser.[7]

Genaueres hierzu regelt das **Gesetz zur Änderung des Krankenhausfinanzierungsgesetzes und der Bundespflegesatzverordnung (DRG-Systemzuschlags-Gesetz)** vom 27.04.2001. Im Krankenhausfinanzierungsgesetz wird in § 17 b ein neuer Absatz 5 aufgenommen, in dem ein Zuschlag auf jeden Krankenhausfall vereinbart wird, mit dem die Entwicklung, Einführung und laufende Pflege des DRG-Systems finanziert werden (**DRG-Systemzuschlag**).

Das umfaßt insbesondere die Finanzierung

- der Entwicklung der DRG-Klassifikationen und der Kodierregeln,
- der Ermittlung der Bewertungsrelationen,
- der Ermittlung der Bewertung der Zu- und Abschläge und
- der Vergabe von Aufträgen, auch soweit die Vertragsparteien die Aufgaben durch ein eigenes DRG-Institut wahrnehmen lassen.

Das Gesetz ist am 05.05.2001 in Kraft getreten und nicht befristet.

In der Praxis ist der DRG-Systemzuschlag von den Krankenhäusern je voll- und teilstationären Fall dem Patienten bzw. dem Kostenträger zusätzlich zu den sonstigen Entgelten in Rechnung zu stellen und an eine durch die Vertragspartner benannte Stelle abzuführen. Der Zuschlag unterliegt nicht der

---

1 Vgl. § 1 Abs. 4 der Vereinbarung über die Einführung eines pauschalierenden Entgeltsystems nach § 17 b KHG, 27.06.2000.

2 Vgl. § 1 Abs. 7 der Vereinbarung über die Einführung eines pauschalierenden Entgeltsystems nach § 17 b KHG, 27.06.2000.

3 Vgl. § 2 Abs. 9 der Vereinbarung über die Einführung eines pauschalierenden Entgeltsystems nach § 17 b KHG, 27.06.2000. Zum Begriff Basisfallwert siehe Kap. 2.5.3.2. Systematik des G-DRG-Systems.

4 Vgl. § 2 Abs. 1 und 2 der Vereinbarung über die Einführung eines pauschalierenden Entgeltsystems nach § 17 b KHG, 27.06.2000. Zum Begriff Relativgewicht siehe Kap. 2.5.3.2. Systematik des G-DRG-Systems.

5 Vgl. § 2 Abs. 4 der Vereinbarung über die Einführung eines pauschalierenden Entgeltsystems nach § 17 b KHG, 27.06.2000.

6 Vgl. § 5 der Vereinbarung über die Einführung eines pauschalierenden Entgeltsystems nach § 17 b KHG, 27.06.2000.

7 Vgl. § 6 der Vereinbarung über die Einführung eines pauschalierenden Entgeltsystems nach § 17 b KHG, 27.06.2000.

Begrenzung der Pflegesätze durch den Grundsatz der Beitragssatzstabilität nach § 6 BPflV.[1]

Nach der amtlichen Begründung ging der Gesetzgeber zunächst von einem jährlichen Kostenvolumen in Höhe von fünf Millionen DM aus, das durch den DRG-Systemzuschlag abgedeckt werden soll.

Am 10.05.2001 haben die Spitzenverbände der Krankenkassen, der Verband der Privaten Krankenversicherung und die Deutsche Krankenhausgesellschaft das **Institut für das Entgeltsystem im Krankenhaus (InEK gGmbH)** gegründet. Dieses DRG-Institut unterstützt die Vertragspartner der Selbstverwaltung bei der gesetzlich vorgeschriebenen Einführung und kontinuierlichen Weiterentwicklung des DRG-Systems, zieht den DRG-Zuschlag ein und wird aus diesem finanziert. Für die Jahre 2001 bis 2003 hatten die Selbstverwaltungspartner den Zuschlag auf 0,60 DM (bzw. 0,30 Euro) pro Fall festgelegt. Da der Zuschlag in 2001 jedoch erst unterjährig zum 1. Juli erhoben wurde, ergab sich für die Restlaufzeit ein Zahlbetrag in Höhe von 0,90 DM.[2] Für das Jahr 2004 war der Zuschlag auf 0,27 Euro pro Fall festgelegt.[3] Der DRG-Zuschlag für 2005 betrug 0,85 Euro, davon entfielen auf den Zuschlag für die pauschalierten Zahlungen für die Teilnahme von Krankenhäusern an der Kalkulation[4] (Zuschlagsanteil „Kalkulation") 0,59 Euro und auf den Zuschlag für die Finanzierung des InEK gGmbH (Zuschlagsanteil „InEK") 0,26 Euro.[5] Für die Jahre 2006 bis 2008 wurde der Zuschlag auf 0,90 Euro festgelegt, davon beträgt der Anteil „Kalkulation" 0,62 Euro und der Anteil „InEK" 0,28 Euro.[6]

Die Änderungen der Bundespflegesatzverordnung durch das DRG-Systemzuschlags-Gesetz beziehen sich auf das Thema Erlösabzug/Kostenausgliederung.[7] Mit der Einführung des DRG-Entgeltsystems in 2003 war die für das Mischsystem aus tagesgleichen Pflegesätzen, Fallpauschalen und Sonderentgelten vorgesehene Ausgliederung der Fallpauschalen und Sonderentgelten aus dem Krankenhausbudget zum 01.01.2002 nicht mehr erforderlich.[8] Die entsprechenden Vorschriften in den §§ 11, 12 und 17 BPflV wurden aufgehoben. Damit entfiel die ursprünglich für alle Krankenhäuser vorgeschriebene Kostenausgliederung. Unverändert bestand weiterhin die Möglichkeit, eine freiwillige Kostenausgliederung zu wählen.

---

1 Vgl. § 17 b Abs. 5 Satz 7 KHG.

2 Vgl. § 5 Abs. 3 der Vereinbarung nach § 17 b Abs. 5 des Krankenhausfinanzierungsgesetzes (KHG) zur Umsetzung des DRG-Systemzuschlags, i.d.F. vom 10.05.2001.

3 Vgl. § 5 Abs. 3 der Vereinbarung nach § 17 b Abs. 5 des Krankenhausfinanzierungsgesetzes (KHG) zur Umsetzung des DRG-Systemzuschlags, i.d.F. vom 24.11.2003.

4 Siehe Kap. 2.1.2.17 Zweites Fallpauschalenänderungsgesetz.

5 Vgl. § 5 Abs. 3 der Vereinbarung nach § 17 b Abs. 5 des Krankenhausfinanzierungsgesetzes (KHG) zur Umsetzung des DRG-Systemzuschlags, i.d.F. vom 17.12.2004.

6 Vgl. § 5 Abs. 3 der Vereinbarung nach § 17 b Abs. 5 des Krankenhausfinanzierungsgesetzes (KHG) zur Umsetzung des DRG-Systemzuschlags, i.d.F. vom 16.12.2005, i.d.F. vom 29.11.2006 und i.d.F. vom 03.12.2007.

7 Siehe Kap. 2.5.2.4 Flexibles Budget.

8 Vgl. Begründung zum Entwurf eines Gesetzes zur Änderung des Krankenhausfinanzierungsgesetzes und der Bundespflegesatzverordnung (DRG-Systemzuschlags-Gesetz).

Am 05.12.2000 sind in der **Vereinbarung über die Regelungen für Zu- und Abschläge gemäß § 17 b Absatz 1 Satz 4 KHG** zwischen den Selbstverwaltungspartnern die Aussagen zu den bereits im GKV-Gesundheitsreformgesetz 2000 angesprochenen Zu- und Abschläge weiter konkretisiert worden:

- **Notfallversorgung**: Krankenhäuser, die nicht an der stationären Notfallversorgung teilnehmen, erhalten einen Abschlag vom Basisfallwert;[1]
- Notwendige **Vorhaltung von Leistungen zur Sicherstellung der Versorgung der Bevölkerung**: in strukturschwachen Gebieten ist eine Zuschlagslösung vorgesehen;[2]
- **Ausbildungsstätten und -vergütungen**: für die Finanzierung der Ausbildung soll eine Fondslösung etabliert werden.[3] Durch ein Umlageverfahren sollen Wettbewerbsverzerrungen für Krankenhäuser mit Ausbildungsstätten, die bei einer reinen Zuschlagslösung zu befürchten sind, vermieden werden;
- Aufnahme von **Begleitpersonen**: Berücksichtigung über tagesbezogene Zuschläge.[4]

Die Höhe der jeweiligen Zu- und Abschläge sollte bis zum 30.06.2002 vereinbart werden.[5] Anfang 2008 lag jedoch lediglich zur medizinisch notwendigen Mitaufnahme einer Begleitpersonen des Patienten eine Vereinbarung vor.

Gemäß § 2 der **Vereinbarung von Zuschlägen für die Aufnahme von Begleitpersonen nach § 17 b Abs. 1 Satz 4 KHG** vom 16.09.2004 können seit 01.01.2005 für Unterkunft und Verpflegung von Begleitpersonen 45,-- Euro je Tag abgerechnet werden.

Da die Selbstverwaltungspartner bisher auf weitere Zu- und Abschläge sich nicht einigen konnten, hat der Gesetzgeber mit dem zweiten Fallpauschalenänderungsgesetz[6] für Krankenhäuser, die nicht an der **Notfallversorgung** teilnehmen, einen pauschalierten Notfallabschlag in Höhe von 50,-- Euro je vollstationärem Fall festgelegt.[7] Auch die Finanzierung der Ausbildung

---

[1] Vgl. § 2 Abs. 1 der Vereinbarung über die Regelung für Zu- und Abschläge gemäß § 17 b Absatz 1 Satz 4 KHG, 05.12.2000. Zum Begriff Basisfallwert siehe Kap. 2.5.3.2 Systematik des G-DRG-Systems.

[2] Vgl. § 2 Abs. 2 der Vereinbarung über die Regelung für Zu- und Abschläge gemäß § 17 b Absatz 1 Satz 4 KHG, 05.12.2000.

[3] Vgl. § 3 der Vereinbarung über die Regelung für Zu- und Abschläge gemäß § 17 b Absatz 1 Satz 4 KHG, 05.12.2000.

[4] Vgl. § 2 Abs. 3 der Vereinbarung über die Regelung für Zu- und Abschläge gemäß § 17 b Absatz 1 Satz 4 KHG, 05.12.2000.

[5] Vgl. § 2 Abs. 1 bis 3 der Vereinbarung über die Regelung für Zu- und Abschläge gemäß § 17 b Absatz 1 Satz 4 KHG, 05.12.2000.

[6] Siehe Kap. 2.1.2.17 Zweites Fallpauschalenänderungsgesetz.

[7] Vgl. *Tuschen, K. H., Braun, Th.*: Veränderte Rahmenbedingungen für die Konvergenzphase, in: f&w, 1/2005, [im folgenden zitiert als: *Tuschen, K. H., Braun, Th.*: Konvergenzphase], S. 34.

wurde durch das zweite Fallpauschalenänderungsgesetz weitergehend geregelt.[1]

Über die in § 17 b KHG gesetzlich bereits vorgegebenen Tatbestände hinaus sollten nach dem Willen der Selbstverwaltungspartner auch **Innovationen** im Krankenhauswesen berücksichtigt werden. Hierzu sollten die Vertragspartner auf Bundesebene die Einzelheiten eines regelgebundenen Verfahrens bis zum 31.12.2002 vereinbart haben.[2] Um den medizinischen Fortschritt auch entgeltmäßig einzufangen, muß zwangsläufig das DRG-System mit seinen Fallgruppen und Kostengewichten in kürzesten Abständen permanent gepflegt werden.[3] Die **Vereinbarung zu § 6 Absatz 2 Satz 3 KHEntgG - Neue Untersuchungs- und Behandlungsmethoden - (NUB)** vom 17.12.2004 regelt vor allem das Verfahren des Einholens der Information durch die Krankenhäuser und beauftragt das InEK mit dem Aufgabenkomplex. Dadurch soll die gesonderte Vergütung neuer Untersuchungs- und Behandlungsmethoden, die mit DRG-Fallpauschalen und Zusatzentgelten noch nicht sachgerecht vergütet werden können, ermöglicht werden.

2.1.2.12 Fallpauschalengesetz

Obwohl bereits im März 2001 ein Eckpunktepapier des Bundesministeriums für Gesundheit (BMG) zur Einführung des DRG-Fallpauschalensystems zur Diskussion stand,[4] zog sich das Gesetzgebungsverfahren für das **Gesetz zur Einführung des diagnose-orientierten Fallpauschalensystems für Krankenhäuser (Fallpauschalengesetz - FPG)** bis zum 23.04.2002 hin. Das Gesetz regelte bis zum Jahr 2006 die ordnungspolitische Einbindung des neuen Systems, den Einführungsplan, die Finanzierung in den einzelnen Phasen der Einführung und Fragen der Qualitätssicherung. Der endgültige ordnungspolitische Rahmen für den Zeitraum ab 2007 sollte in einem späteren Gesetzgebungsverfahren festgelegt werden und bis dahin gewonnene Erfahrungen einbeziehen.[5]

Mit dem Gesetz kam eine Fülle von Änderungen auf die Krankenhäuser zu. Es wurden nicht nur die bestehenden Gesetze und Verordnungen abgeändert, sondern mit dem Artikel 5 das **Gesetz über die Entgelte für voll- und teilstationäre Krankenhausleistungen (Krankenhausentgeltgesetz - KHEntgG)**[6] neu eingeführt, das inzwischen die Bundespflegesatzverordnung weitgehend abgelöst hat.

Im Folgenden werden die wesentlichen Änderungen durch das Fallpauschalengesetz kurz dargestellt.[7]

---

[1] Siehe Kap. 2.1.2.17 Zweites Fallpauschalenänderungsgesetz.

[2] Vgl. Vgl. § 1 der Vereinbarung über die Regelung für Zu- und Abschläge gemäß § 17 b Absatz 1 Satz 4 KHG, 05.12.2000.

[3] Vgl. *Mohr, F. W.*: Zu- und Abschläge geregelt, in: ku, 1/2001, S. 29.

[4] Vgl. *o.V.*: DRG - Viele Aufgaben müssen noch erledigt werden, in: f&w, 3/2001, S. 212.

[5] Siehe Kap. 2.1.2.17 Zweites Fallpauschalenänderungsgesetz.

[6] Siehe Kap. 2.1.2.13 Krankenhausentgeltgesetz.

[7] Vgl. *Quaas, M., Dietz, O.*: Das Fallpauschalengesetz Welches Recht gilt ab welchem Zeitpunkt?, in: f&w, 3/2002, S. 300ff.

Artikel 1: Änderung des SGB V

- Da die auf Verweildauerreduzierung abzielenden Anreize zu Qualitätsdefiziten führen können, ist dem Thema **Qualitätssicherung** besondere Aufmerksamkeit im Zusammenhang mit dem pauschalierenden Entgeltsystems gewidmet. Gemäß § 137 Abs. 3 Satz 1 Nr. 2 SGB V beschließt der Gemeinsame Bundesausschuß einen Katalog planbarer Leistungen, bei denen die Qualität des Behandlungsergebnisses in besonderem Maße von der Menge der erbrachten Leistungen abhängig ist sowie Mindestmengen für die jeweiligen Leistungen je Arzt oder Krankenhaus und Ausnahmetatbestände (**Mindestmengenkatalog**). Ursprünglich war dies Aufgabe der Spitzenverbände (§ 137 Abs. 1 Satz 3 Nr. 3 i.d.F. vom 23.04.2002), wurde aber mit dem GKV-Modernisierungsgesetz[1] dem von den Spitzenverbänden nach § 91 SGB V gebildeten Gemeinsamen Bundesausschuß übertragen. Wenn die erforderlichen Mindestmengen voraussichtlich nicht erreicht werden, dürfen entsprechende Leistungen nicht mehr elektiv erbracht werden (§ 137 Abs. 3 Satz 2 SGB V). Mit der **Vereinbarung gemäß § 137 Abs. 1 Satz 3 Nr. 3 SGB V - Mindestmengenvereinbarung** - vom 03.12.2003 lag erstmals ein solcher Katalog vor. In Anlage 1 waren mit Wirkung zum 01.01.2004 für fünf Leistungsbereiche Mindestmengen vereinbart worden. Bei den durch die OPS-Version 2004 beschriebenen Bereichen handelte es sich um Leber-, Nieren- und Stammzelltransplantationen, sowie um komplexe Eingriffe an den Organsystemen Ösophagus und Pankreas. Zwischenzeitlich wurden der Katalog erweitert, die Mindestmengen angehoben und die OPS-Codes aktualisiert. So gelten ab 2007 die in der folgenden Übersicht aufgeführten Mindestmengen.

Abbildung 6: Mindestmengen ab 01.01.2007

	Jährliche Mindestmenge pro Krankenhaus	Jährliche Mindestmenge pro Arzt
Lebertransplantation	20	-
Nierentransplantation	25	-
Komplexe Eingriffe am Organsystem Ösophagus	10	-
Komplexe Eingriffe am Organsystem Pankreas	10	-
Stammzellentransplantation	25	-
Kniegelenk Totalendoprothese	50	-
Koronarchirurgische Eingriffe	vorerst ohne Festlegung einer Mindestmenge	

Quelle: Eigener Entwurf, Zusammenfassung anhand der Vereinbarung des Gemeinsamen Bundesausschusses gemäß § 137 Abs. 1 Satz 3 Nr. 2 SGB V für nach § 108 SGB V zugelassene Krankenhäuser (Mindestmengenvereinbarung) vom 20.12.2005, in der 1. Neufassung vom 21.03.2006, geändert am 19.12.2006, zuletzt geändert am 22.11.2007, www.g-ba.de.

[1] Siehe Kap. 2.1.2.16 GKV-Modernisierungsgesetz.

- Ein weiterer wichtiger Punkt ist gemäß § 137 Abs. 3 Satz 1 Nr. 4 SGB V die Verpflichtung der Krankenhäuser zur Veröffentlichung von **strukturierten Qualitätsberichten**. Der Gemeinsame Bundesausschuß beschließt Inhalt, Umfang und Datenformat eines im Abstand von zwei Jahren zu veröffentlichenden strukturierten Qualitätsberichts der zugelassenen Krankenhäuser vereinbaren, in dem der Stand der Qualitätssicherung dargestellt wird.[1] Um einen angemessenen Überblick über das Leistungsgeschehen zu verschaffen, hat der Bericht auch Art und Anzahl der Leistungen des Krankenhauses auszuweisen. Er ist über den in dem Beschluß festgelegten Empfängerkreis hinaus von den Landesverbänden der Krankenkassen und den Ersatzkassen im Internet zu veröffentlichen und so den Versicherten zugänglich zu machen. Der Bericht war erstmals 2005 für das Jahr 2004 zu erstellen. Mit der **Vereinbarung gemäß § 137 Abs. 1 Satz 3 Nr. 6 SGB V über Inhalt und Umfang eines strukturierten Qualitätsbericht für nach § 108 SGB V zugelassene Krankenhäuser** vom 03.12.2003 haben die Selbstverwaltungspartner Inhalt und Umfang des Berichts in der Anlage vorgegeben. Die Vereinbarung ist zum 01.12.2003 in Kraft getreten. Durch Beschlüsse des Gemeinsamen Bundesausschusses ist diese Vereinbarung in den Folgejahren neugefaßt worden.
- Durch Ergänzung des § 275 Abs. 1 Nr. 1 SGB V wird ausdrücklich bestimmt, daß die **Einzelfallprüfung durch den Medizinischen Dienst der Krankenkassen (MDK)** bei Auffälligkeiten zur Prüfung der ordnungsgemäßen Abrechnung erfolgen kann.

Artikel 2 und 3: Änderungen des Krankenhausfinanzierungsgesetzes

- In § 17 Abs. 1 KHG wird für Krankenhäuser des neuen Entgeltssystems der Grundsatz **medizinisch leistungsgerechter** Pflegesätze, die es ermöglichen, bei wirtschaftlicher Betriebsführung den Versorgungsauftrag zu erfüllen, nicht mehr vorgegeben.
- Gemäß § 17 Abs. 4b KHG gelten die Vorschriften bezüglich der **Instandhaltungspauschale** auch für den Anwendungsbereich des Krankenhausentgeltgesetzes, die maßgebende Vergütung ist zusätzlich pauschal um 1,1% zu erhöhen.[2]
- § 17 a KHG erhält einen neuen Inhalt über die **Finanzierung der Ausbildung**. Die bisherige Regelung in § 17 Abs. 4a KHG wurde gestrichen. Die Kosten der in § 2 Nr. 1a KHG genannten Ausbildungsstätten und der Ausbildungsvergütung sollten gemäß § 17 a KHG ursprünglich ab dem 01.01.2004 pauschaliert über einen Zuschlag je Fall, den alle Krankenhäuser im Land einheitlich erheben, außerhalb des Erlösbudgets für die Krankenhausversorgung finanziert werden. Dieser Zeitplan wurde jedoch durch nachfolgende Gesetze[3] geändert, so daß erstmals für das

---

[1] Auch dies war ursprünglich unmittelbar Aufgabe der Selbstverwaltungspartner (§ 137 Abs. 1 Satz 3 Nr. 6 SGB V i.d.F. vom 23.04.2002).

[2] Vgl. *Quaas, M., Dietz, O.*: a.a.O., S. 302; siehe auch die Ausführungen über die Instandhaltungspauschale in Kap. 2.1.2.9 GKV-Neuordnungsgesetz.

[3] Siehe Kap. 2.1.2.15 Fallpauschalenänderungsgesetz und Kap. 2.1.2.17 Zweites Fallpauschalenänderungsgesetz.

Jahr 2006 ein Ausbildungszuschlag auf Landesebene vereinbart wurde. Der Zuschlag wird von jedem Krankenhaus je voll- und teilstationärem Fall in Rechnung gestellt und an die jeweilige Landeskrankenhausgesellschaft als Ausgleichsstelle abgeführt. Die Landeskrankenhausgesellschaft errichtet einen Ausgleichsfonds und verwaltet ihn treuhänderisch. Die Summe aller Zuschläge bildet die Höhe dieses Ausgleichsfonds. Da alle Krankenhäuser diesen Zuschlag erheben, werden Wettbewerbsverzerrungen zwischen den ausbildenden und nicht ausbildenden Krankenhäusern vermieden. Die Landeskrankenhausgesellschaft zahlt aus dem Fonds an die ausbildenden Krankenhäuser die ihnen zustehenden Beträge zur pauschalierten Finanzierung der Ausbildungskosten. Diese Finanzierungsmittel sind vom Krankenhausträger zweckgebunden zu verwenden. Bei der Ermittlung der berücksichtigungsfähigen Ausbildungsvergütungen sind Personen, die in der Krankenpflege oder Kinderkrankenpflege ausgebildet werden, im Verhältnis 9,5 zu 1 auf den Stellenplan anzurechnen.[1] D.h. die Kosten der Ausbildungsvergütungen sind nur insoweit zu berücksichtigen, als sie die Kosten der anzurechnenden Stellen übersteigen. Die Vertragsparteien auf Bundesebene sollten ursprünglich ab 2004 jährlich für die einzelnen Berufe die durchschnittlichen Kosten je Ausbildungsplatz in den Ausbildungsstätten und die Mehrkosten der Ausbildungsvergütung ermitteln und vereinbaren. Mit diesen Ausbildungspauschalen sollten die Ausbildungsstätten finanziert werden. Dieser Schritt wurde durch die zwei Fallpauschalenänderungsgesetze auf 2009 verschoben. In den Jahren 2006 bis 2008 sollten zunächst nur „Richtwerte“ vereinbart werden.[2] Durch das GKV-Wettbewerbsstärkungsgesetz wurde die ursprünglich geplante strenge Angleichung der krankenhausindividuellen Ausbildungsbudgets durch einen flexibleren Angleichungsprozeß abgelöst.[3] Ab 2010 soll es auf Bundesebene Richtwerte geben, die bei der Vereinbarung des Ausbildungsbudgets zu berücksichtigen sind.[4]

- § 17 b Abs. 1 KHG wurde um die Möglichkeit zur Vereinbarung von bundeseinheitlichen **Zusatzentgelten** für Leistungen, Leistungskomplexe oder Arzneimittel erweitert, soweit dies zur Ergänzung der Fallpauschalen in eng begrenzten Ausnahmefällen erforderlich ist, z.B. für die Behandlung von Blutern mit Blutgerinnungsfaktoren oder für eine Dialyse.

---

1 Bis einschließlich 2004 galt der Anrechnungsschlüssel 7 zu 1. Da jedoch mit dem Gesetz über die Berufe in der Krankenpflege und zur Änderung anderer Gesetze vom 16.07.2003 der Praxisanteil der Krankenpflegeausbildung zugunsten der theoretischen Ausbildung verkürzt wurde, wurde auch der Anrechnungsschlüssel geändert: „ab dem 1. Januar 2005 gilt das Verhältnis 9,5 zu 1.“ (Artikel 2 des Gesetzes über die Berufe in der Krankenpflege und zur Änderung anderer Gesetze).

2 Siehe Kap. 2.1.2.15 Fallpauschalenänderungsgesetz und Kap. 2.1.2.17 Zweites Fallpauschalenänderungsgesetz.

3 Vgl. *Rau, F.*: Was ändert sich für die Krankenhäuser mit dem GKV-Wettbewerbsstärkungsgesetz?, in: das Krankenhaus, 3/2007, [im folgenden zitiert als: *Rau, F.*: GKV-Wettbewerbsstärkungsgesetz], S. 184.

4 Siehe Kap. 2.1.2.18 GKV-Wettbewerbsstärkungsgesetz.

- Da sich bereits Mitte 2001 abzeichnete, daß eine Einführung der DRGs verbindlich für alle Krankenhäuser zum 01.01.2003 nicht mehr möglich sein werde, weil die Kalkulationsergebnisse mangels verbindlicher Kodierrichtlinien und damit der DRG-Fallpauschalen-Katalog nicht rechtzeitig zur Verfügung stehen werden, hatten sich die Selbstverwaltungspartner mit dem Bundesministerium für Gesundheit (BMG) darauf verständigt, für das Jahr 2003 einen optionalen Einstieg in das neue Vergütungssystem zu ermöglichen.[1] In § 17 b KHG wird der Absatz 4 neugefaßt und Absatz 6 eingefügt. Sie regeln, daß das neue Vergütungssystem für das Jahr 2003 budgetneutral umzusetzen war, jedoch für alle Krankenhäuser bindend erst ab 2004 mit einer ersten Fassung eines deutschen Fallpauschalen-Katalogs eingeführt wurde. Unter Beachtung der dafür vorgegebenen Regeln konnten Krankenhäuser auf freiwilliger Basis bereits in 2003 (**„Frühumsteiger"**) auf das neue Entgeltsystem mit einem vorläufigen, auf der Grundlage des ausgewählten australischen Katalogs vereinbarten Fallpauschalen-Katalog umsteigen (**Optionsmodell**). Eine Zustimmung durch die Krankenkassen war nicht erforderlich. Auch für 2004 ist gemäß Absatz 6 die Einführung des DRG-Systems budgetneutral gewesen. Daran sollte sich eine dreistufige, zweijährige **Angleichungs- oder Konvergenzphase** anschließen: in den Jahren 2005 bis 2007 sollte jeweils zum 1 Januar der krankenhausindividuelle Basisfallwert und das Erlösbudget des Krankenhauses für die Erlöse aus DRG-Fallpauschalen und Zusatzentgelten nach § 17 b KHG schrittweise an den krankenhausübergreifend festgelegten Basisfallwert und an das sich daraus ergebenden Erlösvolumen angeglichen werden. Zum 01.01.2007 sollte das System dann voll wirksam werden. Durch das zweite Fallpauschalenänderungsgesetz wurde die Konvergenzphase um zwei Jahre verlängert, das G-DRG-System soll nun zum 01.01.2009 voll wirksam werden.[2] Erstmals wurden für 2005 **landesweit geltende Basisfallwerte** vereinbart (§ 17 b Abs. 3 Satz 5 KHG) bzw. durch die Schiedsstelle festgesetzt.[3]
- Da schon im Gesetzgebungsverfahren deutlich wurde, daß die Selbstverwaltung in zentralen Punkten der DRG-Einführung zerstritten war und kaum in der Lage sein würde, das vorgesehene Optionsmodell - also die Einführung für DRG-willige Krankenhäuser schon 2003 - aus eigener Kraft umzusetzen,[4] wurde im § 17 b KHG mit dem Absatz 7 das Bundesministerium für Gesundheit ermächtigt, durch Rechtsverordnung ohne Zustimmung des Bundesrates Vorschriften über Teilbereiche zu erlassen, in denen eine Einigung der Selbstverwaltungsparteien nicht zustande gekommen ist und eine der Vertragsparteien insoweit das Scheitern der Verhandlungen erklärt hat (**Ersatzvornahme**). Bisher war als

[1] Vgl. *Tuschen, K. H.*: BMG setzt Anreize für den Einstieg 2003, in: f&w, 4/2001, [im folgenden zitiert als: *Tuschen, K. H.*: Einstieg 2003], S. 334.

[2] Siehe Kap. 2.1.2.17 Zweites Fallpauschalenänderungsgesetz.

[3] Siehe Kap. 2.5.3.2 Systematik des G-DRG-Systems.

[4] Vgl. *Broll, G., Broll, H., Lehr, A.*: Selbstverwaltung zerstritten - Politik unter Zugzwang, in: das Krankenhaus, 11/2001, S. 943.

Konfliktlösungsmechanismus lediglich die Anrufung der Bundesschiedsstelle vorgesehen.

- Der neu eingefügte § 17 c KHG übernimmt die Regelungen der **Fehlbelegung** und Fehlbelegungsprüfung, die bisher in § 17 a KHG festgelegt waren. Zum einen hat der Krankenhausträger durch geeignete Maßnahmen unter anderem darauf hinzuwirken, daß keine Patienten in das Krankenhaus aufgenommen werden, die nicht der stationären Krankenhausbehandlung bedürfen (Fehlbelegung), eine vorzeitige Verlegung oder Entlassung aus wirtschaftlichen Gründen unterbleibt und die Abrechnung ordnungsgemäß erfolgt. Zum anderen können die Krankenkassen gemeinsam durch Einschaltung des **Medizinischen Dienstes (MDK)** die Einhaltung der Verpflichtungen durch Stichproben von akuten und abgeschlossenen Fällen prüfen. Soweit nachgewiesen wird, daß Fallpauschalen grob fahrlässig zu hoch abgerechnet wurden, sind der Differenzbetrag und zusätzlich ein Betrag in derselben Höhe zurückzuzahlen. Soweit sich die Vertragsparteien über die Prüfungsergebnisse und die sich daraus ergebenden Folgen nicht einigen, können der Krankenhausträger und jede betroffene Krankenkasse den Schlichtungsausschuß anrufen.

Artikel 4: Änderung der Bundespflegesatzverordnung

- Der neu eingefügte § 6 Abs. 5 BPflV sieht für 2003 und 2004 jeweils einen zusätzlichen Betrag zur **Verbesserung der Arbeitszeitbedingungen** in Höhe von bis zu 0,2% des Gesamtbetrags vor, der auch von unter das Krankenhausentgeltgesetz fallende Krankenhäuser geltend gemacht werden kann. Voraussetzung ist der Nachweis des Krankenhauses, daß aufgrund einer Vereinbarung mit der Arbeitnehmervertretung, die eine Verbesserung der Arbeitszeitbedingungen zum Gegenstand hat, zusätzliche Personalkosten entstehen.
- Im übrigen wird die Bundespflegesatzverordnung durch zahlreiche Änderungen auf ihren begrenzten Anwendungsbereich für psychiatrische und psychosomatische Einrichtungen sowie für Einrichtungen der Psychotherapeutischen Medizin „zurückgeschnitten". Darin liegt die eigentliche Bedeutung der Gesetzesänderung: die Bundespflegesatzverordnung ist nur noch anwendbar für die Vergütung der Leistungen von Krankenhäuser, die nicht in das DRG-Vergütungssystem einbezogen sind. Für alle anderen unter Pflegesatzrecht fallende Krankenhäuser gilt in Zukunft das Krankenhausentgeltgesetz. Einige Vorschriften der Bundespflegesatzverordnung gelten für eine Übergangszeit auch bei der Bemessung und Vereinbarung nach dem Krankenhausentgeltgesetz, in dem dort die entsprechende Anwendung der Bundespflegesatzverordnung ausdrücklich vorgeschrieben wird.
- Insbesondere wurden alle Vorschriften, die früheren Fallpauschalen und Sonderentgelte betreffend gestrichen. Mehr- oder Mindererlösausgleiche werden in der Übergangsphase beibehalten.
- Mit der Einführung des DRG-Systems entfiel für die davon betroffenen Krankenhäuser insbesondere auch der § 5 BPflV über den **Krankenhausvergleich**.

2.1.2.13 Krankenhausentgeltgesetz

Durch Artikel 5 des Fallpauschalengesetzes neu eingeführt wurde das **Gesetz über die Entgelte für voll- und teilstationäre Krankenhausleistungen (Krankenhausentgeltgesetz - KHEntgG)**, das ab 2003 für die „Frühumsteiger" und für die übrigen Krankenhäuser zwingend ab 2004 anzuwenden ist. Ausgenommen sind hiervon gemäß § 1 Abs. 2 Satz 2 Nr. 3 KHEntgG die Krankenhäuser oder Krankenhausabteilungen, die nicht in das DRG-Vergütungssystem einbezogen sind, d.h., gemäß § 17 b Abs. 1 Satz 1 KHG die Einrichtungen der Psychiatrie, Psychosomatik und der Psychotherapeutischen Medizin. Für diese gilt die Bundespflegesatzverordnung.

Analog zur Bundespflegesatzverordnung umfaßt auch das Krankenhausentgeltgesetz allgemeine Krankenhausleistungen und Wahlleistungen (§ 2 Abs. 1 KHEntgG).

Gemäß § 3 Abs. 1 KHEntgG wurde das neue Vergütungssystem in den Jahren 2003 und 2004 für das Krankenhaus **budgetneutral** eingeführt. Für ein Krankenhaus, das nach § 17 b Abs. 4 KHG das neue Vergütungssystem bereits im Jahr 2003 angewendet hat, war ein **Gesamtbetrag** in entsprechender Anwendung von § 6 Abs. 1 BPflV zu vereinbaren, d.h., auf der Grundlage der Vereinbarung für das Jahr 2002 wurden Veränderungsrate und Ausnahmetatbestände berücksichtigt. Entsprechendes galt für das Jahr 2004. Dazu wurde der vereinbarte Gesamtbetrag 2003 gemäß § 3 Abs. 3 KHEntgG vermindert um unter anderem die Entgeltanteile, die auf Leistungsbereiche entfielen, die nicht dem DRG-Vergütungssystem unterliegen. Erhöht wurde der Betrag um die Abzüge für vor- und nachstationäre Behandlung nach Nr. 2 des Abschnitts K5 der Anlage 1 BPflV (LKA), soweit diese Behandlungsformen zusätzlich zu den DRG-Fallpauschalen nicht mehr abgerechnet werden konnten. Zu guter Letzt wurde der Betrag noch um darin enthaltene Ausgleiche und Berichtigungen für Vorjahre bereinigt. Der so ermittelte Gesamtbetrag war dann sachgerecht aufzuteilen auf

- die Fallpauschalen und Zusatzentgelte nach § 17 b KHG (**Erlösbudget**) einschließlich noch nicht ausgegliederter Zu- und Abschläge und
- die voll- und teilstationären Leistungen, die nach dem Krankenhausfinanzierungsgesetz vergütet, jedoch noch nicht von Fallpauschalen und Zusatzentgelten erfaßt wurden (**krankenhausindividuell vereinbarte Entgelte und Zusatzentgelte** gemäß § 6 Abs. 1 KHEntgG).

Für die Abrechnung der DRG-Fallpauschalen waren gemäß § 3 Abs. 4 KHEntgG **krankenhausindividuelle Basisfallwerte** zu ermitteln. Dazu wurde von dem Erlösbudget die Summe der Zusatzentgelte abgezogen und der sich ergebende Betrag durch die Summe der Bewertungsrelationen der vereinbarten Behandlungsfälle dividiert. Der für das jeweilige Jahr geltende Basisfallwert ist der Abrechnung der Fallpauschalen zugrunde zu legen.[1]

[1] Siehe Kap. 2.5.3.2 Systematik des G-DRG-Systems.

Solange Erlösbudgets für Krankenhäuser vereinbart werden, sind auch Regelungen zu treffen, wie mit Mehr- und Mindererlösen umzugehen ist. § 3 Abs. 6 KHEntgG gibt Ausgleichsregelungen vor. Weicht in den Jahren 2003 oder 2004 die Summe der Erlöse des Krankenhauses von dem vereinbarten Erlösbudget ab, werden die Mehr- oder Mindererlöse wie folgt ausgeglichen:[1]

- **Mindererlöse** werden im Jahr 2003 zu 95% und im Jahr 2004 zu 40% ausgeglichen,
- **Mehrerlöse** werden differenzierter betrachtet:
  - Mehrerlöse aus Fallpauschalen, die in Folge einer veränderten Kodierung von Diagnosen und Prozeduren (Kodiereffekt) entstehen, werden vollständig ausgeglichen. Mit dieser Regelung wird verhindert, daß die erwünschte Veränderung des Kodierverhaltens bei gleichbleibenden Leistungen zu zusätzlichen Ausgaben der Krankenkassen führt.
  - Sonstige Mehrerlöse werden im Jahr 2003 zu 75% und im Jahr 2004 zu 65% ausgeglichen. Die Vertragsparteien konnten im voraus einen abweichenden Ausgleich vereinbaren, insbesondere für Leistungen mit einem sehr hohen Sachkostenanteil. Für den Bereich der Fallpauschalen werden die sonstigen Mehrerlöse vereinfacht ermittelt.

Der Gesetzgeber hat also bei den Ausgleichssätzen den sogenannten „Frühumsteigern" bevorzugte Einführungsbedingungen geboten, um das besonders hohe Planungsrisiko für das Einführungsjahr 2003 aufzufangen.

Zur Ermittlung der Mehr- oder Mindererlöse hat der Krankenhausträger eine vom Jahresabschlußprüfer bestätigte Aufstellung über die Erlöse vorzulegen.

Ab dem Jahr 2005 wird dann das Erlösbudget des Krankenhauses nach der neuen DRG-Systematik verhandelt. Dabei gilt grundsätzlich die Formel „Menge x Preis",[2] d.h., die krankenhausindividuell vereinbarten DRGs werden mit dem landesweiten Basisfallwert bewertet. Das so ermittelte **DRG-Erlösvolumen** wird in der **Konvergenzphase** (ursprünglich 2005 und 2006, aber verlängert bis 2008[3]) jedoch noch nicht sofort wirksam; vielmehr erfolgt in diesen Jahren eine stufenweise Anpassung, die in § 4 KHEntgG genau festgelegt ist.[4] Gemäß Absatz 1 werden jeweils zum 1. Januar der Jahre 2005 bis 2009 der krankenhausindividuelle Basisfallwert und das Erlösbudget des Krankenhauses stufenweise an den landesweit geltenden Basisfallwert und das sich daraus ergebende DRG-Erlösvolumen angeglichen. Ausgangswert für die Ermittlung des Erlösbudgets für das Jahr 2005 (bzw. 2006 bis 2008) ist nach § 4 Abs. 2 (bzw. 3) KHEntgG jeweils das vereinbarte Erlösbudget des Vorjahres. Auch hier erfolgen Minderungen und Bereinigun-

---

[1] Siehe Kap. 2.5.3.4 Erlösausgleiche bis 2008.

[2] Vgl. *Schölkopf, M.*: Das Fallpauschalengesetz: Entscheidungsverlauf und zentrale Inhalte, in: das Krankenhaus, 4/2002, S. 276.

[3] Siehe Kap. 2.1.2.17 Zweites Fallpauschalenänderungsgesetz.

[4] Siehe Kap. 2.5.3.2 Systematik des G-DRG-Systems.

gen analog wie in den Jahren 2003 und 2004. Als Zielwert für die Angleichung wird für die Jahre 2005 bis 2008 gemäß § 4 Abs. 5 KHEntgG jeweils ein DRG-Erlösvolumen für das Krankenhaus vereinbart, indem Art und Menge der voraussichtlich zu erbringenden DRG-Fallpauschalen mit dem jeweils landesweit geltenden Basisfallwert bewertet werden. Der für die Angleichung maßgebliche Angleichungsbetrag wird ermittelt, indem der Ausgangswert von dem Zielwert abgezogen und von diesem Zwischenergebnis für die Jahre 2005 bis 2008 unterschiedliche Prozentsätze errechnet werden (§ 4 Abs. 6 KHEntgG). Zur Ermittlung des dann für das jeweilige Jahr gültigen krankenhausindividuellen Erlösbudgets werden der Ausgangswert und der Angleichungsbetrag unter Beachtung des Vorzeichens addiert.

Zur Ermittlung der in den Jahren 2005 bis 2008 für die Abrechnung geltenden krankenhausindividuellen Basisfallwerte ist das Erlösbudget gemäß § 4 Abs. 7 KHEntgG zu vermindern um die voraussichtlichen Erlöse aus Zusatzentgelten und zu verändern um noch durchzuführende, vorgeschriebene Ausgleiche für Vorjahre. Dieses veränderte Erlösbudget wird durch die Summe der Bewertungsrelationen der vereinbarten Behandlungsfälle dividiert.

Für Mehr- und Mindererlöse in den Jahren 2005 bis 2008 gelten gemäß § 4 Abs. 9 KHEntgG die Regelungen[1] analog wie in 2004:

- Mindererlöse werden grundsätzlich zu 40% (mit dem GKV-Wettbewerbsstärkungsgesetz[2] wurde der Mindererlösausgleich auf 20% reduziert),
- kodierbedingte Mehrerlöse weiterhin zu 100% und
- sonstige Mehrerlöse zu 65% ausgeglichen.

Falls für den Zeitraum ab dem Jahr 2009 eine andere gesetzliche Regelung nicht in Kraft getreten ist, sind gemäß § 4 Abs. 12 KHEntgG für die Ermittlung des Erlösbudgets und für die Berücksichtigung von Ausgleichen und Berichtigungen für Vorjahre diese Regelungen entsprechend anzuwenden.

In § 5 Abs. 2 KHEntgG werden für die Abrechnung von Vorhaltungs- (oder Sicherstellungs-)zuschlägen, konkretisierende Vorgaben gemacht:[3] Für die **Vorhaltung von Leistungen**, die aufgrund des geringen Versorgungsbedarfs mit den Fallpauschalen nicht kostendeckend finanzierbar und zur Sicherstellung der Versorgung der Bevölkerung bei einem Krankenhaus notwendig ist, vereinbaren die Vertragsparteien auf örtlicher Ebene Sicherstellungszuschläge.

Damit auf mögliche anfängliche Lücken des DRG-Fallpauschalen-Katalogs flexibel reagiert werden kann, eröffnet § 6 Abs. 1 KHEntgG die Möglichkeit einer Vereinbarung auf örtlicher Ebene von **fall- oder tagesbezogenen Entgelten und Zusatzentgelten** für die Vergütung von Leistungen, die noch nicht mit den DRG-Fallpauschalen und Zusatzentgelten sachgerecht vergütet werden (**Öffnungsklausel**). Ursprünglich war diese Übergangsregelung

[1] Siehe Kap. 2.5.3.4 Erlösausgleiche bis 2008.

[2] Siehe Kap. 2.1.2.18 GKV-Wettbewerbsstärkungsgesetz.

[3] Vgl. *Rau, F.*: Arbeitsentwurf zur Einführung des DRG-Fallpauschalensystems vorgelegt, in: das Krankenhaus, 7/2001, [im folgenden zitiert als: *Rau, F.*: Arbeitsentwurf], S. 574.

auf die Jahre 2003 und 2004 begrenzt, danach sollten grundsätzlich alle Leistungen in den DRG-Katalog aufgenommen sein.[1] Aber auch diese Öffnungsklausel wurde durch die Fallpauschalenänderungsgesetze verlängert.[2] Die „§ 6-Entgelte und -Zusatzentgelte" sind sachgerecht zu kalkulieren (§ 6 Abs. 1 Satz 2 KHEntgG).

Für die **Vergütung neuer Untersuchungs- und Behandlungsmethoden**, die mit den Fallpauschalen und Zusatzentgelten noch nicht sachgerecht vergütet werden können, sollen die Vertragsparteien vor Ort erstmals für das Jahr 2005 zeitlich befristete, fallbezogene Entgelte vereinbaren. Auch diese Entgelte sind sachgerecht zu kalkulieren (§ 6 Abs. 2 KHEntgG).

In den §§ 9 bis 11 KHEntgG werden die Vereinbarungstatbestände auf Bundes-, Landes- bzw. örtlicher Ebene festgelegt:

Auf **Bundesebene** haben die Vertragsparteien nach § 9 Abs. 1 KHEntgG unter anderem zu vereinbaren

1. den **DRG-Fallpauschalen-Katalog** nach § 17 b Abs. 1 KHG einschließlich der Bewertungsrelationen sowie Regelungen zur Grenzverweildauer und der in Abhängigkeit zu diesen zusätzlich zu zahlenden Entgelte oder vorzunehmenden Abschläge,
2. einen Katalog ergänzender **Zusatzentgelte** nach § 17 b Abs. 1 Satz 12 KHG einschließlich der Vergütungshöhe,
3. die **Abrechnungsbestimmungen** für die Entgelte nach den Nummern 1 und 2 sowie die Regelungen über Zu- und Abschläge,
4. Empfehlungen für die Kalkulation und Vergütung neuer Untersuchungs- und Behandlungsmethoden und
5. für das Jahr 2003 die Berichtungsrate nach § 6 Abs. 3 Satz 1 BPflV und für das Jahr 2004 die Berichtigungsrate nach § 6 Abs. 2 Satz 1 BPflV (**BAT-Berichtigung**).

Die Vertragsparteien auf **Landesebene** vereinbaren gemäß § 10 KHEntgG jährlich einen **landesweit geltenden Basisfallwert** für das folgende Kalenderjahr. Bei der erstmaligen Vereinbarung für das Jahr 2005 hatten die Vertragsparteien den Basisfallwert so festzulegen, daß Beitragserhöhungen ausgeschlossen wurden, es sei denn, die notwendige medizinische Versorgung war auch nach Ausschöpfung von Wirtschaftlichkeitsreserven ohne Beitragserhöhungen nicht zu gewährleisten. Maßstab dafür war die Veränderungsrate nach § 71 SGB V,[3] d.h., die landesweiten Basisfallwerte waren unter Beachtung der Beitragssatzstabilität prospektiv zu vereinbaren. Die Vertragsparteien hatten sich an dem voraussichtlichen Ausgabenvolumen für die mit dem Basisfallwert zu vergütenden Leistungen oder an den für das Jahr 2004 vereinbarten, gewichteten Basisfallwerten der Krankenhäuser

---

[1] Vgl. *Rau, F.*: Arbeitsentwurf, a.a.O., S. 571f.

[2] Siehe Kap. 2.1.2.15 Fallpauschalenänderungsgesetz und Kap. 2.1.2.17 Zweites Fallpauschalenänderungsgesetz.

[3] Siehe Kap. 2.5.1.3 Beitragssatzstabilität.

im Lande zu orientieren. Es konnten somit auch die krankenhausindividuellen Basisfallwerte zur Entscheidungsfindung herangezogen werden.[1]

In den Folgejahren sind bei der Vereinbarung des Basisfallwertes insbesondere zu berücksichtigen:

- der von der Bundesebene vorgegebene Veränderungsbedarf aufgrund der jährlichen Kostenerhebung und Neukalkulation, der nicht mit den Bewertungsrelationen umgesetzt werden kann,
- voraussichtliche allgemeine Kostenentwicklungen,
- Möglichkeiten zur Ausschöpfung von Wirtschaftlichkeitsreserven, soweit diese nicht bereits durch die Weiterentwicklung der Bewertungsrelationen erfaßt worden sind,
- die allgemeine Kostendegression bei Fallzahlsteigerungen sowie
- die Ausgabenentwicklung insgesamt bei den Leistungsbereichen, die nicht mit Fallpauschalen vergütet werden, soweit diese die Veränderungsrate nach § 71 SGB V überschreiten.

Soweit in Folge einer veränderten Kodierung der Diagnosen und Prozeduren Ausgabenerhöhungen entstehen, sind diese vollständig durch eine entsprechende Absenkung des Basisfallwertes auszugleichen.

Auch ab 2006 unterliegt die Veränderung des Basisfallwertes der Veränderungsrate nach § 71 SGB V. Der nach § 10 Abs. 3 KHEntgG ermittelte Basisfallwert wird an der nach § 10 Abs. 4 KHEntgG ermittelten Obergrenze „gekappt". Bei der Ermittlung dieser Obergrenze finden neben der Veränderungsrate lediglich technisch bedingte Erhöhungen des Landesbasisfallwertes in Folge der Weiterentwicklung des DRG-Systems und der Abrechnungsregeln Berücksichtigung. Erst mit dem GKV-Wettbewerbsstärkungsgesetz wurde die Möglichkeit eröffnet, einen höheren Basisfallwert als Folge einer niedrigeren Summe der effektiven Bewertungsrelationen zu vereinbaren.[2] Der jährlich zu vereinbarende Basisfallwert stellt im DRG-Entgeltsystem eine zentrale Größe dar.[3]

Auf **örtlicher Ebene**, d.h., für das einzelne Krankenhaus, sind nach § 11 KHEntgG unter Beachtung des Versorgungsauftrags des Krankenhauses zu vereinbaren

- der Gesamtbetrag,
- das Erlösbudget,
- die Summe der Bewertungsrelationen,
- der krankenhausindividuelle Basisfallwert,
- die Zu- und Abschläge,
- die sonstigen Entgelte und
- die Mehr- und Mindererlösausgleiche.

Die Vereinbarung ist für einen zukünftigen Zeitraum zu schließen.

---

[1] Vgl. *Mohr, F. W.*: FPG: die 10 wichtigsten Eckpunkte, in: ku, 4/2002, S. 296.

[2] Siehe Kap. 2.1.2.18 GKV-Wettbewerbsstärkungsgesetz.

[3] Vgl. *Schölkopf, M.*: a.a.O., S. 277.

Der Krankenhausträger übermittelt zur Vorbereitung der Verhandlung den anderen Vertragsparteien, den in § 18 Abs. 1 KHG genannten Beteiligten und der zuständigen Landesbehörde

- für 2003 die Leistungs- und Kalkulationsaufstellung (LKA) nach den Anlagen 1 und 2 BPflV sowie die Abschnitte E1, E2 und B1 nach Anlage 1 KHEntgG,
- für 2004 die Abschnitte E1 bis E3 und B1 nach Anlage 1 KHEntgG sowie eine verkürzte LKA
- für die Jahre ab 2005 die Abschnitte E1 bis E3 und B2 nach Anlage 1 KHEntgG.

Anlage 1 KHEntgG ist die **Aufstellung der Entgelte und Budgetermittlung (AEB)**[1] und beinhaltet den Nachweis der DRG-Fallpauschalen (E1) und der Zusatzentgelte (E2) sowie die Aufstellung der nach § 6 KHEntgG krankenhausindividuell vereinbarten Entgelte und Zusatzentgelte (E3). Im Abschnitt B1 wird der Gesamtbetrags und der Basisfallwert nach § 3 KHEntgG für die Jahre 2003 und 2004 ermittelt. Ab 2005 erfolgt die Ermittlung des Erlösbudgets und des krankenhausindividuellen Basisfallwertes im Abschnitt B2.

Kommt eine Vereinbarung ganz oder teilweise nicht zustande, entscheidet die Schiedsstelle nach § 18 a KHG auf Antrag einer der Vertragsparteien über die Gegenstände, über die keine Einigung erreicht werden konnte (§ 13 KHEntgG).

Ein großer Teil der Krankenhausbudgets und Entgelte wird entgegen gesetzlicher Vorschriften nicht mehr prospektiv, sondern erst später während des bereits laufenden Jahres verhandelt. Für solche Fälle verspäteter Budgetabschlüsse gilt § 15 Abs. 1 Satz 3 KHEntgG, nach dem die bisher geltenden Entgelte weiter zu erheben sind. Mehr- oder Mindererlöse in Folge der Weitererhebung der bisherigen Entgelte werden durch Zu- bzw. Abschläge auf die im restlichen Vereinbarungszeitraum zu erhebenden neuen Entgelte bzw. über die Entgelte des nächsten Vereinbarungszeitraums ausgeglichen (§ 15 Abs. 2 Satz 1 KHEntgG).[2]

Für die Weiterentwicklung des DRG-Vergütungssystems werden flächendeckende Leistungsdaten benötigt. § 21 KHEntgG legt daher fest, daß von den Krankenhäusern jeweils zum 31. März für das jeweils vorangegangene Kalenderjahr sowohl Leistungsdaten je Krankenhausfall, als auch Strukturdaten des Krankenhauses an eine DRG-Datenstelle auf einem maschinenlesbaren Datenträger zu übermitteln sind (**Datenübermittlung**).[3]

Zu übermitteln ist je Krankenhaus ein Datensatz mit Strukturdaten wie z.B.

- Art des Krankenhauses,
- Anzahl der aufgestellten Betten,
- Angabe, ob eine Teilnahme an der stationären Notfallversorgung erfolgt,

---

1 Vgl. *Tuschen, K. H.*: Einstieg 2003, a.a.O., S. 340.

2 Siehe Kap. 2.5.3.4 Erlösausgleiche bis 2008.

3 Vgl. *Tuschen, K. H.*: Einstieg 2003, a.a.O., S. 339.

- Anzahl der Ausbildungsplätze und der Auszubildenden sowie
- die Summe der vereinbarten und abgerechneten DRG-Fälle und der vereinbarten und abgerechneten Summe der Bewertungsrelationen.

Je Krankenhausfall ist ein Datensatz mit unter anderem folgenden Leistungsdaten zu übermitteln:

- krankenhausinternes Kennzeichen des Behandlungsfalles,
- Institutionskennzeichen des Krankenhauses,
- Institutionskennzeichen der Krankenkasse,
- Geburtsjahr und Geschlecht des Patienten,
- Aufnahmedatum, Aufnahmegrund und -anlaß, aufnehmende Abteilung, bei Verlegung weitere Abteilung(en), Entlassungs- oder Verlegungsdatum, Entlassungs- oder Verlegungsgrund, bei Kindern bis zur Vollendung des ersten Lebensjahres außerdem das Aufnahmegewicht in Gramm,
- Haupt- und Nebendiagnosen sowie Operationen und Prozeduren nach den jeweils gültigen Fassungen der Schlüssel nach § 301 SGB V, bei Beatmungsfällen die Beatmungszeit in Stunden und
- Art und Höhe der im einzelnen Behandlungsfall insgesamt abgerechneten Entgelte, der DRG-Fallpauschalen, der Zusatzentgelte, der Zu- und Abschläge sowie der sonstigen Entgelte nach § 6 KHEntgG.

Die DRG-Datenstelle prüft die Daten auf Plausibilität und übermittelt jeweils bis zu 1. Juli Daten zur Weiterentwicklung des DRG-Vergütungssystems an die Vertragsparteien auf Bundesebene, landesbezogene Daten zur Vereinbarung des Basisfallwertes nach § 10 KHEntgG an die Vertragsparteien auf der Landesebene, für Zwecke der Krankenhausplanung an die zuständigen Landesbehörden und für Zwecke der amtlichen Krankenhausstatistik an das Statistische Bundesamt. Nach Abschluß der Plausibilitätsprüfungen darf die Herstellung eines Personenbezugs nicht mehr möglich sein. Die DRG-Datenstelle veröffentlicht zusammengefaßte Daten jeweils bis zum 1. Juli, gegliedert nach bundes- und landesweiten Ergebnissen.

Krankenhäuser, die ihrer Verpflichtung zur Datenübermittlung nicht, nicht vollständig oder nicht rechtzeitig nachkommen, droht ein Abschlag von den Fallpauschalen, der auf Bundesebene zu vereinbaren ist.

2.1.2.14 Fallpauschalenverordnung/-vereinbarung

Die Grundlagen für das **Optionsmodell**, insbesondere ein vorläufiger DRG-Fallpauschalen-Katalog mit Bewertungsrelationen, sollten von den Selbstverwaltungspartnern auf Bundesebene geschaffen werden. Für den Fall einer Nichteinigung wurde mit dem Fallpauschalengesetz die Schiedsstellenentscheidung durch eine Entscheidung des Bundesministeriums für Gesundheit (BMG) ersetzt. Nachdem die Deutsche Krankenhausgesellschaft (DKG) im Juni 2002 das Scheitern der Verhandlungen über das Optionsmodell[1] er-

[1] Vgl. *Robbers, J.*: Editorial, in: das Krankenhaus, 7/2002, S. 521; *Braun, Th.*: DRG-Optionsmodell 2003: Ersatzvornahme des BMG auf gutem Weg, in: das Krankenhaus, 9/2002, S. 693.

klärt hatte, hat das Ministerium innerhalb kürzester Zeit eine **Ersatzvornahme** durchgeführt und damit fristgerecht die formalen Voraussetzungen für das Optionsmodell im Jahr 2003 geschaffen. Die **Verordnung zum Fallpauschalensystem für Krankenhäuser (KFPV)** vom 19.09.2002 ist in vier Abschnitte gegliedert und hat den **Fallpauschalen-Katalog G-DRG Version 1.0** und den Katalog der noch nicht mit dem DRG-Katalog vergüteten Leistungen als Anlagen.[1]

Die vier Abschnitte regeln insbesondere

- die Abrechnungsbestimmungen für die DRG-Fallpauschalen und die Zusatzentgelte,
- die Ermittlung von Abschlägen und Grenzverweildauervergütungen für den DRG-Katalog, im Grunde Berechnungsvorschriften für die mit der Kalkulation beauftragte Firma; dieser Abschnitt war für das einzelne Krankenhaus nicht von Bedeutung,
- die Abrechnungsvorschriften für sonstige Entgelte nach § 6 Abs. 1 KHEntgG und die Fallzählung für die optierenden Krankenhäuser und
- daß die Verordnung ausschließlich für 2003 Gültigkeit hatte.

Die Kalkulation der ersten 642 deutschen DRG-Fallpauschalen (Eingruppierung, Bewertungsrelationen, Verweildauern, etc.) beruhte auf der von den Selbstverwaltungspartnern veranlaßten Erstkalkulation in deutschen Krankenhäusern.[2]

Die vom Gesetzgeber beauftragten Selbstverwaltungspartner waren nun gefordert, den Fallpauschalen-Katalog für das Jahr 2004 zügig vorzubereiten. Jedoch hatte die Deutsche Krankenhausgesellschaft am 02.07.2003 auch für 2004 das Scheitern für die Bereiche Fallpauschalen-Katalog, Zusatzentgelte-Katalog und Abrechnungsregeln erklärt.[3] Unabhängig von der Scheiternserklärung hatte das DRG-Institut (InEK) die Kalkulation des G-DRG-Fallpauschalen-Katalogs für 2004 bewerkstelligt.[4] Um die verbindliche Einführung des neuen Vergütungssystems für alle Krankenhäuser zum 01.01.2004 sicherzustellen, hatte das Bundesministerium für Gesundheit und Soziale Sicherung (BMGS) erneut eine Ersatzvornahme durchgeführt. Vor allem aufgrund der Vorarbeiten der Selbstverwaltung, dem Einsatz der an der Kalkulation beteiligten Krankenhäuser und den umfangreichen Arbeiten des InEK konnte das BMGS in kurzer Zeit eine grundlegende Überarbeitung der Kataloge vornehmen. Die 2. Version des deutschen DRG-Systems ist am 18.10.2003 mit der **Verordnung zum Fallpauschalensystem für Krankenhäuser für das Jahr 2004 (Fallpauschalenverordnung 2004 -**

[1] Vgl. *Schilz, P., Schmidt, M.*: Das Optionsmodell 2003, in: das Krankenhaus, Redaktionsbeilage, 10/2002, S. 4ff.

[2] Vgl. *Tuschen, K. H., Rau, F., Braun, Th.*: Jetzt haben die Krankenhäuser die Wahl, in: f&w, 5/2002, S. 438ff.; siehe Kap. 2.5.3 Diagnose-orientiertes Fallpauschalensystem ab 2003.

[3] Vgl. *Tuschen, K. H.*: Erster deutscher DRG-Fallpauschalen-Katalog gravierend verbessert, in: f&w, 5/2003, [im folgenden zitiert als: *Tuschen, K. H.*: DRG-Katalog], S. 426.

[4] Vgl. *Rau, F.*: Ersatzvornahme für das DRG-Fallpauschalensystem 2004, in: das Krankenhaus, 10/2003, [im folgenden zitiert als: *Rau, F.*: Ersatzvornahme], S. 766.

KFPV 2004) in Kraft getreten.[1] Im Mittelpunkt stand eine tiefgreifende Anpassung der Kataloge an die deutsche Versorgungsstruktur. Im Ergebnis fanden sich 806 DRGs[2] mit bis zu fünf Schweregraden im Fallpauschalen-Katalog für Hauptabteilungen (Anlage 1 KFPV 2004). Für die nicht kalkulierten DRGs (Anlage 3 KFPV 2004 mit 18 DRGs) waren wie im Optionsjahr krankenhausindividuelle Entgelte nach § 6 Abs. 1 KHEntgG zu vereinbaren. Lediglich ein Zusatzentgelt (Anlage 2 KFPV 2004) konnte auf Bundesebene kalkuliert werden, so daß für die weiteren Zusatzentgelte, in der Anlage 4 KFPV 2004 mit Operationenschlüssel (OPS-301) hinterlegt, krankenhausindividuelle Preise zu vereinbaren waren.

Die Abrechnungsbestimmungen bauten auf den Regelungen für das Jahr 2003 auf, jedoch wurden die Wiederaufnahmen von Patienten in dasselbe Krankenhaus und die Neugruppierung der Fälle neu festgelegt. Darüber hinaus wurde der teilstationäre Bereich vollständig über Entgelte nach § 6 Abs. 1 KHEntgG geregelt.

Nach § 17 b Abs. 1 Satz 15 KHG können besondere Einrichtungen (ganze Krankenhäuser oder auch Teile von Krankenhäusern), deren Leistungen insbesondere aus medizinischen Gründen, wegen einer Häufung von schwerkranken Patienten oder aus Gründen der Versorgungsstruktur mit den Entgeltkatalogen noch nicht sachgerecht vergütet werden, zeitlich befristet aus dem Vergütungssystem ausgenommen werden. Mit der **Verordnung zur Bestimmung besonderer Einrichtungen im Fallpauschalensystem für Krankenhäuser für das Jahr 2004 (Fallpauschalenverordnung besondere Einrichtungen 2004 - FPVBE 2004)** vom 19.12.2003 nimmt das Ministerium auch zu diesem Bereich eine Ersatzvornahme für 2004 vor.

Es zeichnete sich ab, daß für 2005, den Beginn der Konvergenzphase, weitere Systemanpassungen notwendig waren, d.h., eine rechtzeitige Überarbeitung des Verfahrens und der Methoden war erforderlich.[3]

Nach umfangreichen Vorarbeiten insbesondere durch das InEK haben sich die Deutsche Krankenhausgesellschaft und die Kassenverbände am 16.09.2004 auf einen DRG-Fallpauschalen-Katalog für 2005 geeinigt. Die **Vereinbarung zum Fallpauschalensystem für Krankenhäuser für das Jahr 2005 (Fallpauschalenvereinbarung 2005 - FPV 2005)** enthält wie die Verordnungen für die Vorjahre zunächst die Abrechnungsbestimmungen in den vier Abschnitten:[4]

- Abschnitt 1: Abrechnungsbestimmungen für DRG-Fallpauschalen, inklusive der gegenüber 2004 erweiterten Wiederaufnahme- und Verlegungs-Regelungen,

---

[1] Vgl. *Steiner, P., Roths, U.*: Kernelemente der KFPV 2004 - Weichenstellung für die Systementwicklung?, in: das Krankenhaus, 11/2003, S. 850.

[2] Das BMGS ist nicht an die Vereinbarung der Selbstverwaltung gebunden, nach der die Anzahl der DRGs für Deutschland zunächst auf max. 600 bis 800 DRGs festgelegt wurde (vgl. § 1 Abs. 4 der Vereinbarung über die Einführung eines pauschalierenden Entgeltsystems nach § 17 b KHG, 27.06.2000).

[3] Vgl. *Steiner, P., Roths, U.*: a.a.O., S. 853.

[4] Vgl. *Steiner, P., Bussmann, J., Koerdt, S.*: Abrechnung nach der FPV 2005, in: das Krankenhaus, 12/2004, S. 1012ff.

- Abschnitt 2: Abrechnungsbestimmungen für andere Entgeltarten, wie Zusatzentgelte, teilstationäre Leistungen und sonstige Entgelte,
- Abschnitt 3: Sonstige Vorschriften z.B. zur Fallzählung, zum Kostenträgerwechsel oder zur Laufzeit der Entgelte und
- Abschnitt 4: Geltungsdauer, Inkrafttreten.

Darüber hinaus gibt die Fallpauschalenvereinbarung 2005 in sechs Anlagen die für 2005 geltenden DRG- und Zusatzentgelte-Kataloge vor.

- Anlage 1 enthält den DRG-Katalog mit 845 DRGs. Das Leistungsprofil der Basis-DRGs ist durch zusätzliche Splits (bis zu sieben) wesentlich differenzierter geworden. Auch die Zu- bzw. Abschläge bei Über- bzw. Unterschreiten der Grenzverweildauer wurden neu berechnet.
- Anlage 2 enthält den Zusatzentgelte-Katalog. Die Liste ist mit 35 Zusatzentgelten gegenüber 2004 erheblich erweitert worden. Neu sind insbesondere Zusatzentgelte für Medikamente und Blutprodukte.
- Anlage 3 enthält 33 DRGs, die nicht mit bundesweit geltenden Bewertungsrelationen versehen werden konnten. Für diese sind gemäß § 6 Abs. 1 KHEntgG krankenhausindividuelle Preise zu vereinbaren.
- Anlage 4 enthält eine Liste mit 36 Zusatzentgelten, für die ebenfalls krankenhausindividuelle Entgelte zu vereinbaren sind.
- Anlage 5 definiert die Zusatzentgelte der Anlage 2 anhand von OPS-Kodes und differenzierter Angaben genauer.
- Anlage 6 beschreibt die Zusatzentgelte der Anlage 4 ausführlicher.

Insbesondere vor dem Hintergrund der in 2005 beginnenden Konvergenzphase wurde das Ergebnis der G-DRG-Systementwicklung als wesentlicher Fortschritt hinsichtlich einer leistungsgerechten Abbildung von Krankenhausleistungen gewertet.[1] Sowohl die dem DRG-System zugrunde liegenden Diagnose- und Prozedurenklassifikationen (ICD-10-GM[2] bzw. OPS-301[3]) sind weitreichend verändert als auch die **Deutschen Kodierrichtlinien (DKR)** grundlegend überarbeitet worden.[4]

Eine Einigung der Selbstverwaltung erfolgte auch bei den Zuschlägen für die medizinisch notwendige Mitaufnahme einer Begleitpersonen des Patienten. Gemäß § 2 der **Vereinbarung von Zuschlägen für die Aufnahme von Begleitpersonen nach § 17 b Abs. 1 Satz 4 KHG** vom 16.09.2004 können ab 01.01.2005 für Unterkunft und Verpflegung von Begleitpersonen 45,-- Euro je Tag abgerechnet werden.

---

[1] Vgl. *o.V.*: DKG zur Weiterentwicklung des DRG-Systems im Krankenhaus Selbstverwaltung einigt sich erstmals auf Fallpauschalenkatalog, in: das Krankenhaus, 10/2004, [im folgenden zitiert als: *o.V.*: DKG zur Weiterentwicklung], S. 781.

[2] Siehe Kap. 4.4.3.2.2 ICD-Schlüssel.

[3] Siehe Kap. 4.4.3.1.2 Operative Leistungen.

[4] Vgl. *Roeder, N., Fiori, W., Bunzemeier, H., Fürstenberg, T., Hensen, P., Loskamp, N., Franz, D., Glocker, S., Wenke, A., Reinecke, H., Irps, S., Rochell, B.*: G-DRG-System 2005: Was hat sich geändert? (I), in: das Krankenhaus, 11/2004, S. 908.

Im „Gesamtpaket" der Weiterentwicklung des DRG-Systems für das Jahr 2005 mußten die Deutsche Krankenhausgesellschaft und die Kassenverbände jedoch auch das Scheitern der Verhandlungen[1] zu den Themen

- Besondere Einrichtungen,
- Finanzierung von Ausbildungsstätten und Ausbildungsvergütungen,
- Zuschläge für Zentren und Schwerpunkte,
- Abschläge für die Nicht-Teilnahme an der Notfallversorgung und
- Sicherstellungszuschlag

feststellen. Zu den ersten drei Punkten hat die Deutsche Krankenhausgesellschaft das Scheitern der Verhandlungen gegenüber dem Bundesministerium für Gesundheit und Soziale Sicherung (BMGS) erklärt.

So hat das BMGS Vorgaben durch eine Ersatzvornahme gemacht. Die **Verordnung zur Bestimmung besonderer Einrichtungen im Fallpauschalensystem für Krankenhäuser für das Jahr 2005 (Fallpauschalenverordnung besondere Einrichtungen 2005 - FPVBE 2005)** vom 12.05.2005 bestimmte die Einrichtungen, die für das Jahr 2005 von der Abrechnung von DRG-Fallpauschalen befreit werden konnten. Dies gilt unter bestimmten Voraussetzungen für Krankenhäuser oder Fachabteilungen mit Schwerpunkt zur Behandlung von Patientinnen und Patienten mit Multiple Sklerose oder mit Morbus Parkinson.

Erstmals in 2005 sollten gemäß § 10 KHEntgG landesweite Basisfallwerte vereinbart werden. Solange diese nicht vorlagen waren grundsätzlich die Budgetvereinbarungen in den Krankenhäusern vor Ort blockiert. Um bei der erstmaligen und schwierigen Vereinbarung der Landes-Basisfallwerte flächendeckende Verzögerungen der Budgetverhandlungen zu vermeiden, wurde das BMGS mit dem zweiten Fallpauschalenänderungsgesetz ermächtigt, vorläufige Basisfallwerte für die einzelnen Länder zu ermitteln und per Rechtsverordnung vorzugeben.[2] Die **Verordnung zur Bestimmung vorläufiger Landes-Basisfallwerte im Fallpauschalensystem für Krankenhäuser für das Jahr 2005 (Fallpauschalenverordnung 2005 - KFPV 2005)**, ebenfalls vom 12.05.2005 ist noch im Mai 2005 in Kraft getreten.

Auch für das Jahr 2006 kam eine Vereinbarung zum G-DRG-System auf Selbstverwaltungsebene zustande. Am 08.09.2005 verständigten sich die Deutsche Krankenhausgesellschaft, die Spitzenverbände der Krankenkassen und der Verband der privaten Krankenversicherung auf die maßgeblichen Bausteine.[3] Die **Vereinbarung zum Fallpauschalensystem für Krankenhäuser für das Jahr 2006 (Fallpauschalenvereinbarung 2006 -**

---

[1] Vgl. *Deutsche Krankenhausgesellschaft*: Erklärung des Scheiterns der Verhandlungen nach § 17 b Abs. 2 KHG durch die DKG zu Teilbereichen des DRG-Systems 2005, Pressemitteilung vom 24.09.2004, www.dkgev.de.

[2] Vgl. *Bundesministerium für Gesundheit und Soziale Sicherung*: Verordnung zur Bestimmung vorläufiger Landes-Basisfallwerte im Fallpauschalensystem für Krankenhäuser für das Jahr 2005 (Fallpauschalenverordnung 2005 - KFPV 2005), Amtliche Begründung zum Referentenentwurf, angepasst an den Verordnungstext vom 12. Mai 2005, www.bmg.bund.de, S. 2; siehe auch Kap. 2.5.3.2 Systematik des G-DRG-Systems.

[3] Vgl. *o.V.*: Fallpauschalenkatalog 2006 schafft genauere Abbildung der Leistungen im Krankenhaus, in: f&w, 5/2005, S. 501.

FPV 2006) wurde am 13.09.2005 mit den Abrechnungsbestimmungen und den Entgeltkatalogen veröffentlicht.

Die Abrechnungsbestimmungen bauen auf der Vereinbarung für 2005 auf:[1]

- Abschnitt 1: Abrechnungsbestimmungen für DRG-Fallpauschalen

  Gegenüber 2005 wurde die Regelung zur Fallzusammenführung vereinfacht, Fallzusammenführungen sind nicht vorzunehmen, wenn Aufenthalte nicht in den Geltungsbereich der FPV 2006 fallen, d.h., insbesondere sind Jahresüberlieger ausgenommen.

- Abschnitt 2: Abrechnungsbestimmungen für andere Entgeltarten

  Erstmals wird geregelt, daß nicht vereinbarte krankenhausindividuelle Entgelte und Zusatzentgelte mit pauschalen Beträgen vergütet werden. Für die Abrechnung von teilstationären Leistungen wurden zwei tagesbezogene DRGs in den Katalog aufgenommen. Die damit noch nicht erfaßten teilstationären Leistungen sind weiterhin mit krankenhausindividuell vereinbarten Entgelten abzurechnen.

- Abschnitt 3: Sonstige Vorschriften (Fallzählung, Kostenträgerwechsel, Laufzeit der Entgelte) und
- Abschnitt 4: Geltungsdauer, Inkrafttreten.

Die Entgelt-Kataloge wurden um teilstationäre DRGs erweitert:

- Anlage 1 mit den Teilen:
  a) Bewertungsrelationen bei Versorgung durch Hauptabteilungen (mit 912 DRGs 67 mehr als in 2005)
  b) Bewertungsrelationen bei Versorgung durch Belegabteilungen (mit 748 bewerteten DRGs 14 weniger als in 2005)
  c) Bewertungsrelationen bei teilstationärer Versorgung (erstmalig 2 DRGs, nur eine bewertet)

  Die in 2005 vorgenommene Zunahme ungesplitteter Z-DRGs wurde zum Teil rückgängig gemacht und Schweregraddifferenzierungen medizinisch zusammenhängender Sachverhalte wieder einer Basis-DRG zugeordnet.[2] Zusätzlich wurde eine neue Schweregradstufe eingeführt, so daß acht Schweregrade vorliegen konnten.

- Anlagen 2 und 5: Zusatzentgelte-Katalog

  (mit 41 ZE sechs mehr als in 2005)

- Anlage 3: Nicht mit dem Fallpauschalen-Katalog vergütete Leistungen

  Die Anzahl der DRGs ohne Bewertungsrelation erhöht sich von 33 in 2005 auf 40 in 2006.

- Anlagen 4 und 6: Zusatzentgelte nach § 6 Abs. 1 KHEntgG

  (mit 42 ZE sechs mehr als in 2005).

[1] Vgl. *Steiner, P., Bussmann, J., Koerdt, S.*: Abrechnung nach der FPV 2006, in: das Krankenhaus, 11/2005, S. 940.

[2] Vgl. *Schlottmann, N., Fahlenbrach, C., Köhler N., Simon, C.*: G-DRG-System 2006: Ein erster Überblick aus medizinischer Sicht, in: das Krankenhaus, 10/2005, S. 848.

Auch zu den **Deutschen Kodierrichtlinien** haben die Selbstverwaltungspartner auf Bundesebene für 2006 eine Einigung erzielt.[1] Die notwendigen Anpassungen an die für 2006 geänderten Diagnose- und Prozedurenschlüssel, DRGs und Abrechnungsbestimmungen sind erfolgt. Darüber hinaus wurde der in den vergangenen Jahren begonnene Prozeß zur Verschlankung der Richtlinien fortgesetzt und sie somit anwenderfreundlicher gestaltet.

Gem. § 17 b Abs. 1 Satz 15 KHG in Verbindung mit § 6 Abs. 1 Satz 1 KHEntgG können Krankenhäuser und Fachabteilungen als besondere Einrichtungen aus dem G-DRG-System ausgenommen werden. Nachdem in den Jahren 2004 und 2005 zwischen den Selbstverwaltungspartnern keine Einigung über den Umfang dieser Ausnahme erzielt wurde, hatte das Bundesministerium eine Ersatzvornahme umgesetzt. Für das Jahr 2006 konnte am 30.11.05 erstmals eine **Vereinbarung zur Bestimmung von Besonderen Einrichtungen für das Jahr 2006 (VBE 2006)** zwischen der Deutschen Krankenhausgesellschaft, den Verbänden der Gesetzlichen Krankenversicherungen und den Privaten Krankenversicherungen geschlossen werden. Danach können Kinderkrankenhäuser aus dem DRG-System ausgenommen werden, wenn der individuelle Basisfallwert des Krankenhauses 10% über dem landesweit geltenden Basisfallwert liegt. Ansonsten wurde die Fallpauschalenverordnung besondere Einrichtungen 2005 im wesentlichen unverändert übernommen.

Am 19.09.2006 haben die Vertragsparteien auf Bundesebene die **Vereinbarung zum Fallpauschalensystem für Krankenhäuser für das Jahr 2007 (Fallpauschalenvereinbarung 2007 - FPV 2007)** verabschiedet.[2] Die Abrechnungsbestimmungen entsprechen im wesentlichen denen des Vorjahres und wurden lediglich um Klarstellungen ergänzt, etwa hinsichtlich des Aufnahmezeitpunkts oder der Beurlaubungsregel.[3] Kernelement der Vereinbarung ist der Fallpauschalenkatalog, der für 2007 insgesamt 1.082 verschiedene abrechenbare Fallpauschalen enthält:[4]

- Anlage 1 mit den Teilen:
  a) Bewertungsrelationen bei Versorgung durch Hauptabteilungen (mit 1.035 DRGs 123 mehr als in 2006)
  b) Bewertungsrelationen bei Versorgung durch Belegabteilungen (mit 771 bewerteten DRGs 23 mehr als in 2006)
  c) Bewertungsrelationen bei teilstationärer Versorgung (weiterhin nur eine bewertet DRG)

  Es wurde eine weitere Schweregradstufe eingeführt, so daß nun neun Schweregrade im Sinne von Kostenstufen vorliegen konnten.

---

1 Vgl. *Fahlenbrach, C., Köhler N., Schlottmann, N.*: Deutsche Kodierrichtlinien Version 2006, in: das Krankenhaus, 11/2005, S. 933.

2 Vgl. *o.V.*: Das G-DRG-System 2007 Die Abbildungsqualität ist deutlich gestiegen, in: f&w, 6/2006, S. 622.

3 Vgl. *Steiner, P., Bussmann, J., Koerdt, S.*: „Vereinbarung zum Fallpauschalensystem für Krankenhäuser (FPV 2007)“ Abrechnung nach der FPV 2007, in: das Krankenhaus, Redaktionsbeilage 1/2007, S. 4.

4 Vgl. *Schlottmann, N., Fahlenbrach, C., Brändle, G., Wittrich, A.*: G-DRG-System 2007 Abbildungsgenauigkeit deutlich erhöht, in: das Krankenhaus, 11/2006, S. 939.

- Anlagen 2 und 5: Zusatzentgelte-Katalog
  (mit 59 ZE 18 mehr als in 2006)
- Anlage 3a: Nicht mit dem Fallpauschalen-Katalog vergütete vollstationäre Leistungen
  (mit 42 unbewerteten DRGs zwei mehr als in 2006)
  Anlage 3b: Nicht mit dem Fallpauschalen-Katalog vergütete teilstationäre Leistungen
  (erstmals werden die unbewerteten, teilstationären DRGs in einer separaten Anlage dargestellt, die vier DRGs enthält)
- Anlagen 4 und 6: Zusatzentgelte nach § 6 Abs. 1 KHEntgG
  (mit 46 ZE vier mehr als in 2006).

Schon die um insgesamt 128 gestiegene Zahl der DRGs deutet auf umfangreiche Änderungen hin. Die Änderungen erfolgten vor allem im Bereich der Mehrfacheingriffe, der Intensivmedizin, der Kinderheilkunde und der Schlaganfallbehandlung. Über die gestiegene Zahl der Zusatzentgelte wurde die Palliativbehandlung besser erfaßt.

Ebenfalls am 19.09.2006 konsentiert wurden die **Deutschen Kodierrichtlinien Allgemeine und Spezielle Kodierrichtlinien für die Verschlüsselung von Krankheiten und Prozeduren, Version 2007** und die **Vereinbarung zur Bestimmung von Besonderen Einrichtungen für 2007 (VBE 2007)**. Während in den Vorjahren die Verschlankung der Kodierrichtlinien im Vordergrund stand, lag für 2007 der Fokus auf Klarstellungen zu einzelnen Richtlinien.[1] Die VBE 2007 sieht unter Bestimmten Voraussetzungen zusätzlich die Ausnahme aus dem DRG-System von Krankenhäusern oder Fachabteilungen mit Schwerpunkt zur Behandlung von Patientinnen und Patienten mit Epilepsie vor.[2] Ansonsten wurden beide Vorschriften redaktionell überarbeitet.

Die Regelungen für das Jahr 2008 haben die Selbstverwaltungspartner am 21.09.2007 beschlossen. Dazu zählen wie in den Vorjahren die **Vereinbarung zum Fallpauschalensystem für Krankenhäuser für das Jahr 2008 (Fallpauschalenvereinbarung 2008 - FPV 2008)** mit den Abrechnungsbestimmungen und den Entgeltkatalogen und die **Deutschen Kodierrichtlinien Version 2008.**

An der bisherigen Gliederung der Fallpauschalenvereinbarung in vier Abschnitte wurde weiterhin festgehalten. Im Vergleich zur Fallpauschalenvereinbarung 2007 erfolgten lediglich zwei inhaltliche Anpassungen. Soweit vor- bzw. nachstationäre Behandlungen nicht gesondert vergütet werden, sind deren Diagnosen und Prozeduren bei der Gruppierung und Abrechnung der zugehörigen vollstationären Behandlung zu berücksichtigen. Die zweite Anpassung ist eine Konkretisierung der Regelung zur Wiederaufnahme we-

---

[1] Vgl. *Fahlenbrach, C., Wittrich, A., Brändle, G., Schlottmann, N.*: Deutsche Kodierrichtlinien Version 2007, in: das Krankenhaus, 12/2006, S. 1089.

[2] Vgl. § 1 Abs. 3 Satz 5 der Vereinbarung zur Bestimmung von Besonderen Einrichtungen für das Jahr 2007 (VBE 2007), 19.09.2006.

gen Komplikationen. Die Entgeltkataloge haben rein quantitativ weiter zugenommen:[1]

- Anlage 1 mit den Teilen:
  a) Bewertungsrelationen bei Versorgung durch Hauptabteilungen (mit 1.089 DRGs 54 mehr als in 2007)
  b) Bewertungsrelationen bei Versorgung durch Belegabteilungen (mit 933 bewerteten DRGs 162 mehr als in 2007)
  c) Bewertungsrelationen bei teilstationärer Versorgung (weiterhin nur eine bewertet DRG)
- Anlagen 2 und 5: Zusatzentgelte-Katalog
  (mit 64 ZE fünf mehr als in 2007)
- Anlage 3a: Nicht mit dem Fallpauschalen-Katalog vergütete vollstationäre Leistungen
  (mit 43 unbewerteten DRGs eine mehr als in 2007)
  Anlage 3b: Nicht mit dem Fallpauschalen-Katalog vergütete teilstationäre Leistungen
  (unverändert vier DRGs)
- Anlagen 4 und 6: Zusatzentgelte nach § 6 Abs. 1 KHEntgG
  (mit 51 ZE fünf mehr als in 2007).

Auch wenn die Anzahl der Entgelte weiter angestiegen ist, werden von den meisten Krankenhäusern nur eine relativ geringe Anzahl tatsächlich genutzt. Die 100 fallstärksten DRGs bilden 59% aller Krankenhausfälle ab, in 2006 waren es nur 56,7%, d.h. das G-DRG-System 2008 ist stärker pauschalierend als seine Vorgänger.[2] Insgesamt wurde eine deutliche Konsolidierung des bisher erreichten Entwicklungsstandes erreicht, die im Vergleich zu den Vorjahren mit einem geringeren klassifikatorischen Umbau einhergeht. Es wurden vor allem die Bereiche modifiziert, in denen komplexe Krankheitsbilder oder sehr aufwendige Leistungen bisher noch nicht sachgerecht abgebildet wurden. Dazu zählen die Intensivmedizin, die Behandlung von Querschnittsgelähmten und die Pädiatrie. Aufgrund präziserer Kalkulationsvorgaben[3] und schärferer Plausibilitätsprüfungen wurde die Umgewichtung zwischen einfacheren und aufwendigeren Leistungen wie bereits in den Vorjahren fortgesetzt. Bei der Abbildung teilstationärer Leistungen konnte allerdings abermals kein Fortschritt erzielt werden, da keine angemessenen Kalkulationsergebnisse vorlagen. Die Schweregrad-Matrix wurde umfassend analysiert und angepaßt, um Nebendiagnosen sachgerechter zu berücksichtigen. Um die Akzeptanz, Verständlichkeit und Handhabbarkeit weiter zu fördern, wurden unter anderem Basis-DRGs umbenannt, DRGs entkon-

[1] Vgl. *Schlottmann, N., Köhler, N., Fahlenbrach, C., Brändle, G.*: G-DRG-System 2008, in: das Krankenhaus, 11/2007, S. 1072ff.

[2] Vgl. *o.V.*: Das G-DRG-System 2008: leistungsgerechter, nachvollziehbarer und transparenter, in: f&w, 6/2007, [im folgenden zitiert als: *o.V.*: G-DRG-System 2008], S. 638f.

[3] Siehe Kap. 2.5.3.2 Systematik des G-DRG-Systems und Kap. 4.4.4.1 Bundeseinheitliches Kalkulationsschema.

densiert und Textvereinfachungen vorgenommen. Dadurch wurde eine medizinische sinnvollere Strukturierung der DRGs erreicht.[1]

Die Kodierrichtlinien haben nur eine moderate Anpassung erfahren. Analog dem G-DRG-System befinden sich auch die Deutschen Kodierrichtlinien in einer Konsolidierungsphase. Einige Richtlinien sind gestrichen, andere durch Klarstellungen ergänzt worden. Darüber hinaus erfolgte die jährliche Anpassung an die Diagnose- bzw. Prozedurenklassifikation, die DRGs sowie die Abrechnungsbestimmungen.[2]

Die **Vereinbarung zur Bestimmung von Besonderen Einrichtungen für 2008 (VBE 2008)** wurde am 29.10.2007 zwischen den Verhandlungspartnern auf Bundesebene geschlossen. Die meisten Bereiche werden unverändert weitergeführt, Änderungen gibt es lediglich bei der Ausnahmeregelungen für die Palliativeinheiten (§ 3 Abs. 1 Satz 4 VBE 2008) und für selbständige Kinderkliniken (§ 1 Abs. 3 Satz 8 VBE 2008).

Insbesondere der aktuelle DRG-Katalog, die Kalkulationsgrundlagen und Abrechnungsbestimmungen werden in späteren Kapiteln genauer dargestellt.[3]

Ende 2005 wurde in der Schweiz entschieden, das deutsche Fallpauschalensystem als Grundlage für die Entwicklung einer schweizerischen Tarifstruktur zur Vergütung von Krankenhausleistungen zu übernehmen. Die deutsche Kooperationsgemeinschaft überläßt dazu der SwissDRG die technischen Spezifikationen der deutschen G-DRG-Versionen 2006 bis 2008 und unterstützt die Entwicklung einer Schweizer Lösung. Der im April 2004 gegründete Verein SwissDRG ist ein Zusammenschluß der wichtigsten Partner im Gesundheitswesen der Schweiz, dem unter anderem die Vertretungen der kantonalen Gesundheitsdirektoren, der Spitäler, der Krankenversicherungen und der Ärzteorganisationen angehören.[4] Ziel des Vereins, der Ende 2007 in eine Aktiengesellschaft umgewandelt wurde, ist es, ein schweizweit einheitliches DRG-Systems für den stationären akutsomatischen Bereich einzuführen. Es wird geplant, das **SwissDRG-System** ab 2012 flächendeckend als Entgeltsystem anzuwenden.[5]

Auch soll das deutsche Fallpauschalensystem zum Vorbild für die stationäre Abrechung in China werden. Dazu haben das InEK und das chinesische Institut zur Einführung von DRGs (CHEI) eine Kooperation vereinbart.[6]

---

[1] Vgl. *Steiner, P., Jaeger, Ch.*: Präzisierung und Konsolidierung G-DRG-System 2008: Die wesentlichen Änderungen, in: ku, 2/2008, S. 37ff.

[2] Vgl. *Schlottmann, N, Fahlenbrach, C., Brändle, G., Köhler, N.*: Deutsche Kodierrichtlinien Version 2008, in: das Krankenhaus, 11/2007, S. 1084.

[3] Siehe Kap. 2.5.3.2 Systematik des G-DRG-Systems und Kap. 2.5.3.3 Weitere Entgeltarten in Ergänzung des G-DRG-Systems.

[4] Vgl. *o.V.*: Vertragsunterzeichnung: Schweiz will G-DRG-System adaptieren, in: das Krankenhaus, 4/2006, S. 331.

[5] Vgl. *SwissDRG*: Die Tarifpartner KVG gründen die SwissDRG AG, Pressemitteilung vom 18.01.2008, www.swissdrg.org, S. 1.

[6] Vgl. *Mißlbeck, A.*: Deutsches Fallpauschalensystem steht Pate für China, Beitrag Nr. 140094 vom 10.06.2008, www.lexisnexis.de.

2.1.2.15 Fallpauschalenänderungsgesetz

Das neue DRG-Vergütungssystem wird als lernendes System eingeführt, das jährlich weiterentwickelt werden soll. Erste Erfahrungen haben zu einer Anpassung der rechtlichen Vorgaben geführt. Am 20.06.2003 hat der Bundesrat dem **Gesetz zur Änderung der Vorschriften zum diagnose-orientierten Fallpauschalensystem für Krankenhäuser (Fallpauschalenänderungsgesetz - FPÄndG)** zugestimmt. Mit diesem Gesetz wurden die Rahmenbedingungen zur Sicherstellung der flächendeckenden Einführung des Systems zum 01.01.2004 verbessert.

Die bestehenden Öffnungsklauseln nach § 6 KHEntgG, nach denen bestimmte Leistungen krankenhausindividuell vereinbart werden können, wurden erweitert und auf die Zeit der Konvergenzphase (2005 und 2006) verlängert.[1]

Die Abrechnungsbestimmungen nach der Fallpauschalenverordnung erforderten entsprechende Änderungen der Formulare der Verhandlungsunterlagen „**Aufstellung der Entgelte und Budgetermittlung**" (AEB) nach Anlage 1 KHEntgG mit Wirkung für die Pflegesatzverhandlungen des Jahres 2004. Dies betraf zum einen das Formular B1 (bzw. B2) zur Ermittlung des Budgets und des Basisfallwertes.[2] Zum anderen wurde das Formular E1 (Aufstellung der Fallpauschalen für das Krankenhaus) erweitert um Angaben zu den zusätzlichen Entgelten für Langlieger sowie den Abschlägen für Kurzlieger und Verlegungen. Diese Angaben werden zur Bestimmung der Summe der effektiven Bewertungsrelationen und damit zur Ermittlung des krankenhausindividuellen Basisfallwertes benötigt. Da das Fallpauschalenänderungsgesetz es ermöglichte, im größeren Umfang Leistungen zeitlich befristet aus dem DRG-Vergütungssystem auszunehmen, wurde für den Nachweis der entsprechenden, krankenhausindividuell zu vereinbarenden Entgelte eine gesonderte Aufstellung E3 für fall- oder tagesbezogene Entgelte sowie krankenhausindividuelle Zusatzentgelte neu vorgegeben.[3]

Die grundlegende Umstellung der **Ausbildungsfinanzierung** aus einem Ausbildungsfonds auf Landesebene wurde vom Jahr 2004 auf das Jahr 2005 verschoben, um allen Beteiligten eine Konzentration auf die Einführung des ersten deutschen DRG-Fallpauschalen-Katalogs für 2004 zu ermöglichen. In 2004 erfolgte die Finanzierung der Ausbildung also wie bisher im Rahmen der Krankenhausbudgets.[4]

Die Handlungsmöglichkeiten des Bundesministeriums für Gesundheit und Soziale Sicherung (BMGS) zur fristgerechten Einführung und Weiterentwicklung des deutschen DRG-Fallpauschalensystems wurden verbessert (§ 17 b Abs. 7 KHG). Insbesondere wurde dem BMGS die Möglichkeit ein-

---

[1] Vgl. *Tuschen, K. H.*: Das FPÄndG beschleunigt die Einführung des Preissystems und erweitert die Öffnungsklausel, in: f&w, 2/2003, [im folgenden zitiert als: *Tuschen, K. H.*: FPÄndG], S. 106. Durch das zweite Fallpauschalenänderungsgesetz wurde diese Übergangsregel bis 2008 verlängert.

[2] Siehe Kap. 2.5.3.2 Systematik des G-DRG-Systems.

[3] Vgl. *Tuschen, K. H.*: Das FPÄndG wird zu weiteren Anpassungen des Krankenhausrechts genutzt, in: f&w, 3/2003, S. 206.

[4] Vgl. *Tuschen, K. H.*: FPÄndG, a.a.O., S. 108.

geräumt, den Vertragsparteien auf Bundesebene Fristen für die anstehenden Aufgaben zur Pflege und Weiterentwicklung des Systems zu setzen, um dem Ministerium frühere Einstiegsmöglichkeiten vor Erlaß einer Ersatzvornahme zu eröffnen. D.h., nach Verstreichen der gesetzten Fristen kann das BMGS auch ohne Erklärung des Scheiterns der Selbstverwaltungspartner tätig werden.[1]

2.1.2.16 GKV-Modernisierungsgesetz

Das **Gesetz zur Modernisierung der gesetzlichen Krankenversicherung (GKV-Modernisierungsgesetz - GMG)** vom 14.11.2003 trat zu großen Teilen ab 01.01.2004 in Kraft. Mit ihm sollten die Qualität im deutschen Gesundheitswesen gesteigert und dessen Kosten deutlich reduziert, insbesondere sollten die Krankenkassenbeiträge gesenkt werden. Dieses Gesetz bedeutete eine umfassende Strukturreform,[2] die 37 Artikel wirken auf zahlreiche Gesetze im Gesundheitswesen ein.

Für den Krankenhausbereich sind insbesondere die folgenden drei Punkte von Bedeutung:[3]

1. **Neue Versorgungsformen und weitere Öffnung für die ambulante Versorgung**[4]
   - Die Neuregelung des § 95 SGB V ermöglicht den Krankenhäusern die Beteiligung an **medizinischen Versorgungszentren**, das sind Einrichtungen für interdisziplinäre Zusammenarbeit von ärztlichen und nichtärztlichen Heilberufen. Damit wird den Krankenhäusern erstmals eine weitgehende Kooperation mit ambulanten Leistungserbringern ermöglicht.[5]
   - Durch den neu eingefügten § 116 a SGB V können Krankenhäuser auf Antrag im Falle der festgestellten Unterversorgung in bestimmten Bereichen zur vertragsärztlichen Versorgung ermächtigt werden.
   - Auch § 116 b SGB V wurde neu eingefügt. Absatz 1 ermöglicht den Krankenhäusern die ambulante Behandlung im Rahmen von strukturierten Behandlungsprogrammen (**Disease-Management-Programme, DMP**). Absatz 2 ermöglicht die ambulante Erbringung hochspezialisierter Leistungen, sowie die Behandlung seltener Erkrankungen und Erkrankungen mit besonderem Behandlungsverlauf.
   - Die **integrierte Versorgung**[6] nach §§ 140 a bis d SGB V wurde weiterentwickelt, indem rechtliche Hemmnisse abgebaut und finan-

[1] Vgl. *Rau, F.*: Kabinett bringt Fallpauschalenänderungsgesetz auf den Weg, in: das Krankenhaus, 3/2003, S. 201.

[2] Vgl. *Schmidt, U.*: Die Gesundheitsreform sorgt für umfassende Modernisierung, Pressemitteilung des BMGS vom 17.10.2003, www.bmg.bund.de, S. 1f.

[3] Vgl. *Deutsche Krankenhausgesellschaft*: Gesetz zur Modernisierung der Gesetzlichen Krankenversicherung - GMG, 08.10.2003, www.dkgev.de, S. 1ff.

[4] Vgl. *Degener-Hencke, U.*: Behutsame Öffnung der Krankenhäuser für die ambulante Versorgung, in: f&w, 4/2003, S. 329ff.

[5] Vgl. *Theilmann, M.*: Der Weg zur Integration ambulanter Leistungen in das Krankenhaus ist frei, in: f&w, 6/2003, S. 526f.

[6] Siehe Kap. 2.1.2.11 GKV-Gesundheitsreformgesetz 2000.

zielle Anreize gesetzt wurden. Zur Förderung der integrierten Versorgung hat nach § 140 d SGB V jede Krankenkasse in den Jahren 2004 bis 2006 jeweils Mittel bis zu 1% von der an die Kassenärztliche Vereinigung zu entrichtenden Gesamtvergütung sowie von den Rechnungen der einzelnen Krankenhäuser für voll- und teilstationäre Versorgung einzubehalten, soweit dies zur Umsetzung entsprechender Verträge erforderlich ist. Werden die einbehaltenen Mittel nicht innerhalb von drei Jahren für die integrierte Versorgung verwendet, sind sie insoweit an die Kassenärztliche Vereinigung und die einzelnen Krankenhäuser wieder auszuzahlen. Dieser Anspruch der Leistungserbringer auf Rückerstattung der nicht verwendeten Mittel aus der Anschubfinanzierung zur Integrierten Versorgung wurde durch das Gesetz zur Stärkung des Wettbewerbs in der gesetzlichen Krankenversicherung (GKV-Wettbewerbsstärkungsgesetz - GKV-WSG)[1] vom 26.03.2007 für die Jahre 2004 bis 2006 aufgehoben (Art. 1 Nr. 121 GKV-WSG). Die Verlängerung der Anschubfinanzierung um zwei Jahre, also bis 2008, war ursprünglich ebenfalls im GKV-Wettbewerbsstärkungsgesetz vorgesehen, aber wegen der Notwendigkeit des Inkrafttretens zum 01.01.2007 in das Gesetz zur Änderung des Vertragsarztrechts und anderer Gesetze (Vertragsarztrechtsänderungsgesetz - VÄndG) vom 22.12.2006 verlagert worden (Art. 1 Nr. 14 VÄndG). Für die Jahre 2007 und 2008 bleibt der Anspruch auf Rückerstattung der nicht verwendeten Mittel bestehen.

2. Gemeinsamer Bundesausschuß und Institut für Qualität und Wirtschaftlichkeit im Gesundheitswesen

Gemäß § 91 SGB V bilden die Kassenärztliche Bundesvereinigung, die Deutsche Krankenhausgesellschaft, die Bundesverbände der Krankenkassen, die Bundesknappschaft und die Verbände der Ersatzkassen[2] einen Gemeinsamen Bundesausschuß (G-BA) . Dieser gründet nach dem neu eingefügten § 139 a SGB V ein fachlich unabhängiges, wissenschaftliches Institut für Qualität und Wirtschaftlichkeit im Gesundheitswesen (IQWiG).

Das Institut soll Darstellungen, Bewertungen und Empfehlungen an den Bundesausschuß zu folgenden Bereichen abgeben:

- Stand der medizinischen Wissenschaft,
- Qualität und Wirtschaftlichkeit von GKV-Leistungen,
- Evidenzbasierte Leitlinien,
- Disease-Management-Programme sowie
- Nutzen und Kosten von Arzneimitteln.

---

[1] Siehe Kap. 2.1.2.18 GKV-Wettbewerbsstärkungsgesetz.

[2] Das GKV-Wettbewerbsstärkungsgesetz sieht die Bildung eines Spitzenverbandes Bund der Krankenkassen vor, der ab 01.07.2008 die Aufgaben der Bundesverbände übernehmen soll (Art. 1 Nr. 149 GKV-WSG).

Zusätzlich sollen für alle Bürger allgemeinverständliche Informationen zur Qualität und Effizienz in der Gesundheitsversorgung bereitgestellt werden.

Die Finanzierung des Gemeinsamen Bundesausschusses und des Instituts für Qualität und Wirtschaftlichkeit im Gesundheitswesen erfolgt gemäß § 139 c SGB V in Verbindung mit § 91 Abs. 3 SGB V jeweils zur Hälfte durch die Erhebung eines Zuschlags (**Systemzuschlag** oder auch G-BA-Systemzuschlag oder IQWiG-Zuschlag genannt) für jeden abzurechnenden Krankenhausfall und durch die zusätzliche Anhebung der Vergütung für die ambulante vertragsärztliche Versorgung. Für 2008 beträgt dieser Zuschlag im stationären Sektor 0,64 Euro pro Fall.[1] Die Zuschläge sind durchlaufende Posten und belasten nicht die Budgets.

3. Personalkosten im Krankenhaus

Artikel 14 und 15 des GKV-Modernisierungsgesetzes wirken auf die Bundespflegesatzverordnung bzw. auf das Krankenhausentgeltgesetz.

Zum 01.10.2004 ist die Ausbildungsphase „Arzt im Praktikum“ (AiP) abgeschafft worden, dementsprechend fallen höhere Vergütungen für den Ärztlichen Dienst an. Diese zusätzlichen Kosten sind in § 6 Abs. 1 BPflV als neuer Ausnahmetatbestand für die Möglichkeit, Budgetsteigerungen oberhalb der Veränderungsrate zu vereinbaren, aufgenommen worden. Für den KHEntgG-Bereich regelt der neu in § 4 KHEntgG aufgenommene Absatz 14, daß in den Jahren 2004 bis ursprünglich 2006 (verlängert: 2008[2]) die Mehrkosten infolge der Abschaffung des Arztes im Praktikum außerhalb des Erlösbudgets und der Erlössumme nach § 6 Abs. 3 KHEntgG durch einen Zuschlag auf die DRGs, Zusatzentgelte und sonstigen Entgelte nach § 6 Abs. 1 Satz 1 KHEntgG finanziert werden. Ab 2007 (verlängert: 2009) sollen diese Mehrkosten im Landes-Basisfallwert berücksichtigt werden (§ 10 Abs. 7 KHEntgG).

Das Programm zur **Verbesserung der Arbeitszeitbedingungen** (§ 6 Abs. 5 BPflV bzw. § 4 Abs. 13 KHEntgG) wird bis 2009 verlängert.[3] D.h., auch über 2004 hinaus kann unter den angegebenen Voraussetzungen ein Zuschlag zum Gesamtbetrag von bis zu 0,2% vereinbart werden.

2.1.2.17 Zweites Fallpauschalenänderungsgesetz

Im Frühjahr 2004 hatten sowohl die Deutsche Krankenhausgesellschaft (DKG) als auch die Länder, diese mit Blick auf die Universitätsklinika, Änderungen an den Rahmenbedingungen der weiteren, budgetrelevanten Einführung des DRG-Systems ab 2005 gefordert. Insbesondere forderten sie eine zeitliche Streckung der Konvergenzphase und eine Abflachung der Konvergenzquoten. Auch aufgrund eigener Einschätzung hinsichtlich des erreichten Abbildungsgrades der DRG-Fallpauschalen hat das Bundesmini-

---

[1] Vgl. Beschluss des Gemeinsamen Bundesausschusses über die Höhe des Systemzuschlags vom 22. November 2007.

[2] Siehe Kap. 2.1.2.17 Zweites Fallpauschalenänderungsgesetz.

[3] Siehe Kap. 2.1.2.12 Fallpauschalengesetz.

sterium für Gesundheit und Soziale Sicherung (BMGS) am 28.05.2004 einen Referentenentwurf für ein zweites Fallpauschalenänderungsgesetz an die beteiligten Stellen verschickt.[1]

Nach einem schwierigen Einigungsprozeß im Vermittlungsverfahren hat der Bundestag mit Zustimmung des Bundesrates am 15.12.2004 das **Zweite Gesetz zur Änderung der Vorschriften zum diagnose-orientierten Fallpauschalensystem für Krankenhäuser und zur Änderung anderer Vorschriften (Zweites Fallpauschalenänderungsgesetz - 2. FPÄndG)** beschlossen. Es trat zum 01.01.2005 in Kraft.

Hervorzuheben sind insbesondere die folgenden Änderungen.

1. Modifizierung der Konvergenzphase[2]

- Wie von den Ländern und der DKG gefordert, wird die Konvergenzphase um zwei Jahre bis zum 01.01.2009 verlängert (§ 4 Abs. 1 KHEntgG).
- Analog dazu mußten auch die Konvergenzquoten für die jeweilige Budgetanpassung in den einzelnen Jahren angepaßt werden. D.h., es mußte festgelegt werden, in welchen Schritten die Differenz zwischen dem bisher krankenhausindividuell verhandelten Budget und dem (zukünftigen) DRG-Budget abgebaut wird.

  Der Einstiegswinkel von 15% in 2005 wird beibehalten, für 2006 bis 2008 liegen die Konvergenzquoten bei jeweils 20% und in 2009 bei 25%. Bei der Umrechnung dieser Konvergenzschritte auf das jeweilige Vorjahresbudget ergeben sich die in § 4 Abs. 6 KHEntgG aufgeführten Prozentsätze (15% in 2005, 23,5% in 2006, 30,8% in 2007 und 44,4% in 2008).
- Um Krankenhäuser nicht durch zu große Budgetminderungen zu gefährden, wurde eine sukzessiv ansteigende Obergrenze (Kappung) eingeführt. Sie liegt 2005 bei 1%, 2006 bei 1,5%, 2007 bei 2%, 2008 bei 2,5% und schließlich 2009 bei 3% des jeweiligen Krankenhausbudgets (§ 4 Abs. 6 Satz 4 KHEntgG). Dieser Kompromiß führt also dazu, daß die davon betroffenen Krankenhäuser auch in 2009 noch geschützt werden, während alle anderen Krankenhäuser in 2009 an das landesweite Preisniveau angeglichen werden.[3]

  Eine Obergrenze für konvergenzbedingte Budgetzuwächse wurde nicht vorgegeben.
- Um Ausgabensteigerungen aufgrund dieser asymmetrischen Vorgabe zu vermeiden, müssen die Schonbeträge, die in Folge der Obergrenze den Krankenhäusern verbleiben und deshalb den Krankenkassen für die Vergütung nicht zur Verfügung stehen, bei der Ver-

[1] Vgl. *Rau, F.*: Änderung der Rahmenbedingungen der DRG-Einführung, in: das Krankenhaus, 6/2004, S. 409.

[2] Vgl. *Rau, F.*: Start in die Konvergenzphase auf Kompromissweg, in: das Krankenhaus, 12/2004, [im folgenden zitiert als: *Rau, F.*: Konvergenzphase], S. 979; *Tuschen, K. H., Braun, Th.*: Konvergenzphase, a.a.O., S. 28ff.

[3] Vgl. *Tuschen, K. H., Braun, Th.*: Konvergenzphase, a.a.O., S. 29.

einbarung des landesweiten Basisfallwertes abgezogen werden (§ 10 Abs. 2 Satz 5 bzw. ab 2006 Abs. 3 Satz 1 Nr. 6 KHEntgG).

- Aufgrund der Verlängerung der Konvergenzphase und Abflachung der Konvergenzquoten wurden auch die Finanzierungsquoten für zusätzliche bzw. wegfallende Leistungen angepaßt. Bei einer Übernahme der Konvergenzquoten würden z.B. in 2005 zusätzliche Leistungen nur zu 15% des DRG-Katalogpreises in das Budget einbezogen. Das hätte zur Folge, daß zusätzliche Kosten z.B. für Implantate nicht gedeckt wären. Gemäß § 4 Abs. 4 Satz 2 KHEntgG werden deshalb zusätzliche bzw. wegfallende Leistungen mit jährlich steigenden Entgeltanteilen finanziert: in 2005 mit 33%, in 2006 mit 50%, in 2007 mit 65%, in 2008 mit 80% und in 2009 dann mit 100%. Abweichend davon vereinbaren die Vertragsparteien vor Ort, soweit im Einzelfall die für zusätzliche Leistungen entstehenden Kosten mit diesen Finanzierungsquoten nicht gedeckt werden können, andere Prozentsätze (§ 4 Abs. 4 Satz 4 KHEntgG). Die bisherige Kann-Vorschrift wurde durch eine verbindliche Soll-Vorschrift ersetzt.

  Zusatzentgelte für Arzneimittel und Medikalprodukte sind gemäß § 4 Abs. 4 Satz 5 KHEntgG zu 100% zu berücksichtigen.

2. Geänderte Ausgleichsregelungen[1]

- Gemäß § 4 Abs. 9 KHEntgG werden wie bisher Mehrerlöse grundsätzlich zu 65% und Mindererlöse zu 40%[2] ausgeglichen. Abweichend davon konnten bereits bisher bei Mehrerlösen prospektiv andere Ausgleichssätze vereinbart werden. Diese Kann-Regelung wurde für Fallpauschalen mit einem sehr hohen Sachkostenanteil sowie für teure Fallpauschalen mit einer schwer planbaren Leistungsmenge, insbesondere bei Transplantationen oder Langzeitbeatmung, in eine Soll-Vorschrift geändert und auch auf Mindererlöse ausgeweitet (§ 4 Abs. 9 Satz 5 KHEntgG).
- Mindererlöse aus Zusatzentgelten für Arzneimittel und Medikalprodukte werden nicht ausgeglichen (§ 4 Abs. 9 Satz 2 KHEntgG). Mehrerlöse aus Zusatzentgelten für Arzneimittel und Medikalprodukte und aus Fallpauschalen für schwerverletzte, insbesondere polytraumatisierte und schwer brandverletzte Patienten werden zu 25% ausgeglichen (§ 4 Abs. 9 Satz 4 KHEntgG).

3. Veränderungsrate nach § 71 SGB V[3]

Die Veränderungsrate gemäß § 71 SGB V wird beim einzelnen Krankenhaus vollständig berücksichtigt. Gemäß § 4 Abs. 4 Satz 1 Nr. 3

---

[1] Vgl. *Rau, F.*: Konvergenzphase, a.a.O., S. 983; *Tuschen, K. H., Braun, Th.*: Konvergenzphase, a.a.O., S. 32.

[2] Mit dem GKV-Wettbewerbsstärkungsgesetz wurde die Mindererlösquote ab dem Jahre 2007 von 40% auf 20% reduziert.

[3] Vgl. *Rau, F.*: Konvergenzphase, a.a.O., S. 980; *Tuschen, K. H., Braun, Th.*: Konvergenzphase, a.a.O., S. 30; siehe auch Kap. 2.5.1.3 Beitragssatzstabilität.

KHEntgG wird diese sogenannte Grundlohnrate den Krankenhäusern ohne Begründung generell nicht nur im Zielbudget, sondern auch bei der Ermittlung des Ausgangswertes zugestanden.[1]

4. Abschlag für die Nichtteilnahme an der Notfallversorgung[2]

Die Selbstverwaltungspartner konnten sich für 2005 nicht auf einen Abschlag für die Nichtteilnahme von Krankenhäusern an der Notfallversorgung gemäß § 17 b Abs. 1 Satz 4 KHG einigen. Daher hat der Gesetzgeber in § 4 Abs. 5 Satz 2 KHEntgG einen Betrag in Höhe von 50,-- Euro festgelegt, der je vollstationärem Fall abzuziehen ist. Dieser gilt, solange bis er durch eine Vereinbarung der Selbstverwaltungspartner auf Bundesebene oder durch eine Ersatzvornahme des Bundesministeriums für Gesundheit (BMG) ersetzt wird. Beides liegt im Frühjahr 2008 nicht vor, so daß auch im Jahr 2008 Krankenhäuser, die nicht an der Notfallversorgung teilnehmen, einen Abschlag in Höhe von 50,-- Euro je Fall berücksichtigen müssen.

5. Neue Regelungen für krankenhausindividuelle Entgelte[3]

- Die **Öffnungsklausel** für noch nicht vom Fallpauschalensystem erfaßte Leistungen, für die gemäß § 6 Abs. 1 KHEntgG krankenhausindividuelle Entgelte oder Zusatzentgelte zu vereinbaren sind, galt bisher nur bis einschließlich 2006. Diese Regelung wird entfristet und gilt nun auch über 2006 hinaus weiter. Der Gesetzgeber berücksichtigt damit, daß es auch zukünftig in begrenztem Umfang Leistungen geben wird, die so heterogen sind, daß sie bundesweit nicht kalkulierbar sind.
- Auch die Vereinbarung von krankenhausindividuellen Entgelten für **neue Untersuchungs- und Behandlungsmethoden (NUB)**[4], die durch DRGs noch nicht sachgerecht vergütet werden, wird vereinfacht (§ 6 Abs. 2 KHEntgG). Die Krankenhäuser haben nach wie vor bis zum 31. Oktober eine Information beim Institut für das Entgeltsystem im Krankenhaus (InEK) einzuholen, ob die neue Methode mit den DRGs und Zusatzentgelten sachgerecht abgerechnet werden kann (§ 6 Abs. 2 Satz 3 KHEntgG). Bisher mußte die Antwort des InEK abgewartet werden, um krankenhausindividuelle Entgelte vereinbaren können. Das zweite Fallpauschalenänderungsgesetz stellt nun klar, daß bei fristgerechter Anfrage eine entsprechende Vereinbarung auch ohne Vorliegen dieser Information geschlossen werden kann, wenn die Antwort bis zum Jahresende nicht vorliegen sollte. Für Krankenhäuser, die nach diesem Zeitpunkt verhandeln, sind die

[1] Zu den Begriffen Zielbudget und (veränderter) Ausgangswert siehe Kap. 2.1.2.13 Krankenhausentgeltgesetz und Kap. 2.5.3.2 Systematik des G-DRG-Systems.

[2] Vgl. *Rau, F.*: Konvergenzphase, a.a.O., S. 983; *Tuschen, K. H., Braun, Th.*: Konvergenzphase, a.a.O., S. 34.

[3] Vgl. *Tuschen, K. H., Braun, Th.*: Konvergenzphase, a.a.O., S. 32; *Rau, F.*: Konvergenzphase, a.a.O., S. 981f.

[4] Siehe Kap. 2.1.2.11 GKV-Gesundheitsreformgesetz 2000.

bis zur Budgetvereinbarung eingehenden Informationen zu berücksichtigen.

- Zur sachgerechten Vergütung von **hochspezialisierten Leistungen**, die mit den DRGs und deren Schweregraden nicht angemessen abgebildet werden, wurde der Absatz 2a in § 6 KHEntgG eingefügt. Unter bestimmten Voraussetzungen und in eng begrenzten Ausnahmefällen ermöglicht er die krankenhausindividuelle Vereinbarung von gesonderten Zusatzentgelten für diese Leistungen.

6. Vereinbarung des Landes-Basisfallwertes[1]

- Erstmals für 2005 sollten die Selbstverwaltungspartner auf Landesebene einen landesweit geltenden Basisfallwert vereinbaren. Gemäß § 10 Abs. 2 Satz 3 KHEntgG sollten sie sich dazu an dem voraussichtlichen Ausgabenvolumen oder an den für 2004 vereinbarten Basisfallwerten der Krankenhäuser orientieren. Da aber auch Ende 2004 noch nicht alle Krankenhäuser einen Budgetabschluß für das bereits laufende Jahr hatten, fehlten den Verhandlungspartnern Informationen sowohl über das gesamte Finanzierungsvolumen im Land als auch über die Gesamtsumme der Bewertungsrelationen. Deshalb wurde mit dem zweiten Fallpauschalenänderungsgesetz das Risiko von Fehlschätzungen vermindert, denn bereits eine fehlerhafte Vereinbarung des Landes-Basisfallwertes um nur einige Euro kann auf Landesebene zu Mehr- oder Minderausgaben in Millionenhöhe führen. Eine neue Regelung in § 10 Abs. 1 KHEntgG sieht deshalb für Fehlschätzungen die Möglichkeit einer Korrektur vor. Dazu haben die Verhandlungspartner festzulegen, zu welchen Tatbeständen und unter welchen Voraussetzungen bei der Vereinbarung des Basisfallwertes im Folgejahr über eine Berichtigung verhandelt wird. Die Korrektur umfaßt neben der Basisberichtigung auch eine Ausgleichszahlung.
- Die oben beschriebenen Kappungsbeträge der einzelnen Krankenhäuser verbleiben nicht bei den Krankenhäusern, sondern sind bei der Vereinbarung des landesweiten Basisfallwertes mindernd zu berücksichtigen (§ 10 Abs. 2 Satz 5 bzw. ab 2006 Abs. 3 Satz 1 Nr. 6 KHEntgG).
- Die Abschläge für die Nichtteilnahme an der Notfallversorgung wiederum verbleiben nicht bei den Krankenkassen, sondern sind bei der Vereinbarung des landesweiten Basisfallwertes erhöhend zu berücksichtigen (§ 10 Abs. 2 Satz 5 bzw. ab 2006 Abs. 3 Satz 1 Nr. 7 KHEntgG).
- Für den Fall, daß eine Vereinbarung des Landes-Basisfallwertes nicht oder nur teilweise zustande kommt, stellt das zweite Fallpauschalenänderungsgesetz klar, daß auf Antrag einer Vertragspartei die Schiedsstelle entscheidet (§ 13 Abs. 1 Satz 1 KHEntgG).

---

[1] Vgl. *Tuschen, K. H., Braun, Th.*: Konvergenzphase, a.a.O., S. 33; *Rau, F.*: Konvergenzphase, a.a.O., S. 980f.

- Ferner wird festgelegt, daß der vereinbarte oder von der Schiedsstelle festgesetzte Landes-Basisfallwert von der zuständigen Landesbehörde zu genehmigen ist (§ 14 Abs. 1 KHEntgG). Der Verwaltungsrechtsweg ist nur für die Vertragsparteien auf Landesebene gegeben (§ 14 Abs. 4 KHEntgG), damit wird eine Klagebefugnis einzelner Krankenhäuser ausgeschlossen.
- Da trotz Änderung der Rahmenbedingungen nicht sicher war, daß auf Landesebene rechtzeitig Vereinbarungen zum Basisfallwert vorliegen würden, wurde das Bundesministerium für Gesundheit und Soziale Sicherung (BMGS) ermächtigt, für 2005 durch Rechtsverordnung für die einzelnen Länder jeweils einen vorläufigen Basisfallwert festzulegen (§ 10 Abs. 8 Satz 1 KHEntgG). Dieser vorläufige Basisfallwert wird bei der Ermittlung des Zielwertes nach § 4 Abs. 5 KHEntgG hilfsweise eingesetzt und ermöglicht so den Abschluß von Budgetvereinbarungen auf örtlicher Ebene. Er wird durch den von den Vertragsparteien auf Landesebene vereinbarten Basisfallwert abgelöst.

7. Finanzierung der Ausbildung[1]

Grundsätzlich hält auch das zweite Fallpauschalenänderungsgesetz an der wettbewerbsneutralen Finanzierung der Ausbildung fest.[2] Die Ausbildungskosten sollen über pauschale Zuschläge finanziert werden, die von allen, d.h., auch von den nicht ausbildenden Krankenhäusern erhoben werden. Diese Zuschläge werden an die Landeskrankenhausgesellschaften abgeführt, die jeweils einen Ausgleichfonds errichten, aus dem die Ausbildungskosten der ausbildenden Krankenhäuser im Land finanziert werden sollen.

Verläßliche Ausbildungszuschläge zu ermitteln bereitete den Selbstverwaltungspartnern auf Bundesebene jedoch erhebliche Schwierigkeiten. Deshalb wurde der § 17 a KHG weitgehend neu strukturiert.

Danach wurden in 2005 bei ausbildenden Krankenhäusern die Kosten der Ausbildungsstätten und die Mehrkosten der Ausbildungsvergütungen aus dem Krankenhausbudget ausgegliedert und auf Ortsebene ein eigenständiges Ausbildungsbudget vereinbart. Dieses Ausbildungsbudget ist nachweislich zweckgebunden zu verwenden (§ 17 a Abs. 7 KHG) und wurde durch einen krankenhausindividuellen Zuschlag je voll- und teilstationären Fall, der den Patienten oder deren Sozialleistungsträgern in Rechnung gestellt wurde, finanziert (§ 17 a Abs. 9 Satz 1 KHG).

Erstmals ab 2006 vereinbaren die Verhandlungspartner auf Landesebene einen Ausgleichsfonds in Höhe der von den Krankenhäusern im Land gemeldeten Beträge (§ 17 a Abs. 5 Satz 1 Nr. 1 KHG). Die ausbildenden Krankenhäuser melden dazu insbesondere die für das Vorjahr vereinbarten Ausbildungsbudgets und die Art und Anzahl der Ausbildungsplätze

---

[1] Vgl. *Tuschen, K. H., Braun, Th.*: Konvergenzphase, a.a.O., S. 35; *Rau, F.*: Konvergenzphase, a.a.O., S. 981.

[2] Siehe Kap. 2.1.2.12 Fallpauschalengesetz.

(§ 17 a Abs. 5 Satz 3 KHG). Außerdem vereinbaren die Parteien auf Landesebene die Höhe der Zuschläge je voll- und teilstationärem Fall, mit dem der Ausgleichsfonds finanziert wird (§ 17 a Abs. 5 Satz 1 Nr. 2 KHG).

Auf Bundesebene sollten in den Jahren 2006 bis 2008 zunächst nur Richtwerte ermittelt werden, die bei den Vereinbarungen des Ausbildungsbudgets auf örtlicher Ebene zu berücksichtigen sind. Eine Angleichung der krankenhausindividuellen Finanzierungsbeträge an die Richtwerte sollte angestrebt werden. Erst ab 2009 sollten für die Finanzierung der Ausbildung Pauschalbeträge vereinbart werden, von denen auf Ortsebene nicht mehr abgewichen werden kann. Nachdem jedoch die Selbstverwaltungspartner Richtwerte seit drei Jahren nicht vereinbart hatten,[1] trug das GKV-Wettbewerbsstärkungsgesetz dieser Realität Rechnung. Die strenge, schematische Angleichung wurde aufgehoben, auch ab 2010 soll es nun lediglich Richtwerte geben.[2]

8. Vergütung für „Kalkulationskrankenhäuser"[3]

Um die Qualität der Kalkulationsdaten zur Weiterentwicklung des DRG-Systems zu verbessern und weitere Krankenhäuser zur Teilnahme an der Kalkulation zu gewinnen, sieht § 17 b Abs. 5 KHG nun pauschalierte Zahlungen für die Teilnahme von Krankenhäusern an der Kalkulation vor. Diese sind aus dem DRG-Zuschlag[4] zu finanzieren und sollen einen wesentlichen Teil der dem Krankenhaus entstehenden Kosten decken. Sie bestehen aus einem festen Grundbetrag und einem variablen Anteil in Abhängigkeit von der Anzahl und der Qualität der an das InEK übermittelten Datensätze.

9. Weitere Änderungen[5]

- Auf örtlicher Ebene ist von den Krankenhäusern wie bisher die **Aufstellung der Entgelte und Budgetermittlung (AEB)** nach § 11 Abs. 4 KHEntgG vorzulegen.[6] Hier erfolgten durch das zweite Fallpauschalenänderungsgesetz Anpassungen zum einen an die neuen gesetzlichen Vorschriften, vor allem im B2-Formular,[7] das der Ermittlung von Erlösbudget und Basisfallwert dient. Zum anderen hat sich gezeigt, daß es für die Planung des Leistungsgeschehens nicht ausreicht, nur die Ist-Daten des abgelaufenen Jahres (bei Verhandlung für 2009 also 2007) zur Orientierung zu nehmen. Aufgrund der

---

[1] Vgl. *Deutsche Krankenhausgesellschaft, Deutscher Pflegerat e.V.*: Pressemitteilung DKG und DPR zum Scheitern der Verhandlungen mit der GKV zu Richtwerten für Ausbildungskosten, www.dkgev.de, 3. November 2005.

[2] Siehe Kap. 2.1.2.18 GKV-Wettbewerbsstärkungsgesetz.

[3] Vgl. *Tuschen, K. H., Braun, Th.*: Konvergenzphase, a.a.O., S. 30.

[4] Siehe Kap. 2.1.2.11 GKV-Gesundheitsreformgesetz 2000.

[5] Vgl. *Tuschen, K. H., Braun, Th.*: Konvergenzphase, a.a.O., S. 34; *Rau, F.*: Konvergenzphase, a.a.O., S. 984f.

[6] Siehe Kap. 2.1.2.13 Krankenhausentgeltgesetz und Kap. 2.1.2.15 Fallpauschalenänderungsgesetz.

[7] Siehe Kap. 2.5.3.2 Systematik des G-DRG-Systems.

jährlichen Änderungen der DRG- und Zusatzentgelte-Kataloge, der Kodierrichtlinien und der ICD- und OPS-Klassifikationen ist auch der Nachweis der Ist-Daten für das laufende Jahr (bei Verhandlung für 2009 also 2008) notwendig, jeweils gruppiert mit dem Grouper des laufenden Jahres (2008) und dem Grouper des zu verhandelnden Zeitraums (Übergangsgrouper 2008/2009). Die E-Formulare der AEB wurden entsprechend angepaßt und mit Fußnoten versehen.

- Auch die **Datenübermittlung nach § 21 KHEntgG** an das InEK wurde in einigen Punkten neu geregelt.

2.1.2.18 GKV-Wettbewerbsstärkungsgesetz

Internationale Vergleiche haben gezeigt, daß das deutsche Gesundheitswesen zwar leistungsfähig und die Qualität der Gesundheitsversorgung hoch ist, aber die Mittel nicht überall effizient eingesetzt werden. Auch angesichts großer Herausforderungen, insbesondere des demographischen Wandels und des medizinischen Fortschritts, hielt der Gesetzgeber daher eine Fortsetzung der durch das GKV-Modernisierungsgesetz[1] begonnenen Reform für notwendig. Mit dem **Gesetz zur Stärkung des Wettbewerbs in der gesetzlichen Krankenversicherung (GKV-Wettbewerbsstärkungsgesetz - GKV-WSG)** vom 26.03.2007 sollte das Gesundheitssystem auf allen Ebenen neu strukturiert, wettbewerblicher ausgerichtet und transparenter gestaltet werden.[2] Nachdem im Verlauf des parlamentarischen Verfahrens auf einen erheblichen Teil der kostendämpfenden Maßnahmen verzichtet wurde, trat das Reformgesetz zum 01.04.2007 in Kraft, soweit keine gesonderten Regelungen getroffen wurden.

Im folgenden werden nur die für den Krankenhaus-Bereich besonders relevanten Auswirkungen dargestellt.[3]

1. **GKV-Sanierungsbeitrag**

   Da die Krankenhäuser als größter Ausgabenfaktor der gesetzlichen Krankenversicherung (GKV) gesehen werden, sollen sie einen Beitrag zur finanziellen Entlastung der GKV leisten. Die drei im folgenden genannten Einzelmaßnahmen traten rückwirkend zum 01.01.2007 in Kraft.

   - **Rechnungskürzung in Höhe von 0,5%** (§ 8 Abs. 9 KHEntgG)

     Bei gesetzlich krankenversicherten Patienten, die nach dem 31.12.2006 entlassen werden, ist vom Krankenhaus ein Abschlag in Höhe von 0,5% des Rechnungsbetrags vorzunehmen und auf der Rechnung des Krankenhauses auszuweisen. Diese Regelung gilt für

---

[1] Siehe Kap. 2.1.2.16 GKV-Modernisierungsgesetz.

[2] Vgl. Entwurf eines Gesetzes zur Stärkung des Wettbewerbs in der Gesetzlichen Krankenversicherung (GKV-Wettbewerbsstärkungsgesetz - GKV-WSG), Bundestags-Drucksache 16/3100 vom 24.10.2006, S. 246f.

[3] Vgl. *Rau, F.*: GKV-Wettbewerbsstärkungsgesetz, a.a.O., S. 179ff.; *Norden, G.*: Gesundheitsreform 2006, in: Arzt und Krankenhaus, 11/2006, S. 323 ff.; *Deutsche Krankenhausgesellschaft*: Krankenhausrelevante Inhalte des GKV-Wettbewerbsstärkungsgesetz (GKV-WSG), 09.02.2007, www.dkgev.de, S. 1ff.

alle Krankenhäuser, die dem Krankenhausentgeltgesetz unterliegen, d.h. auch für besondere Einrichtungen und für Leistungen, für die nach § 6 Abs. 1 KHEntgG krankenhausindividuelle Entgelte vereinbart werden. Nicht betroffen sind Krankenhäuser bzw. Abteilungen, die dem Anwendungsbereich der Bundespflegesatzverordnung unterliegen, also die Bereiche Psychiatrie, Psychosomatik und psychotherapeutische Medizin. Die Rechnungskürzung gilt grundsätzlich bis zum In-Kraft-Treten des ordnungspolitischen Rahmens, der ab dem Jahr 2009 neu zu regeln ist.

- **Reduzierung der allgemeinen Mindererlösausgleiche von bisher 40% auf 20%** (§§ 4 Abs. 9 KHEntgG und 12 Abs. 2 BPflV)[1]

  Krankenhäuser, die weniger Leistungen erbringen als im Rahmen des Budgets vereinbart, erhalten für die Finanzierung der Vorhaltekosten also nur noch einen Anteil von 20% der nicht erzielten Erlöse, erstmals für die Ausgleiche für das Jahr 2007. Diese Halbierung der Mindererlösausgleichsquote gilt auch für den Bereich der BPflV.

- **Wegfall des Anspruchs auf Rückerstattung nicht verwendeter Mittel aus der Anschubfinanzierung zur Integrierten Versorgung** nach § 140 d SGB V für die Jahre 2004 bis 2006[2]

  Der Erstattungsanspruch für die Jahre 2007 und 2008 bleibt davon unberührt (§ 140 d Abs. 1 Satz 8 SGB V).

  Die Verlängerung der Rechnungskürzung in Höhe von bis zu 1% zur Anschubfinanzierung um zwei Jahre (also bis Ende 2008) - ursprünglich auch im GKV-Wettbewerbsstärkungsgesetz vorgesehen - wurde in das Vertragsarztrechtsänderungsgesetz (VÄndG) verlagert.[3]

2. Neukonstruktion der ambulanten hochspezialisierten Leistungen (§ 116 b SGB V)

Mit dem GKV-Modernisierungsgesetz[4] wurde den Krankenhäusern 2003 die Möglichkeit eröffnet, hochspezialisierte Leistungen ambulant zu erbringen, sofern sie dazu mit einzelnen Krankenkassen entsprechende Verträge abschließen. Diese Möglichkeit zur Ergänzung der vertragsärztlichen Versorgung wurde jedoch von den Krankenkassen kaum genutzt. Daher entfällt nun die Vertragskompetenz der Krankenkassen. Zukünftig ist ein Krankenhaus auf seinen Antrag hin zur ambulanten Behandlung hochspezialisierter Leistungen nach § 116 b Abs. 3 und 4 SGB V berechtigt, wenn und soweit es im Rahmen der Krankenhausplanung des Landes unter Berücksichtigung der vertragsärztlichen Versor-

---

1 Siehe Kap. 2.1.2.13 Krankenhausentgeltgesetz; Kap. 2.1.2.17 Zweites Fallpauschalenänderungsgesetz; Kap. 2.5.2.4 Flexibles Budget und Kap. 2.5.3.4 Erlösausgleiche bis 2008.

2 Siehe Kap. 2.1.2.11 GKV-Gesundheitsreformgesetz 2000 und Kap. 2.1.2.16 GKV-Modernisierungsgesetz.

3 Siehe Kap. 2.1.2.16 GKV-Modernisierungsgesetz.

4 Siehe Kap. 2.1.2.16 GKV-Modernisierungsgesetz.

gungssituation als geeignet dazu bestimmt wurde. Die Vergütung erfolgt auf Basis des für die vertragsärztliche Versorgung maßgeblichen einheitlichen Bewertungsmaßstabes (EBM).

3. Ausbildungsfinanzierung (§ 17 a KHG)

Bei der Ausbildungsfinanzierung[1] werden Änderungen vorgenommen, um die Vereinbarungen von krankenhausindividuellen Ausbildungsbudgets zu erleichtern und zu vereinheitlichen.

Die Selbstverwaltungspartner auf Bundesebene sollen Rahmenvereinbarungen schließen insbesondere über die zu finanzierenden Tatbestände, die zusätzlichen Kosten aufgrund der Umsetzung des Krankenpflegegesetzes und über ein Kalkulationsschema für die Verhandlungen des Ausbildungsbudgets auf Ortsebene. Die Selbstverwaltungsparteien auf Landesebene sollen ergänzende Vereinbarungen schließen insbesondere zur Berücksichtigung der landesrechtlichen Vorgaben für die Ausbildungsstätten.

Nach den Änderungen durch das Zweite Fallpauschalenänderungsgesetz sollten für die Finanzierung der Ausbildung ab 2009 Pauschalbeträge vereinbart werden, von denen auf Ortsebene nicht mehr abgewichen werden kann. Da jedoch die Selbstverwaltungspartner auf Bundesebene Richtwerte zur einheitlichen Pauschalfinanzierung der Ausbildung seit drei Jahren nicht vereinbart hatten, trug das GKV-Wettbewerbsstärkungsgesetz dieser Realität Rechnung. Die strenge, schematische Angleichung der krankenhausindividuellen Finanzierungsbeträge ab 2009 wurde aufgehoben. Ab 2010 soll es nun lediglich Richtwerte geben, die bei der Vereinbarung des krankenhausindividuellen Ausbildungsbudgets zu berücksichtigen sind.

Die Selbstverwaltungspartner auf Bundesebene werden beauftragt, ein Kalkulationsverfahren zur Ermittlung von Richtwerten - ähnlich der DRG-Kalkulation - voranzubringen.

4. Ermittlung des landesweit geltenden Basisfallwerts (§ 10 KHEntgG)

Zukünftig ist eine Erhöhung des Landes-Basisfallwertes über die begrenzende Einnahmeveränderungsrate nach § 71 SGB V[2] auch dann möglich, wenn eine niedrigere Summe der effektiven Bewertungsrelationen vereinbart wird, soweit dies nicht zu einer Erhöhung der Gesamtausgaben für Krankenhausleistungen führt (§ 10 Abs. 4 Satz 3 KHEntgG). Bisher galt hier lediglich die Weiterentwicklung des DRG-Systems und der Abrechnungsregeln als Ausnahmetatbestand.

---

[1] Siehe Kap. 2.1.2.11 GKV-Gesundheitsreformgesetz 2000; Kap. 2.1.2.12 Fallpauschalengesetz; Kap. 2.1.2.15 Fallpauschalenänderungsgesetz und Kap. 2.1.2.17 Zweites Fallpauschalenänderungsgesetz.

[2] Siehe Kap. 2.1.2.13 Krankenhausentgeltgesetz; Kap. 2.1.2.17 Zweites Fallpauschalenänderungsgesetz; Kap. 2.5.1.3 Beitragssatzstabilität und Kap. 2.5.3.2 Systematik des G-DRG-Systems.

5. **Anpassung der Regelungen zur Vereinbarung von Leistungsveränderungen (§ 4 Abs. 4 Satz 3 KHEntgG)**

Es wird klargestellt, daß eine Zunahme der Bewertungsrelationen aufgrund einer verbesserten Kodierung bei der Budgetvereinbarung des Krankenhauses nicht als zusätzliche Leistungen budgeterhöhend angesetzt werden darf. Eine bereits eingetretene, veränderte Kodierung von Diagnosen und Prozeduren stellt keine Leistungsveränderung dar. Dieser Grundsatz, daß Kodiereffekte nicht zu Mehrausgaben der Sozialleistungsträger führen dürfen, wurde bisher schon bei der Ermittlung des Mehrerlösausgleiches[1] und der Vereinbarung des Landes-Basisfallwertes[2] umgesetzt.

6. **Medizinischer Dienst der Krankenkassen (MDK)**

Bei der Einzelfallprüfung durch den Medizinischen Dienst der Krankenkassen[3] werden Anreize geschaffen, die Verfahren zielgerichtet und zügig durchzuführen. Prüfungen nach § 275 Abs. 1 Nr. 1 SGB V bei einer Krankenhausbehandlung sind zeitnah durchzuführen, d.h. sie sind spätestens sechs Wochen nach Eingang der Abrechnung bei der Krankenkasse einzuleiten und dem Krankenhaus vom Medizinischen Dienst der Krankenkassen anzuzeigen. Führt die Prüfung nicht zu einer Minderung des Abrechnungsbetrages muß die Krankenkasse 100,-- Euro als Aufwandspauschale an das Krankenhaus entrichten.

Die Einleitung der verdachtsunabhängigen Stichprobenprüfung nach § 17 c KHG wird erleichtert, da nun statt einer gemeinsamen Entscheidung der Krankenkassen auf Landesebene zur Prüfeinleitung ein Mehrheitsentscheid ausreicht. Wie bereits in den Jahren 2003 und 2004 sind nicht nur zu hohe Abrechnungen des Krankenhauses zu berücksichtigen, sondern auch zu niedrige.

7. **Neustrukturierung des Gemeinsamen Bundesausschusses (G-BA)**

Der Gemeinsame Bundesausschuß, der als maßgebliche Rechtssetzungseinrichtung der gemeinsamen Selbstverwaltung mit dem GKV-Modernisierungsgesetz 2004 neu gebildet wurde,[4] wird weiterentwickelt. Mit dem Ziel einer Professionalisierung des Gemeinsamen Bundesausschusses und einer Straffung der Arbeitsprozesse erfolgt eine umfassende Neustrukturierung, unter anderem auch durch die Beteiligung von hauptamtlichen Mitgliedern, mit einer deutlichen Schwächung der Leistungserbringer (§ 91 SGB V). Durch die Einführung eines zentralen und sektorübergreifenden Beschlußgremiums, das ab dem 01.07.2008 seine Tätigkeit aufnehmen soll, werden die verschiedenen, sektorspezifischen Beschlußgremien ersetzt.

---

[1] Siehe Kap. 2.5.3.4 Erlösausgleiche bis 2008.

[2] Siehe Kap. 2.1.2.13 Krankenhausentgeltgesetz.

[3] Siehe Kap. 2.1.2.12 Fallpauschalengesetz.

[4] Siehe Kap. 2.1.2.16 GKV-Modernisierungsgesetz.

Die Kompetenzen des G-BA werden erweitert, da er über die gesetzlich aufgeführten Richtlinieninhalte hinaus weitere Sachverhalte der Qualitätssicherung aufgreifen und festlegen kann.

8. **Spitzenverband Bund der Krankenkassen (§§ 217 a ff. SGB V)**

   Damit zeitliche und organisatorische Abläufe in den Verbänden und der gemeinsamen Selbstverwaltung deutlich gestrafft und Handlungsblockaden vermieden werden, sollen die Krankenkassen auf Bundesebene einen Spitzenverband bilden. Der Spitzenverband Bund ist eine Körperschaft des öffentlichen Rechts und vertritt alle Krankenkassen. Die Aufgabenübertragung an diesen neuen Spitzenverband soll zum 01.07.2008 erfolgen.

   Statt der bisherigen sieben Spitzenverbände der gesetzlichen Krankenkassen vertritt also zukünftig der Spitzenverband Bund die Belange der gesetzlichen Krankenversicherung auf Bundesebene und wird damit für den Krankenhausbereich neuer Vertragspartner der Deutschen Krankenhausgesellschaft (DKG).

9. **Einführung eines zentralen Gesundheitsfonds (§§ 270 f., 220 SGB V)**

   Mit Wirkung zum 01.01.2009 soll die Finanzierung der gesetzlichen Krankenversicherung durch die Einführung eines zentralen Gesundheitsfonds neu gestaltet werden. Auch in der gesetzlichen Krankenversicherung soll - wie z.B. in der Rentenversicherung - ein bundeseinheitlicher Beitragssatz eingeführt werden, der durch Rechtsverordnung erstmalig im November 2008 mit Wirkung zum 01.01.2009 festgesetzt wird (§ 241 SGB V). Dem vom Bundesversicherungsamt als Sondervermögen verwalteten Gesundheitsfonds sollen auch Zuschüsse aus Steuermitteln zur pauschalen Abgeltung versicherungsfremder Leistungen zufließen (§ 221 SGB V). Die Krankenkassen erhalten aus dem Gesundheitsfonds künftig für ihre Versicherten neben einer Grundpauschale alters-, geschlechts- und risikoadjustierte Zu- und Abschläge zum Ausgleich der unterschiedlichen Risikostrukturen (§ 266 SGB V). Krankenkassen, für die dieser Betrag nicht auskömmlich ist, können von den Versicherten einen Zusatzbeitrag grundsätzlich in Höhe von maximal 1% erheben (§ 242 SGB V).

   Vor diesem Hintergrund könnten Forderungen nach einer Umstellung von Landes- auf einen Bundesbasisfallwert zunehmen.

Das Krankenhaus stand nicht im Mittelpunkt dieses Reformgesetzes. Die eigentliche Reform steht den Krankenhäusern daher noch bevor, wenn es um die ordnungspolitische Ausgestaltung und Anwendung des G-DRG-Systems nach der Konvergenzphase geht.[1]

Die neuen gesetzlichen Änderungen werden in den folgenden Kapiteln ausführlicher berücksichtigt.

---

[1] Siehe Kap. 6 Diskutierte ordnungspolitische Rahmenbedingungen ab 2009.

2.2 Teilgebiete des Rechnungswesens

Durch die bereits in Kapitel 1 beschriebene Zweckerfüllung des Rechnungswesens lassen sich die Hauptaufgaben des Rechnungswesens ableiten. Sie haben abstrakt-formalen Inhalt und charakterisieren in allgemeiner Form Art und Verwendung der bereitzustellenden Informationen. Die Hauptaufgaben sind die[1]

- Dokumentationsaufgabe,
- Rechenschaftslegungs- und Informationsaufgabe,
- Dispositionsaufgabe und
- Kontrollaufgabe.

Eine häufig vorgenommene Differenzierung ist dabei - wie schon oben angedeutet - die Einteilung in das interne und externe Rechnungswesen.[2]

Abbildung 7: Aufgabenschwerpunkte und Informationsempfänger des betrieblichen Rechnungswesens

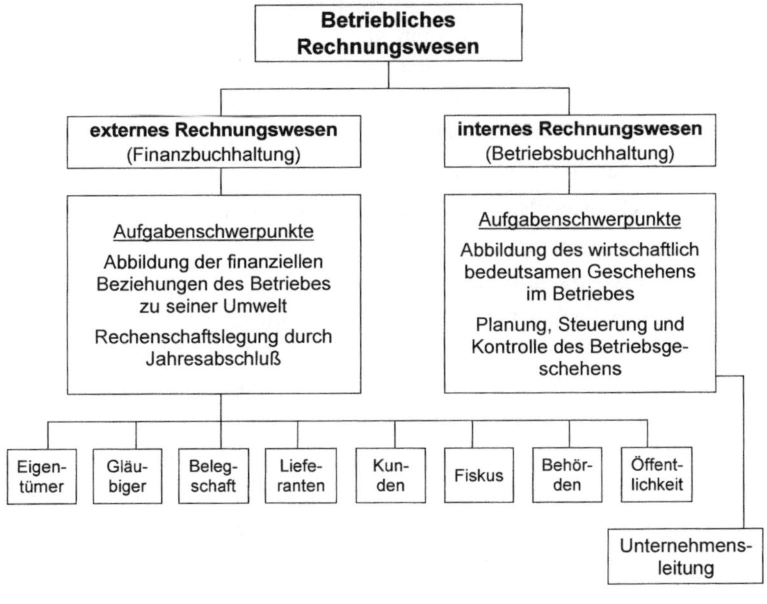

Quelle: Hummel, S., Männel, M.: Kostenrechnung, Grundlagen, Aufbau und Anwendung, 4., völlig neu bearbeitete und erweiterte Auflage, Wiesbaden 1986, S. 6.

[1] Vgl. *Wöhe, G.*: a.a.O., S. 823; *Fuchs, M.*: a.a.O., S. 34ff.

[2] Vgl. *Hummel, S., Männel, W.*: Kostenrechnung, Grundlagen, Aufbau und Anwendung, 4., völlig neu bearbeitete und erweiterte Auflage, Wiesbaden 1986, S. 4f.

2.2.1 Externes Rechnungswesen

Das externe Rechnungswesen bildet die Vorgänge finanzieller Art ab, die sich zwischen dem Krankenhaus und seiner Umwelt abspielen. Informationsempfänger sind vor allem

- Eigentümer/Träger der Einrichtungen,
- Beteiligte an den Entgeltverhandlungen,
- Staat und Öffentlichkeit,
- Kreditgeber und
- Finanzverwaltungen.[1]

Die Finanzbuchhaltung repräsentiert weitgehend das externe Rechnungswesen.[2] Hier werden die zwischen dem Krankenhaus und der Umwelt fließenden Real- und Nominalgüterströme sowie der interne Güterverzehr und die Güterentstehung erfaßt. Sie ist auf die Vergangenheit ausgerichtet und dokumentiert auf Bestands- und Erfolgskonten die Geschäftsvorfälle des Betriebes.[3] Seinen zusammenfassenden Abschluß findet das externe Rechnungswesen in der Bestandsrechnung (**Bilanz**), der Ergebnisrechnung (Erfolgsrechnung oder **Gewinn- und Verlustrechnung**, GuV) sowie dem Anhang. Zusammengefaßt spricht man vom **Jahresabschluß**, der durch den Lagebericht ergänzt wird.[4] Die Aufstellung des Jahresabschlusses regelt sich nach § 4 KHBV und deren Anlagen 1 Bilanz, 2 GuV und 3 Anlagennachweis. Einzelvorschriften zum Jahresabschluß sind in § 5 KHBV enthalten.

Die Aufgaben der Finanzbuchhaltung bestehen in

- der Rechenschaftslegungs- und Informationsaufgabe sowie
- der Dokumentationsaufgabe.

Zur Erfüllung der **Rechenschaftslegungs- und Informationsaufgabe** muß durch die Finanzbuchhaltung sichergestellt sein, daß die wirtschaftlichen Tätigkeiten in abgelaufenen Perioden beurteilt werden und die Verantwortlichen Rechenschaft über ihre Tätigkeit ablegen können.

So können **Informationen** über

- den Periodenerfolg als Differenz zwischen Einnahmen und Ausgaben bzw. Aufwand und Ertrag,
- die Kapitalbewegungen und den Geldverkehr sowie
- die Vermögens- und Kapitalstruktur

gewonnen werden.[5]

Die Informationen für die externen Empfänger sichern die gesetzlichen Vorschriften (Handelsgesetz, Steuergesetze, Krankenhaus-Buchführungsverordnung und kommunalrechtliche Vorschriften), die eine einheitliche Rechnungslegung gewährleisten.[6]

---

1 Vgl. *Fuchs, M.*: a.a.O., S. 39f.
2 Vgl. *Hummel, S., Männel, W.*: a.a.O., S. 6.
3 Vgl. *Hummel, S., Männel, W.*: a.a.O., S. 4, 6.
4 Vgl. *Hummel, S., Männel, W.*: a.a.O., S. 4.
5 Vgl. *Fuchs, M.*: a.a.O., S. 34f.
6 Vgl. *Hummel, S., Männel, W.*: a.a.O., S. 5.

Die **Dokumentationsaufgabe** wird durch die schriftliche Niederlegung der Geschäftsvorfälle erfüllt.

Die verschiedenartigen Geschäftsvorfälle des Krankenhauses werden auf **Konten** der Finanzbuchhaltung in sachlicher Gliederung zahlenmäßig festgehalten.

Geschäftsvorfälle sind zum Beispiel

- Einkauf von Arznei-, Heil- und Hilfsmittel,
- Kauf eines Röntgenapparates oder
- Rechnungsstellung für die Versorgung eines Patienten.

Die Einzelrechnung des Kontos ist also Mittel zur Erfassung, Registrierung und Kontrolle aller Wertbewegungen.

Die Systematik der **Kontengliederung** ist den spezifischen Anforderungen des Krankenhausbetriebes angepaßt. Bekannte allgemeine Kontenrahmensysteme sind der Gemeinschaftskontenrahmen (GKR) und der Industriekontenrahmen (IKR), die jedoch weitestgehend auf die Bedürfnisse der Industrie abgestellt sind. Gemäß § 3 KHBV hat ein Krankenhaus seine Bücher nach den Regeln der kaufmännischen doppelten Buchführung zu führen, wobei die Konten nach dem **Kontenrahmen** der **Anlage 4** einzurichten sind. Dieser Kontenrahmen und ein daraus abgeleiteter (individueller) Kontenplan verdeutlichen dem Krankenhaus, wie die einzelnen Konten im Rahmen der Finanzbuchhaltung zweckmäßig einander zuzuordnen sind.

Die folgende Abbildung stellt diesen Kontenrahmen auszugsweise dar.

Abbildung 8: Kontenklassen des Kontenrahmens für die Buchführung

Kontenklasse 0	Ausstehende Einlagen und Anlagevermögen
Kontenklasse 1	Umlaufvermögen, Rechnungsabgrenzung
Kontenklasse 2	Eigenkapital, Sonderposten, Rückstellungen
Kontenklasse 3	Verbindlichkeiten, Rechnungsabgrenzung
Kontenklasse 4	Betriebliche Erträge
Kontenklasse 5	Andere Erträge
Kontenklasse 6	Aufwendungen
Kontenklasse 7	Aufwendungen
Kontenklasse 8	ohne Titel (Eröffnungs- und Abschlußkonten, Abgrenzungskonten)

Quelle: Anlage 4 KHBV.

Dabei stellt der Kontenrahmen ein nach bestimmten Prinzipien ausgerichtetes Rechenschema dar, in dem er die Kontenklassen (0 - 8), gegebenenfalls auch die Kontengruppen (z.B. 00 - 89) benennt, in die die Einzelkonten des Krankenhauses eingefügt werden sollen. Aus der Nummernfolge des einzelnen Kontos ist erkennbar, welcher Kontengruppe und welcher Kontenklasse es angehört. Ergänzt wird dieses durch entsprechende Zuordnungsvorschriften zum Kontenrahmen.

Der **Kontenplan** stellt eine vertiefte Kontengliederung des Kontenrahmens mit folgender aufsteigender Gliederung dar:

- Kontenklasse,
- Kontengruppe,
- Kontenuntergruppe,
- Konto,
- Bezeichnung des Kontos.

Die nachstehende Abbildung veranschaulicht diese Systematik.

Abbildung 9: Auszug aus dem Musterkontenplan nach KHBV-Kontengruppe 69

Kontengruppe	Kontenuntergruppe	Konto	Bezeichnung	Ausweis lt. GuV
			Kontenklasse 6 Aufwendungen	
...	...	...	...	
69			Verwaltungsbedarf	Nr. 21
	690		Büromaterialien und Druckarbeiten	
	691		Porto, Postfach- und Bankgebühren Kleinfrachten	
	692		Fernsprech- und Fernschreibanlagen, Telegramme, Rundfunk und Fernsehen	
	693		Reisekosten, Fahrtgelder und Spesen	
	694		Personalbeschaffungskosten	
	695		Beratungskosten, Prüfungs-, Gerichts- und Anwaltsgebühren	
	696		Beiträge an Organisationen	
	697		Repräsentationsaufwand	
	698		ADV- und Organisationsaufwand	
		6980	im Pflegesatz zu berücksichtigen	
		6981	im Pflegesatz nicht zu berücksichtigen	
	699		Sonstiger Verwaltungsaufwand	

Quelle: Purzer, K., Haertle, R.: Das Rechnungswesen der Krankenhäuser - Handkommentar, Musterkontenplan nach KHBV 1987, Teil A 2 des Handkommentars i.d.F. der 11. Ergänzung Februar 1988, Stuttgart/München/Hannover/Berlin/Weimar/Dresden 1988, S. 20.

Die Informationsaufgabe wird weiterhin dadurch erfüllt, daß aus der Finanzbuchhaltung Zahlen für die übrigen Bereiche des Rechnungswesens gefiltert werden können. So werden die Zahlen der Aufwands- und Ertragskonten nach vorherigen Abgrenzungen in die Kostenrechnung als Teil des internen Rechnungswesens übergeleitet.[1]

---

[1] Vgl. *Hummel, S., Männel, W.*: a.a.O., S. 17.

2.2.2 Internes Rechnungswesen

Das interne Rechnungswesen besteht aus den Teilgebieten

- **Kosten- und Leistungsrechnung**,
- **Statistik** (betriebswirtschaftliche Statistik und Vergleichsrechnung),
- **Planung** (oder Planungsrechnung).

Das interne Rechnungswesen stellt die innerhalb des Krankenhauses ablaufenden wirtschaftlichen Vorgänge dar.[1] Die Hauptaufgabe besteht darin, den Verzehr von Produktionsfaktoren (Kosten) und die damit verbundene Entstehung von Leistungen (Produkten) mengen- und wertmäßig zu erfassen und die Wirtschaftlichkeit der Leistungserstellung zu überwachen.[2]

Durch eine auf die Dispositionsaufgabe abgestellte Informationsaufbereitung zur Unterstützung der Planungs- und Entscheidungsprozesse erfüllt das interne Rechnungswesen eine weitere wichtige Aufgabe des betrieblichen Rechnungswesen.[3]

2.2.2.1 Kosten- und Leistungsrechnung

Die **Kostenrechnung** ermittelt die Kosten als Ausdruck des leistungsbezogenen Güterverbrauchs in Geldeinheiten, bezogen auf alle Phasen des Betriebsprozesses. Die Kostenrechnung ist ausschließlich auf die Erfassung des leistungsbezogenen Güterverzehrs ausgerichtet, um den Prozeß der betrieblichen Leistungserstellung und -verwertung abzubilden, zu steuern und zu kontrollieren.[4] Aufbauend auf den Ergebnissen der Finanzbuchhaltung, aber die Möglichkeit nutzend, sich von den Zahlungsvorgängen der Finanzbuchhaltung zu lösen (Bsp. Abgrenzungskonten des Musterkontenrahmens, Kontengruppen 86, 87), können eigene Wertansätze (Bsp. Kontengruppe 88 „Kalkulatorische Kosten") eingebracht werden.[5] Daher ist die Kostenrechnung insoweit auch eine kalkulatorische Rechnung.

Die Kostenrechnung umfaßt die Teilgebiete

- Kostenartenrechnung,
- Kostenstellenrechnung und
- Kostenträgerrechnung.

  Die Kostenträgerrechnung umfaßt die Kostenträgerstückrechnung (Kalkulation) und die Kostenträgerzeitrechnung (kurzfristige Erfolgsrechnung).

---

[1] Vgl. *Hummel, S., Männel, W.*: a.a.O., S. 5.

[2] Vgl. *Hummel, S., Männel, W.*: a.a.O., S. 7f.

[3] Vgl. *Fuchs, M.*: a.a.O., S. 37f.

[4] Vgl. *Wahle, O.*: Kostenrechnung II für Studium und Praxis - Ist- und Normalkostenrechnung, 3., überarbeitete Auflage, Bad Homburg v.d.H. 1989, S. 9.

[5] Vgl. *Wahle, O.*: a.a.O., S. 9; *Purzer, K., Haertle, R.*: a.a.O., Konzept der Kosten- und Leistungsrechnung (Betriebsabrechnung), Teil A 4 des Handkommentars i.d.F. des Stammwerks 1978, S. 2.

Die **Leistungsrechnung** umfaßt die

- Leistungserfassung,
- Leistungsbewertung und
- Leistungsverrechnung

aller Leistungen des Betriebsprozesses.

2.2.2.2 Statistik

Die Betriebsstatistik wertet Daten aus, die in anderen Teilbereichen des Krankenhausbetriebes erfaßt wurden, bereitet sie für Vergleichs- und Prognoserechnungen zweckorientiert auf und stellt sie in graphischer oder tabellarischer Form dar.[1]

Die Statistik umfaßt[2] als

- gesetzlich vorgeschriebene Statistik unter anderem die
  - anonymisierte, abteilungsbezogene Diagnosestatistik nach § 17 Abs. 4 Satz 4 BPflV (auch L4-Statistik genannt),[3]
  - Aufstellung der Fallpauschalen für das Krankenhaus nach § 11 Abs. 4 Satz 1 Nr. 3 KHEntgG (E1- Formular der AEB)[4]
  - Statistiken nach der Krankenhausstatistik-Verordnung (KHStatV),

- betriebsinterne Statistik unter anderem die
  - DRG-Statistik,
  - Erlösstatistik,
  - Belegungsstatistik,
  - Einzugsgebietestatistik,
  - Altersstrukturstatistik,
  - Vollbeschäftigtenstatistik,
  - Kostenübersichten und
  - Materialverbrauchsübersichten etc.

---

[1] Vgl. *Kilger, W.*: Einführung in die Kostenrechnung, 3., durchgesehene Auflage, Wiesbaden 1992, S. 18f.; *Bölke, G., Schmidt-Rettich, B.*: Leistungsrechnung - Leistungsstatistik, in: *Eichhorn, S. (Hrsg.)*: Handbuch Krankenhaus-Rechnungswesen, Grundlagen - Verfahren - Anwendung, 2., überarbeitete und erweiterte Auflage, Wiesbaden 1988, S. 468ff.

[2] Vgl. *Deutsche Krankenhausgesellschaft (Hrsg.)*: Hinweise der DKG zum Rechnungswesen der Krankenhäuser unter besonderer Berücksichtigung der Anpassung des Rechnungswesens der Krankenhäuser in den neuen Bundesländern an die Erfordernisse des Krankenhausfinanzierungsrechts, Düsseldorf 1992, [im folgenden zitiert als: *Deutsche Krankenhausgesellschaft (Hrsg.)*: Rechnungswesen], S. 26.

[3] Vgl. Anlage 1 zu § 17 Abs. 4 BPflV: Leistungs- und Kalkulationsaufstellung, Abschnitt L4.

[4] Vgl. Anlage 1 Aufstellung der Entgelte und Budgetermittlung (AEB) nach § 11 Abs. 4 KHEntgG, Formular E1.

Die Leistungsstatistiken werden nach dem Konzept der Kosten- und Leistungsrechnung für Krankenhäuser als Teil der Kosten- und Leistungsrechnung betrachtet.[1]

Im Gegensatz zur Leistungsrechnung werden in den reinen Betriebsstatistiken Informationen lediglich zahlenmäßig erfaßt, eine Bewertung erfolgt hier nicht. Die Leistungsstatistiken liefern Daten für Vergleichsrechnungen, die in absoluten und relativen Zahlen oder als Durchschnittswerte für

- **innerbetriebliche** Vergleiche,
  wie z.B.
  - Zeitvergleiche,
  - Soll-Ist-Vergleiche oder
  - Verfahrensvergleiche

sowie

- **zwischenbetriebliche** Vergleiche

durchgeführt werden.[2]

Statistiken und Vergleichsrechnungen liefern Informationen zur Entscheidungsvorbereitung und sind Hilfsmittel zur Kontrolle der Entscheidungsauswirkung.

2.2.2.3 Planungsrechnung

Neben der Krankenhausplanungsrechnung sind ebenso traditionelle allgemeine Verfahren Teil der betrieblichen Planung im Krankenhaus, so z.B. die Verfahren der

- Finanz- und Wirtschaftsplanung,
- Kosten- und Leistungsplanung,
- Planung des kurzfristigen Periodenerfolges,
- Kapitalfluß- und Investitionsrechnung.

Diese Verfahren bauen auf den Informationen des Rechnungswesens auf.[3]

Spezifische Krankenhausplanungsrechnungen, die nicht explizit gesetzlich vorgeschrieben sind, aber als Grundlage für Pflegesatz- und Entgeltverhandlungen und Finanzierung dienen, sind z.B.

- Budgetermittlung,
- Pflegesatz- und
- Entgeltkalkulationen.[4]

Sie werden in nachfolgenden Kapiteln näher erläutert.

---

[1] Vgl. *Purzer, K., Haertle, R.*: a.a.O., Konzept der Kosten- und Leistungsrechnung (Betriebsabrechnung), Teil A 4 des Handkommentars i.d.F. des Stammwerks 1978, S. 2f.

[2] Vgl. *Deutsche Krankenhausgesellschaft (Hrsg.)*: Rechnungswesen, a.a.O., S. 26.

[3] Vgl. *Kilger, W.*: a.a.O., S. 1ff.

[4] Vgl. *Purzer, K., Haertle, R.*: a.a.O., KHBV 1987, Teil A 1 des Handkommentars i.d.F. der 17. Ergänzung August 1994, Anmerkung zu § 3 KHBV; *Deutsche Krankenhausgesellschaft (Hrsg.)*: Rechnungswesen, a.a.O., S. 22, 26.

2.3 Begriffsdefinitionen zum betrieblichen bzw. krankenhausspezifischen Rechnungswesen

Für das Verständnis der weiteren Ausführungen ist es notwendig, folgende Begriffe gegeneinander abzugrenzen:[1]

- Einzahlungen - Auszahlungen
- Einnahmen - Ausgaben
- Ertrag - Aufwand
- Leistungen - Kosten

1. Einzahlungen und Auszahlungen

Einzahlungen und Auszahlungen sind Veränderungen (Zugänge und Abgänge) des Bestandes an Zahlungsmitteln (Wechsel, Scheck, Kassenbestand) und des jederzeit verfügbaren Guthabens bei Kreditinstituten. Der Saldo aus Einzahlungen und Auszahlungen wird durch die Liquiditätsrechnung ermittelt.

2. Einnahmen und Ausgaben

Einnahmen und Ausgaben umfassen neben den Einzahlungen und Auszahlungen auch Veränderungen der Forderungen (Einnahmen) und Verbindlichkeiten (Ausgaben). Die Differenz zwischen Einnahmen und Ausgaben ist der Finanzsaldo.

3. Ertrag und Aufwand

Ertrag ist der gesamte bewertete und in Geldeinheiten ausgedrückte Wertezugang oder die wertmäßige Betriebsleistung in einer Rechnungsperiode. Es wird unterschieden zwischen

- **Betriebsertrag** als Summe aller Erträge, die im Zusammenhang mit der betrieblichen Haupttätigkeit und der betriebsverbundenen Nebentätigkeit des Krankenhauses stehen mit der Untergliederung
  - periodenzugehöriger Betriebsertrag,
  - periodenfremder Betriebsertrag,
  - außerordentlicher Betriebsertrag

und

- **betriebsfremder Ertrag**.

Periodenfremde, außerordentliche und betriebsfremde Erträge sind **neutrale Erträge**.

Aufwand ist der gesamte bewertete Werteverzehr in einer Rechnungsperiode; zum Werteverbrauch gehören der Verbrauch an Sachgütern, Arbeits- und Dienstleistungen sowie Steuern, Abgaben und Gebühren.

[1] Vgl. zu diesen Definitionen u.a. *Preißler, P.*: Kostenrechnung, in: *Bestmann, U. (Hrsg.)*: Kompendium der Betriebswirtschaftslehre, 10., völlig überarbeitete und erweiterte Auflage, München/Wien 2001, S. 608ff.

Er kann

- **Betriebsaufwand**
  - periodenzugehörig,
  - periodenfremd,
  - außerordentlich oder
- **betriebsfremder Aufwand**

sein.

Periodenfremder, außerordentlicher und betriebsfremder Aufwand sind **neutraler Aufwand**.

Nur der betriebszugehörige Betriebsaufwand entspricht dem **Zweckaufwand** (= **Grundkosten**), z.B.

- Arznei-, Heil- und Hilfsmittel zur Behandlung von Patienten oder
- Lebensmittel zur Verpflegung von Patienten.

Die Saldierung von Ertrag und Aufwand führt zur Ermittlung des Gesamterfolges als Gewinn oder Verlust, der vor allem in der externen Rechnungslegung ausgewiesen wird.

4. Leistungen und Kosten

Leistungen **im Sinne des Rechnungswesens** sind das Ergebnis der betrieblichen Leistungserstellung (Betriebsertrag) und der in Geld ausgedrückte Wert der gesamten Ausbringung einer Geschäftsperiode.[1]

Leistungen **in der Betriebswirtschaft** sind das mengenmäßige Ergebnis der Produktion. Die in Geld ausgedrückte und im Markt untergebrachte Ausbringung bezeichnet man als Erlös.[2]

Der **gesetzliche Leistungsbegriff im Krankenhauswesen** wird beschrieben durch § 2 Abs. 1 BPflV und analog § 2 Abs. 1 KHEntgG. Demnach sind Krankenhausleistungen die

- ärztliche Behandlung,
- Krankenpflege,
- Versorgung mit Arznei-, Heil- und Hilfsmitteln sowie
- Unterkunft und Verpflegung.

Krankenhausleistungen umfassen allgemeine Krankenhausleistungen und Wahlleistungen.

- Die **allgemeinen Krankenhausleistungen** bestimmen sich nach § 2 Abs. 2 BPflV bzw. § 2 Abs. 2 KHEntgG als Leistungen, die für die medizinisch zweckmäßige und ausreichende Versorgung des Patienten notwendig sind. Zu ihnen gehören auch Maßnahmen zur Früherkennung von Krankheiten, vom Krankenhaus veranlaßte Leistungen Dritter und die aus medizinischen Gründen notwendige Mitaufnahme einer Begleitperson des Patienten.

---

[1] Vgl. *Hummel, S., Männel, W.*: a.a.O., S. 82f.

[2] Vgl. *Hummel, S., Männel, W.*: a.a.O., S. 84.

- Bei den **Wahlleistungen** unterscheidet man wahlärztliche Leistungen und nichtärztliche Wahlleistungen; sie bestimmen sich nach § 22 BPflV bzw. § 17 KHEntgG.[1]

Ein auf die **krankenhausspezifischen Besonderheiten** abgestellter, jedoch **nicht gesetzlich festgelegter Leistungsbegriff** wird umschrieben als Ergebnis der krankenhausbetrieblichen Betätigung, das primär in der Verbesserung des Gesundheitszustandes des Patienten besteht.[2]

Die Leistungen des Krankenhauses im mengenmäßigen Sinn sind danach[3]

- medizinische und pflegerische Leistungen
  - Ärztliche Leistung,
  - Grundpflege,
  - Behandlungspflege,
- Leistungen der medizinischen Institutionen
  - Leistungen der Diagnostik, unter anderem
    - Strahlendiagnostik,
    - Laboratoriumsdiagnostik,
    - Endoskopie,
  - Leistungen der Therapie, unter anderem
    - Physikalische Therapie,
    - Anästhesiologie,
    - Chirurgie,
- Einzelleistungen der Ver- und Entsorgung, unter anderem
  - Arzneimittel,
  - Speisen und Getränke,
  - Wäsche,
- sowie Leistungen der Verwaltung, unter anderem
  - Rechnungswesen und Finanzverwaltung,
  - Material- und Anlagenverwaltung,
  - Personalverwaltung.

Der Begriff der **Kosten** im Rechnungswesen der Krankenhäuser unterscheidet sich zum Teil vom betriebswirtschaftlichen Kostenbegriff.

Im Betriebswirtschaftlichem Sinn gilt: „Kosten sind bewerteter leistungsbezogener Güterverbrauch.“[4] Der größte Teil des Aufwands ist gleichzeitig

---

[1] Siehe Kap. 2.5.7 Wahlleistungen.

[2] Vgl. *Schmidt-Rettich, B., Westphely, K.*: a.a.O., S. 1181; sowie hier Kap. 1 Das betriebliche Rechnungswesen und der Leistungsprozeß im Krankenhaus; zum Begriff Leistung im Produktionssystem Krankenhaus siehe auch *Kaltenbach, T.*: a.a.O., S. 41 ff.

[3] Vgl. *Preuß, O.*: a.a.O., S. 106.

[4] *Hummel, S., Männel, W.*: a.a.O., S. 73.

Kosten. Ihn bezeichnet man als **Zweckaufwand** bzw. als **Grundkosten**. Er kann von der Aufwandsrechnung unmittelbar in die Kostenrechnung übernommen werden. Aufwendungen, die keinen Kostencharakter haben, werden abgegrenzt. Sie bezeichnet man - wie erläutert - als **neutrale Aufwendungen**.

Zu den Kosten gehören weiter die

- **Zusatzkosten**, die nur kalkulatorisch in die Kostenrechnung eingehen also keinen Aufwand darstellen

  Beispiele: - Kalkulatorischer Unternehmerlohn
  - Kalkulatorische Eigenkapitalzinsen
  - Kalkulatorische Eigenmiete

- **Anderskosten**, die in der Kostenrechnung nach anderen Gesichtspunkten als in der Aufwandsrechnung berücksichtigt werden

  Beispiele: - Kalkulatorische Abschreibungen
  - Kalkulatorische Zinsen
  - Kalkulatorische Wagnisse

Abbildung 10: Abgrenzung von Kosten und Aufwand

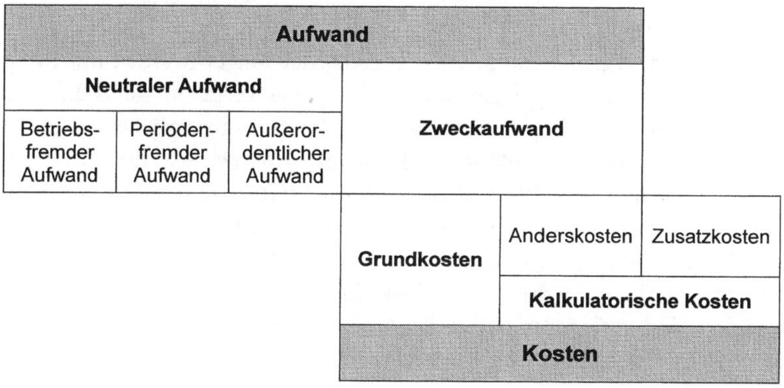

Quelle: Hentze, J., Kehres, E.: Kosten- und Leistungsrechnung in Krankenhäusern, Systematische Einführung, 4., überarbeitete Auflage, Stuttgart/Berlin/Köln 1999, S. 11.

In der Kostenrechnung zählen allein das Verbrauchsprinzip und der Werteverzehr. Aus diesem Grund können Aufwendungen, die aufgrund ihres Kostencharakters in die Kostenrechnung eingehen, in anderer Höhe als in der Jahreserfolgsrechnung berücksichtigt werden.

Beispiel:

- Abschreibungen vom Anschaffungswert des Anlagegutes nach gesetzlichen Vorschriften für die Jahreserfolgsrechnung und
- Abschreibungen vom Wiederbeschaffungswert des Anlagegutes nach kalkulatorischen Maßstäben im Rahmen der Kostenrechnung.

Vom betriebswirtschaftlichen Kostenbegriff ist der gesetzliche, krankenhausspezifische Kostenbegriff zu unterscheiden. Dieser wird in § 8 KHBV und § 17 KHG abgegrenzt.

Nach § 8 Satz 2 Nr. 2 KHBV sind die Kosten aus der Buchführung nachprüfbar herzuleiten. Damit sind primär solche Kostenarten gemeint, die die Ermittlung der Selbstkosten sowie die Erstellung des Kosten- und Leistungsnachweises nach Bundespflegesatzverordnung a.F. (vor 1995) ermöglichten. Diese so definierten Kosten entsprechen etwa dem Zweckaufwand, der als Grundkosten in die Kostenrechnung eingeht.[1] Durch die Bundespflegesatzverordnung 1995 wurde der Wortlaut des § 8 Satz 1, 2. Halbsatz KHBV geändert in „... die Ermittlung der pflegesatzfähigen Kosten sowie die Erstellung der **Leistungs- und Kalkulationsaufstellung** nach den Vorschriften der Bundespflegesatzverordnung ...". Der gesetzliche Kostenbegriff entspricht den **pagatorischen Kosten**, die den Grundkosten gleichgesetzt werden können.

Nach § 17 Abs. 4 BPflV ist festgelegt, anstelle des Kosten- und Leistungsnachweises eine Leistungs- und Kalkulationsaufstellung nach dem Muster der Anlage 1 und 2 BPflV nur noch auf Verlangen einer Vertragspartei zu übermitteln, d.h., der Nachweis der Selbstkosten ist nicht mehr zwingend erforderlich, eine Konsequenz aus dem 1993 aufgehobenen Selbstkostendeckungsanspruch.

Die Kosten für die allgemeinen Krankenhausleistungen werden mit Pflegesätzen nach der Bundespflegesatzverordnung nur vergütet, wenn diese Kosten dem Grunde nach pflegesatzfähig sind.[2] Zum gesetzlichen Kostenbegriff gehören daher auch **pflegesatzrelevante Kosten**, also die Kosten, die bei der Ermittlung der Pflegesätze Berücksichtigung finden dürfen.[3] Durch das Gesundheitsstrukturgesetz 1993 ist das Krankenhausfinanzierungsgesetz in mehreren Punkten modifiziert worden. Der § 2 KHG „Begriffsbestimmungen" wurde erweitert um die Definition der pflegesatzfähigen Kosten. Demnach sind „pflegesatzfähige Kosten ... die Kosten des Krankenhauses, deren Berücksichtigung im Pflegesatz nicht nach diesem Gesetz ausgeschlossen ist."[4]

Zu den nicht zu berücksichtigenden Kosten gehören unter anderem bestimmte „**Investitionskosten**" (im Sinne des allgemeinen Rechnungswesens: Investitionsausgaben). Investitionskosten sind die gemäß § 2 Nr. 2 und 3 KHG aufgeführten Ausgaben. Die Finanzierung dieser Investitionsausgaben soll über die Länder erfolgen, d.h., sie dürfen nicht über die Pflegesätze dem Krankenhaus zufließen. Daran hat sich auch mit der Einführung der DRG-Fallpauschalen im Jahr 2003 nichts geändert, so daß auch bei der Kalkulation der DRG-Bewertungsrelationen nur **DRG-relevante Kosten** berücksichtigt werden dürfen. Dabei handelt es sich sinngemäß um die pflegesatzfähigen Kosten, d.h., die noch auf anderem Wege finanzierten In-

---

1 Vgl. *Adam, D.*: Die Bedeutung der gesetzlichen Regelungen für die Rechnungslegung und die Wirtschaftlichkeit im Krankenhaus, in: Der Betriebswirt, 2/1979, S. 237ff.

2 Vgl. § 7 Abs. 1 BPflV.

3 Zum Begriff „pflegesatzfähige Kosten" siehe auch *Mis, U.*: a.a.O., S. 6.

4 § 2 Nr. 5 KHG.

vestitionen sind ausgeschlossen.[1] Wenn diese duale Finanzierung aufgegeben wird,[2] muß geklärt sein, wie die Investitionen der Krankenhäuser finanziert werden und gegebenenfalls bei der DRG-Kalkulation zu berücksichtigen sind.

Neben den Ausgaben für die Wiederbeschaffung von Wirtschaftsgütern mit einer durchschnittlichen Nutzungsdauer von bis zu drei Jahren[3] sind auch **Instandhaltungskosten** gemäß § 17 Abs. 4b KHG nicht zu den „Investitionskosten" zu rechnen und damit nicht von den pflegesatzfähigen Kosten ausgeschlossen.[4]

Weiterhin bestimmt § 17 in den Absätzen 3 und 4 KHG die Kostenarten, die bei der Ermittlung des Pflegesatzes nicht berücksichtigt werden dürfen, wie z.B.

- Kosten für Leistungen, die nicht der stationären oder teilstationären Krankenhausversorgung dienen (§ 17 Abs. 3 Nr. 1 KHG) sowie
- Kosten für wissenschaftliche Forschung und Lehre, die über den normalen Krankenhausbetrieb hinausgehen (§ 17 Abs. 3 Nr. 2 KHG).

Insbesondere bleiben also die Kosten für

- ambulante Bereiche im Krankenhaus,
- das ambulante Operieren,
- vor- und nachstationäre Behandlung,
- Nebenbetriebe wie Kurzzeitpflege, etc.

bei der Ermittlung der stationären und teilstationären Pflegesätze unberücksichtigt und müssen anderweitig vergütet werden.

Da der Kostenbegriff des Krankenhausfinanzierungsrechts fast ausschließlich als pagatorisch definiert ist, d.h., auf erfolgswirksame Ausgaben abstellt, bleiben in der Kostenrechnung der Krankenhäuser kalkulatorische Kosten weitgehend unberücksichtigt.[5] Aus betriebswirtschaftlichen Gründen kann die Einbeziehung kalkulatorischer Kosten jedoch durchaus sinnvoll sein, da für eine Beurteilung des Verhältnisses von Ressourceneinsatz (unter anderem Sachgüter) und Leistungserstellung (Gütererbringung) im Rahmen einer kalkulatorischen Kosten- und Leistungsrechnung diese Sachverhalte

---

[1] Vgl. *3M Medica Health Information Services Institut*: Kalkulation der ersten deutschen Bewertungsrelationen für das G-DRG-System, Band I: Projektbericht, Dezember 2002, www.g-drg.de, S. 16; *Deutsche Krankenhausgesellschaft (DKG), Spitzenverbände der Krankenkassen (GKV), Verband der privaten Krankenversicherung (PKV)*: Kalkulation von Fallkosten, Handbuch zur Anwendung in Krankenhäusern, Version 3.0, 10. Juli 2007, www.g-drg.de, [im folgenden zitiert als: *Deutsche Krankenhausgesellschaft (DKG), Spitzenverbände der Krankenkassen (GKV), Verband der privaten Krankenversicherung (PKV)*: Version 3.0], S. 50.

[2] Siehe Kap. 2.4 Krankenhausfinanzierung und Kap. 6 Diskutierte ordnungspolitische Rahmenbedingungen ab 2009.

[3] Vgl. § 17 Abs. 4 Nr. 1 KHG.

[4] Siehe Kap. 2.4 Krankenhausfinanzierung und Kap. 2.1.2.9 GKV-Neuordnungsgesetz.

[5] Vgl. *Hentze, J., Kehres, E.*: Kosten- und Leistungsrechnung in Krankenhäusern - Systematische Einführung, 4., überarbeitete und erweiterte Auflage, Stuttgart/Berlin/Köln 1999, S. 40.

als Leistungsminderung bzw. Güterverzehr berücksichtigt werden müssen.[1] Aber mit wenigen Ausnahmen werden kalkulatorische Kosten bei den Kalkulationsverfahren zur Ermittlung der pauschalierten Entgelte und der krankenhausindividuellen Pflegesätze nicht berücksichtigt.[2] Für die Kalkulation der DRG-Bewertungsrelationen gibt das im Auftrag der Selbstverwaltung erarbeitete Kalkulationshandbuch klar vor, daß kalkulatorische Kosten grundsätzlich nicht DRG-relevant sind.[3] Zu den Ausnahmen gehört, daß die Einbeziehung kalkulatorischer Kosten in die Kostenrechnung derzeit nur bei nicht oder teilweise geförderten Krankenhäusern zulässig ist (§ 8 BPflV und § 3 Abs. 5 KHEntgG).[4]

Eine Erklärung für diese Situation ist darin zu sehen, daß die Kosten, die mit den Krankenhaus-Investitionen zusammenhängen, weitgehend (§ 17 Abs. 4 KHG) ausgeklammert sind, da sie nach § 4 KHG von der öffentlichen Hand finanziert werden. Wegen dieser separaten Finanzierung der „Investitionskosten" entfällt ein Ansatz von kalkulatorischen Abschreibungen und Zinsen. Betriebsmittelkreditzinsen hingegen beziehen sich nur auf budgetfähige und nicht auf investive Bestandteile und gehen als Kosten in die Kosten- und Leistungsrechnung des Krankenhauses ein.[5]

Zur Frage der Berücksichtigung von kalkulatorischen Kosten ist jedoch zu beachten, daß unabhängig von einer Kostenrechnung, die zur Kalkulation der Pflegesätze benötigt wird, eine Erweiterung nach betriebswirtschaftlichen Erfordernissen wünschenswert ist, um so einerseits einen entsprechenden zwischenbetrieblichen Vergleich vornehmen zu können und andererseits damit Vorkehrungen für die Zeit nach Auslaufen der dualistischen Finanzierung[6] getroffen zu haben.

Zur besseren Übersicht, welche Kosten der stationären und teilstationären Versorgung

- pflegesatzrelevant sind,
- die Investitionsausgaben betreffen oder
- für eine kalkulatorische Rechnung notwendig sind

werden einzelne Kostenarten in der folgenden Tabelle aufgeschlüsselt.

---

1 Vgl. *Hübner, H.*: a.a.O., S. 55.

2 Vgl. *Baugut, G., Schmitz, R. M.*: Methodik zur Kalkulation hausindividueller Fallkosten für den Vergleich mit standardisierten Fallpauschalen, in: das Krankenhaus, 4/1993, S. 172ff.

3 Vgl. *Deutsche Krankenhausgesellschaft (DKG), Spitzenverbände der Krankenkassen (GKV), Verband der privaten Krankenversicherung (PKV)*: Version 3.0, a.a.O., S. 51.

4 Vgl. *Deutsche Krankenhausgesellschaft (Hrsg.)*: Rechnungswesen, a.a.O., S. 155f.; *Purzer, K., Haertle, R.*: a.a.O., Konzept der Kosten- und Leistungsrechnung (Betriebsabrechnung), Teil A 4 des Handkommentars i.d.F. des Stammwerks 1978, S. 2.

5 Vgl. *Hentze, J., Kehres, E.*: a.a.O., S. 40.

6 Siehe Kap. 6 Diskutierte ordnungspolitische Rahmenbedingungen ab 2009.

Tabelle 3: Abgrenzung von pflegesatzrelevanten Kosten, Investitionskosten und kalkulatorischen Kosten

Kostenart	pagatorische pflegesatz-relevante Kosten	pagatorische Investitions-kosten	kalkulato-rische Kosten
Löhne und Gehälter	x		
Gesetzliche Sozialabgaben	x		
Aufwendungen für Altersversorgung	x		
Aufwendungen für Beihilfen und Unterstützungen	x		
Sonstige Personalaufwendungen	x		
Lebensmittel und bezogene Leistungen	x		
Medizinischer Bedarf	x		
Wasser, Energie, Brennstoffe	x		
Wirtschaftsbedarf	x		
Verwaltungsbedarf - ADV- und Organisationsaufwand - Fernsprechanlage	 teilweise[1)] evtl. teilweise[2)]	 teilweise[1)] evtl. teilweise[2)]	
Aufwendungen für zentrale Dienstleistungen	teilweise[3)]	teilweise[3)]	
Wiederbeschaffte Gebrauchsgüter (soweit Festwert gebildet)	x	x	
Instandhaltung - finanziert nach § 7 Abs. 1 Nr. 4 BPflV - nicht aktivierungsfähige nach dem KHG geförderte Maßnahmen	 x 	 x	
Steuern, Abgaben, Versicherungen	x[4)]		
Zinsen und ähnliche Aufwendungen für Betriebsmittelkredite	x[5)]		
Auflösung von Ausgleichsposten und Zuführungen der Fördermittel nach dem KHG zu Sonderposten oder Verbindlichkeiten		x	
Abschreibungen	teilweise[6)]	teilweise	
Sonstige ordentliche Aufwendungen	x		
Übrige Aufwendungen	x[7)]		
Zusatzkosten - kalkulatorischer Unternehmerlohn - kalkulatorische Eigenkapitalzinsen - kalkulatorische Eigenmiete			 x x x
Anderskosten - kalkulatorische Abschreibungen - kalkulatorische Zinsen - kalkulatorische Wagnisse			 x x x

Quelle: Eigener Entwurf.

Anmerkungen zu Tabelle 3:[1]

1) Die im Pflegesatz zu berücksichtigenden Aufwendungen für die Inanspruchnahme betriebsfremder ADV werden auf dem Konto 6980 erfaßt. Enthalten die vom Rechenzentrum berechneten Kosten auch Investitionskosten der Hardware, so sind diese spätestens zum Jahresende unter der Kontengruppe 772 als nicht pflegesatzrelevante Kosten zu buchen.
2) Soweit im Krankenhaus eine posteigene Nebenstellenanlage installiert ist, müssen die von den Telekomunternehmen berechneten Gebühren für Miete und die Kosten der Wartung differenziert werden. Anteilige Beträge für Miete sind förderungsfähige Kosten nach § 9 Abs. 2 Nr. 1 KHG, die anteiligen Kosten der Wartung sind der Kontengruppe 72 (Instandhaltung) zuzuordnen.
3) Enthalten die dem Krankenhaus für die Inanspruchnahme von Dienstleistungen zentraler Einrichtungen des Krankenhauses berechneten Sachkosten auch Abschreibungen, so sind diese Investitionskostenanteile auszugliedern. Wenn es sich bei den zentralen Einrichtungen um nicht geförderte Einrichtungen handelt, ist die Ausgliederung in den einzelnen Bundesländern unterschiedlich zu handhaben.
4) Hierzu zählen auch die Sachversicherungskosten, deren Berücksichtigung im Pflegesatz ausgeschlossen ist.
5) Die hier erfaßten Zinsen und ähnliche Aufwendungen für Betriebsmittelkredite werden in der Höhe als pflegesatzrelevante Kosten anerkannt, die bei Beachtung einer sparsamen und wirtschaftlichen Betriebsführung angefallen wären. Erhält ein kommunales Krankenhaus flüssige Mittel aus dem Gesamthaushalt des Krankenhausträgers, so ist die Vergütung für deren Bereitstellung ebenfalls pflegesatzfähig.
6) Von den bisher erfaßten Abschreibungen sind nur die Abschreibungen auf wiederbeschaffte Gebrauchsgüter und die Abschreibungen auf Forderungen pflegesatzfähig.
7) Zu den übrigen Aufwendungen gehören unter anderem außerordentliche und periodenfremde Aufwendungen. Beeinflußt die Höhe dieser Aufwendungen den Pflegesatz wesentlich, so sind diese Aufwendungen angemessen auf die folgenden Jahre zu verteilen.

Im Zusammenhang mit den pflegesatzfähigen Kosten und Investitionskosten soll der Prozeß der Krankenhausfinanzierung nachstehend dargestellt werden.

---

[1] Vgl. *Purzer, K., Haertle, R.*: a.a.O., Erläuterungen zum Musterkontenplan, Teil A 3 des Handkommentars i.d.F. der 12. Ergänzung November 1988, Anmerkung 184ff.

2.4 Krankenhausfinanzierung

Die pflegesatzfähigen Kosten[1] werden unter anderem über die Krankenkassen den Krankenhäusern erstattet. Man spricht in diesem Zusammenhang auch von **Betriebskostenfinanzierung** der Krankenkassen. Betriebskosten sind alle Kosten, die dem Krankenhaus durch die stationäre und teilstationäre Patientenversorgung direkt, aber auch indirekt durch die Aufrechterhaltung der Betriebsbereitschaft in medizinischer, technischer und administrativer Notwendigkeit entstehen.[2]

Der Betriebskostenfinanzierung steht die erwähnte **Investitionskostenfinanzierung** der Länder gegenüber.

Die folgende Abbildung verdeutlicht den Zusammenhang der **Krankenhausfinanzierung**, auch **duale** oder **dualistische** Finanzierung genannt, da ein Teil der Ausgaben über die Länder, der andere Teil unter anderem über die Pflegesätze bzw. DRG-Fallpauschalen abgedeckt werden muß.[3]

Abbildung 11: Prozeß der Krankenhausfinanzierung

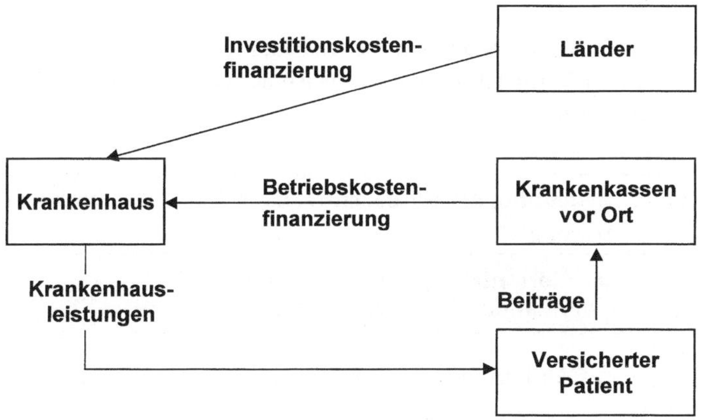

Quelle: Haubrock, M.: Krankenhausfinanzierung, in: Peters, S., Schär, W. (Hrsg.), Betriebswirtschaft und Management im Krankenhaus, Berlin 1994, S. 218.

Die stationären und teilstationären Krankenhausleistungen für den Patienten werden diesem oder den Sozialversicherungsträgern in Rechnung gestellt. Über die Abteilungspflegesätze und den Basispflegesatz nach Bundespflegesatzverordnung bzw. über die DRG-Fallpauschalen nach Krankenhausentgeltgesetz werden Abschlagszahlungen auf das prospektiv vereinbarte Budget geleistet. Das Budget enthält keine investiven Kostenbestandteile.

[1] Siehe Kap. 2.3 Begriffsdefinitionen zum betrieblichen bzw. krankenhausspezifischen Rechnungswesen.

[2] Vgl. *Jungmann-Ginkel, E., Kober, K.*: Krankenhausbetriebslehre für Führungskräfte der Krankenpflege, Lorsch 1993, S. 117f.

[3] Vgl. *Mis, U.*: a.a.O., S. 3.

Die Finanzierung der Investitionskosten erfolgt über die Bundesländer bzw. über eine Refinanzierung der Fördermittel durch Steuereinnahmen.[1] Dazu stellen die Länder Krankenhausbedarfspläne auf. Die Aufnahme eines Krankenhauses in diesen Krankenhausbedarfsplan ist Voraussetzung für die öffentliche Förderung. Darüber hinaus ist für die Vergabe von Investitionsmitteln die Aufnahme in das Jahreskrankenhausbauprogramm erforderlich. Auf Antrag des Krankenhauses werden Einzelmaßnahmen zur Errichtung von Neu-, Um- oder Erweiterungsbauten inklusive der Anschaffung von Wirtschaftsgütern (Verbrauchsgüter ausgenommen) sowie der Wiederbeschaffung von Anlagegütern mit einer Nutzungsdauer von 15 bis 30 Jahre finanziert. Anlagegüter mit einer Nutzungsdauer von bis zu 15 Jahren werden auf Antrag über eine jährliche Förderpauschale in Abhängigkeit von z.B. Bettenzahl, Abteilungen und Fallzahlen finanziert.[2]

Die Abgrenzungsverordnung regelt, welche Kosten über die Pflegesätze und welche über die Fördermittel der Länder zu finanzieren sind.[3]

Mit der - durch das 2. GKV-Neuordnungsgesetz eingeführten - **Instandhaltungspauschale** von 1,1% auf den Gesamtbetrag wird das duale Finanzierungssystem bereits in ersten Schritten zurückgenommen.[4]

Die folgende Tabelle verdeutlicht die Bedeutung und die Entwicklung der Fördermittel im Vergleich zu den Ausgaben der gesetzlichen Krankenkasse für Krankenhäuser.

Tabelle 4: Bedeutung der Fördermittel im Rahmen der dualen Finanzierung

Jahr	Fördermittel der Länder	GKV-Ausgaben für Krankenhäuser	Anteil
1973	1,6 Mrd. Euro	6 Mrd. Euro	27%
2002	3,2 Mrd. Euro	46 Mrd. Euro	7%

Quelle: Tuschen, K. H., Trefz, U.: Krankenhausentgeltgesetz, Kommentar mit einer umfassenden Einführung in die Vergütung stationärer Krankenhausleistungen, 1., Auflage, Stuttgart 2004, S. 7.

[1] Vgl. *Haubrock, M.*: Krankenhausfinanzierung, in: *Peters, S., Schär, W. (Hrsg.)*: Betriebswirtschaft und Management im Krankenhaus, Berlin 1994, S. 218.

[2] Vgl. *Tuschen, K. H., Trefz, U.*: Krankenhausentgeltgesetz, Kommentar mit einer umfassenden Einführung in die Vergütung stationärer Krankenhausleistungen, 1., Auflage, Stuttgart 2004, S. 19.

[3] Siehe Kap. 2.1.2.5 Abgrenzungsverordnung.

[4] Vgl. die Begründung der Fraktionen der SPD und BÜNDNIS 90 / DIE GRÜNEN zum Entwurf eines Gesetzes zur Stärkung der Solidarität in der gesetzlichen Krankenversicherung, Abschnitt A I, abgedruckt in: *Niedersächsische Krankenhausgesellschaft*: NKG-Mitteilung Nr. 236/98, Hannover, 12.11.1998, S. 3.

Der Fördermittelanteil ist in den vergangenen Jahrzehnten stark gesunken, von 26,6% der Ausgaben der gesetzlichen Krankenversicherung in 1973 auf 5,5% im Jahr 2005.[1] In 2006 betrugen die von den Ländern bereitgestellten Investitionsmittel nur noch 2,7 Mrd. Euro.[2] Die jährliche Analyse der Deutschen Krankenhausgesellschaft zur Ausstattung der Krankenhäuser mit Investitionsmitteln kommt im Jahr 2007 zu dem Ergebnis, daß die jährlichen Fördermittel nicht ausreichen, um die notwendigen Investitionen vorzunehmen. Bundesweit hat sich ein Investitionsstau von rund 50 Milliarden Euro angehäuft.[3] Daraus folgt für viele Krankenhäuser mit älterer Bausubstanz oder Medizintechnik ein massiver Wettbewerbsnachteil.[4]

Vor diesem Hintergrund wird der Übergang von der dualistischen zur monistischen Finanzierung auch im Gesetzgebungsverfahren über die finanziellen Rahmenbedingungen der Krankenhausfinanzierung ab dem Jahr 2009 ein entscheidendes Thema sein.[5] Bei der Monistik, also der Finanzierung aus einer Hand, würden die Krankenversicherungen neben den Betriebskosten auch die Investitionskosten tragen. Diese müßten dann in das DRG-Fallpauschalensystem und die sonstigen Entgelte und Pflegesätze eingepreist werden.[6] Um Beitragssatzsteigerungen zu vermeiden, müßten die Krankenkassen entsprechend finanziell entlastet werden.[7]

Im Krankenhaus-Barometer 2005 des Deutschen Krankenhausinstituts haben die Krankenhäuser sich geäußert unter anderem zur Art und Höhe der Investitionen und der Herkunft ihrer Finanzierung.[8] Der größte Teil der Investitionsmittel, die im Jahr 2004 von den Krankenhäusern verwandt wurden, stammt demnach aus Pauschalfördermitteln (47,0%). 20,1% stammen aus Einzelfördermitteln. Insgesamt wurden somit nur ca. 67% aus Fördermitteln des Landes bestritten. Der maßgebliche Anteil der Investitionen, die darüber hinaus für immateriellen Vermögensgegenstände und Sachanlagen aufgewendet werden, stammt aus Eigenmitteln des Krankenhauses (20,4%). Das bedeutet, daß Erlöse aus dem Krankenhausbetrieb, also aus dem Ent-

---

1 Vgl. *Tuschen, K. H., Braun, Th., Rau, F.*: Mehr Wettbewerb, Transparenz und Qualität, in: f&w, 4/2007, [im folgenden zitiert als: *Tuschen, K. H., Braun, Th., Rau, F.*: Mehr Wettbewerb], S. 372.

2 Vgl. *o.V.*: Aktuelle Situation der Krankenhäuser in Deutschland, in: das Krankenhaus, 1/2008, S. 22.

3 Vgl. *Deutsche Krankenhausgesellschaft*: Jedes Jahr fehlen 4 Milliarden Euro in Krankenhäusern, Deutschland droht Spitzenplatz in der Medizin zu verlieren - Bundesweites Sonder-Investitionsprogramm gefordert, Pressemitteilung vom 08.04.2007, www.dkgev.de.

4 Vgl. *Strohe, C., Lüpke, T., Adler, F., Weber, M.*: ÖPP im Krankenhausbereich: Eine Alternative zur klassischen Privatisierung, in: das Krankenhaus, 2/2006, S. 112.

5 Siehe Kap. 6 Diskutierte ordnungspolitische Rahmenbedingungen ab 2009.

6 Vgl. *Augurzky, B.*: Die Krankenhausfinanzierung ist keine heilige Kuh, in: ku, 3/2007, S. 187.

7 Vgl. *Broll, G., Broll, H.*: Übergang zur monistischen Finanzierung gefordert, in: das Krankenhaus, 8/2007, S. 729.

8 Vgl. *Deutsches Krankenhausinstitut e.V.*: Krankenhaus Barometer, Umfrage 2005, Düsseldorf 2005, S. 25.

geltbereich zu einem Teil in die Investitionen eingehen.[1] Einen geringen Anteil nehmen die Fördermittel des Trägers mit rund 5,5% ein. Auch die Kreditfinanzierung wird von den Krankenhäusern zur Beschaffung von Investitionsmitteln derzeit wenig genutzt (3,6%).

Die folgende Abbildung stellt die Herkunft der Investitionsmittel in Prozent dar.

Abbildung 12: Herkunft der Investitionsmittel im Jahr 2004

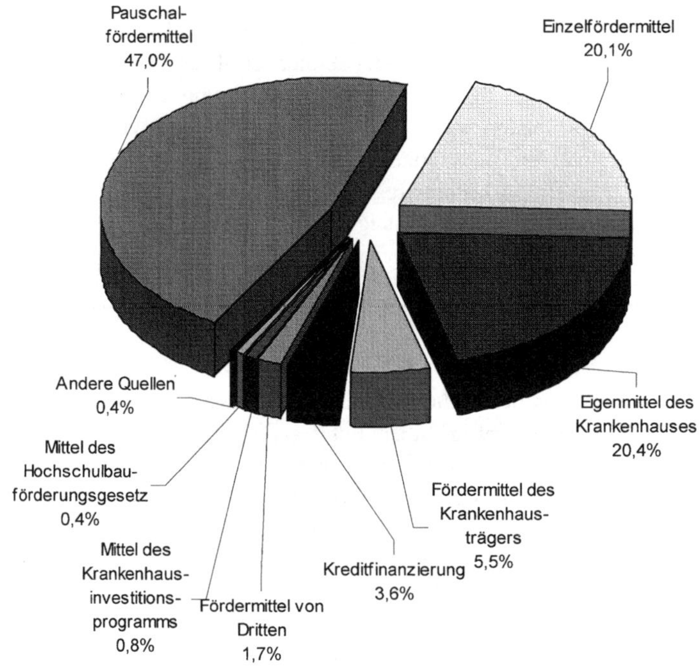

Quelle: Deutsches Krankenhausinstitut e.V.: Krankenhaus Barometer, Umfrage 2005, Düsseldorf 2005, S. 25.

Auch über die Verwendung der Investitionsmittel in Krankenhäusern gibt die DKI-Jahresumfrage Aufschluß. Im Jahr 2004 wurden rund 42,4% für Einrichtungen von Krankenzimmern und Behandlungsräumen, 27,4% für die Grundstücke und Gebäude und für den EDV-Bereich inklusive Software und Erneuerung der EDV-Technik 14,1% verwendet.[2]

[1] Vgl. *Blum, K., Schilz, P.*: S.O.S.: Krankenhäuser benötigen dringend Fördermittel für notwendige Investitionen, in: das Krankenhaus, 2/2006, S. 109.

[2] Vgl. *Deutsches Krankenhausinstitut e.V.*: a.a.O., S. 26f.

Die folgende Abbildung stellt die Verwendung der Investitionsmittel in Prozent dar.

Abbildung 13: Verwendung der Investitionsmittel im Jahr 2004

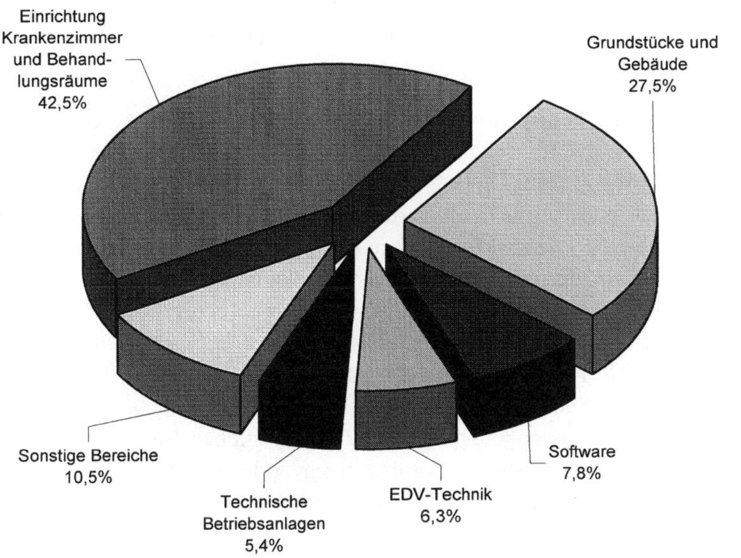

Quelle: Deutsches Krankenhausinstitut e.V.: Krankenhaus Barometer, Umfrage 2005, Düsseldorf 2005, S. 26f.

Neben dem stationären und teilstationären Bereich finden in den Krankenhäusern in der Regel weitere Versorgungsformen statt, die nicht über die bisher beschriebenen Pflegesätze oder DRG-Fallpauschalen abgegolten werden. Zu den Haupteinnahmequellen der Krankenhäuser in diesen Nebenbereichen zählen:

- Pauschalierte Vergütung der vor- und nachstationären Behandlung (§ 115 a SGB V),[1]
- Einnahmen aus ambulantem Operieren (§ 115 b SGB V),[2]
- Einnahmen aus integrierter Versorgung gemäß §§ 140a ff. SGB V,[3]
- Einnahmen aus Wahlleistungen (z.B. Ein- bzw. Zwei-Bett-Zimmer),[4]

---

[1] Siehe Kap. 2.5.5 Vor- und nachstationäre Behandlung.

[2] Siehe Kap. 2.5.6 Ambulantes Operieren.

[3] Siehe Kap. 2.1.2.11 GKV-Gesundheitsreformgesetz 2000; Kap. 2.1.2.16 GKV-Modernisierungsgesetz und Kap. 2.1.2.18 GKV-Wettbewerbsstärkungsgesetz.

[4] Siehe Kap. 2.5.7 Wahlleistungen.

- Kostenerstattungen (z.B. von liquidationsberechtigten Ärzten oder Belegärzten),
- Leistungen für Dritte (z.B. Apotheken-Versorgung anderer Krankenhäuser; Mitarbeiterverpflegung durch die Krankenhaus-Küche),
- Besetzung eine Notarztwagens,
- Einnahmen aus Hilfs- und Nebenbetrieben (z.B. ambulanter Pflegedienst, Kurzzeitpflege, Seniorenheim) und
- Gegebenenfalls Zuschüsse des Krankenhausträgers.

Angesichts des hohen Investitionsstaus einerseits und des zunehmenden Wettbewerbs- und Wirtschaftlichkeitsdruck durch die Veränderungen im Gesundheitswesen andererseits gewinnen neben den klassischen Finanzierungsformen alternative Finanzierungsmodelle zunehmend an Bedeutung. Viele Kliniken überlegen, ihren Finanzierungsbedarf durch privates Kapital in Form von partnerschaftlichen Investitionslösungen zu decken, wobei die öffentliche Hand jedoch weiterhin unterstützend fördern soll. Bei diesen „**Öffentlich Privaten Partnerschaft (ÖPP)**" oder auch „Public Private Partnerships (PPP)" werden privates Kapital und Fachwissen eingesetzt zur Erfüllung öffentlicher Aufgaben. Diese vertraglich geregelte Zusammenarbeit wird langfristig angelegt, stellt die erforderlichen Ressourcen in einen gemeinsamen Organisationszusammenhang und verteilt die Risiken angemessen unter die Vertragspartner.[1] Mit dem Gesetz zur Beschleunigung der Umsetzung von Öffentlich Privaten Partnerschaften und zur Verbesserung gesetzlicher Rahmenbedingungen für Öffentlich Private Partnerschaften (ÖPP-Beschleunigungsgesetz) vom 01.09.2005 wurden juristische Hürden ausgeräumt, die bis dahin ÖPP-Projekte in Deutschland erschwert haben.[2]

Zum 01.01.2008 hat Nordrhein-Westfalen als erstes Bundesland eine Baupauschale eingeführt.[3] Diese tritt an die Stelle der bisherigen Einzelförderung. Jedoch sollen nach einer Übergangsphase bis 2011 alle Plankrankenhäuser einen jährlichen Anspruch auf die Bau-Investitionspauschale haben, so daß der Nachweis eines auf den Einzelfall bezogenen Bedarfs entfällt. Die Höhe der Pauschale richtet sich nach der Krankenhausleistung (insbesondere Bewertungsrelationen, besondere Entgelte und Behandlungstage). Die Krankenhäuser in Nordrhein-Westfalen können somit - im gegebenen Rechtsrahmen - frei über die Fördermittel des Landes verfügen und auch ÖPP-Projekte verwirklichen.[4]

---

1 Vgl. *Knorr, G.*: Sind PPP und Fördermittel kompatibel?, in: das Krankenhaus, 8/2007, S. 744.

2 Vgl. *Wendel, V., Meier, A.*: Protonentherapie als Public Private Partnership, in: f&w, 4/2006, S. 377.

3 Vgl. *Zehnder, A.*: Krankenhausfinanzierung, Entteufelung, in: kma Das Gesundheitswirtschaftsmagazin, 03/08, S. 40.

4 Vgl. *Ministerium für Arbeit, Gesundheit und Soziales des Landes Nordrhein-Westfalen*: Umstellung der Krankenhausinvestitionsförderung, Informationen zur Baupauschale NRW, Düsseldorf, August 2007, www.mags-nrw.de, S. 7.

2.5 Entgeltsysteme im Krankenhaus

In Deutschland erfolgte erstmals 1993 mit dem Gesundheitsstrukturgesetz die Einführung eines zumindest teilweise leistungsorientierten Entgeltsystems als Mischsystem aus Fallpauschalen, pauschalierten Sonderentgelten und tagesgleichen Pflegesätzen für alle Krankenhäuser verbindlich ab 1996.[1] Zwar entsprach die gesetzlich vorgeschriebene Gestaltung der Kosten- und Leistungsrechnung weiterhin im wesentlichen dem bis dahin geltenden Vergütungssystem, für die Krankenhauspraxis bedeutete das neue Entgeltsystem jedoch eine dringend notwendige Weiterentwicklung der Kosten- und Leistungsrechnung in Richtung Kostenträgerrechnung.

Bevor die verschiedenen Entgeltsysteme detaillierter dargestellt werden, wird zunächst auf die Reformschwerpunkte des Gesundheitsstrukturgesetzes eingegangen, da sie sowohl für das Entgeltsystem gemäß Bundespflegesatzverordnung als auch für das DRG-System gemäß Krankenhausentgeltgesetz von Relevanz sind.

2.5.1 Die Reformschwerpunkte des Gesundheitsstrukturgesetzes 1993

Mit Inkrafttreten des Gesundheitsstrukturgesetzes zum 01.01.1993 sind umfangreiche Reformen eingeleitet worden, die für den Krankenhausbereich von erheblicher Bedeutung sind und bis heute fortwirken:

- Aufhebung des Selbstkostendeckungsprinzips,
- Budgetdeckelung für die Jahre 1993 bis 1994/1995,
- Beitragssatzstabilität,
- Einführung eines leistungsorientierten Entgeltsystems ab 1995/1996.

2.5.1.1 Aufhebung des Selbstkostendeckungsprinzips

Die Aufhebung des Selbstkostendeckungsprinzips bedeutet, daß nicht wie bisher die vorauskalkulierten Selbstkosten eines sparsam wirtschaftenden Krankenhauses aus öffentlichen Fördermitteln und den Erlösen aus Pflegesätzen zusammen erstattet werden müssen. Durch das Gesundheitsstrukturgesetz erhielt das Krankenhaus einen Anspruch auf medizinisch leistungsgerechte Erlöse. Für Investitionen stehen weiterhin gemäß Krankenhausfinanzierungsgesetz Fördermittel des Landes bereit.[2] Alles in allem erforderte dieses 1993 in der Bundespflegesatzverordnung eine Neufassung der Abgrenzung pflegesatzfähiger Kosten und Leistungen.

Nach § 7 BPflV sind folgende Kosten pflegesatzfähig:

- Kosten der allgemeinen Krankenhausleistungen, die nach dem Krankenhausfinanzierungsgesetz pflegesatzfähig sind,
- Kosten der Qualitätssicherung,
- Kosten der Organbereitstellung für Transplantationen,
- Kosten für Wirtschaftlichkeitsprüfungen,

---

[1] Siehe Kap. 2.5.1.4 Einführung eines leistungsorientierten Entgeltsystems.

[2] Vgl. § 4 Nr. 1 KHG i.V.m. § 8 KHG.

- Kosten der Instandhaltung der Anlagegüter nach Maßgabe der Abgrenzungsverordnung,
- Kosten der betriebsnotwendigen Fort- und Weiterbildung sowie
- die bisher in § 13 Abs. 1 BPflV a.F. aufgeführten Kosten wie Zinsen für Betriebsmittelkredite, die Kosten für Versicherungen und die Abschreibungen auf uneinbringliche Forderungen. Diese werden in § 7 BPflV nicht mehr gesondert aufgeführt, bleiben jedoch weiterhin pflegesatzfähig.[1]

2.5.1.2 Budgetdeckelung 1993 bis 1995/1996

In der Übergangsphase bis zur Einführung des damals neuen Entgeltsystems wurden die Krankenhausbudgets anstelle der bis dahin geltenden flexiblen Budgets festgeschrieben. Grundlage für das feste Budget bildete das Ergebnis der Budgetverhandlungen 1992. Im Krankenhausfinanzierungsgesetz und in der Bundespflegesatzverordnung a.F. waren Faktoren aufgeführt, die ausnahmsweise zu einer Budgeterhöhung führen konnten.

Dazu gehörten unter anderem

- die Entwicklung des Beitragssatzes,
- die durchschnittliche Erhöhung der Vergütung nach dem Bundes-Angestelltentarif (BAT),
- Mehrkosten aufgrund der Pflege-Personalregelung,[2] der Psychiatrie-Personalverordnung und anderer krankenhausspezifischer Rechtsverordnungen,
- Ausgleiche und Berichtigungen für Pflegesatzzeiträume vor 1992,
- die Berücksichtigung von für 1992 vereinbarten, aber nicht voll ausgenutzten Personalstellen,
- Leistungsangebotsänderung nach Maßgabe der Krankenhausplanung.

Für die Krankenhäuser bedeuteten die Budgetdeckelung und der Wegfall des Selbstkostendeckungsprinzips, daß der früher geltende Anspruch auf Erstattung der krankenhausindividuellen Selbstkosten nicht mehr gegeben war.[3] Mögliche Kostenunterdeckungen gegenüber dem vereinbarten Budget (und damit der erzielbaren Erlössumme) wurden nicht mehr, wie zuvor beim flexiblen Budget, ausgeglichen. Die Krankenhausfinanzierung wurde von der Kostenentwicklung der Krankenhäuser abgekoppelt,[4] für die Jahre 1993 bis 1995/1996 „gedeckelt“ und sollte ab 1996 leistungsorientiert ausgerichtet sein.

---

[1] Vgl. *Bundesministerium für Gesundheit (Hrsg.)*: Begründung zur Bundespflegesatzverordnung E., Teil B Einzelbegründung, veröffentlicht in: das Krankenhaus, Redaktionsbeilage 5/1994, S. 26.

[2] Siehe Kap. 2.1.2.7 Pflege-Personalregelung.

[3] Vgl. *Eichhorn, S.*: Zur Problematik fallpauschalierter Krankenhausentgelte, in: f&w, 2/1993, [im folgenden zitiert als: *Eichhorn, S.*: Krankenhausentgelte], S. 117.

[4] Vgl. *Grupp, R.*: Gesundheitsstrukturgesetz 1993 - Abschied vom Selbstkostendeckungsprinzip, in: *Arnold, M., Paffrath, D. (Hrsg.)*: Krankenhaus-Report '93 - Aktuelle Beiträge, Trends, Statistiken, Stuttgart/Jena 1993, S. 2.

Jedoch wurde für das Jahr 1996 durch das Stabilisierungsgesetz[1] eine erneute Budgetdeckelung eingeführt. Mit dem 2. GKV-Neuordnungsgesetz[2] wurde ab 1997 diese strikte Deckelung durch eine partiell flexible grundlohnorientierte Budgetbegrenzung ersetzt.[3]

2.5.1.3 Beitragssatzstabilität

Gemäß § 17 Abs. 1 KHG in Verbindung mit § 6 BPflV ist bei der Ermittlung der Pflegesätze der **Grundsatz der Beitragssatzstabilität** nach § 71 Abs. 1 SGB V zu beachten.[4] Das bedeutet, daß Beitragssatzerhöhungen der Krankenkassen aufgrund höherer Kosten im Gesundheitswesen vermieden werden sollen, es sei denn, die medizinisch notwendige Versorgung ist auch nach Ausschöpfung von Wirtschaftlichkeitsreserven ohne Beitragssatzerhöhungen nicht zu gewährleisten. Die **Veränderungsrate** der beitragspflichtigen Einnahmen aller Mitglieder der Gesetzlichen Krankenkassen je Mitglied nach § 71 Abs. 3 SGB V setzt den Maßstab zur Bemessung der Beitragssatzstabilität und gibt somit auch die Veränderungsrate der Krankenhausbudgets und der Pflegesätze (§ 6 Abs. 1 Satz 3 BPflV) und Entgelte (§§ 4 Abs. 4 Satz 1 Nr. 3, 10 Abs. 4 Satz 1 KHEntgG) vor.

Um die Beitragssatzstabilität zu gewährleisten, sollte ursprünglich von den Spitzenverbänden der Gesetzlichen Krankenversicherungen (GKV) und der Deutschen Krankenhausgesellschaft (DKG) jährlich eine Veränderungsrate vereinbart werden, um die das Krankenhausbudget maximal steigen durfte (§ 6 Abs. 1 BPflV i.d.F. der 5. Änderungsverordnung vom 09.12.1997).

Nach den Jahren der Budgetdeckelung - 1993 bis 1995 gemäß § 17 Abs. 1a KHG[5] und 1996 gemäß dem Stabilisierungsgesetz[6] - war für 1997 jedoch eine Steigerungsrate für das Beitrittsgebiet von 2,3% und für das übrige Bundesgebiet von 1,3% entsprechend dem 2. GKV-Neuordnungsgesetz gesetzlich vorgegeben,[7] wobei für Mehr- oder Mindererlöse bestimmte Ausgleichsregelungen galten.[8] Für 1998 wurde dann zwischen den Bundesverbänden der Krankenkassen und der Deutschen Krankenhausgesellschaft eine Veränderungsrate in Höhe von 0,8% für die neuen Bundesländer und 1% für die westlichen Länder vereinbart.[9] Für 1999 hatten sich die Verhandlungs-

---

1 Siehe Kap. 2.1.2.8 Stabilisierungsgesetz.

2 Siehe Kap. 2.1.2.9 GKV-Neuordnungsgesetz.

3 Vgl. *Mohr, F. W.*: 2. GKV-NOG, a.a.O., S. 369.

4 Siehe Kap. 2.1.2.6 Fünftes Buch Sozialgesetzbuch (SGB V).

5 § 17 Abs. 1a KHG wurde durch das GKV-Gesundheitsreformgesetz zum 01.01.2000 aufgehoben. Vgl. auch *Tuschen, K. H.*: Referentenentwurf zur BPflV 1995, in: f&w, 2/1994, [im folgenden zitiert als: *Tuschen, K. H.*: Referentenentwurf 1995], S. 7; *Deutsche Krankenhausgesellschaft (Hrsg.)*: Konzept der BPflV weiter korrekturbedürftig - Vorläufige Stellungnahme (Eckpunkte) der DKG zum Referentenentwurf der BPflV 1995, in: das Krankenhaus, 3/1994, [im folgenden zitiert als: *Deutsche Krankenhausgesellschaft (Hrsg.)*: Stellungnahme zum Referentenentwurf], S. 102.

6 Vgl. *Dietz, O., Bofinger, W.*: a.a.O., Bd. 1, StabG, S. 4ff.; siehe auch Kap. 2.1.2.8 Stabilisierungsgesetz.

7 Vgl. *o.V.*: Gesetzgebung: Perspektiven ab 1997, a.a.O., S. 545; *Regler, K.*: Die Zukunft unserer Krankenhäuser, a.a.O., S. 1ff.

8 Siehe Kap. 2.5.2.4 Flexibles Budget.

9 Vgl. *Nierhoff, G.*: Budgetverhandlungen 1998, in: f&w, 1/1998, S. 16.

partner auf eine Steigerungsrate in Höhe von 1,65% für die neuen und 1,6% für die alten Bundesländer geeinigt.[1] Seit dem Solidaritätsstärkungsgesetz im Dezember 1998 wird diese Rate allerdings durch eine vom Bundesministerium für Gesundheit (BMG) bzw. von 2002 bis 2005 vom Bundesministerium für Gesundheit und Soziale Sicherung (BMGS) bekanntzumachende Veränderungsrate ersetzt.[2] Sie lag 1999[3] bundesweit bei 1,34% und 2000[4] bundesweit bei 1,43%.

Für 2006 hatte das Bundesministerium für Gesundheit und Soziale Sicherung eine Reduzierung der Veränderungsraten festgesetzt, da sie die wirtschaftliche Lage der Gesetzlichen Krankenversicherungen (GKV) nicht richtig abbilde.[5] Nach Darstellung der Gesetzlichen Krankenversicherungen führte eine Verlagerung bisher eigenständiger Mitgliedschaften in den Bereich der Familienversicherung im Rahmen der Hartz IV-Gesetze zu einer rein mathematischen Reduktion des Divisors. Die Einnahmen je Versicherten seien deutlich geringer angestiegen. Das **Gesetz zur Verbesserung der Wirtschaftlichkeit in der Arzneimittelverordnung (AVWG)** vom 26.04.2006 sah daher anstelle der für 2006 vom Bundesministerium für Gesundheit festgestellten Veränderungsrate in Höhe von 0,97%[6] rückwirkend eine Rate von nur 0,63% vor (§ 71 Abs. 3a SGB V).

Für 2007 galten für die Vergütung der Krankenhausleistungen nach dem Krankenhausentgeltgesetz und der Bundespflegesatzverordnung sowie für die Begrenzung der Verwaltungsausgaben der Krankenkassen aufgrund dieses Gesetzes abweichend von den in § 71 Abs. 3 SGB V vorgesehenen Veränderungsraten je Mitglied die Veränderungsraten je Versicherten, die das Bundesministerium für Gesundheit am 08.09.2006 festgestellt und bekannt gemacht hat.[7]

---

[1] Vgl. *Niedersächsische Krankenhausgesellschaft*: NKG-Mitteilung Nr. 222/98, Hannover, 12.10.1998.

[2] Vgl. Art. 7 GKV-SolG: § 1 Abs. 1 Gesetz zur Begrenzung der Erlöse für stationäre Krankenhausleistung im Jahr 1999; sowie die zugehörige Begründung der Bundesregierung; siehe auch Kap. 2.1.2.10 Solidaritätsstärkungsgesetz.

[3] Vgl. *Bundesministerium für Gesundheit*: Änderung der Bekanntmachung über die auf der Grundlage der vorläufigen Jahresrechnungsergebnisse 1998 festzustellenden durchschnittlichen Veränderungsraten der beitragspflichtigen Einnahmen je Mitglied 1998 nach dem Artikel 18 des GKV-Solidaritätsstärkungsgesetzes (GKV-SolG) vom 11.03.1999 [im folgenden zitiert als: *Bundesministerium für Gesundheit*: Änderung der Bekanntmachung].

[4] Vgl. *Niedersächsische Krankenhausgesellschaft*: NKG-Mitteilung Nr. 103/2000, Hannover, 05.04.2000 [im folgenden zitiert als: *Niedersächsische Krankenhausgesellschaft*: 103/2000].

[5] Vgl. *o. V.*: Blickpunkt Berlin, in: das Krankenhaus, 11/2005, S. 931.

[6] Vgl. *Bundesministerium für Gesundheit und Soziale Sicherung*: Bekanntmachung nach § 71 Abs. 3 Fünftes Buch Sozialgesetzbuch (SGB V) - Gesetzliche Krankenversicherung - vom 14.09.2005, www.bmg.bund.de [im folgenden zitiert als: *Bundesministerium für Gesundheit und Soziale Sicherung*: Bekanntmachung vom 14.09.2005]; siehe auch Art. 1 des Gesetzes zur Verbesserung der Wirtschaftlichkeit in der Arzneimittelverordnung vom 26.04.2006.

[7] Vgl. *Bundesministerium für Gesundheit*: Bekanntmachung nach § 71 Abs. 3 und 3a Fünftes Buch Sozialgesetzbuch (SGB V) - Gesetzliche Krankenversicherung - vom 8. September 2006, www.bmg.bund.de. [im folgenden zitiert als: *Bundesministerium für Gesundheit*: Bekanntmachung vom 08.09.2006].

Die folgende Tabelle zeigt die für die Vergütung der Krankenhausleistungen nach dem Krankenhausentgeltgesetz und der Bundespflegesatzverordnung relevanten Veränderungsraten der vergangenen Jahre im Überblick.

Tabelle 5: Veränderungsraten gemäß § 71 Abs. 3 bzw. 3a SGB V

Jahr	Gesamtes Bundesgebiet	Alte Bundesländer	Neue Bundesländer
1997[1]		**1,30%**	**2,30%**
1998[2]		**1,00%**	**0,80%**
1999[3]	**1,34%**		
2000[4]	**1,43%**		
2001[5]	**1,63%**	1,65%	1,11%
2002[6]	**1,89%**	1,84%	1,87%
2003[7]	0,00% 1,06% für „Frühumsteiger"	**0,00%** **0,81%** für „Frühumsteiger"	**0,00%** **2,09%** für „Frühumsteiger"
2004[8]	0,17%	**0,02%**	**0,71%**
2005[9]	**0,38%**	0,56%	-0,60%
2006[10]	0,97% / **0,63%**	0,83%	1,41%
2007[11]	0,40%	**0,28%**	**1,05%**
2008[12]	**0,64%**	0,65%	0,51%

Quelle: Eigener Entwurf.

Anzuwenden sind jeweils die für das gesamte Bundesgebiet geltenden Veränderungsraten. Wenn allerdings die Veränderungsrate für die neuen Bundesländer die für das übrige Bundesgebiet übersteigt, sind die differenzier-

1 Vgl. *o.V.*: Gesetzgebung: Perspektiven ab 1997, a.a.O., S. 545.

2 Vgl. *Nierhoff, G.*: a.a.O., S. 16.

3 Vgl. *Bundesministerium für Gesundheit*: Änderung der Bekanntmachung, a.a.O.

4 Vgl. *Niedersächsische Krankenhausgesellschaft*: 103/2000, a.a.O.

5 Vgl. *o.V.*: Veränderungsrate der beitragspflichtigen Einnahmen für 2001, in: das Krankenhaus, 10/2000, S. 827.

6 Vgl. *Deutsche Krankenhausgesellschaft*: Veränderungsrate nach § 71 Abs. 3 SGB V für 2002 (neu), 02.10.2001, www.dkgev.de, S. 1.

7 Vgl. *Bundesministerium für Gesundheit*: Bekanntmachung über die auf der Grundlage der vierteljährlichen Rechnungsergebnisse der Krankenkassen festzustellenden durchschnittlichen Veränderungsraten der beitragspflichtigen Einnahmen aller Mitglieder der Krankenkassen je Mitglied nach § 71 Abs. 3 Fünftes Buch Sozialgesetzbuch (SGB V) - Gesetzliche Krankenversicherung - vom 14. September 2002, Bundesanzeiger Nr. 174 vom 14.09.2002, S. 21.894.

8 Vgl. *Bundesministerium für Gesundheit und Soziale Sicherung*: Bekanntmachung vom 13.09.2003, www.bmg.bund.de.

9 Vgl. *Bundesministerium für Gesundheit und Soziale Sicherung*: Bekanntmachung vom 15.09.2004, www.bmg.bund.de.

10 Vgl. *Bundesministerium für Gesundheit und Soziale Sicherung*: Bekanntmachung vom 14.09.2005, a.a.O.; siehe auch Art. 1 des Gesetzes zur Verbesserung der Wirtschaftlichkeit in der Arzneimittelverordnung vom 26.04.2006.

11 Vgl. *Bundesministerium für Gesundheit*: Bekanntmachung vom 08.09.2006, a.a.O.

12 Vgl. *Bundesministerium für Gesundheit*: Bekanntmachung nach § 71 Abs. 3 Fünftes Buch Sozialgesetzbuch (SGB V) - Gesetzliche Krankenversicherung - vom 11. September 2007, www.bmg.bund.de.

ten Raten für die neuen und alten Bundesländer anzuwenden (§ 71 Abs. 2 Satz 3 SGB V).

Gemäß § 17 KHG, der die Grundsätze für die Pflegesatzregelung festlegt, steht jedoch neben dem Grundsatz der Beitragssatzstabilität der Versorgungsauftrag der Krankenhäuser: „Soweit tagesgleiche Pflegesätze vereinbart werden, müssen diese medizinisch leistungsgerecht sein und einem Krankenhaus bei wirtschaftlicher Betriebsführung ermöglichen, den Versorgungsauftrag zu erfüllen“ (§ 17 Abs. 2 Satz 1 KHG).

Für den Bereich der Psychiatrie, Psychosomatik und Psychotherapeutischen Medizin kann gemäß § 6 Abs. 1 Satz 4 BPflV bei den Budgetverhandlungen von der Veränderungsrate abgewichen werden, soweit unter anderem

- in der Pflegesatzvereinbarung zwischen den Vertragsparteien vereinbarte Veränderung der medizinischen Leistungsstruktur oder der Fallzahlen (§ 6 Abs. 1 Satz 4 Nr. 1 BPflV),
- zusätzliche Kapazitäten für medizinische Leistungen aufgrund der Krankenhausplanung oder des Investitionsprogramms des Landes (§ 6 Abs. 1 Satz 4 Nr. 2 BPflV),
- die Finanzierung von Rationalisierungsinvestitionen nach § 18 b KHG in der bis 31.12.2003 geltenden Verfassung (§ 6 Abs. 1 Satz 4 Nr. 3 BPflV),
- die Vorgabe der Psychiatrie-Verordnung zur Zahl der Personalstellen (§ 6 Abs. 1 Satz 4 Nr. 4 BPflV) oder
- in den neuen Bundesländern die Auswirkungen einer Angleichung der Höhe der Vergütung nach dem Tarifvertrag für den öffentlichen Dienst (TVöD) an die im übrigen Bundesgebiet geltende Höhe (§ 6 Abs. 1 Satz 4 Nr. 5 BPflV)

dies erforderlich machen.

Das **Gesetz zur Sicherung der Beitragssatzstabilität in der gesetzlichen Krankenversicherung und in der gesetzlichen Rentenversicherung (Beitragssatzsicherungsgesetz - BSSichG)** vom 23.12.2002 fügt einen weiteren Punkt hinzu:

- zusätzliche Leistungen aufgrund des Abschlusses eines Vertrags zur Durchführung eines strukturierten Behandlungsprogramms (DMP) nach § 137 g SGB V (§ 6 Abs. 1 Satz 4 Nr. 6 BPflV).

Da die Ausbildung der Ärzte geändert und zum 01.10.2004 die Ausbildungsphase „Arzt im Praktikum“ (AiP) abgeschafft worden ist, wurde der § 6 Abs. 1 Satz 4 BPflV zuletzt durch das **Gesetz zur Modernisierung der gesetzlichen Krankenversicherung (GKV-Modernisierungsgesetz - GMG)** vom 14.11.2003 um folgenden Punkt erweitert:

- zusätzliche Kosten infolge der Abschaffung des Arztes im Praktikum (§ 6 Abs. 1 Satz 4 Nr. 8 BPflV).

Übersteigt die lineare TVöD-Steigerungsrate die festgelegte Veränderungsrate, wird das Budget nach § 12 BPflV gemäß § 6 Abs. 2 BPflV um ein Drittel des Unterschieds zwischen den beiden Raten berichtigt, soweit dies erforderlich ist, um den Versorgungsauftrag zu erfüllen (sogenannte **BAT-** bzw. **TVöD-Berichtigung**).

Für den Bereich der Akut-Krankenhäuser wird die Veränderungsrate einerseits auf örtlicher Ebene gem. § 4 Abs. 4 Satz 1 Nr. 3 KHEntgG bei der Ermittlung des (veränderten) Ausgangswert angerechnet. Da die Veränderungsrate andererseits auch bei der Ermittlung des landesweiten Basisfallwertes nach § 10 Abs. 4 KHEntgG berücksichtigt wird, wirkt sie für die einzelnen Krankenhäuser auch im Zielwert. Das bedeutet für die Krankenhäuser, daß die Veränderungsrate vollständig berücksichtigt und nicht durch die Konvergenzquoten gemindert wird.[1]

Neben der Veränderungsrate sind bei der Vereinbarung des Erlösbudgets nach § 4 KHEntgG lediglich Leistungsveränderungen (§ 4 Abs. 4 Satz 1 Nr. 1 KHEntgG) und in den neuen Bundesländern eine Angleichung der Höhe der Vergütung nach dem Tarifvertrag für den öffentlichen Dienst (TVöD) an die im übrigen Bundesgebiet geltende Höhe (§ 4 Abs. 4 Satz 1 Nr. 2 KHEntgG) zu berücksichtigen. Seit Aufhebung der Selbstkostendeckungsgarantie und Einführung der Budgetbegrenzung durch die Veränderungsrate haben die Krankenhäuser somit keine Möglichkeit mehr, die tatsächlich anfallenden Kosten im Rahmen der Budget- und Entgeltvereinbarungen anzusetzen. Insbesondere im pauschalierten Entgeltbereich ist es den Krankenhäusern somit verwehrt, Kostensteigerungen - wie in der freien Wirtschaft üblich - an die Endverbraucher weiterzugeben; Tarifsteigerungen sind praktisch nicht refinanzierbar.

2.5.1.4 Einführung eines leistungsorientierten Entgeltsystems 1995

Die Budgetierungsphase sollte ab 1995/1996 durch ein neues Pflegesatzsystem abgelöst werden. Die Grundzüge waren im Gesundheitsstrukturgesetz verankert und führten zu wesentlichen Änderungen des Krankenhausfinanzierungsgesetzes und insbesondere zur Novellierung der Bundespflegesatzverordnung für 1995. Dieses damals neue System konnte wahlweise bereits 1995 eingeführt werden.[2] Von 1996 bis einschließlich 2002 war die Abrechnung von Krankenhausleistungen über diese Entgeltformen für alle Krankenhäuser verpflichtend.

Die Bestandteile dieses Vergütungssystems sahen wie folgt aus:

- **Fallpauschalen** und **pauschalierte Sonderentgelte** auf Basis bundeseinheitlicher Bewertungsrelationen mit auf Bundeslandebene zu vereinbarender Entgelthöhe. Diese ergab sich aus der Vereinbarung über den Punktwert, d.h., ähnlich wie bei der Gebührenordnung für Ärzte wurde über einen DM- bzw. €-Wert je Punkt verhandelt. Der Punktwert wurde mit der Summe der Punkte (ersichtlich aus dem Fallpauschalen- bzw. Sonderentgelt-Katalog) multipliziert und ergab die Entgelthöhe für diese Leistung.[3]

---

[1] Zu den Begriffen Ausgangs- und Zielwert siehe Kap. 2.1.2.13 Krankenhausentgeltgesetz und Kap. 2.1.2.17 Zweites Fallpauschalenänderungsgesetz.

[2] Vgl. *Grupp, R.*: a.a.O., S. 2.

[3] Siehe Kap. 2.5.2.1 Fallpauschalen und pauschalierte Sonderentgelte.

- **Abteilungspflegesätze** und ein **Basispflegesatz**[1]
- **Teilstationäre Pflegesätze**[2]
- Vergütung für **vor- und nachstationäre Behandlung**[3]

Parallel zur Einführung dieses Entgeltsystems für den stationären Bereich wurde den Krankenhäusern der Zugang zum **ambulanten Operieren** erleichtert.[4]

Die nachfolgende Abbildung stellt das Entgeltsystem im Überblick dar.

Abbildung 14: Das Entgeltsystem von 1995/1996 bis 2002/2003

Krankenhausindividuelles Restbudget							Pauschalierte Entgelte	
Abteilungspflegesätze							Sonderentgelte (SE)	Fallpauschalen (FP)
Inn.	Chir.	Gyn.	HNO	Aug.	...	...	- chirurgische Leistungen	- chirurgische Leistungen - gesamte Behandlung - alle Kostenarten
Basispflegesatz (einschließlich Unterkunft und Verpflegung)								

Quelle: In Anlehnung an: Tuschen, K. H.: GSG '93: Die neuen Vergütungsformen und ihre Anforderungen an das Krankenhaus, in: f&w, 1/1993, S. 6.

In der folgenden Abbildung ist das Vergütungssystem durch Gegenüberstellung der Entgeltformen mit dem zu vergütenden Leistungsumfang dargestellt.

Abbildung 15: Vergütung von Krankenhausleistungen von 1995/1996 bis 2002/2003

Entgeltform	Leistungsumfang
Fallpauschalen	Gesamte Leistungen des Falles
Sonderentgelte	Alle Leistungen, die pflegerisch und ärztlich veranlaßt sind
Abteilungspflegesätze	Alle Leistungen, die pflegerisch und ärztlich veranlaßt sind und nicht durch Fallpauschalen und Sonderentgelte abgedeckt werden
Basispflegesatz	Alle Leistungen, die nicht pflegerisch und ärztlich veranlaßt sind und nicht durch Fallpauschalen und Sonderentgelte abgedeckt werden

Quelle: Hessische Krankenhausgesellschaft: Informationsveranstaltung zum Gesundheitsstrukturgesetz 1993, Frankfurt am Main 1992, Teil B. S. 18.

Die durch das Entgeltsystem gegebene Differenzierung des Budgets sollte die Transparenz der Kosten und Leistungen des Krankenhauses erhöhen. Das Preissystem sollte auf längere Sicht zu einer effizienteren Versorgung führen. Der steigende Wettbewerb der Krankenhäuser untereinander sollte das leistungsfähige Krankenhaus begünstigen und so zum Vorteil für die Pa-

---

[1] Siehe Kap. 2.5.2.2 Abteilungspflegesätze und Kap. 2.5.2.3 Basispflegesatz.

[2] Siehe Kap. 2.5.4 Teilstationäre Krankenhausbehandlung.

[3] Siehe Kap. 2.5.5 Vor- und nachstationäre Behandlung.

[4] Siehe Kap. 2.5.6 Ambulantes Operieren.

tienten werden. Durch die leistungsorientierten Entgelte sollten Anreize zur Verweildauerkürzung gegeben werden,[1] um damit kostendämpfend zu wirken. Die dabei entstehenden Bettenüberkapazitäten wurden zum Teil durch Umstellung auf andere Leistungsbereiche (z.B. Kurzzeitpflege) genutzt.

Wenn angenommen wurde, daß Fallpauschalen und Sonderentgelte zunächst nur einen kleinen Teil - ca. 20 bis 30% des operativen Leistungs- und Kostengeschehens[2] - am Gesamtbudget ausmachten, so sollte langfristig von einem bedeutenden, wenn nicht überwiegenden Anteil ausgegangen werden.[3] Die folgende Abbildung stellt den Anteil der einzelnen Entgeltformen nach der Bundespflegesatzverordnung am Budget 1996 dar.

Abbildung 16: Erlösarten der Krankenhäuser in 1996

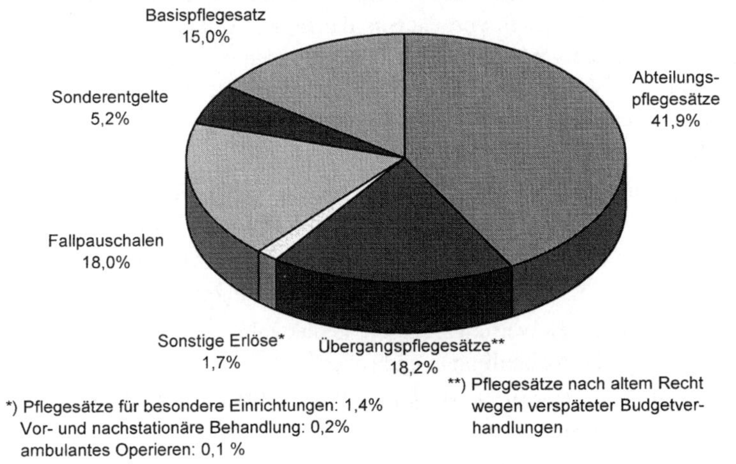

Quelle: Asmuth, M., Blum, K., Fack-Asmuth, W. G., Gumbrich, G., Müller, U., Offermanns, M.: Erfahrungen mit der flächendeckenden Anwendung des neuen Rechts, in: f&w, 2/1998, S. 108.

Die Abbildung zeigt, daß nur ein relativ kleiner Teil der Krankenhausleistungen über die Pauschalentgelte vergütet wurde. Der größere Teil der Leistungen wurde auch 2002 weiterhin über ein Budget vergütet, über das nach dem Grundsatz der Beitragssatzstabilität verhandelt wurde. Die Einführung eines leistungs- anstelle eines beitragsbezogenen Entgeltsystems war nur im Ansatz gegeben.[4]

---

[1] Vgl. *Reher, R.*: Wendepolitik im Krankenhaus: Abkehr von alten Zöpfen - Aufbruch zu neuen Ufern, in: *Arnold, M., Paffrath, D. (Hrsg.)*: Krankenhaus-Report '93: Aktuelle Beiträge, Trends, Statistiken, Stuttgart/Jena 1993, S. 25f.

[2] Vgl. *Eichhorn, S.*: Krankenhausentgelte, a.a.O., S. 119; *o.V.*: Kassen wollen Krankenhausausgaben bremsen, in: FAZ, 21.03.1995.

[3] Vgl. *Philippi, M., Schmitz, I.*: Fallpauschalen und Sonderentgelte: Mehr als nur ein Einstieg, in: f&w, 6/1993, S. 481.

[4] Vgl. *Kötter, C., Kämper, D.*: Bundespflegesatzverordnung 1995: Chancen und Risiken der Krankenhäuser, in: Die Betriebskrankenkasse, 5/1994, S. 299; *Bundesministerium für Gesundheit (Hrsg.)*: Gutachten Weiterentwicklung der Fallpauschalen und Sonderentgelte nach der Bundespflegesatzverordnung, Schriftenreihe des Bundesministeriums für Gesundheit, Bd. 93, Baden-Baden 1997, S. 1-103.

2.5.2 Entgeltsystem gemäß Bundespflegesatzverordnung ab 1995

Die einzelnen Bestandteile dieses Vergütungssystems werden nachstehend näher erläutert.[1]

2.5.2.1 Fallpauschalen und pauschalierte Sonderentgelte

Fallpauschalen waren nach § 11 BPflV in der bis 31.12.2003 geltenden Fassung leistungsorientierte Vergütungsformen, mit denen alle Leistungen des Krankenhauses für einen bestimmten Behandlungsfall vergütet wurde. Nur unter bestimmten Voraussetzungen war eine zusätzliche Vergütungsberechnung möglich, unter anderem für zusätzliche Sonderentgelte oder teilstationäre Pflegesätze für Dialysepatienten.

Bis 1997 wurde durch die Bundespflegesatzverordnung ein Fallpauschalen-Katalog rechtsverbindlich vorgegeben, der in der Anlage zur Bundespflegesatzverordnung dargestellt war. Erstmals für den Pflegesatzzeitraum 1998 unterstand der Selbstverwaltung, d.h., den Spitzenverbänden der Krankenkassen und der Deutschen Krankenhausgesellschaft, die Erstellung der Entgeltkataloge und deren Weiterentwicklung.[2]

Der letzte, bis 2003 gültige (bei nicht rechtzeitigem Budgetabschluß auch weitergeltende) bundesweite Fallpauschalen-Katalog beschreibt in

- Teil a) die Leistungen (Diagnosen/Therapien), die verschlüsselt sein müssen, damit eine Fallpauschale abgerechnet werden kann,
- Teil b) die Bewertungsrelation (Punktzahl) bei Versorgung durch Hauptabteilungen und
- Teil c) die Bewertungsrelation (Punktzahl) bei belegärztlicher Versorgung.

Die Gesamtpunkte setzten sich aus einer Personalkosten- und einer Sachkostenkomponente zusammen. Der Katalog stellte die bundeseinheitlichen Bewertungsrelationen (Punkte) dar. Die Vertragsparteien auf Landesebene vereinbarten einen landeseinheitlichen Punktwert und somit die Entgelthöhe für die beschriebene Leistung.

Da über die Fallpauschalen sämtliche Leistungen vergütet wurden, die im Rahmen der Behandlung eines Patienten von der Aufnahme bis zur Entlassung anfielen, waren in die angewandte Kalkulationsmethodik alle pflegesatzrelevanten Kosten einbezogen (**Vollkostenrechnung**).[3] Dazu gehörten die Personalkosten für den Ärztlichen Dienst, den Pflegedienst, den medizinisch-technischen Dienst und den Funktionsdienst. Bei den Sachkosten durften die Kosten für den medizinischen Sachbedarf, die Instandhaltung der Medizintechnik und die Gebrauchsgüter berücksichtigt werden. Darüber hinaus waren auch Gemeinkosten anteilig enthalten; sie waren vor allem

---

[1] Zu diesem Entgeltsystem der Krankenhäuser siehe auch *Tuschen, K. H., Philippi, M.*: Leistungs- und Kalkulationsaufstellung im Entgeltsystem der Krankenhäuser, Grundlagen, Berechnungsbeispiele und Know-how, 2., überarbeitete und erweiterte Auflage, Stuttgart/Berlin/Köln 2000, S. 1ff.

[2] Siehe Kap. 2.1.2.9 GKV-Neuordnungsgesetz.

[3] Siehe Kap. 4.4.2.4 Umfang und Inhalt der Kalkulation.

den sogenannten Basisleistungen zugeordnet.[1] Investive Kostenbestandteile wurden nicht berücksichtigt.[2] Dieser Teil der Kosten wurde weiterhin separat als (öffentliche) Aufgabe von den Bundesländern übernommen.

Mit einem **pauschalierten Sonderentgelt** wurde dagegen nur ein Teil der allgemeinen Krankenhausleistungen vergütet. Die im Sonderentgelt-Katalog beschriebenen Leistungen umfaßten zum großen Teil besonders kostenintensive und besonders aufwendige operative Leistungen. Für Sonderentgelte galten wie für die Fallpauschalen bundeseinheitliche Bewertungsrelationen und eine Punktbewertung auf Landesebene.

Die Kalkulation der Sonderentgelte beruhte auf einer **Teilkostenrechnung** und enthielt die im Operationssaal entstehenden Kosten, die Kosten von Implantaten und Transplantaten, die Personalkosten für den Arztdienst und den Funktionsdienst des OP- und Anästhesiebereichs sowie Kosten für Intensivmedizin bei Organtransplantationen. Die übrigen Leistungen, die im Rahmen der Behandlung erbracht wurden, wurden tagesgleich über den entsprechenden Abteilungspflegesatz und den Basispflegesatz vergütet.[3] Da in den Abteilungspflegesätzen jedoch bereits durch eine Leistungsverrechnung Operationskosten anteilig eingerechnet waren, erfolgte eine 20-prozentige Minderung des für jeden Tag berechneten Abteilungspflegesatzes.[4]

Die folgende Abbildung stellt die pauschalierten Entgelte mit ihren Unterschieden gegenüber.

Abbildung 17: Unterschiede Sonderentgelte - Fallpauschalen

Sonderentgelte	Fallpauschalen
Vergütung von chirurgischen Leistungen	Vergütung von chirurgischen Leistungen
Vergütung der im Operationssaal entstehenden Kosten, einschließlich der Kosten von Implantaten und Transplantaten, sowie Labor- und Medikamentenkosten	Vergütung der gesamten Behandlung, Vergütung aller pflegesatzrelevanten Kostenarten
Die übrigen Behandlungskosten werden über den tagesgleichen (geminderten) Abteilungspflegesatz und den Basispflegesatz abgegolten[5]	Der Basispflegesatz ist Bestandteil der Fallpauschale; die Kosten der Fachabteilungen sind in den Fallpauschalen berücksichtigt
Die gesamte Vergütung für einen Sonderentgeltpatienten ist abhängig von der Verweildauer	Die gesamte Vergütung ist unabhängig von der Verweildauer (innerhalb der Grenzverweildauer)

Quelle: Eigener Entwurf.

---

[1] Vgl. *Bundesministerium für Gesundheit (Hrsg.)*: Leitfaden zur Einführung von Fallpauschalen und Sonderentgelten gemäß Bundespflegesatzverordnung 1995, Schriftenreihe des Bundesministeriums für Gesundheit, Bd. 44, Baden-Baden 1995a, S. 2.

[2] Vgl. *Bundesministerium für Gesundheit (Hrsg.)*: Zusammenfassung der Beratungsergebnisse der „Expertengruppe Entgeltsystem", in: das Krankenhaus, 11/1993, Redaktionsbeilage, S. 7f.

[3] Siehe Kap. 2.5.2.2 Abteilungspflegesätze und Kap. 2.5.2.3 Basispflegesatz.

[4] Vgl. *Tuschen, K. H.*: Referentenentwurf 1995, a.a.O., S. 75.

[5] Ausnahme: Kosten der Intensivmedizin bei Organtransplantation.

Da ein Sonderentgelt in der Regel die kosten- und personalintensive Behandlung zu Beginn des Krankenhausaufenthaltes vergütete, war es eine Möglichkeit, kostenintensive Behandlungen anzubieten und dennoch eine Verweildauerkürzung zu erreichen. Die folgende Abbildung stellt den Zusammenhang zwischen den Kosten und der Verweildauer dar. Insbesondere zu Beginn des Krankenhausaufenthaltes (Operationen, Intensivpflege) sind die Kosten pro Tag höher als am Ende des Krankenhausaufenthaltes. Die schraffierte Fläche I zeigt eine Kostenunterdeckung, die schraffierte Fläche II eine Kostenüberdeckung.

Abbildung 18: Verhältnis zwischen Kostenverlauf eines Krankenhausaufenthaltes und dem konstanten Pflegesatz

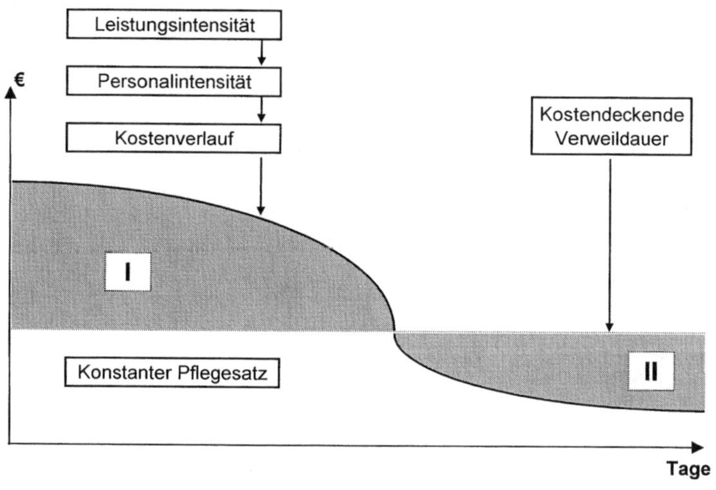

Quelle: Haubrock, M.: Krankenhausfinanzierung, in: Peters, S., Schär, W. (Hrsg.), Betriebswirtschaft und Management im Krankenhaus, Berlin 1994, S. 238.

2.5.2.2 Abteilungspflegesätze

Sofern die allgemeinen Krankenhausleistungen nicht mit Fallpauschalen oder Sonderentgelten abgerechnet wurden, waren sie durch ein Budget nach § 12 BPflV sowie tagesgleiche Pflegesätze nach § 13 BPflV, durch die das Budget den Krankenkassen anteilig berechnet wurde, zu vergüten.

Für den Bereich der Psychiatrie, Psychosomatik und Psychotherapeutischen Medizin, der nicht unter das Krankenhausentgeltgesetz fällt, gelten die Regelungen der Bundespflegesatzverordnung weiterhin. Da dort jedoch keine operativen Leistungen erbracht werden, wurden die Vorschriften für die Fallpauschalen und pauschalierten Sonderentgelte aufgehoben.[1] Die Bestimmungen für tagesgleiche Pflegesätze gelten für diesen Bereich auch künftig.

[1] Siehe Kap. 2.1.2.12 Fallpauschalengesetz.

Tagesgleiche Pflegesätze werden auf der Grundlage des Budgets und der voraussichtlichen Belegung ermittelt. Zu den tagesgleichen Pflegesätzen zählen

- Abteilungspflegesätze,
- ein Basispflegesatz und
- gegebenenfalls teilstationäre Abteilungs- und Basispflegesätze.

Nach § 13 Abs. 2 BPflV werden alle ärztlichen und pflegerischen Leistungen einer bettenführenden Abteilung unter Leitung eines fachlich nicht weisungsgebundenen Arztes über einen tagesgleichen Abteilungspflegesatz vergütet. Die Pflegesätze werden im Rahmen der **Leistungs- und Kalkulationsaufstellung** (LKA) ermittelt.[1]

Dabei werden die folgenden Kostenarten(gruppen)[2] berücksichtigt (soweit sie pflegesatzfähig sind[3]):

- Personalkosten
  - Ärztlicher Dienst,
  - Pflegedienst,
  - Medizinisch-technischer Dienst,
  - Funktionsdienst,
  - Technischer Dienst (soweit Medizintechnik betreffend),
- Sachkosten
  - Medizinischer Sachbedarf,
  - Instandhaltung (soweit Medizintechnik betreffend),
  - Gebrauchsgüter (soweit Medizintechnik).

Von den vereinbarten Gesamtbeträge sind im Rahmen der Leistungs- und Kalkulationsaufstellung die nicht pflegesatzfähigen Kosten gemäß § 7 Abs. 2 BPflV abzuziehen. Dazu zählen insbesondere Kosten für

- Leistungen der vor- und nachstationären Behandlung; als Kosten sind 90% der vorauskalkulierten Erlöse abzuziehen (Erlösabzug),[4]
- belegärztliche Leistungen,
- wahlärztliche Leistungen und
- nichtärztliche Wahlleistungen.

Für die Bemessung des Budgets und der tagesgleichen Pflegesätze hat der Gesetzgeber dem **Krankenhausvergleich gemäß § 5 BPflV** eine zentrale Rolle zugewiesen. Ursprünglich bereits zum 01.01.1995 vorgesehen wurde er um drei Jahre verschoben und trat zum 01.01.1998 in Kraft.[5] Der Anspruch auf ein „medizinisch leistungsgerechtes“ Budget soll durch einen länderbezogenen Vergleich mit anderen Krankenhäusern erfüllt werden.[6]

---

1 Vgl. § 13 Abs. 1 BPflV und Anlage 1 zu § 17 Abs. 4 BPflV LKA Abschnitte K7.

2 Vgl. § 13 Abs. 1 BPflV und Anlage 1 zu § 17 Abs. 4 BPflV LKA Abschnitte K1 bis K3.

3 Siehe Kap. 3.1.3 Ermittlung der Kosten- und Leistungsstruktur.

4 Vgl. Anlage 1 zu § 17 Abs. 4 BPflV LKA Abschnitt K5.

5 Vgl. *Boschke, W. L.*: BPflV ’95 - Der Kompromiß, in: f&w, 4/1994, S. 270.

6 Siehe Kap. 3.1.2.2 Externer Betriebsvergleich.

2.5.2.3 Basispflegesatz

Der Basispflegesatz gemäß § 13 Abs. 3 BPflV enthält alle Kosten, die nicht direkt den Fachabteilungen zugerechnet werden können oder sollen, da sie nicht durch ärztliche oder pflegerische Leistungen verursacht werden. Der Basispflegesatz enthält neben den Vorhaltekosten unter anderem auch die sogenannten „Hotelkosten"[1] des Krankenhauses. Insbesondere werden in der Leistungs- und Kalkulationsaufstellung die folgenden Kostenarten(gruppen) in den Basispflegesatz gerechnet:[2]

- Personalkosten
  - Klinisches Hauspersonal,
  - Wirtschafts- und Versorgungsdienst,
  - Technischer Dienst (soweit nicht Medizintechnik betreffend),
  - Verwaltungsdienst,
  - Sonderdienst,
  - Sonstiges Personal,
- Sachkosten
  - Lebensmittel,
  - Wasser, Energie, Brennstoffe,
  - Wirtschaftsbedarf,
  - Verwaltungsbedarf,
  - Steuern, Abgaben, Versicherungen,
  - Instandhaltung (soweit nicht Medizintechnik betreffend),
  - Gebrauchsgüter (soweit nicht Medizintechnik).

2.5.2.4 Flexibles Budget

Abteilungspflegesätze und Basispflegesatz sind Abschlagszahlungen auf das vereinbarte Budget, das in den Jahren 1993 bis 1996 - wie oben dargestellt - gedeckelt war. Seitdem werden von den Selbstverwaltungspartnern bzw. vom Bundesministerium Veränderungsraten vereinbart bzw. festgelegt, um die der Gesamtbetrag, bis 2003 bestehend aus dem Pauschalbereich und dem sogenannten Restbudget, maximal steigen darf, sofern keine Ausnahmetatbestände vereinbart werden.[3]

Das Budget ist gemäß § 12 BPflV ein flexibles Budget in dem Sinne, daß bei Mehr- oder Mindererlösen gegenüber dem vereinbarten Budget ein Ausgleich vorgesehen ist.

Gemäß § 12 Abs. 1 BPflV wird das Budget auf der Grundlage der voraussichtlichen Leistungsstruktur und -entwicklung des Krankenhauses vereinbart. In den Jahren 1995/1996 bis 2003 jedoch nur soweit die Leistungen nicht mit Fallpauschalen und Sonderentgelten nach § 11 BPflV in der bis

---

[1] Vgl. *Reher, R.*: a.a.O., S. 27.

[2] Vgl. Anlage 1 zu § 17 Abs. 4 BPflV LKA Abschnitt K3.

[3] Siehe Kap. 2.5.1.3 Beitragssatzstabilität.

31.12.2003 geltenden Fassung berechnet wurden. Die Höhe des Restbudgets richtete sich also nach dem Umfang des Pauschalbereichs:

- Für Krankenhäuser, deren Leistungen in vollem Umfang über Fallpauschalen vergütet wurden, entfiel das Restbudget und damit die Vergütungsformen Abteilungspflegesätze und Basispflegesatz.
- Da überwiegend operative Leistungen über Fallpauschalen abgebildet wurden, konnte das Leistungsspektrum vor allem der internistischen Fachabteilungen in der Regel nur über tagesgleiche Pflegesätze vergütet werden.
- Auch für die chirurgischen Abteilungen wurden in der Regel nicht sämtliche Leistungen über Fallpauschalen und pauschalierte Sonderentgelte vergütet, so daß für diese ein Restbudget zu ermitteln war.

Zur Ermittlung des Restbudgets waren zwei alternative Methoden vorgesehen:

- **Erlösabzug**

  Bei Krankenhäusern, deren Leistungen nicht vollständig mit Fallpauschalen berechnet wurden, waren im Rahmen der Budgetverhandlungen gemäß § 12 Abs. 2 Satz 1 BPflV in der bis 31.12.2003 geltenden Fassung die vorauskalkulierten Erlöse auf Fallpauschalen und Sonderentgelten von den gesamten pflegesatzfähigen Kosten des Krankenhauses in voller Höhe abzuziehen. Die Möglichkeiten dieses Erlösabzuges, d.h., der Ansatz der auf Durchschnittskosten basierenden Erlöse anstelle der tatsächlichen Kosten, war ursprünglich für einen Übergangszeitraum von zwei Jahren vorgesehen, wurde aber immer wieder verlängert und galt schließlich bis zur Einführung des DRG-Entgeltsystems. Das Krankenhaus konnte jedoch freiwillig die Kostenausgliederung verlangen.

- **Kostenausgliederung**

  Ursprünglich war geplant, den Bereich der Fallpauschalen und Sonderentgelte vom übrigen Krankenhausbudget völlig zu trennen. Dazu sollten in allen Krankenhäusern, deren Leistungen nicht vollständig mit Fallpauschalen berechnet wurden, die vorauskalkulierten Kosten der mit Fallpauschalen und Sonderentgelten berechneten Leistungen von den pflegesatzfähigen Kosten des Krankenhauses abgezogen werden. Danach sollte über Art und Anzahl der Fallpauschalen und Sonderentgelte nicht mehr verhandelt werden.[1] Die Kostenausgliederung erforderte im allgemeinen eine krankenhausindividuelle Kalkulation für jede Fallpauschale und jedes Sonderentgelt.[2] Da jedoch in nur wenigen Krankenhäusern ein für diese Zwecke ausgebautes Rechnungswesen vorhanden war, wurde diese verbindlich für alle Krankenhäuser vorgeschriebene Kostenausgliederung immer wieder hinausgeschoben, und sollte zuletzt im Jahr 2002 das Erlösabzugsverfahren endgültig ablösen. Im Hinblick auf das DRG-Fallpauscha-

---

[1] Vgl. *Regler, K.*: Neue Aufgaben und neue Entgeltsysteme für die Krankenhäuser, in: das Krankenhaus, 4/1994, [im folgenden zitiert als: *Regler, K.*: Neue Aufgaben], S. 151.

[2] Vgl. *Tuschen, K. H.*: Referentenentwurf 1995, a.a.O., S. 76.

len-System ab 2003/2004 wurde sie dann jedoch durch das DRG-Systemzuschlags-Gesetz im April 2001 ganz aufgehoben.[1]

Flexible Budgetierung bedeutet, daß im nachhinein eine Anpassung des vereinbarten Gesamtbudgets an die tatsächliche Belegung erfolgt. D.h., bei rückläufiger Belegung wird das Budget herabgesetzt und bei steigender Belegung angehoben. Der Erlösausgleich erfolgt in der Regel über das Budget des Folgejahres und stellte den damit verbundenen Zahlungsvorgang dar.[2]

Für diese Belegungsausgleiche sah die Bundespflegesatzverordnung bis einschließlich Pflegesatzzeitraum 2003 zwei Formen vor. Zum einen konnte das Budget im Bereich der Pflegesätze (Restbudget) ausgeglichen werden, zum anderen konnte auch ein Ausgleich im Bereich der Fallpauschalen und Sonderentgelte stattfinden, der mit dem Wegfall dieser Pauschalentgelte jedoch ebenfalls entfällt.

1. Budgetausgleich im Bereich der tagesgleichen Pflegesätze

Nach § 12 Abs. 2 BPflV ist ein „Budgetausgleich" vorgesehen, wenn die Summe der auf den Pflegesatzzeitraum entfallenden Erlöse aus den Pflegesätzen nach § 13 BPflV vom vereinbarten Budget abweicht.

Dabei ist zwischen Mehr- und Mindererlösen zu unterscheiden:

- **Mehrerlöse**, bei einer Höhe bis zu 5% des vereinbarten Budgets sind zu 85% und über 5% zu 90% zurückzuzahlen,[3]
- **Mindererlöse** werden ab dem Jahr 2007 nur noch zu 20% ausgeglichen,[4] bis einschließlich 2006 galten noch 40%.[5]

Ursprünglich sah die Bundespflegesatzverordnung sowohl bei den Mehrerlösen als auch bei den Mindererlösen einen Budgetausgleich in Höhe von 75% vor. Dabei wurde angenommen, daß die Gesamtkosten zu 75% Fixkosten und zu 25% variable Kosten sind.[6] Diese Regelung wurde im Laufe der Jahre durch weitere Gesetze zunehmend verschärft, wodurch die Erbringung nicht vereinbarter Mehrleistungen weniger attraktiv gemacht wurde.[7] Bei Minderleistungen sollen die Krankenhäuser sich flexibler Belegungsschwankungen anpassen. Die Belegung sollte vorsichtiger angesetzt werden, indem nicht mehr haltbare Auslastungsgrade aufgegeben werden.[8] Der Ausgleichssatz bei Mindererlösen wurde zuletzt durch das GKV-Wettbewerbsstärkungsgesetz reduziert von 40% auf 20% ab dem Jahr 2007.

Wenn es der Struktur oder der angenommenen Entwicklung der Kosten und Leistungen des Krankenhauses besser entspricht, können jedoch für den

---

[1] Siehe Kap. 2.1.2.11 GKV-Gesundheitsreformgesetz 2000.

[2] Vgl. *Tuschen, K. H., Quaas, M.*: Bundespflegesatzverordnung, Kommentar mit einer umfassenden Einführung in das Pflegesatzrecht, Stuttgart 1993, S. 21ff.

[3] Vgl. *Tuschen, K. H.*: Rahmenbedingungen, a.a.O., S. 182; *Mohr, F. W.*: neue Bescheidenheit, a.a.O., S. 896.

[4] Siehe Kap. 2.1.2.18 GKV-Wettbewerbsstärkungsgesetz.

[5] Vgl. *Meurer, U.*: a.a.O., S. 501.

[6] Vgl. *Schmidt-Rettig, B., Westphely, K.*: a.a.O., S. 1183.

[7] Vgl. *Zipperer, M.*: a.a.O., S. 552.

[8] Vgl. *Tuschen, K. H.*: Rahmenbedingungen, a.a.O., S. 182.

Pflegesatzzeitraum abweichende Vomhundertsätze vereinbart werden (§ 12 Abs. 2 Satz 2 BPflV). Ebenso ist es im Rahmen der Verhandlungen zwischen den Vertragsparteien möglich, einen - vom oben beschriebenen - abweichenden Ausgleich zu vereinbaren, wenn eine Veränderung der Fallzahl oder Verweildauer dieses erfordert (§ 12 Abs. 2 Satz 3 BPflV).

Die folgende Abbildung stellt den Mechanismus der flexiblen Budgetierung dar.[1]

Abbildung 19: Ausgleichsmechanismus im flexiblen Budget

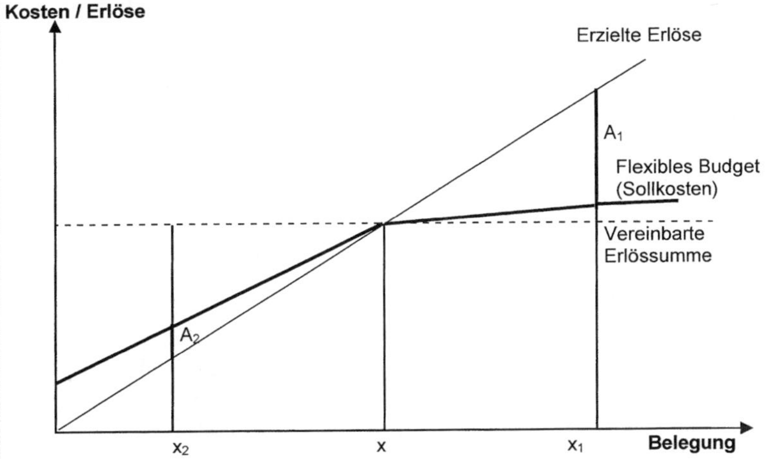

x = Vorauskalkulierte Belegung
x_1 = Mehrbelegung A_1 = Budgetausgleich bei Mehrerlösen (85 bzw. 90%)
x_2 = Minderbelegung A_2 = Budgetausgleich bei Mindererlösen (20%)

Quelle: Eigener Entwurf.

Bei steigender Belegung (x_1) erhält das Krankenhaus Mehrerlöse. Durch den Erlösausgleich werden 85% an die Kostenträger zurückgezahlt bzw. im nächsten Pflegesatzzeitraum verrechnet. Mit den dem Krankenhaus verbleibenden 15% der erzielten Mehrerlöse sollen die aufgrund der Mehrbelegung entstandenen variablen Kosten gedeckt werden. Die fixen Kosten sollen bereits über das vereinbarte Budget finanziert sein.

Umgekehrt sollen bei Minderbelegung (x_2) auch nur die fixen Kosten ausgeglichen werden, da keine variablen Kosten angefallen sind.

In der „Deckelungsphase“ (1993 bis 1995 bzw. 1996) war das Budget festgeschrieben; Mehr- bzw. Mindererlöse waren in vollem Umfang auszugleichen. Das bedeutete, bei einer höheren Belegung trug das Krankenhaus allein die entsprechenden Mehrkosten und bei einer Minderbelegung drohten dem Krankenhaus für die Folgejahre Budgetkürzungen und Bettenabbau. Die Krankenhäuser waren so gezwungen, ihre Leistungen möglichst genau vorauszukalkulieren.

[1] Vgl. auch *Tuschen, K. H., Philippi, M.*: a.a.O., S. 7ff.

2. Ausgleichsmechanismen im pauschalierten Entgeltbereich

Bis einschließlich zum Pflegesatzzeitraum 2003, für den unter Umständen die Ausgleiche noch nicht abschließend ermittelt sind, ist ein Ausgleich von Mehr- oder Mindererlösen nicht nur im Bereich des flexiblen Restbudgets möglich. Im Rahmen des Erlösabzugsverfahrens ist gemäß § 11 Abs. 8 BPflV in der bis 31.12.2003 geltenden Fassung auch eine Ausgleichsregelung für den Bereich der Fallpauschalen und pauschalierten Sonderentgelte vorgesehen.[1]

Für den Erlösausgleich maßgebend sind die tatsächlich erzielten Gesamterlöse aus Fallpauschalen und Sonderentgelten, die den vorauskalkulierten Erlösen gegenübergestellt werden. Hieraus ergibt sich in der Regel ein Unterschiedsbetrag in Form eines Mehr- oder Mindererlöses. Wie im Budgetbereich gelten auch im Bereich der pauschalierten Entgelte unterschiedliche Prozentsätzen für Mehr- und Mindererlöse:

- Mehrerlöse sind gemäß § 11 Abs. 8 Satz 1 BPflV in der bis 31.12.2003 geltenden Fassung grundsätzlich zu 75% zurückzuzahlen, während
- Mindererlöse zu 40% ausgeglichen werden.

Bei Fallpauschalen und Sonderentgelten mit besonders hohen Sachmittelanteilen konnten gemäß § 11 Abs. 8 Satz 2 BPflV in der bis 31.12.2003 geltenden Fassung für Mehrerlöse niedrigere Ausgleichsprozentsätze vereinbart werden, mindestens jedoch 50%.[2] Die Bundesschiedsstelle hat für diese Fälle differenzierte Ausgleichssätze zwischen 50% und 75% festgesetzt;[3] genauere Berechnungsschemata fehlen jedoch.

Der jeweilige Ausgleichsbetrag ist über das Budget des folgenden Pflegesatzzeitraums zu verrechnen. Steht bei den Pflegesatzverhandlungen der Betrag noch nicht fest, sind Teilbeträge als Abschlagszahlungen auf dem Ausgleichsbetrag zu berücksichtigen (§ 11 Abs. 8 Satz 5f. BPflV in der bis 31.12.2003 geltenden Fassung).

2.5.3 Diagnose-orientiertes Fallpauschalensystem ab 2003

Wie bereits oben erwähnt,[4] galt das bisher für den stationären Bereich beschriebene Entgeltsystem nach dem Willen des Gesetzgebers für Akutkrankenhäuser (ca. 90% der Krankenhäuser[5]) nur noch bis zum Jahr 2003 einschließlich. Mit dem 01.01.2004 ist für diese Krankenhäuser verbindlich ein neues pauschalierendes Vergütungssystem für allgemeine voll- und teilstationäre Krankenhausleistungen eingeführt worden.

Nachdem die Selbstverwaltungspartner Ende Juni 2000 sich auf die australischen AR-DRG als Basis für das künftige deutsche Patientenklassifikations-

---

[1] Vgl. *Behrens, K.-U., Krauße, S.*: Ausgleichsmechanismen und Verschiebebahnhöfe für Erlöse, BPflV-Fallbeispiel für §§ 11 und 12, in: ku, 11/1994, S. 838ff.

[2] Vgl. *Tuschen, K. H.*: Rahmenbedingungen, a.a.O., S. 182.

[3] Vgl. *o.V.*: Bundesschiedsstelle setzt Ausgleichssätze nach § 11 Abs. 8 BPflV fest, in: das Krankenhaus, 12/1998, S. 749.

[4] Siehe Kap. 2.1.2.11 GKV-Gesundheitsreformgesetz 2000.

[5] Vgl. *Tuschen, K. H., Trefz, U.*: a.a.O., S. 5.

system G-DRG verständigt hatten, kam der Vertrag mit der australischen Regierung über die Nutzung der AR-DRG, Version 4.1 im November 2000 zustande.[1] Die einzelnen australischen Staaten wenden das DRG-System in unterschiedlicher Weise an: zur Budgetermittlung, zur Messung der Leistungen und Effizienz der Krankenhäuser und zum Teil für Vergütungszwecke.[2] Weder in Australien noch in anderen Ländern, die DRGs einsetzen, werden die Krankenhausbudgets weitestgehend mit Hilfe der DRGs vergütet, wie es für Deutschland vorgesehen ist.[3]

2.5.3.1 Einführung eines DRG-basierten Entgeltsystems im Optionsjahr 2003

Das AR-DRG-System ist, wie alle DRG-Systeme in der Lage, sämtliche akutstationäre Behandlungsfälle algorithmisch einander ausschließenden Fallgruppen eindeutig zuzuordnen. Eine Abrechnung mehrerer DRGs oder zusätzlicher Leistungsmodule nebeneinander sieht das DRG-System nicht vor; das System ist ein **eindimensionales Klassifikationssystem.**[4] Als DRG-System der vierten Generation bildet das AR-DRG-System den klinischen Schweregrad differenziert ab. Trotz der Schweregradabbildung dient das DRG-System als Abrechnungssystem in erster Linie dazu, die Behandlungsfälle zu Gruppen zusammenzufassen, die hinsichtlich des Ressourcenverbrauchs homogen sind. Die Bildung der Schweregradgruppen unterliegt hauptsächlich **ökonomischen Gesichtspunkten** und wird aus medizinischer Sicht sicherlich nicht jedem Einzelfall gerecht.[5] Dem Prozeß der Fallgruppenzuordnung liegt ein festgelegter Algorithmus zugrunde, der jeden vollstationären Krankenhausfall anhand verschiedener Kriterien in eine der 661 effektiv abrechenbaren AR-DRGs einordnet. Da dieser Gruppierungsprozeß (**Grouping**) recht aufwendig ist, wird eine unterstützende EDV-Software (**Grouper**) benutzt.

Der ersten deutschen DRG-Version, die im September 2002 vom Bundesministerium für Gesundheit als Ersatzvornahme[6] für das Jahr 2003 erlassen wurde, liegt diese australische Systematik zugrunde. Lediglich die Bewertungsrelationen und die Verweildauern wurden den deutschen Verhältnissen angepaßt. Dazu hatte das Ministerium und das Institut für das Entgeltsystem im Krankenhaus (InEK) im Rahmen der Ersatzvornahme im Sommer 2002 das 3M Medica HIS Institut in Neuss mit der Kalkulation der ersten deutschen DRG-Bewertungsrelationen beauftragt.[7] Grundlage für diese Kalkulation war die von den Selbstverwaltungspartnern veranlaßte **Erstkalkulation** in deutschen Krankenhäusern.

---

[1] Vgl. *Rochell, B., Roeder, N.*: Starthilfe DRGs, in: das Krankenhaus, Sonderausgabe 2001, S. 6.

[2] Vgl. *Roeder, N., Nowy, R., Achner, S.*: Australische DRGs in der Diskussion - Tagungsbericht von der 12. Casemix-Konferenz in Cairns, in: das Krankenhaus, 10/2000, S. 779f.

[3] Vgl. *Pföhler, W.*: a.a.O., S. 344.

[4] Vgl. *Rochell, B., Roeder, N.*: a.a.O., S. 10.

[5] Vgl. *Rochell, B., Roeder, N.*: a.a.O., S. 10.

[6] Siehe Kap. 2.1.2.14 Fallpauschalenverordnung/-vereinbarung.

[7] Vgl. *3M Medica Health Information Services Institut*: a.a.O., S. 8.

Im Vorfeld hatten die Selbstverwaltungspartner unter anderem folgende Aufgaben erledigt:

- Erstellung erster Kodier- und Dokumentationsregeln in Anlehnung an australische Kodiervorschriften als einheitliche Dokumentationsgrundlage, deren Einhaltung im Rahmen der Kalkulation unerläßlich ist. Die allgemeinen Kodierrichtlinien wurden im April 2001 veröffentlicht, die speziellen Kodierrichtlinien lagen jedoch erst im September 2001 vor.[1] Diese ersten **Deutschen Kodierrichtlinien für die Verschlüsselung von Krankheiten und Prozeduren (DKR)** beziehen sich auf die Verwendung der deutschen Diagnoseklassifikation ICD-10-SGB V,[2] Version 2.0 und der deutschen Prozedurenklassifikation OPS-301,[3] Version 2.1 und waren ab 01.01.2002 umzusetzen. Eine durchgängige Erhebung von DRG-Daten für das Jahr 2001 - wie ursprünglich vorgesehen - war somit nicht mehr möglich.
- Bearbeitung der AR-DRG als Grundlage für die Kalkulation, Übersetzung der Handbücher, Überleitung (**Mapping**) der deutschen Diagnose- und Prozedurenkodes (ICD-10-SGB V bzw. OPS-301) auf die australischen Schlüssel (ICD-10-AM, Bd. 1 für Diagnosen, Bd. 3 für Prozeduren), um die australischen Gruppierungssoftware benutzen zu können, die nur auf den australischen Kodes aufsetzt. Das Ergebnis war das German DRG-System (**G-DRG-System**) in der **Version 0.9**.[4]

Für die Erstkalkulation in den deutschen Krankenhäusern dient als methodischer Leitfaden das von der KPMG für die Selbstverwaltungspartner erstellte **Kalkulationsschema**[5] der Version 1.0 vom 03.04.2001, das vorab im Rahmen eines Methoden-Pre-Tests in 26 deutschen Krankenhäusern auf Eignung getestet worden war. Kalkulationszeitraum waren die Monate Januar bis April 2002. Zum Jahresbeginn 2002 hatten sich bundesweit 283 Krankenhäuser zur Lieferung der für die Kalkulation notwendigen Daten bis zum 1. Juli bereiterklärt. Geliefert und der Bearbeitung durch 3M Medica zugestimmt hatten bis Ende Juli dann nur noch 125 Krankenhäuser. Von nur 116 Häusern konnten die Daten ausgewertet werden. Insgesamt gingen so ca. 500.000 Datensätze in diese erste Kalkulation ein.[6]

Da insbesondere von Universitäts-Kliniken keine Daten zur Verfügung standen, konnten nicht alle der 661 australischen AR-DRGs mit deutschen Bewertungsrelationen versehen werden.[7] Für 21 DRGs (v.a. Transplantationen) war die Datenlage so gering, daß diese für das Optionsjahr 2003 nicht

---

1 Vgl. *Schlottmann, N., Raskop, A.*: Deutsche Kodierrichtlinien für Krankenhäuser, in: das Krankenhaus, 10/2001, S. 849; *Drösler, S. E.*: Übersetzung mit Rotstift: Spezielle Kodierrichtlinien, in: ku, 10/2001, S. 822.

2 Siehe Kap. 4.4.3.1.2 Operative Leistungen.

3 Siehe Kap. 4.4.3.2.2 ICD-Schlüssel.

4 Vgl. *Roeder, N., Rochell, B., Müller, M., Stausberg, J., Raskop, A.*: Deutschland gruppiert australisch, in: f&w, 5/2000, S. 467; *Tuschen, K. H.*: BMG arbeitet mit aller Kraft an der Ersatzvornahme, in: f&w, 4/2002, S. 330; *Braun, Th.*: a.a.O., S. 693.

5 Siehe Kap. 4.4.4.1 Bundeseinheitliches Kalkulationsschema.

6 Vgl. *Tuschen, K. H., Rau, F., Braun, Th.*: a.a.O., S. 439.

7 Vgl. *Tuschen, K. H., Rau, F., Braun, Th.*: a.a.O., S. 440.

in den deutschen DRG-Katalog aufgenommen worden sind. Im Bereich der Langzeitbeatmung wurden gegenüber den australischen Gruppen für die deutsche Version drei DRG-Splits vorgenommen,[1] so daß die erste deutsche **G-DRG-Version 1.0 (German Diagnosis Related Group)** für das Jahr 2003 aus 642 G-DRGs bestand. Daneben gab die **Fallpauschalenverordnung (KFPV)**[2] in der Anlage 2 die 22 noch nicht mit dem Fallpauschalen-Katalog vergüteten Leistungen vor, für die nach § 6 Abs. 1 KHEntgG krankenhausindividuelle Entgelte vereinbart werden konnten. Hierzu zählten insbesondere die 21 AR-DRGs, für die keine deutschen Gewichte ermittelt worden sind.

Diese erste Version der G-DRGs ermöglichte den deutschen Krankenhäusern den freiwilligen Einstieg in das DRG-System in 2003 zu wagen und sich mit dem neuen Entgeltsystem vertraut zu machen. Aber diese Version war eine Übergangslösung mit Mängeln. So wurde von Fachleuten auf eine geringe Spreizung zwischen einfachen und hochwertigen Leistungen hingewiesen. Ein solcher Kompressionseffekt kann zum einen durch eine noch nicht ausreichende Kodierung der Diagnosen und Prozeduren in den Krankenhäusern oder zum anderen durch ein zu pauschales krankenhausinternes Kalkulationsverfahren entstehen, bei dem zu viele Kosten den Leistungen pauschal zugeschlüsselt und zu wenige Kosten den einzelnen Leistungen direkt zugerechnet werden.[3] Zur Weiterentwicklung des Systems hat das Institut für das Entgeltsystem im Krankenhaus (InEK) daher einen strukturierten Dialog zur Einbindung von medizinischem und weiterem Sachverstand durch ein regelhaftes Verfahren implementiert.[4]

2.5.3.2 Systematik des G-DRG-Systems

Im Mai 2003 hat das InEK mit der Kalkulation der Bewertungsrelationen für das Jahr 2004 begonnen. Mit 271 Krankenhäusern waren Vereinbarungen über die Teilnahme an der Kalkulation auf Basis des ganzen Jahres 2002 abgeschlossen worden. 144 Häuser haben neben den nach § 21 KHEntgG für alle DRG-Krankenhäuser zu übermittelnden Daten[5] auch die zur Kalkulation notwendigen Kostendaten geliefert. Da nun auch große Universitäts-Kliniken beteiligt waren, standen mehr als 2,5 Millionen Datensätze für die Kalkulation zur Verfügung. Hinzu kamen im Rahmen des oben erwähnten strukturierten Dialoges etwa 2.000 Teilvorschläge.[6] So konnte ein erster deutscher DRG-Fallpauschalen-Katalog erstellt werden, der sich grundlegend von dem nach der australischen Klassifikation gegliederten Katalog des Jahres 2003 unterschied. Die meisten Fallpauschalen wurden verändert oder neu gebildet und für einzelne Basis-DRGs erstmals bis zu fünf Schweregrade vergeben. Das für 2003 verwendete geometrische Verweil-

[1] Vgl. *Tuschen, K. H., Rau, F., Braun, Th.*: a.a.O., S. 444.

[2] Siehe Kap. 2.1.2.14 Fallpauschalenverordnung/-vereinbarung.

[3] Vgl. *Tuschen, K. H., Rau, F., Braun, Th.*: a.a.O., S. 443.

[4] Vgl. *Heimig, F., Bauder, D.*: Aktueller Stand der Umsetzung und Weiterentwicklung des G-DRG-Systems im InEK, in: f&w, 4/2003, S. 351f.

[5] Siehe Kap. 2.1.2.13 Krankenhausentgeltgesetz.

[6] Vgl. *Heimig, F., Bauder, D.*: a.a.O., S. 350ff.

dauer-Mittel wurde auf das arithmetische Mittel umgestellt. Die Spreizung der Bewertungsrelationen zwischen einfachen und hochwertigen Leistungen (Kompressionseffekt) wurde deutlich verbessert.[1] Mit diesen Änderungen ging die Entwicklung offizieller deutscher Gruppierungssoftware (**Deutscher Grouper 2003/2004**) einher, die direkt auf den deutschen Diagnose- und Prozedurenkodes aufsetzt und durch das InEK zertifiziert wurde. Auch diese 2. Version des deutschen DRG-Systems (G-DRG-Version 2004) wurde per Rechtsverordnung durch das Bundesministerium für Gesundheit und Soziale Sicherung erlassen und ist im Oktober 2003 mit der **Fallpauschalenverordnung 2004 (KFPV 2004)** in Kraft getreten.[2] Die Anlage 1 KFPV 2004 enthält den Fallpauschalen-Katalog mit 806 DRGs und Bewertungsrelationen in Teil a) bei Versorgung durch Hauptabteilungen (inkl. Versorgung in einer geburtshilflichen Hauptabteilung mit Beleghebamme) und Teil b) bei Versorgung durch Belegabteilungen. Der Katalog für Belegabteilungen enthält für DRGs, die nicht durch Belegärzte erbracht werden, keine Angaben.

Erstmals für 2005 einigten sich die Selbstverwaltungspartner auf einen DRG-Fallpauschalen-Katalog. Am 16.09.2004 haben die Deutsche Krankenhausgesellschaft und die Spitzenverbände der Krankenkassen den vom Institut für das Entgeltsystem im Krankenhaus (InEK) vorgelegten DRG-Katalog einvernehmlich beschlossen.[3] An der Kalkulationsrunde für 2005 hatten sich bundesweit 148 Krankenhäuser beteiligt, so daß wieder ca. 2,5 Millionen Krankenhausfälle als Kalkulationsgrundlage zur Verfügung standen.[4] Das Ergebnis der Systementwicklung stellt einen weiteren Fortschritt hinsichtlich einer leistungsgerechteren Abbildung von Krankenhausleistungen dar. Die weitergehende Differenzierung spiegelt sich in bis zu sieben DRGs innerhalb der Basis-DRGs wider. Darüber hinaus wurde die Anzahl der ungesplitteten Z-DRGs erhöht. Der Katalog 2005 in Anlage 1 FPV 2005 enthält 845 bewertete DRGs. Anlage 3 FPV 2005 enthält weitere 33 jedoch nicht bewertete DRGs. Die G-DRG-Versionen 2004 und 2005 sind nur bedingt vergleichbar. Die Bewertungsrelationen für 2005 wurden systembedingt um durchschnittlich 5,1% verringert (sogenannter „**Katalogeffekt**"). Dies führte bei den örtlichen Budgetverhandlungen zu durchschnittlich höheren Basisfallwerten. Krankenhäuser, die für 2005 keine prospektive Budgetvereinbarung und weiterhin den in der Regel niedrigeren Basisfallwert 2004 abgerechnet haben, mußten mit Liquiditätsproblemen rechnen.

Auch für 2006 wurde der DRG-Katalog auf Selbstverwaltungsebene vereinbart und am 13.09.2005 vorgestellt.[5] An der vorausgehenden Kalkulation der Fallpauschalen durch das InEK hatten sich 214 Krankenhäuser beteiligt,

---

[1] Vgl. *Tuschen, K. H.*: DRG-Katalog, a.a.O., S. 427.

[2] Siehe Kap. 2.1.2.14 Fallpauschalenverordnung/-vereinbarung.

[3] Vgl. *Baum, G.*: Konvergenz kann beginnen, in: f&w, 5/2004, S. 438; siehe Kap. 2.1.2.14 Fallpauschalenverordnung/-vereinbarung.

[4] Vgl. *o.V.*: DKG zur Weiterentwicklung, a.a.O., S. 781

[5] Siehe Kap. 2.1.2.14 Fallpauschalenverordnung/-vereinbarung.

die erstmals einen finanziellen Bonus erhalten haben.[1] 3,5 Millionen Rohdaten wurden angenommen. Nach Abschluß diverser Plausibilitätsprüfungen sind Daten von etwa 2,6 Millionen Behandlungsfällen in die kalkulatorische Ermittlung eingeflossen.[2] Die G-DRG-Version 2006 enthält insgesamt 954 abrechenbare Fallgruppen, davon 912 in Anlage 1 FPV 2006 bewertet. Der ursprünglich vorgesehene Rahmen von 600 bis 800 DRGs wurde zugunsten einer weiteren Verfeinerung des Systems erneut nicht eingehalten. Das InEK hat die Bewertungsrelationen so kalkuliert, daß bundesweit kein Katalogeffekt auftrat. Auf Landes- oder Ortsebene konnte es jedoch - je nach DRG-Spektrum - zu Katalogeffekten kommen. Erstmals wurden auch teilstationäre DRGs ermittelt. Die in 2005 erfolgte Zunahme der Z-DRGs, die nicht weiter nach Schweregraden unterteilt sind, wurde zum Teil rückgängig gemacht und Schweregraddifferenzierungen medizinisch zusammenhängender Sachverhalte wieder einer Basis-DRG zugeordnet.

Während es in den Jahren 2003 bis 2006 zunächst darum ging, genügend Krankenhäuser für die Kalkulation zu gewinnen, stand bei der Kalkulation für die G-DRG-Version 2007 die Datenqualität im Vordergrund. Schärfere Anforderungen und Plausibilitätsprüfungen haben dazu geführt, daß von den anfänglich 277 Krankenhäuser, die eine Datenlieferung zugesagt hatten, 225 Krankenhäuser und ca. 2,9 Millionen Fälle für die Kalkulation verblieben. Insgesamt ist die Anzahl der Fallgruppen gegenüber dem Vorjahr nochmals deutlich angestiegen. Dies ist insbesondere auf neue Alterssplits für Kinder, zusätzliche Differenzierung von Fällen mit Extremkosten, ergänzende PCCL-Splits, Hinzufügen mehrzeitiger Eingriffe und Differenzierungen in der Intensivmedizin zurückzuführen.[3] Auch in 2007 wurden die Bewertungsrelationen so kalkuliert, daß bundesweit kein Katalogeffekt auftrat. Erstmals hat das InEK auch systematische Änderungen in der Schweregradmatrix (CC-Matrix) vorgenommen und somit die Abbildung der Nebendiagnosen verbessert.[4]

Für die Kalkulation des DRG-Systems 2008 wurden die Vorschriften gemäß Kalkulationshandbuch[5] deutlich angehoben. Die differenzierte Zuordnung von Gemeinkosten ermöglichte erstmals eine aufwandsgerechte Fallkostenkalkulation. Die Selbstverwaltungspartner streben die Zertifizierung der Kalkulationskrankenhäuser bezogen auf die Grundlage und Umsetzung der DRG-Kalkulation an.[6] Insgesamt 270 Krankenhäuser hatten eine Datenlieferung zugesagt, letztendlich gingen ca. 2,8 Millionen Daten von 221 Krankenhäusern in die Kalkulation ein.

---

[1] Vgl. *o. V.*: Selbstverwaltung einigt sich auf Eckpunkte des DRG-Systems 2006, in: das Krankenhaus, 10/2005, S. 828; zur Vergütung für Kalkulationshäuser siehe Kap. 2.1.2.17 Zweites Fallpauschalenänderungsgesetz.

[2] Vgl. *Schlottmann, N., Fahlenbrach, C., Köhler N., Simon, C.*: a.a.O., S. 846.

[3] Vgl. *Schlottmann, N., Fahlenbrach, C., Brändle, G., Wittrich, A.*: a.a.O., S. 940.

[4] Vgl. *Schlottmann, N., Fahlenbrach, C., Brändle, G., Wittrich, A.*: a.a.O., S. 942; zum Begriff CC-Matrix siehe die nachfolgenden Ausführungen.

[5] Siehe Kap. 4.4.4.1 Bundeseinheitliches Kalkulationsschema.

[6] Vgl. *Heimig, F.*: Das G-DRG-System wird zum Präzisionsinstrument, in: f&w, 2/2007, S. 136.

Grundsätzliche klassifikatorische Neuerungen wurden beim DRG-Katalog 2008 nicht vorgenommen. Es wurden jedoch die Bereiche modifiziert, in denen komplexe Krankheitsbilder oder sehr aufwendige Leistungen bisher noch nicht sachgerecht abgebildet wurden. Dies betrifft insbesondere die Pädiatrie, die Intensivmedizin und die Behandlung von Querschnittsgelähmten. Bei der Prüfung der CC-Matrix, d.h. der Schweregraddifferenzierung der Nebendiagnosen im Verhältnis zu den einzelnen DRGs, hat die Herangehensweise des Vorjahres eine weitere Differenzierung erfahren.[1] Eine umfassende Überarbeitung der CC-Matrix wird jedoch voraussichtlich noch zwei weitere Jahre in Anspruch nehmen.[2] Darüber hinaus hat das InEK insbesondere durch Neustrukturierungen von Basis-DRGs und Textvereinfachungen auch die Nachvollziehbarkeit und Transparenz verbessert und eine medizinische sinnvollere Strukturierung der DRGs erreicht.

Obwohl die Kalkulationsgrundlage und -qualität in den vergangenen Jahren deutlich zugenommen hat, konnten keine zusätzlichen teilstationären DRGs ermittelt werden. Auch ist die Zahl der DRGs, für die eine Definition zwar möglich war, jedoch keine Bewertungsrelation ermittelt werden konnte, weiter angestiegen.[3] Für diese Leistungsbereiche soll in den krankenhausindividuellen Verhandlungen eine sachgerechte Vergütung vereinbart werden.

Insgesamt wurde insbesondere aufgrund der verbesserten Kalkulation und zahlreicher Hinweise aus dem Vorschlagsverfahren für 2008 eine differenzierte Abbildung des stationären Leistungsspektrums erzielt und die Umgewichtung zwischen einfacheren und aufwendigeren Leistungen wie schon in den Vorjahren fortgesetzt. Dies ist ein weiterer wichtiger Schritt in Richtung auf ein annähernd leistungsgerechtes Vergütungssystem, vor allem im Hinblick auf das Ende der Konvergenzphase.

Die quantitative Entwicklung der DRGs in Deutschland kann der folgenden Übersicht entnommen werden.

Tabelle 6: Quantitative Entwicklung der G-DRGs

Jahr	Voll- und teilstationäre DRGs insgesamt	Bewertete DRGs für Hauptabteilungen	Unbewertete DRGs für Hauptabteilungen	DRGs für Belegabteilungen	Bewertete DRGs für teilstationäre Versorgung	Unbewertete DRGs für teilstationäre Versorgung
2003	664	642	22	642	0	0
2004	824	806	18	739	0	0
2005	878	845	33	762	0	0
2006	954	912	40	748	1	1
2007	1.082	1.035	42	771	1	4
2008	1.137	1.089	43	933	1	4

Quelle: Eigener Entwurf in Anlehnung an: Schlottmann, N., Köhler, N., Fahlenbrach, C., Brändle, G.: G-DRG-System 2008, in: das Krankenhaus, 11/2007, S. 1072.

Die G-DRG-Version 2008 wird im folgenden genauer dargestellt.

[1] Vgl. *Schlottmann, N., Köhler, N., Fahlenbrach, C., Brändle, G.*: a.a.O., S. 1073f.

[2] Vgl. *o.V.*: G-DRG-System 2008, a.a.O., S. 640.

[3] Vgl. *Schlottmann, N., Köhler, N., Fahlenbrach, C., Brändle, G.*: a.a.O., S. 1082.

Abbildung 20: Auszug aus dem Fallpauschalen-Katalog 2008
Teil a) mit Bewertungsrelationen bei Versorgung durch Hauptabteilungen

G-DRG-Version 2008

Anlage 1
Fallpauschalen-Katalog
Teil a) Bewertungsrelationen bei Versorgung durch Hauptabteilungen

DRG	Partition	Bezeichnung	Bewertungsrelation bei Hauptabteilung	Bewertungsrelation bei Hauptabteilung und Beleghebamme	Mittlere Verweildauer	Untere Grenzverweildauer: Erster Tag mit Abschlag	Untere Grenzverweildauer: Bewertungsrelation/Tag	Obere Grenzverweildauer: Erster Tag zus. Entgelt	Obere Grenzverweildauer: Bewertungsrelation/Tag	Externe Verlegung Abschlag/Tag (Bewertungsrelation)	Verlegungsfallpauschale	Ausnahme von Wiederaufnahme
1	2	3	4	5	6	7	8	9	10	11	12	13
Prä-MDC												
A01A	O	Lebertransplantation mit Beatmung > 179 Stunden	31,381		51,2	16	1,586	69	0,527		x	x
A01B	O	Lebertransplantation mit Beatmung > 59 und < 180 Stunden oder Transplantatabstoßung	16,709		36,0	11	1,144	54	0,435		x	x
A01C	O	Lebertransplantation ohne Beatmung > 59 Stunden, ohne Transplantatabstoßung	11,522		27,5	8	1,014	45	0,373		x	x
...	...	...	...	...	...	...	...	...	...	...	...	...
MDC 05 Krankheiten und Störungen des Kreislaufsystems												
...	...	...	...	...	...	...	...	...	...	...	...	...
F40Z	O	Implantation eines Herzschrittmachers, Zwei-Kammersystem, mit äußerst schweren CC	3,069		15,2	4	0,364	29	0,084	0,113		
F41A	A	Invasive kardiologische Diagnostik bei akutem Myokardinfarkt mit äußerst schweren CC	2,119		14,7	4	0,370	28	0,088	0,118		
F41B	A	Invasive kardiologische Diagnostik bei akutem Myokardinfarkt ohne äußerst schwere CC	1,231		8,3	2	0,325	17	0,082	0,105		
...	...	...	...	...	...	...	...	...	...	...	...	...

Quelle: Anlage 1 FPV 2008 vom 21.09.2007, www.g-drg.de.

Der Katalog enthält zu den einzelnen DRGs neben der Bewertungsrelation auch Angaben zu Zu- und Abschlägen, auf deren Bedeutung weiter unten eingegangen wird. Zunächst soll hier der grundsätzliche Gruppierungsprozeß näher erläutert werden.[1]

Abbildung 21: G-DRG-Gruppierungsprozeß, Version 2008

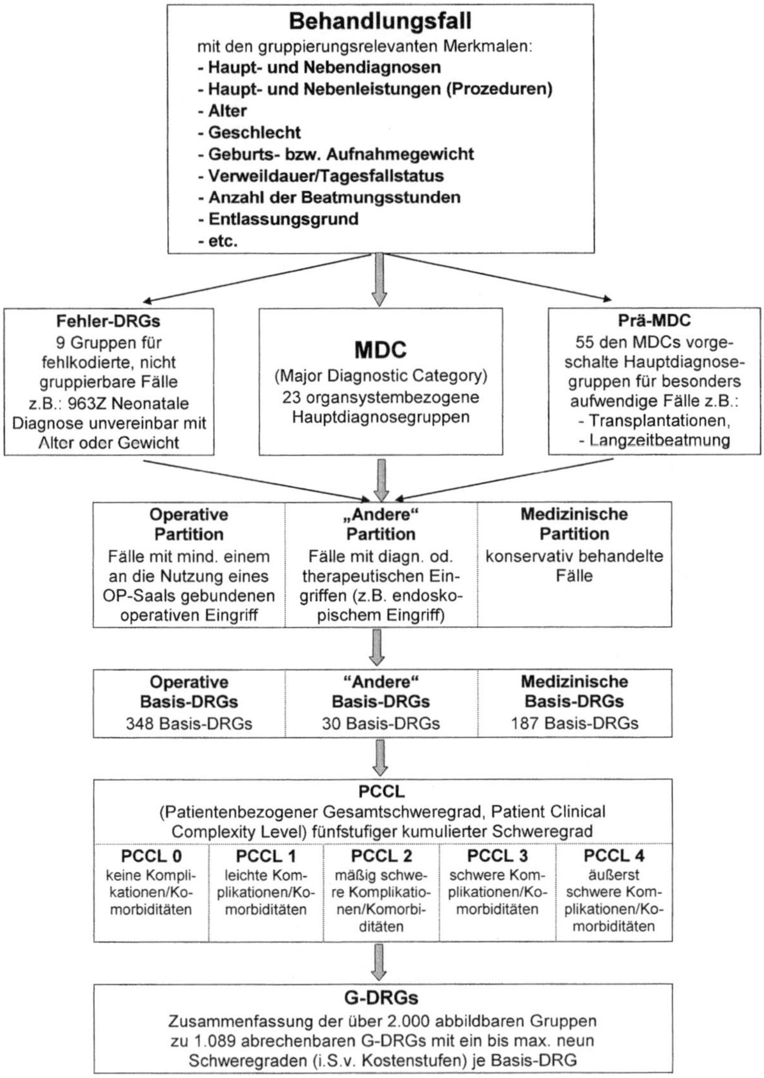

Quelle: Eigener Entwurf, die angegebenen Zahlen beziehen sich auf die DRGs gemäß Anlage 1 Teil a) FPV 2008.

[1] Siehe *Institut für das Entgeltsystem im Krankenhaus gGmbH (InEK)*: G-DRG German Diagnosis Related Groups Version 2008, Definitionshandbuch Band 1, www.g-drg.de, [im folgenden zitiert als: *Institut für das Entgeltsystem im Krankenhaus gGmbH (InEK)*: Definitionshandbuch Band 1].

Die Eingruppierung im G-DRG-System erfolgt hierarchisch abgestuft: zunächst werden die fehlkodierten und nicht eingruppierbaren Fälle einer der neun **Fehler-DRGs** zugeordnet. Die Fälle mit einem besonders hohen Behandlungsaufwand und dementsprechenden Kosten werden ebenfalls vorab herausselektiert und in eine der 55 **Prä-DRGs** eingeteilt. Der größte Anteil der Behandlungsfälle jedoch wird anhand der für den Fall mittels des ICD-Kodes festgelegten Hauptdiagnose einer der 23 **Hauptdiagnosegruppen (Major Diagnostic Category, MDC)** zugewiesen. Diese Hauptdiagnosegruppen sind in der Regel organsystembezogen, wie die folgende Tabelle zeigt.

Tabelle 7: Hauptdiagnosegruppen (MDC) im G-DRG-System, Version 2008

MDC-Nr.	Kode	Bezeichnung der MDC	Anzahl G-DRGs
Prä	A	Prä-MDC	55
01	B	Krankheiten und Störungen des **Nervensystems**	101
02	C	Krankheiten und Störungen des **Auges**	30
03	D	Krankheiten und Störungen des **Ohres**, der **Nase**, des **Mundes** und des **Halses**	56
04	E	Krankheiten und Störungen der **Atmungsorgane**	58
05	F	Krankheiten und Störungen des **Kreislaufsystems**	126
06	G	Krankheiten und Störungen der **Verdauungsorgane**	74
07	H	Krankheiten und Störungen an **hepatobiliärem System** und **Pankreas**	32
08	I	Krankheiten und Störungen an **Muskel-Skelett-System** und **Bindegewebe**	127
09	J	Krankheiten und Störungen an **Haut**, **Unterhaut** und **Mamma**	47
10	K	**Endokrine**, **Ernährungs-** und **Stoffwechselkrankheiten**	37
11	L	Krankheiten und Störungen der **Harnorgane**	61
12	M	Krankheiten und Störungen der **männlichen Geschlechtsorgane**	24
13	N	Krankheiten und Störungen der **weiblichen Geschlechtsorgane**	35
14	O	**Schwangerschaft**, **Geburt** und **Wochenbett**	26
15	P	**Neugeborene**	42
16	Q	Krankheiten des **Blutes**, der **blutbildenden Organe** und des **Immunsystems**	16
17	R	**Hämatologische** und **solide Neubildungen**	51
18A	S	HIV	8
18B	T	**Infektiöse** und **parasitäre Erkrankungen**	21
19	U	**Psychische Krankheiten** und **Störungen**	7
20	V	**Alkohol-** und **Drogengebrauch** und alkohol- und drogeninduzierte psychische Störungen	7
21A	W	**Polytrauma**	9
21B	X	**Verletzungen**, **Vergiftungen** und toxische Wirkungen von Drogen und Medikamenten	15
22	Y	**Verbrennungen**	8
23	Z	**Faktoren, die den Gesundheitszustand beeinflussen**, und andere Inanspruchnahme des Gesundheitswesens	7
-	9	**Fehler-DRGs** und sonstige DRGs	9
		Insgesamt	**1.089**

Quelle: Eigener Entwurf, Zusammenfassung anhand des Fallpauschalen-Katalogs gemäß Anlage 1 Teil a) FPV 2008.

Auf der Ebene der Hauptdiagnosegruppen werden die Fälle in eine der drei Partitionen aufgeteilt. Hat eine Operation mit Nutzung eines Operationssaales stattgefunden, wird der Fall der **operativen Partition** (Partition O) zugeordnet. Fälle, bei denen ein diagnostischer oder therapeutischer nicht operationssaalgebundener Eingriff vorgenommen wurde, werden der **„anderen" Partition** (Partition A) zugeordnet. Konservativ behandelte Fälle, ohne relevante Eingriffe werden in der **medizinischen Partition** (Partition M) zusammengefaßt.[1]

Auf der Ebene der Partitionen gibt es gemäß Anlage 1 Teil a) FPV 2008 565 **Basis-DRGs (Adjacent-DRGs)**. Die Zuordnung eines Falles zu einer dieser Basis-DRGs geschieht im wesentlichen anhand der Hauptdiagnose und - wenn stattgefunden - anhand des Eingriffs/der Hauptleistung. Die DRG-Grouper arbeiten mit den Datenangaben Diagnosen, Prozeduren, Prozeduren-Datum, Geschlecht, Alter, Aufnahmeanlaß, Aufnahmegrund, Entlassungsgrund, Verweildauer, Beurlaubungstage, Aufnahmegewicht bei Kindern unter einem Jahr, Status der Verweildauer „ein Belegungstag" sowie der Dauer der maschinellen Beatmung. Die zertifizierten Grouper können bis zu 50 Diagnosekodes und bis zu 100 Prozedurenkodes pro Datensatz verarbeiten.[2]

Anhand der Nebendiagnosen, die wie die Hauptdiagnose mit Hilfe des ICD-Kodes dokumentiert werden, wird jeder Behandlungsfall innerhalb dieser Basis-DRG in eine der maximal fünf Schweregradgruppen (**PCCL, Patient Clinical Complexity Level, Patientenbezogener Gesamtschweregrad**) eingeteilt.[3] Bei der Zuordnung in eine Schweregradgruppe (PCCL) wird zunächst jeder Nebendiagnose in Abhängigkeit von der Basis-DRG ein Schweregrad (**CCL, Complication and Comorbidity Level**) zugeordnet (bei medizinischen Fällen vier, sonst fünfstufig):[4]

- CCL 0: keine Komplikation oder Komorbiditäten,
- CCL 1: leichte Komplikation oder Komorbiditäten,
- CCL 2: mäßig schwere Komplikation oder Komorbiditäten,
- CCL 3: schwere Komplikation oder Komorbiditäten,
- CCL 4: äußerst schwere Komplikation oder Komorbiditäten,

Dieser CCL wird immer im Hinblick auf die einzelne Basis-DRG festgelegt. So wird verhindert, daß Nebendiagnosen, die den Aufwand der Basis-DRG nicht erhöhen, den PCCL-Schweregrad beeinflussen.

---

[1] Siehe oben Abb. 21 Auszug aus dem Fallpauschalen-Katalog 2008, Spalte 2 gibt Auskunft über die Partition.

[2] Vgl. *Institut für das Entgeltsystem im Krankenhaus gGmbH (InEK)*: Definitions-Handbuch Band 1, a.a.O., S. 7.

[3] Vgl. *Institut für das Entgeltsystem im Krankenhaus gGmbH (InEK)*: Definitions-Handbuch Band 1, a.a.O., S. 6.

[4] Vgl. *Institut für das Entgeltsystem im Krankenhaus gGmbH (InEK)*: Definitions-Handbuch Band 1, a.a.O., S. 6.

Beispiel:[1]

Basis-DRG:	B70 Apoplexie oder Transitorische ischämische Attacke (TIA) und extrakranielle Gefäßverschlüsse mit Beatmung > 95 und < 178 Stunden oder Delirium mit äußerst schweren CC
Nebendiagnose:	J96.0 akute respiratorische Insuffizienz, anderenorts nicht klassifiziert
CCL-Wert:	2

Basis-DRG:	B71 Erkrankungen an Hirnnerven und peripheren Nerven
Nebendiagnose:	J96.0 akute respiratorische Insuffizienz, anderenorts nicht klassifiziert
CCL-Wert:	3

Die vorhandenen CCL der Nebendiagnose werden bei der Ermittlung des PCCL jedoch nicht rein additiv zusammengefaßt, da es so eventuell zu unrealistisch hohen Schweregraden kommen könnte. Vielmehr wird der PCCL mit Hilfe einer im Grouper hinterlegten Glättungsformel[2] berechnet.

Rein rechnerisch können somit über 2.000 Schweregradgruppen abgebildet werden. Um jedoch den Differenzierungsgrad praktikabel zu halten, werden für die Abrechnung diese Gruppen nicht vollständig angewandt. Es hat sich gezeigt, daß unter ökonomischen Gesichtspunkten eine Rückführung auf eine bis maximal neun Schweregradgruppen ausreichend ist. Unter Berücksichtigung des Alters, Geschlechts, etc. werden die rechnerisch möglichen Gruppen zu **1.089 bewerteten G-DRGs** zusammengefaßt, die für Hauptabteilungen effektiv abgerechnet werden können.

Die G-DRGs werden als **vierstelliger alphanummerischer Kode** (Spalte 1 des Fallpauschalen-Katalogs 2008[3]) dargestellt, der bereits erste Auskünfte über die Tatbestände gibt, die der DRG zugrunde liegen.[4] Die erste Stelle kennzeichnet die oben dargestellte, in der Regel organsystembezogene Hauptdiagnosegruppe (MDC), der die DRG angehört. Die zweite und dritte Stelle gibt Auskunft über die Partition: 01 bis 39 für die operative, 40 bis 59 für die „andere" und 60 bis 99 für die medizinische Partition. Ab der Version 2006 mußte in den MDCs 05 (Krankheiten und Störungen des Kreislaufsystems) und 08 (Krankheiten und Störungen an Muskel-Skelett-System und Bindegewebe) von dieser Einteilung jedoch abgewichen werden. Die erste bis dritte Stelle bezeichnet die zugehörige dreistellige Basis-DRG. Die vierte Stelle spiegelt den ökonomischen Schweregrad wider, der den PCCL und weitere Merkmale wie z.B. Alter oder bei Kleinkindern das Gewicht bei Aufnahme berücksichtigt. Wie oben beschrieben, werden je Basis-DRG ein (Endbuchstabe Z) bis maximal neun Schweregrade (A höchster bis I neunthöchster Ressourcenverbrauch) unterschieden.

---

1 Vgl. *Institut für das Entgeltsystem im Krankenhaus gGmbH (InEK)*: Definitions-Handbuch Band 1, a.a.O., S. 6.

2 Vgl. *Institut für das Entgeltsystem im Krankenhaus gGmbH (InEK)*: G-DRG German Diagnosis Related Groups Version 2008, Definitionshandbuch Band 5, www.g-drg.de, S. 890.

3 Siehe oben Abb. 21 Auszug aus dem Fallpauschalen-Katalog 2008.

4 Vgl. *Institut für das Entgeltsystem im Krankenhaus gGmbH (InEK)*: Definitions-Handbuch Band 1, a.a.O., S. 4f.

Beispiel:

G-DRG:	F72A	Instabile Angina pectoris mit schweren CC
MDC:	F	Krankheiten und Störungen des Kreislaufsystems
Partition:	72	medizinische Partition
Basis-DRG:	F72	Instabile Angina pectoris ohne äußerst schwere CC oder nicht schwere kardiale Arrhythmie und Erregungsleitungsstörungen ohne äußerst schwere oder schwere CC
Schweregrad:	A	... mit schweren CC (A = aufwendigste DRG innerhalb dieser Basis-DRG)

Mit der Einführung eines DRG-basierten Entgeltsystems kommt der EDV-gestützten Dokumentation und Kodierung der Diagnosen und Prozeduren gemäß den Kodierrichtlinien somit eine existentielle Rolle für das Krankenhaus zu. Die Kodierung hat über den PCCL direkt Einfluß auf die abzurechnende DRG und folglich auf die Erlössituation des Krankenhauses.

Jeder Fallgruppe (G-DRG) ist aufgrund der oben beschriebenen bundesweiten Kalkulation eine Bewertungsrelation (auch **Relativgewicht**, Spalte 4 bzw. 5 des Fallpauschalen-Katalogs 2008) zugeordnet, die vom benötigten durchschnittlichen Ressourcenverbrauch für die Behandlung (ärztliche und pflegerische Leistungen, Diagnostik, OP-Leistungen, Unterkunft, Verpflegung, etc.) bestimmt wird. Dieses Gewicht bezeichnet den durchschnittlichen ökonomischen Aufwand im Vergleich zu einem Referenzwert mit einer Bewertungsrelation von eins.[1]

Unter Berücksichtigung der Verweildauer des Behandlungsfalles im Krankenhaus werden die Relativgewichte im Einzelfall ab- bzw. aufgewertet.

Effektivgewicht = Relativgewicht ± Zu-/Abschlag je Tag

Für die Berechnung dieser **Effektivgewichte** enthält der DRG-Katalog für jede DRG über das Relativgewicht hinaus Angaben[2]

- zur **mittleren Verweildauer** (Spalte 6 des Fallpauschalen-Katalogs 2008, arithmetisches Mittel),
- zur **unteren Grenzverweildauer (uGVD)**, genauer: erster Tag mit Abschlag (Spalte 7 des Fallpauschalen-Katalogs 2008) und Bewertungsrelation (Abschlag) pro Tag (Spalte 8 des Fallpauschalen-Katalogs 2008),
- zur **oberen Grenzverweildauer (oGVD)**, genauer: erster Tag mit Zuschlag (Spalte 9 des Fallpauschalen-Katalogs 2008) und Bewertungsrelation (Zuschlag) pro Tag (Spalte 10 des Fallpauschalen-Katalogs 2008),
- zu Abschlagsregelungen für extern verlegte Behandlungsfälle (Spalten 11 und 12 des Fallpauschalen-Katalogs 2006), sowie

[1] Vgl. *Rochell, B., Roeder, N.*: a.a.O., S. 2f.

[2] Siehe oben Abb. 21 Auszug aus dem Fallpauschalen-Katalog 2008.

- zur Fallzusammenführung bei Wiederaufnahme bzw. zur Ausnahme von der Fallzusammenführung (Spalte 13 des Fallpauschalen-Katalogs 2008).

Ist die Verweildauer von nicht verlegten Patientinnen oder Patienten kürzer als die **untere Grenzverweildauer**, ist gemäß § 1 Abs. 3 FPV 2008 von der DRG-Fallpauschale für die Tage, die bis zum Erreichen der unteren Grenzverweildauer fehlen, ein Abschlag von der Fallpauschale vorzunehmen. Im DRG-Katalog ist dabei der erste Tag, für den ein Abschlag vorzunehmen ist, sowie die Bewertungsrelation des Abschlags je Tag ausgewiesen. Die Zahl der Abschlagstage ist wie folgt zu ermitteln:

1. Tag mit Abschlag bei uGVD + 1
./. Belegungstage insgesamt
= Zahl der Abschlagstage

Beispiel:

chirurgischer Patient verstirbt am dritten Tag

DRG:	A01A Lebertransplantation mit Beatmung > 179 Stunden
Relativgewicht:	31,381 (siehe Spalte 4 des Fallpauschalen-Katalogs)
Ist-Belegungstage:	2 Tage
1. Tag mit Abschlag:	16. Tag (siehe Spalte 7 des Fallpauschalen-Katalogs)
Abschlag je Tag:	1,586 (siehe Spalte 8 des Fallpauschalen-Katalogs)
Zahl der Abschlagstage:	16 + 1 - 2 = 15
Abschlag:	15 x 1,586 = 23,79
Effektivgewicht:	31,381 - 23,79 = 7,591

Ist die Verweildauer eines Patienten oder einer Patientin länger als die obere Grenzverweildauer, wird gemäß § 1 Abs. 2 FPV 2008 für den dafür im Fallpauschalen-Katalog ausgewiesenen Tag und jeden weiteren Belegungstag des Krankenhausaufenthaltes zusätzlich zur Fallpauschale ein tagesbezogenes Entgelt abgerechnet. Die Zahl der zusätzlich abrechenbaren Belegungstage ist wie folgt zu ermitteln:

Belegungstage insgesamt + 1
./. 1. Tag mit zusätzlichem Entgelt bei oGVD
= zusätzlich abrechenbare Belegungstage

Beispiel:

chirurgischer Patient, Langlieger

DRG:	A01A Lebertransplantation mit Beatmung > 179 Stunden
Relativgewicht:	31,381 (siehe Spalte 4 des Fallpauschalen-Katalogs)
Ist-Belegungstage:	75 Tage
1. Tag mit zusätzlichem Entgelt:	69. Tag (siehe Spalte 9 des Fallpauschalen-Katalogs)
Zuschlag je Tag:	0,527 (siehe Spalte 10 des Fallpauschalen-Katalogs)
Zahl der zusätzlich abrechenbaren Tage:	75 + 1 - 69 = 7
Zuschlag:	7 x 0,527 = 3,689
Effektivgewicht:	31,381 + 3,689 = 35,07

Die folgende Abbildung stellt die Verweildauerregelung graphisch dar.

Abbildung 22: Vereinfachende Darstellung zur Verweildauerregelung

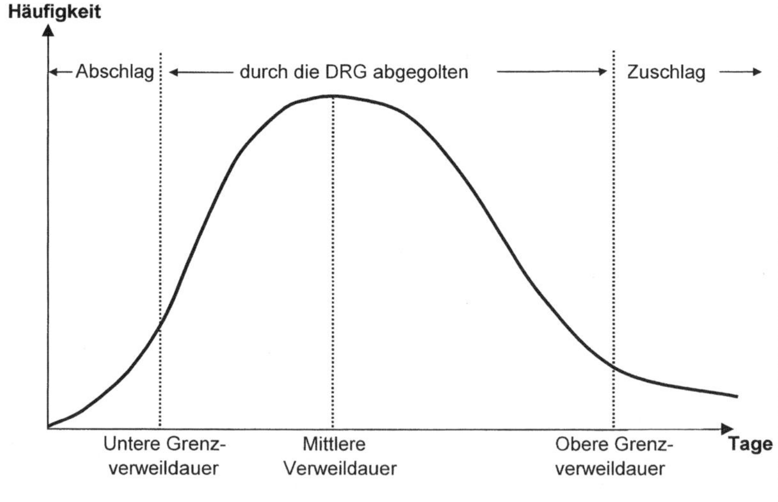

Quelle: In Anlehnung an: Braun, Th.: DRG-Optionsmodell 2003: Ersatzvornahme des BMG auf gutem Weg, in: das Krankenhaus, 9/2002, S. 694.

Kommt es zu einer externen **Verlegung in ein anderes Krankenhaus**, rechnet grundsätzlich jedes der beteiligten Krankenhäuser eine DRG ab (§ 1 Abs. 1 FPV 2008). Wird allerdings vor Erreichen der im DRG-Katalog ausgewiesenen mittleren Verweildauer verlegt, ist von dem verlegenden Krankenhaus nach § 3 Abs. 1 FPV 2008 von der DRG-Fallpauschale für die Tage, um die die mittlere Verweildauer unterschritten wird, ein Abschlag vorzunehmen. Das gilt auch für das aufnehmende Krankenhaus, wenn der Patient in dem verlegenden Krankenhaus länger als 24 Stunden behandelt wurde. Im Katalog ist dabei die mittlere Verweildauer sowie die Bewertungsrelation des Abschlags je Tag ausgewiesen. Der Abschlag für Verlegungen greift nicht, wenn die DRG-Fallpauschale in Spalte 12 des Fallpauschalen-Katalogs 2008 als sogenannte Verlegungspauschale gekennzeichnet ist.

Werden Patienten oder Patientinnen sowohl in einer Haupt- als auch in einer Belegabteilung behandelt, ist gemäß § 1 Abs. 4 FPV 2008 die DRG-Fallpauschale der Höhe nach für die Abteilung mit der höheren Verweildauer abzurechnen.

Bei **Wiederaufnahme in dasselbe Krankenhaus** ist unter den in § 2 FPV 2008 genannten Voraussetzungen eine Zusammenfassung der Falldaten zu einem Fall und eine Neueinstufung in eine DRG vorzunehmen. Die Kriterien dafür sind stichwortartig

1. Wiederaufnahme innerhalb der oberen Grenzverweildauer und Einstufung in dieselbe Basis-DRG (dieselbe Grunderkrankung mit stärker oder geringer ausgeprägtem Schweregrad); Ausnahme: die DRG ist in Spalte 13 des Fallpauschalen-Katalogs 2008 entsprechend gekennzeichnet (§ 2 Abs. 1 FPV 2008), oder

2. Wiederaufnahme innerhalb von 30 Kalendertagen, Einstufung in dieselbe Hauptdiagnosegruppe, aber bei dem neuen Aufenthalt nun in eine operative Partition, nachdem der Voraufenthalt in eine medizinische oder andere Partition eingruppiert worden ist; Ausnahme: die DRG ist in Spalte 13 des Fallpauschalen-Katalogs 2008 entsprechend gekennzeichnet (§ 2 Abs. 2 FPV 2008), oder

3. Wiederaufnahme wegen einer Komplikation im Zusammenhang mit der durchgeführten Leistung innerhalb der oberen Grenzverweildauer (§ 2 Abs. 3 FPV 2008).

Unter Berücksichtigung dieser Abrechnungsvorschriften wird jedem stationären DRG-Behandlungsfall ein Effektivgewicht zugeordnet. Auf der Basis dieser Effektivgewichte läßt sich die Leistung eines Krankenhauses (oder einer Fachabteilung) genauer beschreiben als es z.B. mit der Angabe der Fallzahlen oder der Belegungstage möglich ist. Jeder Behandlungsfall wird so gewichtet und die Summe aller Gewichte ergibt den ökonomischen Fallmix oder Casemix (CM) des Krankenhauses (bzw. der Fachabteilung):

Casemix (CM) = Summe aller Effektivgewichte aller erbrachten DRGs

Dividiert man diesen Casemix durch die Anzahl der Behandlungsfälle erhält man die durchschnittliche ökonomische Fallschwere oder den Casemix-Index (CMI) des Krankenhauses (bzw. der Fachabteilung):[1]

Casemix-Index (CMI) = Casemix / Anzahl der Behandlungsfälle

Über den Casemix der vereinbarten Behandlungsfälle wird der krankenhausindividuelle Basisfallwert (auch baserate) ermittelt, indem das entsprechende Budget (das sogenannte veränderte Erlösbudget) durch den Casemix dividiert wird:[2]

krankenhausindividueller Basisfallwert
= verändertes Erlösbudget / Casemix

Dieser Basisfallwert ist gemäß § 4 Abs. 7 KHEntgG der Abrechnung der Fallpauschalen zugrunde zu legen. Der Fallerlös für eine DRG ergibt sich aus der Multiplikation des Effektivgewichtes mit dem Basisfallwert:

DRG-Fallerlös = DRG-Effektivgewicht x Basisfallwert

Für die budgetneutralen Jahre 2003 und 2004 war der krankenhausindividuelle Basisfallwert gemäß § 3 Abs. 4 KHEntgG der Abrechnung der Fallpauschalen zugrunde zu legen. In diesen beiden Jahren ist noch keine Angleichung des Basisfallwertes an einen Landes-Basisfallwert erfolgt.

Erstmals in 2005 wurden landesweit geltende Basisfallwerte vereinbart bzw. von der Schiedsstelle im Land festgesetzt. Die folgende Tabelle stellt die Landes-Basisfallwerte der Jahre 2005 bis 2008 dar. Die Basisfallwerte mit Kappung berücksichtigen die mit dem Zweiten Fallpauschalenänderungsgesetz eingeführte sogenannte Kappungsobergrenze.[3] Sie soll in der Konvergenzphase verhindern, daß Krankenhäuser durch zu hohe Budgetminderungen gefährdet werden, führt aber als Kompensation zu einer Minderung des Landes-Basisfallwertes. Dieser gekappte Landes-Basisfallwert ist für das Krankenhaus relevant, d.h., er ist bei der Ermittlung des Zielwertes nach § 4 Abs. 5 KHEntgG anzusetzen.

---

[1] Vgl. *Rochell, B., Roeder, N.*: a.a.O., S. 3.

[2] Vgl. *Rochell, B., Roeder, N.*: a.a.O., S. 3; siehe auch Kap. 2.1.2.13 Krankenhausentgeltgesetz.

[3] Siehe Kap. 2.1.2.17 Zweites Fallpauschalenänderungsgesetz.

Tabelle 8: Landesweite Basisfallwerte 2005-2008

Land	Landes-Basisfallwerte ohne/mit Kappung			
	2005	2006	2007	2008
Baden-Württemberg	2.855,51 € 2.774,57 €	2.850,38 € 2.814,85 €	2.845,50 € 2.805,70 €	2.853,90 2.832,69
Bayern	2.789,75 € 2.710,50 €	2.789,38 € 2.737,07 €	2.805,19 € 2.787,19 €	2.819,14 € 2.806,14 €
Berlin	3.085,81 € 2.999,81 €	2.990,00 € 2.955,00 €	2.960,00 € 2.930,00 €	2.898,00 € 2.898,00 €
Brandenburg	2.639,31 € 2.612,31 €	2.668,72 € 2.642,56 €	2.723,45 € 2.719,27 €	2.765,43 € 2.767,76 €
Bremen	2.915,00 € 2.866,00 €	2.899,08 € 2.849,57 €	2.885,34 € 2.849,57 €	2.878,00 € 2.871,36 €
Hamburg	2.970,73 € 2.920,41 €	2.893,40 € 2.847,39 €	2.850,00 € 2.830,00 €	2.824,00 € 2.824,00 €
Hessen	2.748,00 € 2.737,99 €	2.793,30 € 2.786,58 €	2.808,14 € 2.775,92 €	2.826,12 € 2.811,12 €
Mecklenburg-Vorpommern	2.636,04 € 2.585,00 €	2.650,00 € 2.625,00 €	2.680,00 € 2.664,00 €	2.733,25 € 2.727,00 €
Niedersachsen	2.784,64 € 2.735,79 €	2.791,93 € 2.756,03 €	2.786,93 € 2.766,58 €	2.785,00 € 2.763,26 €
Nordrhein-Westfalen	2.734,30 € 2.679,80 €	2.740,95 € 2.687,23 €	2.736,22 € 2.687,99 €	2.754,49 € 2.729,00 €
Rheinland-Pfalz	2.928,10 € 2.888,10 €	2.959,53 € 2.956,53 €	2.959,53 € 2.956,53 €	2.959,53 € 2.956,53 €
Saarland	2.930,00 € 2.923,02 €	2.935,00 € 2.902,82 €	2.935,00 € 2.934,05 €	2.934,83 € 2.933,38 €
Sachsen	2.704,68 € 2.654,68 €	2.727,61 € 2.711,18 €	2.753,63 € 2.736,63 €	2.753,63 € 2.740,63 €
Sachsen-Anhalt	2.744,19 € 2.620,30 €	2.780,00 € 2.730,00 €	2.780,00 € 2.750,00 €	2.775,00 € 2.755,00 €
Schleswig-Holstein	2.649,63 € 2.619,63 €	2.666,10 € 2.653,10 €	2.673,00 € 2.666,00 €	2.685,00 € 2.682,00 €
Thüringen	2.729,60 € 2.624,98 €	2.730,00 € 2.722,50 €	2.743,00 € 2.731,00 €	2.761,00 € 2.751,00 €

Quelle: In Anlehnung an: Deutsche Krankenhausgesellschaft (DKG): Landesbasisfallwerte der Bundesländern (Stand: 09.06.2008), www.dkgev.de.; VdAK/AEV: Landesbasisfallwerte 2005-2008, www.vdak.de.

Stufenweise werden die krankenhausindividuellen Basisfallwerte jeweils zum 1. Januar 2005 bis 2009 an den landesweiten Basisfallwert angepaßt.[1]

1 Siehe Kap. 2.1.2.13 Krankenhausentgeltgesetz.

Die folgende Graphik stellt den Anpassungsprozeß vereinfacht dar.

Abbildung 23: Anpassung der krankenhausindividuellen Basisfallwerte an die Landes-Basisfallwerte

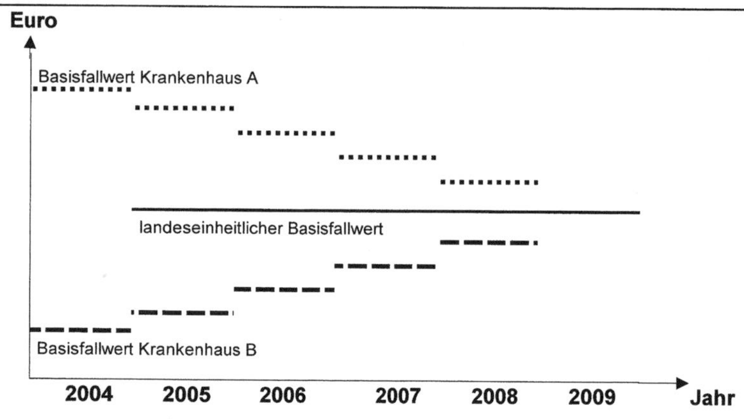

Quelle: Eigener Entwurf.

Beispiel:

Landesweit geltender Basisfallwert in 2008: 2.900 €

Krankenhaus A:

- Krankenhausindividueller Basisfallwert: 3.000 €
- Casemix: 10.000
- Ausgangswert: 10.000 x 3.000 € = 30.000.000 €
- DRG-Erlösvolumen (Zielwert): 10.000 x 2.900 € = 29.000.000 €
- Angleichungsbetrag[1]: (29.000.000 € - 30.000.000 €) x 44,4% = -444.000 €
- Erlösbudget: 30.000.000 € - 444.000 € = 29.556.000 €
- Für die Abrechnung relevanter Basisfallwert in 2008:
  29.556.000 € / 10.000 = 2.955,60 €

Krankenhaus B:

- Krankenhausindividueller Basisfallwert: 2.700 €
- Casemix: 20.000
- Ausgangswert: 20.000 x 2.700 € = 54.000.000 €
- DRG-Erlösvolumen (Zielwert): 20.000 x 2.900 € = 58.000.000 €
- Angleichungsbetrag: (58.000.000 € - 54.000.000 €) x 44,4% = 1.776.000 €
- Erlösbudget: 54.000.000 € + 1.776.000 € = 55.776.000 €
- Für die Abrechnung relevanter Basisfallwert in 2008:
  55.776.000 € / 20.000 = 2.788,80 €

Zur Ermittlung des Erlösbudgets und des Basisfallwertes nach § 4 KHEntgG ab dem Kalenderjahr 2005 hat der Gesetzgeber in der Anlage 1 zum Krankenhausentgeltgesetz „Aufstellung der Entgelte und Budgetermittlung (AEB)" das B2-Formular vorgegeben.

[1] Für 2008 gilt für die Angleichung ein Prozentsatz von 44,4% gem. § 4 Abs. 6 Satz 1 Nr. 4 KHEntgG.

Abbildung 24: B2-Formular zur Ermittlung des Basisfallwertes

Krankenhaus:	Seite:
	Datum:

B2 Erlösbudget und Basisfallwert nach § 4 KHEntgG ab dem Kalenderjahr 2005

lfd. Nr.	Berechnungsschritte	Vereinbarung für das laufende Kalenderjahr	Vereinbarungszeitraum	
			Forderung	Vereinbarung
	1	2	3	4
	Ermittlung des Ausgangswerts (Abs. 2 oder 3):			
1	Erlösbudget für das laufende Jahr			
2	./. Kosten für Zuschlags-Tatbestände (Nr. 1a)			
3	+/- Veränderung Entgelte nach § 6 (Nrn. 1b und 3 sowie Abs. 4)			
4	./. entfallende Beträge nach § 18b KHG (Nr. 1c)			
5	./. Leistungsverlagerungen (Nr. 1d)			
6	./. Modelle, ab 2007 ggf. Integrationsverträge (Nr. 1e)			
7	./. Ausgliederung ausländischer Patienten (Nr. 1f)			
8	./. Ausgliederung der Ausbildung (Nr. 1g; nur 2005)			
9	+/- Bereinigung um enthaltene Ausgleiche (Nr. 2; nur 2005)			
10	+/- neue Basisberichtigungen, ohne Ausgleichsanteil (Abs. 2 Satz 1 Halbsatz 1)			
11	**= Ausgangswert des Vorjahres**			
12	+/- voraussichtl. Leistungsveränderungen (Abs. 4 Satz 1 bis 4)			
13	+ BAT-Ost-West-Angleichung (Abs. 4 Satz 1 Nr. 2)			
14	+/- Veränderungsrate nach § 71 SGB V (Abs. 4 Satz 1 Nr. 3)			
15	**= veränderter Ausgangswert nach Absatz 4**			
16	DRG-Erlösvolumen nach Absatz 5 Satz 1			
17	./. Abschläge nach § 17b Abs. 1 Satz 4 KHG (Abs. 5 Satz 2)			
18	**= Zielwert: DRG-Erlösvolumen (Abs. 5)**			
	Ermittlung des Angleichungsbetrags:			
19	Zielwert aus lfd. Nr. 18			
20	./. veränderter Ausgangswert aus lfd. Nr. 15			
21	Zwischenergebnis			
22	..... % von lfd. Nr. 21 (Abs. 6 Satz 1) oder Obergrenze			
23	**= Angleichungsbetrag (Abs. 6 Satz 1)**			
	Ermittlung des Erlösbudgets:			
24	veränderter Ausgangswert aus lfd. Nr. 15			
25	+/- Angleichungsbetrag aus lfd. Nr. 23			
26	**= Erlösbudget (Abs. 6 Satz 2)**			
	Ermittlung des Basisfallwerts (Abs. 7):			
27	Erlösbudget aus lfd. Nr. 26			
28	./. Erlöse aus Zusatzentgelten			
29	./. Erlöse für Überlieger am Jahresbeginn			
30	+/- neue Ausgleiche für Vorjahre[*)]			
31	= Verändertes Erlösbudget (Abs. 7 Satz 1)[**)]			
32	: Summe der effektiven Bewertungsrelationen (Anlage E1, Jahresfälle)			
33	**krankenhausindividueller Basisfallwert**			
34	nachrichtlich: Basisfallwert ohne Ausgleiche und Berichtigungen			

[*)] Bei Berichtigung ist hier nur der Ausgleich, nicht die Basisberichtigung auszuweisen. Die Augleiche und Berichtigungen sind auf einem gesonderten Blatt einzeln auszuweisen.

[**)] Erlösbudget einschließlich der Erlöse bei Überschreitung der oberen Grenzverweildauer, der Abschläge bei Unterschreitung der unteren Grenzverweildauer und der Abschläge bei Verlegungen.

Quelle: Anlage 1 Aufstellung der Entgelte und Budgetermittlung (AEB) nach § 11 Abs. 4 des Krankenhausentgeltgesetzes (KHEntgG), Abschnitt B2.

Die Struktur und der Inhalt dieses Formulars leiten sich im wesentlichen aus dem § 4 KHEntgG ab.[1] Neben der Vereinbarung (Spalte 4) wird auch die Forderung des Krankenhauses (Spalte 3) der Vereinbarung für das laufende Jahr (Spalte 2) gegenübergestellt.

Im ersten Abschnitt (lfd. Nr. 1 bis 15) wird ausgehend vom Erlösbudget des laufenden Jahres (lfd. Nr. 1) zunächst der (veränderte) Ausgangswert gemäß § 4 Abs. 2 oder 3 sowie 4 KHEntgG ermittelt. Hierbei sind insbesondere Leistungsveränderungen (lfd. Nr. 12) und die Veränderungsrate nach § 71 SGB V (lfd. Nr. 14) zu berücksichtigen. Der Betrag für Leistungsveränderungen wird gemäß § 4 Abs. 4 KHEntgG vereinfacht wie folgt berechnet:

Summe der zusätzlichen oder wegfallenden effektiven Bewertungsrelationen
x Landes-Basisfallwert
x entsprechender Prozentsatz nach § 4 Abs. 4 KHEntgG
= Betrag für Leistungsveränderungen bei Fallpauschalen

In 2008 werden Leistungsveränderungen gemäß § 4 Abs. 4 KHEntgG zu 64% berücksichtigt.

Im nächsten Schritt (lfd. Nr. 16 bis 18) wird das DRG-Erlösvolumen als Zielwert nach § 4 Abs. 5 KHEntgG berechnet, indem insbesondere Art und Menge der voraussichtlich zu erbringenden Fallpauschalen mit dem jeweiligen Landes-Basisfallwert bewertet werden.

Summe der effektiven Bewertungsrelationen aus E1[2]
x Landes-Basisfallwert
+ Erlössumme für Zusatzentgelte aus E2[3]
+ Erlössumme für Zusatzentgelte nach § 6 Abs. 2a KHEntgG aus E3.2[4]
+ Erlöse für Überlieger am Jahresbeginn aus B2 lfd. Nr. 29
= DRG-Erlösvolumen

Abschläge nach § 17 b Abs. 1 Satz 4 KHG für die Nichtteilnahme an der Notfallversorgung[5] sind hier in Abzug zu bringen (lfd. Nr. 17).

Der Angleichungsbetrag gemäß § 4 Abs. 6 KHEntgG wird im dritten Abschnitt ermittelt (lfd. Nr. 19 bis 23). Der veränderte Ausgangswert wird vom

1 Siehe Kap. 2.1.2.13 Krankenhausentgeltgesetz.
2 Siehe Kap. 2.1.2.13 Krankenhausentgeltgesetz und Kap. 2.1.2.15 Fallpauschalenänderungsgesetz.
3 Siehe Kap. 2.1.2.11 GKV-Gesundheitsreformgesetz 2000 und Kap. 2.1.2.17 Zweites Fallpauschalenänderungsgesetz.
4 Siehe Kap. 2.5.3.3 Weitere Entgeltarten in Ergänzung des G-DRG-Systems.
5 Siehe Kap. 2.5.3.3 Weitere Entgeltarten in Ergänzung des G-DRG-Systems.

Zielwert abgezogen und von diesem Zwischenergebnis der entsprechende prozentuale Teil nach § 4 Abs. 6 Satz 1 KHEntgG errechnet. Für 2008 beträgt der Prozentsatz 44,4%. Ist der so errechnete Betrag positiv, wird er in der lfd. Nr. 23 als Angleichungsbetrag angesetzt. Ist der Betrag negativ, ist aufgrund der Obergrenzenregelung nach § 4 Abs. 6 Satz 4 KHEntgG weiter zu differenzieren. Der Betrag wird dann nur als Angleichungsbetrag angesetzt, wenn er (unter Mißachtung des negativen Vorzeichens) die Obergrenze nicht übersteigt. Andernfalls wird die Obergrenze als Angleichungsbetrag in der lfd. Nr. 23 angesetzt.

Im folgenden Abschnitt (lfd. Nr. 24 bis 26) wird das Erlösbudget nach § 4 Abs. 6 Satz 2 KHEntgG ermittelt. Ist der errechnete Angleichungsbetrag positiv, wird er dem veränderten Ausgangswert hinzuaddiert. Ist der Angleichungsbetrag negativ, wird er also vom veränderten Ausgangswert subtrahiert.

Im letzten Abschnitt (lfd. Nr. 27 bis 34) wird der krankenhausindividuelle Basisfallwerte nach § 4 Abs. 7 KHEntgG ermittelt. Zunächst werden gemäß § 4 Abs. 7 Satz 1 Nr. 1 KHEntgG die Erlöse aus Zusatzentgelten nach §§ 7 Satz 1 Nr. 2 (E2-Formular) und 6 Abs. 2a KHEntgG (E3.2-Formular) aus dem Erlösbudget herausgerechnet (lfd. Nr. 28). Außerdem sind die Erlöse für Überlieger am Jahresbeginn hier mindernd zu berücksichtigen (lfd. Nr. 29). Darüber hinaus ist das Erlösbudget gemäß § 4 Abs. 7 Satz 1 Nr. 2 KHEntgG um noch durchzuführende Ausgleiche für Vorjahre[1] zu verändern (lfd. Nr. 30).

Das so veränderte Erlösbudget (lfd. Nr. 31) wird nach § 4 Abs. 7 Satz 2 KHEntgG durch die Summe der effektiven Bewertungsrelationen aus Abschnitt E1 dividiert[2] (lfd. Nr. 32). Der sich ergebende Basisfallwert ist der Abrechnung der Fallpauschalen zugrunde zu legen.

Ab 2009 soll es nur noch landesweit geltende Basisfallwerte geben, die krankenhausindividuellen Basisfallwerte entfallen. Das Budget der Krankenhäuser ergibt sich dann gemäß der Formel „Menge x Preis“:

DRG-Budget = Casemix x (landes)einheitlicher Basisfallwert

Gesetzliche Vorgaben für den Zeitraum ab 2009 liegen im Frühsommer 2008 noch nicht vor.[3]

Abschließend soll das folgende Beispiel die vorgestellten Sachverhalte näher erläutern.

---

[1] Siehe Kap. 2.5.3.4 Erlösausgleiche bis 2008.

[2] Siehe Kap. 4.4.2.5 Ausgewählte allgemeine Kalkulationsverfahren in der Übersicht.

[3] Siehe Kap. 6 Diskutierte ordnungspolitische Rahmenbedingungen ab 2009.

Abbildung 25: Vereinfachendes Beispiel zur Budgetermittlung im DRG-System nach der Konvergenzphase

G-DRG	F41A Invasive kardiologische Diagnostik bei akutem Myokardinfarkt mit äußerst schweren CC	I95Z Implantation einer Tumorendoprothese	O60D Vaginale Entbindung ohne komplizierende Diagnose
Fachabteilung	Kardiologie	Chirurgie	Geburtshilfe
MDC	05 Krankheiten und Störungen des Kreislaufsystems	08 Krankheiten und Störungen an Muskel-Skelett-System und Bindegewebe	14 Schwangerschaft, Geburt und Wochenbett
Partition	andere	operative	medizinische
Basis-DRG	F41 Invasive kardiologische Diagnostik bei akutem Myokardinfarkt	I95 Implantation einer Tumorendoprothese	O60 Vaginale Entbindung
Schweregrad	A mit äußerst schweren CC (aufwendigste DRG)	Z Basis-DRG enthält nur eine Schweregradgruppe (Basis-DRG = G-DRG)	D ohne komplizierende Diagnose (einfachste DRG)
Relativgewicht	2,119	6,933	0,568
Anzahl der Behandlungsfälle	180	50	600
Casemix der Fachabteilung	2,119 x 180 = 381,42	6,933 x 50 = 346,65	0,568 x 600 = 340,8
CMI der Fachabteilung	381,42 / 180 = 2,119	346,65 / 50 = 6,933	340,8 / 600 = 0,568
Aussagekraft des CMI	Die Fälle der Kardiologie sind überdurchschnittlich schwerwiegend.	Die Chirurgie behandelt ökonomisch relativ schwere Fälle.	Die Geburtshilfe behandelt „leichte" Fälle (im Hinblick auf den Ressourcenverbrauch).
„altes" Abteilungsbudget	1.075.000 €	1.056.000 €	940.000 €
Basisfallwert der Fachabteilung	1.075.000 € / 381,42 = 2.818 €	1.056.000 € / 346,65 = 3.046 €	940.000 € / 340,8 = 2.758 €
Landeseinheitlicher Basisfallwert	2.900 €		
DRG-Fallerlös	2,119 x 2.900 € = 6.145 €	6,933 x 2.900 € = 20.106 €	0,568 x 2.900 € = 1.647 €
DRG-Budget für die Fachabteilung	381,42 x 2.900 € = 1.106.118 €	346,65 x 2.900 € = 1.005.285 €	340,8 x 2.900 € = 988.320 €
Anzahl der Behandlungsfälle für das Krankenhaus	180 + 50 + 600 = 830		
Casemix des Krankenhauses	2,119 x 180 + 6,933 x 50 + 0,568 x 600 = 1.068,87		
CMI des Krankenhaus	1.068,87 / 830 = 1,2877		
„altes" Budget des Krankenhauses	1.075.000 € + 1.056.000 € + 940.000 € = 3.071.000 €		
Basisfallwert des Krankenhauses	3.071.000 € / 1.068,87 = 2.873 €		
DRG-Budget für das Krankenhaus	1.068,87 x 2.900 € = 3.099.723 €		
Aussage	Das hier beispielhaft dargestellte Krankenhaus wird im DRG-System nach der Konvergenzphase voraussichtlich zu den „Gewinnern" gehören, d.h., ein höheres Budget bekommen. Der krankenhausindividuelle Basisfallwert wird ab 2009 nicht mehr relevant sein.		

Quelle: Eigener Entwurf.

2.5.3.3 Weitere Entgeltarten in Ergänzung des G-DRG-Systems

DRG-Systeme sind vom Grundsatz eindimensional, d.h., eine Abrechnung mehrerer DRGs oder zusätzlicher Leistungsmodule nebeneinander ist grundsätzlich nicht vorgesehen. Die Vorgaben des Gesetzgebers in § 17 b KHG zur Einführung eines deutschen DRG-Systems sehen vor, sämtliche allgemeine Krankenhausleistungen fallbezogen über DRGs zu vergüten, einzige Ausnahmen sollen die Psychiatrie, die Psychosomatik und die Psychotherapeutische Medizin sein. Ergänzend sind für Tatbestände, die nicht in allen Krankenhäusern vorliegen, Zu- und Abschläge vorgesehen.[1]

Aber nicht alle vergütungsrelevanten Krankenhausleistungen lassen sich durch Fallpauschalen oder durch Zu- und Abschläge sachgerecht abbilden. Je nach patientenindividueller Situation kann es zu extrem heterogenen Fallkosten kommen. Insbesondere für Bluter- und Dialysebehandlung waren daher bereits nach der Bundespflegesatzverordnung neben den Fallpauschalen Zusatzvergütungen vorgesehen.[2]

So gibt es auch im DRG-System **Öffnungsklauseln**, d.h., über die DRGs und die oben beschriebenen Zu- und Abschläge hinaus können weitere Entgeltarten abgerechnet werden, die unter anderem in den §§ 7 und 8 KHEntgG aufgelistet sind:

- Zusätzlich zu einer DRG oder einem nach § 6 Abs. 1 KHEntgG krankenhausindividuell zu vereinbarenden Entgelt können gemäß § 7 Satz 1 Nr. 2 KHEntgG **bundesweit geltende Zusatzentgelte** für Leistungen, Leistungskomplexe oder Arzneimittel abgerechnet werden, insbesondere für die Behandlung von Blutern mit Blutgerinnungsfaktoren sowie für eine Dialyse, wenn die Behandlung des Nierenversagens nicht die Hauptleistung ist (§ 17 b Abs. 1 Satz 12 KHG).

  Für das Jahr 2004 enthielt der Zusatzentgelte-Katalog in Anlage 2 KFPV 2004 lediglich das ZE01, intermittierende Hämodialyse; nur dieses Zusatzentgelt war damals bundesweit kalkuliert worden. Seit der Fallpauschalenvereinbarung 2005 ist der Katalog ausgeweitet worden und enthält in 2008 insgesamt 64 Zusatzentgelte.[3]

- Für Leistungen, die noch nicht mit den auf Bundesebene vereinbarten Fallpauschalen und Zusatzentgelten sachgerecht vergütet werden können, vereinbaren die Vertragsparteien auf Ortsebene gemäß **§ 6 Abs. 1 KHEntgG fall- oder tagesbezogene Entgelte** oder in eng begrenzten Ausnahmefällen **Zusatzentgelte krankenhausindividuell** (§ 7 Satz 1 Nr. 5 KHEntgG).

  Anlage 3 KFPV 2004 enthielt 18 DRGs, für die in Deutschland noch keine ausreichenden Kalkulationsdaten zur Verfügung standen. In 2008 ist die Anzahl auf 43 gestiegen (z.B. Transplantationen, Frührehabilitationen und Polytrauma). Soweit diese Leistungen vom

---

1 Siehe Kap. 2.1.2.11 GKV-Gesundheitsreformgesetz 2000.

2 Vgl. *Polei, G.*: Vorhaltung und Sondertatbestände im DRG-System - was ist über Zu- und Abschläge abzubilden?, in: das Krankenhaus, 3/2001, S. 189.

3 Siehe Kap. 2.1.2.14 Fallpauschalenverordnung/-vereinbarung.

Krankenhaus erbracht werden dürfen, sind die Entgelte vor Ort zu kalkulieren und zu vereinbaren. Hier bieten sich fallbezogene Entgelte an.

Entsprechendes gilt für die in Anlage 4 FPV 2008 aufgelisteten Zusatzentgelte, die in Anlage 6 FPV 2008 überwiegend durch den OPS-Kode, Version 2008 beschrieben sind. Hierzu zählen insbesondere die Gabe von teuren Medikamenten. Die vor Ort verhandelten Preise können - wie die bundesweit geltenden Zusatzentgelte - zusätzlich zu einer DRG oder einem § 6-Entgelt abgerechnet werden.

Darüber hinaus sind gemäß § 6 Abs. 1 FPV 2008 auch für teilstationäre Leistungen[1] krankenhausindividuelle Entgelte zu vereinbaren. Hier bieten sich tagesbezogene Entgelte an. Einzige Ausnahme ist die in Anlage 1 Teil c) FPV 2008 vorgegebene bewertete teilstationäre DRG L90C (Niereninsuffizienz, teilstationär, Alter > 14 Jahre ohne Peritonealdialyse).[2]

- Erstmals für das Jahr 2005 konnten gemäß § 7 Satz 1 Nr. 6 KHEntgG für die **Vergütung neuer Untersuchungs- und Behandlungsmethoden (NUB)**,[3] die mit den Fallpauschalen und Zusatzentgelten noch nicht sachgerecht vergütet werden können, auf örtlicher Ebene zeitlich befristete, fallbezogene Entgelte oder Zusatzentgelte vereinbart werden (§ 6 Abs. 2 KHEntgG).

- Nach § 6 Abs. 2a KHEntgG können für **hochspezialisierte Leistungen**, die den DRGs und den Zusatzentgelten nach § 7 Satz 1 Nr. 1 und 2 zwar zugeordnet, jedoch nicht sachgerecht vergütet werden, im Rahmen des Erlösbudgets nach § 4 KHEntgG unter bestimmten Voraussetzungen und in eng begrenzten Ausnahmefällen gesonderte Zusatzentgelte krankenhausindividuell vereinbart werden.[4]

- Da für die besonderen Aufgaben von **Zentren und Schwerpunkten** nach § 2 Abs. 2 Satz 2 Nr. 4 KHEntgG, insbesondere die Aufgaben von Tumorzentren und geriatrischen Zentren, bundesweite Regelungen zu Zuschlägen[5] nach § 17 b Abs. 1 Satz 4 KHG auch im Frühjahr 2008 noch nicht vorliegen, vereinbaren gemäß § 5 Abs. 3 KHEntgG die örtlichen Vertragspartner krankenhausindividuelle Zuschläge. Diese können gemäß § 8 Abs. 2 Satz 3 Nr. 2 KHEntgG zusätzlich zu einer Fallpauschale abgerechnet werden.

- Neben einer DRG oder einem krankenhausindividuellen Entgelt kann auch weiterhin eine **nachstationäre Behandlung** nach § 115 a SGB V[6] abgerechnet werden, soweit die Summe aus den stationären Belegungstagen und den vor- und nachstationären Behandlungstagen

[1] Siehe Kap. 2.5.4 Teilstationäre Krankenhausbehandlung.

[2] Siehe Kap. 2.1.2.14 Fallpauschalenverordnung/-vereinbarung.

[3] Siehe Kap. 2.1.2.11 GKV-Gesundheitsreformgesetz 2000; Kap. 2.1.2.13 Krankenhausentgeltgesetz und Kap. 2.1.2.17 Zweites Fallpauschalenänderungsgesetz.

[4] Siehe Kap. 2.1.2.17 Zweites Fallpauschalenänderungsgesetz.

[5] Siehe Kap. 2.1.2.14 Fallpauschalenverordnung/-vereinbarung.

[6] Siehe Kap. 2.5.5 Vor- und nachstationäre Behandlung.

die Grenzverweildauer der Fallpauschale übersteigt. Eine vorstationäre Behandlung ist neben einer DRG nicht gesondert abrechenbar (§ 8 Abs. 2 Satz 3 Nr. 4 KHEntgG).

- Verfügt das Krankenhaus über **Leistungsbereiche wie Psychiatrie oder Psychosomatik**, sind für diese weiterhin tagesbezogene Entgelte im Sinne der Bundespflegesatzverordnung abzurechnen.
- Außerdem wird ab 2005 die medizinisch notwendige Mitaufnahme von **Begleitpersonen** gemäß § 17 b Abs. 1 Satz 4 KHG über Zuschläge geregelt (§ 7 Satz 1 Nr. 4 KHEntgG).[1] Für Unterkunft und Verpflegung von Begleitpersonen können 45,-- Euro je Tag abgerechnet werden.
- Wie oben beschrieben,[2] sollen die Ausbildungsstätten und Ausbildungsvergütungen nicht über das DRG-System vergütet werden, da nicht alle Krankenhäuser Ausbildungsstätten anbieten und es so zu Wettbewerbsverzerrungen kommen würde. Hierfür ist ein **Zuschlag für Ausbildungsstätten und Ausbildungsvergütungen** für jeden Behandlungsfall in Rechnung zu stellen (§ 7 Satz 1 Nr. 4 KHEntgG).
- In den Jahren 2005 bis 2009 werden nach § 4 Abs. 13 KHEntgG vereinbarte Beträge zur **Verbesserung der Arbeitszeitbedingungen**[3] und **Mehrkosten infolge der Abschaffung des Arztes im Praktikum**[4] nach § 4 Abs. 14 KHEntgG außerhalb des Erlösbudgets durch einen Zuschlag finanziert und zusätzlich in Rechnung gestellt.
- Gemäß § 17 b Abs. 1 Satz 15 KHG können **besondere Einrichtungen**[5] zeitlich befristet aus dem pauschalierenden Entgeltsystem ausgenommen werden. Für diese werden dann nach § 3 Abs. 1 VBE 2008 krankenhausindividuelle Entgelte gemäß § 6 Abs. 1 KHEntgG vereinbart. „Als besondere Einrichtung kann auch ein organisatorisch abgrenzbarer Teil eines Krankenhauses ausgenommen werden, wenn ein besonderes Leistungsangebot mit hohen pflegesatzfähigen **Vorhaltekosten** zur Sicherstellung der Versorgung der Bevölkerung notwendig ist und die Finanzierung dieser Vorhaltekosten auf Grund einer sehr niedrigen und nicht verläßlich kalkulierbaren Fallzahl mit den Fallpauschalen nicht gewährleistet werden kann, zum Beispiel bei Isolierstationen, Einrichtungen für Schwerbrandverletzte oder neonatologischen Satellitenstationen.“ (§ 1 Abs. 4 Satz 1 VBE 2008). Für diese Einrichtungen wird nach § 3 Abs. 2 VBE 2008 ein fall- oder tagesbezogenes Entgelt vereinbart, mit dem nur die fallabhängigen Kosten der Behandlung finanziert werden. Darüber hinaus ist zur Finanzierung der Vorhaltekosten ein Zuschlag zu vereinbaren,

---

[1] Siehe Kap. 2.1.2.11 GKV-Gesundheitsreformgesetz 2000.

[2] Siehe Kap. 2.1.2.11 GKV-Gesundheitsreformgesetz 2000; Kap. 2.1.2.12 Fallpauschalengesetz; Kap. 2.1.2.15 Fallpauschalenänderungsgesetz und Kap. 2.1.2.18 GKV-Wettbewerbsstärkungsgesetz.

[3] Siehe Kap. 2.1.2.12 Fallpauschalengesetz und 2.1.2.16 GKV-Modernisierungsgesetz.

[4] Siehe Kap. 2.1.2.16 GKV-Modernisierungsgesetz.

[5] Siehe Kap. 2.1.2.14 Fallpauschalenverordnung/-vereinbarung.

der bei allen vollstationären Fällen des Krankenhauses zusätzlich in Rechnung gestellt wird.

- Außerdem sind für die Beteiligung der Krankenhäuser an Maßnahmen zur Qualitätssicherung **Qualitätssicherungszuschläge** nach § 17 b Abs. 1 Satz 5 KHG bzw. bei Nicht-Einhalten der Verpflichtung zur Qualitätssicherung nach § 8 Abs. 4 KHEntgG Abschläge[1] zusätzlich zu den bisher beschriebenen Entgelten in Rechnung zu stellen (§ 7 Satz 1 Nr. 7 KHEntgG). Der Qualitätssicherungszuschlag 2008 je abgerechneten vollstationären Fall setzt sich aus drei Komponenten zusammen:[2]
    - Zuschlagsanteil Bund: 0,30 Euro
    - Dokumentationsaufwand Krankenhaus: 0,58 Euro
    - Zuschlagsanteil Land: je nach Landesvereinbarung
- Auch der **DRG-Systemzuschlag**[3] nach § 17 b Abs. 5 KHG, über den die Weiterentwicklung des G-DRG-Systems finanziert werden soll, wird nach § 7 Satz 1 Nr. 8 KHEntgG zusätzlich in Rechnung gestellt. Er beträgt für 2008 0,90 Euro.[4]
- Analog wird zur Finanzierung des Gemeinsamen Bundesausschusses (G-BA) und des Instituts für Qualität und Wirtschaftlichkeit im Gesundheitswesen (IQWiG) ein Zuschlag erhoben (**Systemzuschlag** oder auch G-BA- oder IQWiG-Zuschlag).[5] Er beträgt für 2008 0,64 Euro je voll- und teilstationären Fall.[6]

2.5.3.4 Erlösausgleiche bis 2008

Auch in der Konvergenzphase haben Leistungsveränderungen (Fallzahländerungen oder Änderungen des Casemix) gegenüber der vereinbarten Leistungsmenge Auswirkungen auf die Erlössituation des Krankenhauses. Die Ausgleichsregelungen unter DRG-Gesichtspunkten sind für 2003 und 2004 in § 3 Abs. 6 und für 2005 bis 2008 in § 4 Abs. 9 KHEntgG festgelegt.[7]

Weicht die Summe der tatsächlich erzielten Erlöse vom vereinbarten, veränderten Gesamtbetrag ab, sieht § 3 Abs. 6 KHEntgG die folgende Ausgleiche vor:

- Satz 2: **Mindererlöse** werden im Jahr 2003 zu 95% und im Jahr 2004 zu 40% ausgeglichen.

---

[1] Siehe Kap. 2.1.2.11 GKV-Gesundheitsreformgesetz 2000.

[2] Vgl. Gemeinsame Erklärung der DKG, der GKV und der PKV über die Zuschläge zur externen Qualitätssicherung für das Jahr 2008 vom 10.12.2007.

[3] Siehe Kap. 2.1.2.11 GKV-Gesundheitsreformgesetz 2000.

[4] Vgl. § 5 Abs. 3 der Vereinbarung nach § 17 b Abs. 5 des Krankenhausfinanzierungsgesetzes (KHG) zur Umsetzung des DRG-Systemzuschlags, i.d.F. vom 03.12.2007.

[5] Siehe Kap. 2.1.2.16 GKV-Modernisierungsgesetz.

[6] Vgl. Beschluss des Gemeinsamen Bundesausschusses über die Höhe des Systemzuschlags vom 22. November 2007.

[7] Siehe Kap. 2.1.2.13 Krankenhausentgeltgesetz.

- Bei **Gesamt-Mehrerlösen** ist eine differenziertere Betrachtung vorzunehmen:
  - Satz 3: Mehrerlöse aus Fallpauschalen, die in Folge einer veränderten Kodierung von Diagnosen und Prozeduren (Kodiereffekt) entstehen, werden vollständig ausgeglichen.
  - Satz 4: **Sonstige Mehrerlöse** werden im Jahr 2003 zu 75% und im Jahr 2004 zu 65% ausgeglichen. Nach Satz 5 können die Vertragsparteien im voraus einen abweichenden Ausgleich vereinbaren, insbesondere für Leistungen mit einem sehr hohen Sachkostenanteil.

In den Jahren 2005 bis 2008 sollten Mindererlöse gemäß § 4 Abs. 9 Satz 2 KHEntgG ursprünglich zu 40% ausgeglichen werden. Mit dem GKV-Wettbewerbsstärkungsgesetz wurde jedoch der Ausgleichssatz bei Mindererlösen für die Jahre 2007 und 2008 auf 20% reduziert.[1] Mindererlöse aus Zusatzentgelten für Arzneimittel und Medikalprodukte werden nicht ausgeglichen. Mehrerlöse aufgrund von Kodiereffekten werden gemäß § 4 Abs. 9 Satz 3 KHEntgG vollständig ausgeglichen. Mehrerlöse aus Zusatzentgelten für Arzneimittel und Medikalprodukte und aus Fallpauschalen für schwerverletzte, insbesondere polytraumatisierte oder schwer brandverletzte Patienten werden zu 25%, sonstige Mehrerlöse zu 65% ausgeglichen (§ 4 Abs. 9 Satz 4 KHEntgG). Für Fallpauschalen mit einem sehr hohen Sachkostenanteil sowie für teure Fallpauschalen mit einer schwer planbaren Leistungsmenge, insbesondere bei Transplantationen oder Langzeitbeatmung, sollen gemäß § 4 Abs. 9 Satz 5 KHEntgG die Vertragsparteien vor Ort, d.h., das Krankenhaus und die Krankenkassen, im voraus abweichende Ausgleichssätze vereinbaren.

Für die nach **§ 6 Abs. 1 KHEntgG krankenhausindividuell zu vereinbarenden Entgelte**,[2] die dem gesonderten Budgetbereich (auch Erlössumme) nach § 6 Abs. 3 KHEntgG zuzuordnen sind, gelten die Ausgleichsregelungen nach § 12 Abs. 2 BPflV und § 11 Abs. 8 BPflV in der bis 31.12.2003 geltenden Fassung.[3] Danach waren Mindererlöse zu 40% auszugleichen. Während mit dem GKV-Wettbewerbsstärkungsgesetz[4] der § 12 BPflV angepaßt worden ist, wurden die Regelungen des § 11 Abs. 8 BPflV in der bis 31.12.2003 geltenden Fassung unverändert beibehalten. Das hat zur Folge, daß für die Jahre 2007 und 2008 für die tagesbezogenen, krankenhausindividuellen Entgelte gemäß § 12 Abs. 2 BPflV Mindererlöse nur zu 20% ausgeglichen werden. Für fallbezogene Entgelte und Zusatzentgelte gilt dagegen auch für 2007 und 2008 weiterhin der Mindererlösausgleichssatz von 40% gemäß § 11 Abs. 8 BPflV in der bis 31.12.2003 geltenden Fassung.

---

1 Siehe Kap. 2.1.2.18 GKV-Wettbewerbsstärkungsgesetz.
2 Siehe Kap. 2.5.3.3 Weitere Entgeltarten in Ergänzung des G-DRG-Systems.
3 Siehe Kap. 2.5.2.4 Flexibles Budget.
4 Siehe Kap. 2.1.2.18 GKV-Wettbewerbsstärkungsgesetz.

Mehrerlöse für fallbezogene, krankenhausindividuellen Entgelten (Fallpauschalen) oder Zusatzentgelte werden gemäß § 11 Abs. 8 BPflV in der bis 31.12.2003 geltenden Fassung grundsätzlich zu 75% ausgeglichen. Davon abweichend[1] wurden durch die Bundesschiedsstelle für pauschale Entgelte (Fallpauschalen und Zusatzentgelte) mit einem Sachmittelanteil von über 50% niedrigere Ausgleichssätze festgelegt; bei einem Sachmittelanteil von

- 50 - 60% auf 70%
- 60 - 70% auf 65%
- 70 - 80% auf 60%
- 80 - 90% auf 55%
- 90 - 100% auf 50%.

Mehrerlöse bei tagesgleichen Entgelten sind gemäß § 12 Abs. 2 BPflV zu 85% auszugleichen, wenn das vereinbarte Budget bis zu 5% überschritten wurde. Mehrerlöse über 5% sind zu 90% auszugleichen.[2]

Gesetzlich keine Ausgleiche vorgesehen sind für die

- nach § 6 Abs. 2 KHEntgG krankenhausindividuellen Entgelte für neue Untersuchungs- und Behandlungsmethoden,[3]
- diversen Zuschlagstatbestände[4] (siehe die folgende Abbildung),
- Behandlung von Blutern (§ 4 Abs. 9 Satz 9 KHEntgG),
- Qualitätssicherungsabschläge (§ 4 Abs. 9 Satz 9 KHEntgG).

Die Zusatzentgelte für hochspezialisierte Leistungen gemäß § 6 Abs. 2a KHEntgG sind dem Erlösbudget nach § 4 KHEntgG zugeordnet, d.h., für diese gelten die Ausgleichsregelungen des § 4 Abs. 9 KHEntgG.

Beim Ausbildungsbudget sind Mehr- oder Mindererlöse gemäß § 17 a Abs. 3 Satz 11 KHG vollständig über das Ausbildungsbudget des nächstmöglichen Vereinbarungszeitraums auszugleichen.

Die folgende Abbildung stellt die unterschiedlichen Ausgleichssätze für die jeweiligen Budgetbereiche und Entgelte dar.

---

[1] Vgl. *Tuschen, K. H., Braun, Th., Rau, F.*: Erlösausgleiche im Krankenhausbereich: Eine Orientierungshilfe, in: das Krankenhaus, 11/2005, [im folgenden zitiert als: *Tuschen, K. H., Braun, Th., Rau, F.*: Erlösausgleiche], S. 956.

[2] Siehe Kap. 2.5.2.4 Flexibles Budget.

[3] Siehe Kap. 2.1.2.11 GKV-Gesundheitsreformgesetz 2000 und Kap. 2.1.2.17 Zweites Fallpauschalenänderungsgesetz.

[4] Vgl. *Tuschen, K. H., Braun, Th., Rau, F.*: Erlösausgleiche, a.a.O., S. 956f.; siehe auch Kap. 2.5.3.3 Weitere Entgeltarten in Ergänzung des G-DRG-Systems.

Abbildung 26: Erlösausgleichssätze

		Minder- erlöse	Mehr- erlöse
Erlösbudget nach § 4 KHEntgG - DRG-Fallpauschalen - Zusatzentgelte - § 6 Abs. 2a-Zusatzentgelte	**Kodierbedingte Mehrerlöse im Fallpauschalenbereich**	---	**100%**
	Fallpauschalen für Schwerverletzte (soweit nicht krankenhausindividuell vereinbart)	**40%** ab 2007 **20%**	**25%**
	Zusatzentgelte für Arzneimittel und Medikalprodukte	**0%**	**25%**
	Sachkostenintensive sowie schwer planbare, teure Fallpauschalen	**krankenhausindividuell zu vereinbarender Ausgleich**	
	Sonstige Mehr- und Mindererlöse (aus Fallpauschalen und Zusatzentgelten)	**40%** ab 2007 **20%**	**65%**
Budget nach § 6 Abs. 3 KHEntgG (krankenhausindividuelle Entgelte) - nicht kalkulierte DRG-Fallpauschalen - nicht kalkulierte Zusatzentgelte - Besondere Einrichtungen		**40%** (FP/ZE)* **20%** (tagesbez. ab 2007)	**75%** (FP/ZE)* **85-90%** (tagesbez.)
		Erlösausgleiche nach §11 Abs. 8 BPflV (i.d. bis zum 31.12.03 geltenden Fassung) und § 12 Abs. 2 BPflV	
Zu- und Abschläge (z.B. AiP-Zuschlag, Sicherstellungszuschlag, QS-Zuschlag, DRG-Systemzuschlag, Begleitpersonen, Notfallabschlag)		**kein Ausgleich**	
Ausbildungsbudget (§ 17 a Abs. 3 Satz 11 KHG)		**100%**	
Entgelte für Innovationen nach § 6 Abs. 2 KHEntgG (NUB) sowie Zusatzentgelte für die Behandlung von Blutern		**kein Ausgleich**	

* Für Mehrerlöse bei Entgelten mit einem Sachmittelanteil von mehr als 50% gelten die von der Bundesschiedsstelle festgelegten Ausgleichssätze (50 bis 70%).

Quelle: In Anlehnung an: Tuschen, K. H., Braun, Th., Rau, F.: Erlösausgleiche im Krankenhausbereich: Eine Orientierungshilfe, in: das Krankenhaus, 11/2005, S. 955; aktualisiert gemäß GKV-Wettbewerbsstärkungsgesetz.

Im folgenden wird der Erlösausgleich nach § 4 Abs. 9 KHEntgG vertieft, der sich ausschließlich auf das Erlösbudget nach § 4 KHEntgG bezieht. Dazu gehören die DRGs nach Anlage 1 FPV 2008, die Zusatzentgelte nach Anlage 2 FPV 2008 und die krankenhausindividuell zu vereinbarenden Zusatzentgelte für spezialisierte Leistungen nach § 6 Abs. 2a KHEntgG.

Für die Ermittlung der Mehrerlöse geben die Sätze 6 und 8 des § 4 Abs. 9 KHEntgG ein vereinfachendes Verfahren vor:

- Die sonstigen Mehrerlöse im DRG-Bereich werden ermittelt, indem folgende Faktoren miteinander multipliziert werden:
  1. zusätzlich erbrachte Behandlungsfälle gegenüber den bei der Ermittlung des DRG-Erlösvolumens zugrunde gelegten Behandlungsfällen,
  2. Mittelwert der vereinbarten Bewertungsrelationen je Fall; dieser wird ermittelt, indem die Summe der Bewertungsrelationen durch die vereinbarten Behandlungsfälle im Fallpauschalenbereich dividiert wird, und
  3. krankenhausindividueller Basisfallwert.

  Sonstige DRG-Mehrerlöse = zusätzliche Fälle x vereinbarter CMI x krankenhausindividueller Basisfallwert

  Soweit eine der Vertragsparteien nachweist, daß die sonstigen Mehrerlöse in Folge von Veränderungen der Leistungsstruktur mit dieser vereinfachten Ermittlung zu niedrig oder zu hoch bemessen sind, ist der Betrag der sonstigen Mehrerlöse entsprechend anzupassen (§ 4 Abs. 9 Satz 7 KHEntgG). Dieser Nachweis wird jedoch in der Praxis einige Probleme bereiten.

- Die Mehrerlöse in Folge einer veränderten Kodierung von Diagnosen und Prozeduren werden ermittelt, indem von den insgesamt angefallenen Mehrerlösen im Fallpauschalenbereich die sonstigen Mehrerlöse abgezogen werden.

  Kodierbedingte Mehrerlöse = Gesamt-DRG-Mehrerlöse ./. Sonstige DRG-Mehrerlöse

Mit dieser vereinfachenden Berechnung unterstellt der Gesetzgeber, daß alle Mehrerlöse aufgrund von Einstufungen in höhere Schweregrade ausschließlich auf eine veränderte Kodierung zurückzuführen sind. Der Nachweis, daß höhere Schweregrade auch in einer Veränderung der Leistungsstruktur begründet sein können, muß das Krankenhaus erbringen. Offen bleibt, wie ein solcher Nachweis erbracht werden kann.

Da diese Vorgaben des § 4 Abs. 9 KHEntgG einen gewissen Interpretationsspielraum offen lassen, hat das Bundesministerium für Gesundheit zu den

Ausgleichsregelungen Stellung genommen und die Vorschriften näher erläutert.[1]

- Es wird von einem **Gesamtsummenvergleich** ausgegangen, d.h., positive und negative Entwicklungen bei einzelnen Entgeltarten innerhalb des Erlösbudgets werden saldiert. Dieser Vergleich bezieht sich nur auf das Erlösbudget nach § 4 KHEntgG. D.h., vor dem Gesamtsummenvergleich ist auf der einen Seite der vereinbarte Gesamtbetrag um alle Erlösbereiche, die nicht zum Erlösbudget zählen (z.B. Entgelte nach § 6 Abs. 1 KHEntgG, Zu- und Abschläge, Ausbildungsbudget, etc., siehe obige Abbildung) zu mindern. Auf der anderen Seite sind auch die tatsächlichen Ist-Erlöse um diese Erlösbereiche zu bereinigen.
- Bei Mindererlösen wird nicht geprüft, ob der Ist-CMI vom vereinbarten CMI abweicht. Hier gilt grundsätzlich der 40%ige bzw. ab 2007 20%ige Ausgleich oder nach § 4 Abs. 9 Satz 5 KHEntgG davon abweichend bei Mindererlösen aus Fallpauschalen mit einem sehr hohen Sachkostenanteil sowie für teure Fallpauschalen mit einer schwer planbaren Leistungsmenge die vereinbarten Ausgleichssätze.
- Um kodierbedingte Mehrerlöse ermitteln zu können, ist in der Berechnung zu differenzieren, ob die Mehrerlöse im DRG-Bereich oder im Bereich der Zusatzentgelte entstanden sind. Mehrerlöse aus Zusatzentgelten können nicht durch Kodiereffekte entstanden sein, so daß der 100%ige Ausgleich nicht in Frage kommt.
- Bei gesunkenem CMI entfällt die differenzierte Mehrerlös-Betrachtung, alle Mehrerlöse sind sonstige Mehrerlöse und - sofern keine anderen Ausgleichssätze vereinbart - zu 25% bzw. ab 2005 zu 65% auszugleichen.
- Bei Mehrerlösen aus DRGs und bei gestiegenem CMI, aber Rückgang der Fallzahl entfällt diese Betrachtung ebenfalls. Alle Mehrerlöse im DRG-Bereich sind kodierbedingte Mehrerlöse, die zu 100% an die Kostenträger zurückzuzahlen sind, sofern nicht Verhandlungen über eine veränderte Leistungsstruktur zu einem anderen Ergebnis führen.
- Nur bei DRG-Mehrerlösen, gestiegenem CMI und gestiegener Fallzahl ist die oben dargestellte vereinfachende Berechnung zur Ermittlung der sonstigen und der kodierbedingten Mehrerlöse anzuwenden.
- Im Anschluß an den Ausgleich für kodierbedingte Mehrerlöse werden die übrigen Ausgleiche berechnet in aufsteigender Reihenfolge, beginnend mit dem niedrigsten Ausgleichssatz. Sofern danach ein Restbetrag des Gesamt-Mehrerlöses verbleibt, gilt für diesen der allgemeine Ausgleichssatz von 65%.

[1] Vgl. für die Jahre 2003 und 2004 *Tuschen, K. H., Braun, Th.*: Erlösausgleiche nach dem KHEntgG - aus der Sicht des Gesetzgebers, in: das Krankenhaus, 10/2003, S. 774-779; für die Jahre 2005 bis 2008 *Tuschen, K. H., Braun, Th., Rau, F.*: Erlösausgleiche, a.a.O., S. 955ff.

- Überlieger sind grundsätzlich dem Jahr zuzuordnen, in dem sie entlassen werden. In die Erlössumme eines Jahres gehen somit die Erlöse für Überlieger am Jahresanfang ein.
- Wie bisher sollen bei einer Gesamt-Mehrerlössituation nicht mehr als 100% der Gesamt-Mehrerlöse ausgeglichen werden.

Das nachfolgende Schema und die Beispiele sollen den komplizierten Sachverhalt veranschaulichen.

Abbildung 27: Erlösausgleich nach § 4 Abs. 9 KHEntgG

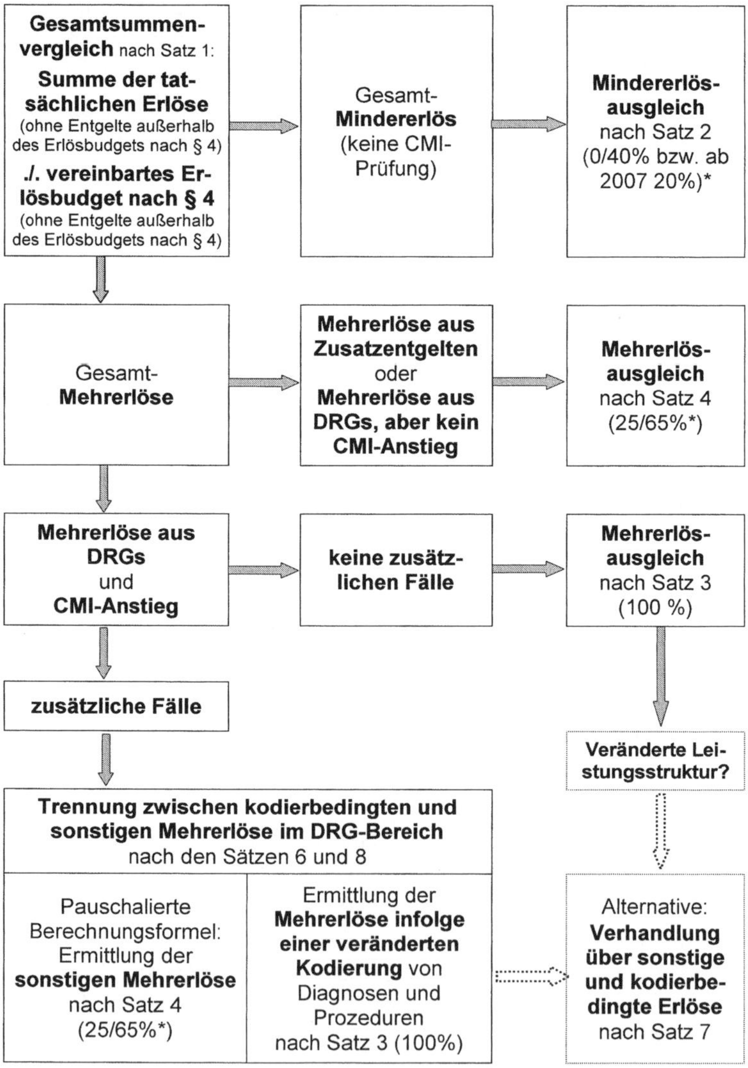

* Für Fallpauschalen mit einem sehr hohen Sachkostenanteil sowie für teure Fallpauschalen mit einer schwer planbaren Leistungsmenge sind die krankenhausindividuell zu vereinbarenden Ausgleichssätze zu beachten.

Quelle: In Anlehnung an: Tuschen, K. H., Braun, Th., Rau, F.: Erlösausgleiche im Krankenhausbereich: Eine Orientierungshilfe, in: das Krankenhaus, 11/2005, S. 956.

Tabelle 9: Vereinfachende Beispiele für die Ermittlung der Mehrerlösausgleiche nach § 4 Abs. 9 KHEntgG

Daten aus der Entgeltvereinbarung:

- Erlösbudget: 59.400.000 €
- Fallzahl: 18.000
- Casemix: 19.800
- CMI: 1,1
- Basisfallwert: 3.000 €

Szenarien / Ermittlung d. Ausgleiche	1. Szenario: Anstieg Fallzahl und CMI	2. Szenario: Anstieg Fallzahl bei Rückgang CMI	3. Szenario: Rückgang Fallzahl bei Anstieg CMI	4. Szenario: Rückgang Fallzahl und CMI, Mehrerlöse im sonst. Bereich	5. Szenario: Anstieg Fallzahl und CMI, Mindererlöse im sonstigen Bereich
Ist-Fallzahl	18.300	20.000	17.000	17.900	18.300
Ist-CMI	1,2	1,05	1,2	1,09	1,2
1. Ermittlung der Gesamt-Mehrerlöse					
Summe Erlöse	66.680.000 €	63.800.000 €	62.000.000 €	59.533.000 €	65.080.000 €
vereinbartes Erlösbudget	59.400.000 €	59.400.000 €	59.400.000 €	59.400.000 €	59.400.000 €
Mehrerlöse	**7.280.000 €**	**4.400.000 €**	**2.600.000 €**	**133.000 €**	**5.680.000 €**
davon aus - DRGs	6.480.000 €	3.600.000 €	1.800.000 €	-867.000 €	6.480.000 €
- ZE	800.000 €	800.000 €	800.000 €	1.000.000 €	-800.000 €
2. Ermittlung der sonstigen Mehrerlöse im DRG-Bereich					
zusätzliche Fälle	300	2.000	-1.000	-100	300
sonstige DRG-Mehrerlöse	300 x 1,1 x 3.000 € = 990.000 €	entfällt bei gesunkenem CMI	entfällt bei Rückgang der Fallzahl	entfällt bei gesunkenem CMI	300 x 1,1 x 3.000 € = 990.000 €
3. Ermittlung der kodierbedingten Mehrerlöse	6.480.000 € - 990.000 € = **5.490.000 €**	entfällt bei gesunkenem CMI	1.800.000 € - 0 € = **1.800.000 €**	entfällt bei gesunkenem CMI	6.480.000 € - 990.000 € = **5.490.000 €**
4. Ermittlung des Gesamt-Mehrerlösausgleichs					
Mehrerlöse	7.280.000 €	4.400.000 €	2.600.000 €	133.000 €	5.680.000 €
Kodierbedingte Mehrerlöse	5.490.000 €	entfällt bei gesunkenem CMI	1.800.000 €	entfällt bei gesunkenem CMI	5.490.000 €
sonstige Mehrerlöse	**1.790.000 €**	**4.400.000 €**	**800.000 €**	**133.000 €**	**190.000 €**
Gesamt-Mehrerlösausgleich	100% x 5.490.000 € + 65% x 1.790.000 € = **6.653.500 €**	65% x 4.400.000 € = **2.860.000 €**	100% x 1.800.000 € + 65% x 800.000 € = **2.320.000 €**	65% x 133.000 € = **86.450 €**	100% x 5.490.000 € + 65% x 190.000 € = **5.631.500 €**

5. Prüfung: Soweit eine der Vertragsparteien nachweist, daß die pauschalierende Formel (Schritte 2. und 3.) zu einem nicht sachgerecht bemessenen Ausgleich führt, ist dieser entsprechend anzupassen.

Quelle: In Anlehnung an: Tuschen, K. H., Braun, Th.: Erlösausgleiche nach dem KHEntgG - aus der Sicht des Gesetzgebers, in: das Krankenhaus, 10/2003, S. 778.

Da die Entgeltverhandlungen für die meisten Krankenhäuser inzwischen nicht mehr prospektiv, sondern verspätet während des bereits laufenden Jahres zum Abschluß kommen, regelt § 15 Abs. 2 KHEntgG, daß **Mehr- oder Mindererlöse in Folge der Weitererhebung der bisherigen Entgelte** durch Zu- und Abschläge auf die im restlichen Vereinbarungszeitraum zu erhebenden neuen Entgelte ausgeglichen werden. D.h., aus dem krankenhausindividuellen Basisfallwert ergibt sich durch einen Zu- oder Abschlag ein sogenannter **Zahlbasisfallwert**, der der Abrechnung für die Restzeit des laufenden Jahres zugrunde zu legen ist.[1] Wird der Ausgleichsbetrag durch die Erlöse aus diesem Zu- oder Abschlag im restlichen Vereinbarungszeitraum über- oder unterschritten, wird der abweichende Betrag über die Entgelte des nächsten Vereinbarungszeitraums ausgeglichen („Spitzausgleich").

Beispiel:

Das Krankenhaus hatte erst mit Wirkung zum 1. Juli des Jahres die Entgeltverhandlung abgeschlossen. Bis 30. Juni sind die bisherigen Entgelte in Rechnung gestellt worden.

Vereinbartes Erlösbudget für den gesamten Zeitraum:	59.400.000 €
Vereinbarter Casemix:	19.800
Vereinbarter Basisfallwert:	3.000 €
Voraussichtlicher Ist-Casemix für das 1. Halbjahr (19.800 / 2):	9.900
Voraussichtliche Ist-Erlöse aufgrund der Weitererhebung der bisherigen Entgelte für das 1. Halbjahr (Weitergeltungs-Basisfallwert aus dem Vorjahr 2.850 €, also 9.900 x 2.850 €):	28.215.000 €
Erlöse, die für das 1. Halbjahr nach den neu vereinbarten Entgelten erzielt worden wären (9.900 x 3.000 €):	29.700.000 €
Differenz: voraussichtliche Mindererlöse aufgrund der Weitererhebung der bisherigen Entgelte für das 1. Halbjahr:	1.485.000 €
Diese werden durch einen Zuschlag nach § 15 Abs. 2 KHEntgG auf den Basisfallwert verrechnet:	
- voraussichtlicher Casemix für das 2. Halbjahr (19.800 / 2):	9.900
- Zuschlag auf den Basisfallwert (1.485.000 / 9.900):	150 €
- Zahlbasisfallwert für das 2. Halbjahr (3.000 € + 150 €):	3.150 €

Nach dem Jahresabschluß ergibt sich folgendes Bild für das Krankenhaus:

Tatsächliche Ist-Erlöse für den gesamten Zeitraum:	61.000.000 €
Ist-Casemix:	20.000
Soll-Erlöse (sogenannte fiktive Erlöse) für den gesamten Zeitraum (Erlöse, die das Krankenhaus erzielt hätte, wenn es von Beginn des Vereinbarungszeitraums die neuen Entgelte abgerechnet hätte, vereinbarter Basisfallwert x Ist-Casemix):	60.000.000 €
Insgesamt Mehrerlöse aufgrund der Weitererhebung der bisherigen Entgelte bis zum 30. Juni (Ist-Erlöse - Soll-Erlöse):	1.000.000 €
Diese Mehrerlöse sind vollständig auszugleichen.	
Gesamt-Mehrerlöse (Ist-Erlöse - vereinbartes Erlösbudget):	1.600.000 €
Davon sonstige Mehrerlöse und kodierbedingte Mehrerlöse:	600.000 €

für diese gelten die oben beschriebenen Regelungen des § 4 Abs. 9 KHEntgG.

[1] Vgl. *Koerdt, S., Schmidt, M.*: Erlösausgleich bei unterjährigem Umstieg - reine Formsache?, in: das Krankenhaus, 8/2003, S. 606.

2.5.3.5 Handlungsbedarf in deutschen Krankenhäusern

Das DRG-System ist mehr als nur ein Abrechnungssystem, es hat weitreichende Auswirkungen auch auf die gesamte **interne Organisation** und das **Qualitätsmanagement** der Krankenhäuser.[1] Die im folgenden aufgeführten Punkte sind nur beispielhaft und sicher nicht abschließend.

- Für einen möglichst reibungslosen Ablauf innerhalb des DRG-Entgeltsystems ist eine gewisse **EDV-technische Infrastruktur** unverzichtbar. Die Gruppierung zur Ermittlung der DRGs erfolgt direkt nach der Entlassung des Patienten; eine die Behandlung begleitende, EDV-gestützte Dokumentation in den einzelnen Leistungsstellen, die mit Abschluß der Behandlung komplett sein soll, ist unerläßlich.[2] Ohne ein funktionierendes Krankenhaus-Informationssystem (KIS) wird die Durchführung unmöglich.
- Von existentieller Bedeutung im DRG-System ist die **systemgerechte Dokumentation und Kodierung** derjenigen medizinischen Daten, die für die Eingruppierung des Behandlungsfalles in eine DRG relevant sind. Die vollständige Verschlüsselung der Behandlungsfälle ist die wichtigste strategische Grundlage des modernen Krankenhausmanagements.

  Neben der Erfassung aller relevanten Nebendiagnosen und Prozeduren ist auch besonderer Wert auf die Wahl der medizinisch korrekten **Hauptdiagnose** zu legen, die nach Abschluß der Krankenhausbehandlung fachübergreifend festgelegt werden muß und den Behandlungsfall im Rahmen des Groupings in eine Hauptdiagnosegruppe (MDC) einordnet. Die komplette Erstellung des klinischen Datensatzes ist eine interdisziplinäre Leistung aller an der Gesundheitsleistung Beteiligten.[3] Die Leistungsdokumentation und -kodierung hat der untersuchende bzw. leistungserbringende Arzt zu verantworten.[4] Dem Arzt kommt daher eine Schlüsselrolle bei der erfolgreichen Umsetzung des Entgeltsystems zu. Wichtig ist, daß geschulte Kodierkräfte den Ärztlichen Dienst bei der Verschlüsselung entlasten. Durch die Pflegekräfte auf den Stationen, die in der Regel größere Zeitanteile mit dem Patienten verbringen als der behandelnde Arzt und den Zustand des Patienten nachhaltiger beobachten können, ergeben sich oft wichtige Hinweise auf bestehende Nebenerkrankungen, die zusätzlich zu dokumentieren sind.
- In vielen deutschen Krankenhäuser hat man in den vergangenen Jahren DRG-Arbeitskreise eingerichtet, DRG-Beauftragte ernannt und sogenannte **Medizincontroller** eingestellt. Dabei handelt es sich in

---

[1] Vgl. *Lauterbach, K. W., Lüngen, M.*: Auswirkungen von DRGs auf die Krankenhausfinanzierung, in: das Krankenhaus, 3/2000, S. 168.

[2] Vgl. *Roeder, N., Rochell, B., Scheld, H. H.*: Sicher in die DRGs - Die notwendigen Vorbereitungen im Krankenhaus, in: das Krankenhaus, 9/2000, S. 693.

[3] Vgl. *Roeder, B., Rochell, N.*: a.a.O., S. 26.

[4] Vgl. Deutschen Kodierrichtlinien Allgemeine und spezielle Kodierrichtlinien für die Verschlüsselung von Krankheiten und Prozeduren, Version 2008, Siegburg, 21.09.2007, S. 3.

der Regel Mediziner mit betriebswirtschaftlicher Zusatzausbildung, guten EDV-Kenntnissen und hoher Sozialkompetenz,[1] die überwiegend für die Überprüfung der Kodierqualität und das Qualitätsmanagement zuständig sind und die behandelnden Ärzte bei Fragen der Dokumentation und Kodierung unterstützen.

- Darüber hinaus beteiligt sich eine große Zahl der Krankenhäuser an zum Teil bundesweit angelegten **Benchmark-Projekten**, um ihre Patientendaten im Vergleich zu anderen Krankenhäusern gruppieren zu lassen. Dadurch nehmen die Häuser Standortbestimmungen vor und decken unter Umständen Schwachstellen auf.
- Die Einführung der DRG-Fallpauschalen wird auch die betriebswirtschaftliche **Führung** noch weiter verändern.[2] Während vorher eine pflegesatz- und kostenstellenorientierte Sichtweise überwog, wird in Zukunft die fallbezogene und kostenstellenübergreifende Sichtweise weiter zunehmen müssen. Infolge des DRG-Systems wurden die fachabteilungsbezogenen Berechnungsgrundlagen und Vergütungen zugunsten eines durchgehenden „Flußprinzips" aufgegeben;[3] d.h., insbesondere krankenhausinterne Fachabteilungsverlegungen werden mit den DRGs nicht abgebildet. Das Fallpauschalensystem macht die medizinischen Leistungen der Krankenhäuser transparenter. Das bietet die Chance, durch Analyse und Bewertung des Leistungsgeschehens in seiner Struktur und Patientenzahl das eigene Krankenhaus weiter zu entwickeln und gegebenenfalls Schwerpunkte zu setzen. Dabei werden in einigen Fällen auch unangenehme Wahrheiten zu verkraften und umzusetzen sein. Hier ist die Führungsfähigkeit und -kraft des Krankenhausträgers gefragt.[4]
- Die **Optimierung der betriebsinternen Abläufe**, unter anderem mit dem Ziel die Verweildauer zu verkürzen, hat wesentlich Einfluß auf die Kosten- und Erlössituation. Behandlungsleitlinien oder **Clinical Pathways** für den gesamten diagnostischen und therapeutischen Aufwand gewinnen zunehmend an Beachtung, um auch die nicht unmittelbar abrechnungs-, aber dennoch kostenrelevanten Bereiche (z.B. Labor) sowohl von der Leistungs- als auch von der Kostenseite her möglichst verursachungsgerecht darzustellen.[5] Ein Erfolgsfaktor wird ein weitestgehend standardisierter, für den jeweili-

---

[1] Vgl. *Köninger, H.*: Studie Zum Handlungsbedarf in den deutschen Krankenhäusern für die Einführung eines pauschalierenden Entgeltssystems nach § 17b KHG, 15.05.2000, www.dkgev.de, S. 13.

[2] Vgl. *Teichmann, W., Trill, R.*: DRG-Coaching Die Umsetzung des neuen Konzeptes erfordert große Anstrengungen, in: ku-Special, Nummer 18 - 3/2001, S. 6.

[3] Vgl. *Clade, H.*: Das australische Fallpauschalensystem ist das medizinisch differenzierteste und modernste, in: f&w, 4/2000, S. 341.

[4] Vgl. *Achner, S.*: Das DRG-System kommt: Was ist zu tun?, in: f&w, 2/2002, S. 111.

[5] Vgl. *o.V.*: AR-DRG Australian Refined Diagnosis Related Groups, in: f&w, 6/2000, S. 592; siehe auch Kap. 4.4.3.2.5 Patientenbehandlungsleitlinien/Klinische Behandlungspfade.

gen Behandlungsfall angemessener, kostengünstiger Ressourceneinsatz sein.[1]

- Vordringlicher denn je sollte die Kostenrechnung zu einer **Kostenträger-**[2] und **Prozeßkostenrechnung**[3] weiter ausgebaut[4] und das Berichtswesen zur Unterstützung der Führung entsprechend umgestellt werden.

Ob oder in welcher Form in Zukunft noch krankenhausindividuelle Entgeltverhandlungen geführt werden, bleibt abzuwarten. Wenn es - nach der Übergangszeit - ein Festpreissystem geben wird, werden in den Verhandlungen sicher keine Preise (Pflegesätze) mehr verhandelt werden, sondern nur noch Mengen.[5] Ausgleichsmechanismen bei Mengenüber- oder -unterschreitung sind für das deutsche DRG-System ab 2009 noch zu entwickeln; denkbar sind z.B. degressive Vergütungen bei abweichenden Mengenentwicklungen.[6]

2.5.4 Teilstationäre Krankenhausbehandlung

Neben der vollstationären Behandlung können die Krankenhäuser auch eine teilstationäre Behandlung anbieten. Eine Behandlung ist als teilstationär anzusehen, wenn sie insbesondere aufgrund ihrer Komplexität oder bestehender Risiken in einem Krankenhaus erbracht werden muß, ohne daß eine vollstationäre Aufnahme erforderlich ist.[7] Teilstationäre Leistungen werden vor allem in den Bereichen der Allgemeinen Psychiatrie (Tages-/Nachtklinik) und der Dialyse (Tagesklinik) durchgeführt.[8] Eine eindeutige Definition und somit eine klare Abgrenzung zu anderen Behandlungsformen liegt jedoch derzeit noch nicht vor.[9]

Nach § 112 Abs. 2 Nr. 2 SGB V hat die Selbstverwaltung auf Landesebene unter anderem einen Katalog zu vereinbaren, der alle Leistungen enthält, die in der Regel teilstationär erbracht werden können.

Im **Bereich der Bundespflegesatzverordnung**, d.h., für Einrichtungen (i.S.v. Krankenhäusern oder bettenführenden Abteilungen) der Psychiatrie, Psychosomatik und Psychotherapeutischen Medizin werden für die teilstationäre Behandlung gemäß § 13 Abs. 1 BPflV teilstationäre Pflegesätze wie

---

[1] Vgl. *Leititis, J. U.*: Stationäre Leistungserbringung unter DRGs, in: das Krankenhaus, 11/2000, S. 898.

[2] Siehe Kap. 4.4 Kostenträgerrechnung.

[3] Siehe Kap. 5.1 Prozeßkostenrechnung.

[4] Vgl. *Bader, J., Thiess, M.*: Die Kostenträgerrechnung wird überlebenswichtig im DRG-basierten Vergütungssystem, in: f&w, 2/2001, S. 169ff.

[5] Vgl. *Lauterbach, K. W., Lüngen, M.*: a.a.O., S. 171.

[6] Vgl. *o.V.*: Positionen der DKG zur Weiterentwicklung im Gesundheitswesen, in: das Krankenhaus, 11/2000, S. 851; *Baum, G., Tuschen, K. H.*: AR-DRG - Die Chance nutzen, in: f&w, 5/2000, S. 456.

[7] Vgl. *Thier, U.*: Teilstationäre Krankenhausleistungen, in: das Krankenhaus, 11/2006, S. 973.

[8] Vgl. *Deutsche Krankenhausgesellschaft (Hrsg.)*: Hinweise der DKG zu den Budget- und Pflegesatzverhandlungen 1993, in: das Krankenhaus, Redaktionsbeilage, 3/1993, S. 9.

[9] Vgl. *Thier, U.*: a.a.O., S. 969.

die vollstationären Abteilungspflegesätze und wie der Basispflegesatz vereinbart, d.h., **teilstationäre Abteilungspflegesätze** und ein **teilstationärer Basispflegesatz**. Sie sollen vereinfacht aus den vollstationären Pflegesätzen abgeleitet werden; z.B. durch Abzug von Kosten, die bei der teilstationären Behandlung nicht anfallen.[1]

Im **Bereich des Krankenhausentgeltgesetzes**, d.h., in allen anderen Krankenhäusern bzw. Abteilungen sind gemäß § 6 Abs. 1 FPV 2008 tagesbezogene **teilstationäre Fallpauschalen** oder Entgelte abzurechnen, die nach **§ 6 Abs. 1 KHEntgG krankenhausindividuell** vereinbart worden sind.[2] Wie oben erwähnt,[3] wurden mit der Fallpauschalenvereinbarung 2008 eine teilstationäre Leistung in den Fallpauschalen-Katalog Teil c aufgenommen. Alle übrigen teilstationären Leistungen sind auch weiterhin krankenhausindividuell zu kalkulieren und mit den Sozialleistungsträgern zu vereinbaren.[4] Schließt sich an einen vollstationären Krankenhausaufenthalt, für den eine DRG abrechenbar war, eine teilstationäre Behandlung an, kann das Krankenhaus gemäß § 6 Abs. 2 FPV 2008 erst nach dem dritten Kalendertag ab Überschreiten der abgerundeten mittleren Verweildauer ein tagesbezogenes teilstationäres Entgelt abrechnen. Die bis zu dem Zeitpunkt erbrachten teilstationären Leistungen sind mit der DRG abgegolten.

2.5.5 Vor- und nachstationäre Behandlung

Mit dem Gesundheitsstrukturgesetz 1993[5] sind in § 39 Abs. 1 SGB V die Formen der Krankenhausbehandlung erweitert worden. Neben voll- und teilstationären Krankenhausbehandlungen ist das Krankenhaus berechtigt, zusätzlich

- vor- und nachstationäre Behandlungen gemäß § 115 a SGB V sowie
- ambulante Operationen gemäß § 115 b SGB V

durchzuführen.

Eine vor- bzw. nachstationäre Behandlung bedeutet eine medizinische Behandlung ohne Unterkunft und Verpflegung. Es kann

- eine **vorstationäre** Krankenhausbehandlung nur dann vorgenommen werden, wenn die Erforderlichkeit einer vollstationären Aufnahme zu klären ist oder um vorbereitende Leistungen für eine vollstationäre Behandlung zu erbringen (§ 115 a Abs. 1 Nr. 1 SGB V) und
- eine **nachstationäre** Behandlung im Anschluß an eine vollstationäre Versorgung erfolgen, wenn dadurch der Behandlungserfolg gesichert oder gefestigt werden kann (§ 115 a Abs. 1 Nr. 2 SGB V).

---

[1] Vgl. *Dietz, O., Bofinger, W.*: a.a.O., Bd. 1, BPflV, S. 142.

[2] Siehe Kap. 2.5.3.3 Weitere Entgeltarten in Ergänzung des G-DRG-Systems.

[3] Siehe Kap. 2.1.2.14 Fallpauschalenverordnung/-vereinbarung.

[4] Vgl. *Steiner, P., Bussmann, J., Koerdt, S.*: „Vereinbarung zum Fallpauschalensystem für Krankenhäuser (FPV 2008)" Abrechnung nach der FPV 2008, in: das Krankenhaus, Redaktionsbeilage, 12/2007, S. 15.

[5] Siehe Kap. 2.1.2.1 Gesundheitsstrukturgesetz.

Eine vorstationäre Behandlung setzt eine Einweisung des Patienten für eine vollstationäre Krankenhausbehandlung durch einen Vertragsarzt gemäß § 73 Abs. 4 SGB V voraus. Prüfung und Entscheidung, ob eine Behandlung vollstationär erfolgt, liegen beim behandelnden Krankenhausarzt.

Gemäß § 115 a Abs. 2 SGB V umfaßt

- eine vorstationäre Behandlung längstens drei Behandlungstage innerhalb von fünf Tagen vor der stationären Behandlung und
- eine nachstationäre Behandlung sieben Behandlungstage innerhalb von 14 Tagen nach der stationären Behandlung.

  Diese Frist von 14 Tagen kann in medizinisch begründeten Fällen im Einvernehmen mit dem einweisenden Arzt verlängert werden.

Die Vergütung der vor- und nachstationären Behandlung ab dem 01.01.1996 war zunächst noch ungeklärt, so waren in einzelnen Bundesländern Vereinbarungen über differenzierte Pauschalbeträge für vor- und nachstationäre Behandlungen getroffen worden. Seit dem 01.01.1997 ist die Gemeinsame Empfehlung über die Vergütung für vor- und nachstationäre Behandlung der Deutschen Krankenhausgesellschaft und der GKV-Spitzenverbände im Benehmen mit der Kassenärztlichen Bundesvereinigung (KBV) in Kraft. Sie sieht auf Bundesebene eine leistungsorientierte, fachabteilungsbezogene Vergütung in pauschalierter Form vor.[1] Für die vorstationäre Behandlung sind pro Fall abteilungsbezogene Pauschalen festgelegt. Die im Rahmen der nachstationären Behandlung durchgeführten Leistungen werden pro Behandlungstag mit einer abteilungsbezogenen Pauschale abgerechnet.

Die folgenden Abbildung zeigt einige Beispiele aus den Anlagen der oben genannten gemeinsamen Empfehlung.

Abbildung 28: Fachabteilungsbezogene Vergütungspauschalen für vor- und nachstationäre Behandlung

Fachabteilung	vorstationäre Pauschale (je Fall)	nachstationäre Pauschale (je Behandlungstag)
Innere Medizin	147,25 €	53,69 €
Kardiologie	156,97 €	61,36 €
Endokrinologie	310,87 €	44,48 €
Pädiatrie	94,08 €	37,84 €
Allgemeine Chirurgie	100,72 €	17,90 €
Neurochirurgie	48,57 €	21,99 €
Frauenheilkunde	119,13 €	22,50 €

Quelle: Eigener Entwurf in Anlehnung an: Vereinbarung vor- und nachstationäre Vergütungspauschalen 2002 in Euro, www.dkgev.de.

[1] Vgl. *o. V.*: Gemeinsame Empfehlung über die Vergütung für vor- und nachstationäre Behandlung, in: das Krankenhaus, 3/97, S. 139ff.

Gemäß § 3 der gemeinsamen Empfehlung sind die Vergütungen für vor- und nachstationäre Behandlung nur dann abrechenbar, wenn die Leistungen nicht über andere Vergütungsformen - wie Fallpauschalen, Vergütungen für ambulante Operationen oder Pflegesätze für teilstationäre Leistungen - abgegolten werden.

Im BPflV-Bereich sind die Kosten für vor- und nachstationäre Behandlung nicht pflegesatzfähig und gemäß § 7 Abs. 2 Satz 2 Nr. 1 BPflV im Rahmen der Leistungs- und Kalkulationsaufstellung bei der Ermittlung der Pflegesätze abzuziehen. Als Kosten sind 90% der vorauskalkulierten Erlöse anzusetzen.[1]

Für den KHEntgG-Bereich regelt § 8 Abs. 2 Satz 3 Nr. 4 KHEntgG die Abrechenbarkeit der vor- und nachstationären Behandlung. Zusätzlich zu einer DRG ist eine vorstationäre Behandlung nicht gesondert berechenbar. Eine vorstationäre Pauschale kann also im KHEntgG-Bereich nur in Rechnung gestellt werden, wenn der vorstationären Behandlung kein vollstationärer Krankenhausaufenthalt folgt. Eine nachstationäre Behandlung ist nur abrechenbar, soweit die Summe aus den stationären Belegungstagen und den vor- und nachstationären Behandlungstagen die obere Grenzverweildauer der DRG übersteigt. Dementsprechend sind die Kosten für vor- und nachstationäre Behandlung DRG-relevant, soweit die vor- und nachstationäre Behandlung bei Fallpauschalen nicht mehr separat abgerechnet werden kann. Bei dem Einstieg in die DRG-Abrechnung waren zur Ermittlung des Gesamtbetrags im Rahmen der Entgeltverhandlungen die bisherigen Abzüge (90% der vorauskalkulierten Erlöse) insoweit erhöhend zu berücksichtigen (§ 3 Abs. 3 Satz 3 Nr. 2 KHEntgG).

2.5.6 Ambulantes Operieren

Neben der Neuordnung der stationären Entgelte wurden durch das Gesundheitsstrukturgesetz[2] auch die Möglichkeiten der ambulanten Behandlung im Krankenhaus erweitert. Durch die Regelung des § 115 b SGB V sind die Krankenhäuser von Gesetzes wegen zur ambulanten Durchführung von Operationen zugelassen, d.h., sie können unmittelbar tätig werden ohne eine vertragsärztliche Einweisung des Patienten in das Krankenhaus.[3] Es bedarf lediglich einer Mitteilung des Krankenhauses an die Landesverbände der Krankenkassen und der Ersatzkassen, die Kassenärztliche Vereinigung und den Zulassungsausschuß (§ 115 b Abs. 2 Satz 2 SGB V).

Der Begriff „ambulantes Operieren“ bezeichnet alle operativen Behandlungsmethoden, bei denen der Patient die Nacht vor und nach dem Eingriff zu Hause verbringt.

---

1 Vgl. Anlage 1 zu § 17 Abs. 4 BPflV LKA Abschnitt K5.

2 Siehe Kap. 2.1.2.1 Gesundheitsstrukturgesetz.

3 Vgl. *Fack-Asmuth, W. G.*: Ambulantes Operieren im Krankenhaus - Chancen und Risiken, in: ku, 3/1993, S. 179.

Nach § 76 Abs. 1 SGB V haben die Versicherten die freie Arztwahl und können auch bei ambulanten Operationen sowohl unter den niedergelassenen Vertragsärzten als auch unter den Krankenhäusern wählen.

Der Gesetzgeber hatte 1992 wesentliche, für die Durchführung der ambulanten Operationen erforderliche Rahmenbedingungen der Regelung durch die Selbstverwaltung überlassen. So besagt der § 115 b SGB V nur, daß die Selbstverwaltungsparteien auf Bundesebene

1. einen Katalog ambulant durchführbarer Operationen und
2. einheitliche Vergütungen für Krankenhäuser und Vertragsärzte

vereinbaren sollten.

Ende 1993 waren die erforderlichen vertraglichen Regelungen geschaffen, so daß die Krankenhäuser rechtlich und ökonomisch gesichert mit dem ambulanten Operieren beginnen konnten.[1]

Vergütet werden die ambulanten Operationen nach § 115 b SGB V unmittelbar von den Krankenkassen[2] auf der Grundlage des vereinbarten Katalogs und der geltenden vertragsärztlichen Vergütungssätze.

Von der Einführung des § 115 b SGB V versprach sich der Gesetzgeber unter anderem die Vermeidung von vollstationären Behandlungen und eine bessere Verzahnung zwischen ambulanter und stationärer Versorgung mit dem Ziel, Kosten einzusparen.[3]

Der in Folge des GKV-Gesundheitsreformgesetz 2000[4] um sonstige stationsersetzende Eingriffe zu erweiternde Katalog ambulant durchführbarer Operationen, der zum 01.01.2001 gelten sollte, lag mit der Einigung der Selbstverwaltungspartner über einen neuen **Vertrag nach § 115 b SGB V „Ambulantes Operieren und stationsersetzende Eingriffe im Krankenhaus“** (AOP-Vertrag) im Juli 2003 vor. Dort sind mehrere hundert Eingriffe gekennzeichnet, die in der Regel ambulant durchgeführt werden müssen. Zugleich sind Tatbestände genannt, bei deren Vorliegen im Einzelfall ausnahmsweise eine stationäre Durchführung erforderlich sein kann, z.B. beim Auftreten von Begleiterkrankungen oder postoperativen Risiken. Der Vertrag trat zum 01.01.2004 in Kraft.[5]

Die Vergütungsstrukturen richteten sich nach wie vor nach Einzelleistungsvergütung auf Grundlage der vertragsärztlichen Vergütungssätze und damit des **Einheitlichen Bewertungsmaßstabs (EBM)** in der jeweils geltenden Fassung. Die Vertragspartner hatten sich in dem Vertrag jedoch in Form einer Absichtserklärung darauf verständigt, bis zum 01.01.2005 die Umstel-

---

[1] Vgl. *Asmuth, M., Müller, U.*: Entwicklung des ambulanten Operierens im Krankenhaus 1993/94, in: das Krankenhaus, 8/1995, S. 377; *Regler, K.*: Neue Aufgaben, a.a.O., S. 149.

[2] Vgl. *Mohr, F. W., Kröger, J., Globig, K. F.*: Praktiker-Handbuch zur BPflV '95 und zur LKA, ku-profi-Reihe, 2., geänderte Auflage, Kulmbach 1995, S. 15.

[3] Vgl. *Kehr, H.*: Leistungsorientierter Krankenhaus-Betriebsvergleich, München/Mehring 1995, S. 48.

[4] Siehe Kap. 2.1.2.11 GKV-Gesundheitsreformgesetz 2000.

[5] Vgl. *Degener-Hencke, U.*: a.a.O., S. 331.

lung auf ein ICD- und OPS-orientiertes, pauschalierendes Entgeltsystem vorzunehmen.[1]

Die Verhandlungen zogen sich allerdings lange hin, die bisherigen Verträge wurden zum 31.12.2004 gekündigt, dann doch bis 31.03.2005 verlängert[2] und letztlich kam ein neuer Vertrag nur durch Festsetzung im erweiterten Bundesschiedsamt zustande und ist zum 01.04.2005 in Kraft getreten.[3]

Kern der Neuordnung ist ein völlig neu strukturierter Katalog der ambulant durchführbaren Operationen. Während bisher 321 EBM-Positionen abgerechnet werden konnten und das Leistungsspektrum im wesentlichen übernommen wurde, differenziert der neue Katalog - analog dem neuen **EBM 2000plus** - auf Basis des sehr viel detaillierteren Operationen- und Prozedurenschlüssels (OPS), und enthält mehr als 2.700 OPS-Kodes.[4]

Bisher wurde auf Landesebene ein Punktwert zwischen der Krankenhausgesellschaft und den Krankenkassen ausgehandelt. Der neue AOP-Vertrag sieht den kassenartenspezifischen Punktwert des letzten verfügbaren Quartals der für den Krankenhausstandort zuständigen Kassenärztlichen Vereinigung (KV) vor.[5]

Da dieser Vertrag jedoch die Krankenhäuser gegenüber den Vertragsärzten insbesondere im Bereich der Arznei- und Sachmittelvergütung deutlich benachteiligte, hat die Deutsche Krankenhausgesellschaft diesen Vertrag zum 30.06.2006 gekündigt. Nachdem die dreiseitigen Verhandlungen erneut gescheitert waren, hat das Bundesschiedsamt am 17.08.2006 einen neuen Anschlußvertrag gemäß § 115 b Abs. 1 SGB V festgesetzt, der am 01.10.2006 in Kraft getreten ist.[6] Die grundsätzliche Systematik des Vertrages hat sich nicht geändert, es wurden allerdings einige Änderungen vorgenommen und einzelne Bestimmungen neu geregelt.

Der verschärfte Zwang, ambulant statt stationär zu operieren, und entsprechender Druck in den Entgeltverhandlungen hat dazu geführt, daß auch anfangs zögerliche Krankenhäuser inzwischen ambulantes Operieren anbieten. Mit der höheren Transparenz der Krankenhausleistungen im Rahmen des DRG-Systems wird das ambulante Potential im stationären Bereich noch deutlicher. Die Krankenhäuser sind noch mehr gefordert, sicherzustellen, daß keine Patienten stationär aufgenommen werden, die nicht der stationären Krankenhausbehandlung bedürfen. Die Krankenhäuser sollten Fehlbelegungsprüfungen im Einzelfall vorbeugen und das Problembewußtsein der

---

1 Vgl. *Schwarz, K., Schreck, J.-U., Brenske, M., Schlottmann, N., Walger, M.*: Ambulante Behandlung im Krankenhaus - Abschluß des dreiseitigen Vertrags nach § 115 b SGB V, in: das Krankenhaus, 8/2003, S. 599.

2 Vgl. *Rechtsabteilung der DKG*: Verträge zum ambulanten Operieren gelten vorerst bis zum 31. März 2005 weiter, in: das Krankenhaus, 12/2004, S. 992.

3 Vgl. *Held, M., Leber, W.-D., Wolff, J.*: Ambulantes Operieren neu geregelt, Dreiseitiger Vertrag im Schiedssamt entschieden, in: f&w, 3/2005, S. 256.

4 Vgl. *Held, M., Leber, W.-D., Wolff, J.*: a.a.O., S. 258.

5 Vgl. *Roths, U., Volkmer, F., Korthus, A.*: Erbringung und Abrechnung von ambulanten Operationen im Krankenhaus, in: das Krankenhaus, 7/2005, S. 576.

6 Vgl. *Roths, U., Volkmer, F., Weddehage, I.*: Neuer Vertrag zum ambulanten Operieren im Krankenhaus ab dem 1. Oktober 2006, in: das Krankenhaus, 11/2006, S. 953.

Ärzte durch eine zwingend vorgeschriebene standardisierte Dokumentation der stationären Behandlungsbedürftigkeit entsprechend schärfen.[1]

Damit sich das ambulante Operieren für die Krankenhäuser rechnet, muß es organisatorisch aus dem stationären OP-Bereich mit seiner personellen Ausstattung abgekoppelt werden. Das erfordert unter Umständen auch bauliche Maßnahmen.[2]

2.5.7 Wahlleistungen

Die bisher beschriebenen Entgelte sind Vergütungen für allgemeine Krankenhausleistungen. Daneben kann das Krankenhaus auch Wahlleistungen anbieten, die nicht über Pflegesätze oder pauschalierte Entgelte, sondern über krankenhausindividuelle Wahlleistungsentgelte vergütet werden (§ 22 BPflV und § 17 KHEntgG). Wahlleistungen sind gesondert berechenbare stationäre und teilstationäre Krankenhausleistungen, die über die nach Art und Schwere der Erkrankung des Patienten notwendige, medizinisch zweckmäßige und ausreichende Versorgung hinausgehen und die allgemeinen Krankenhausleistungen nicht beeinträchtigen. Inhalt und Umfang der Wahlleistungen werden vom Gesetzgeber nicht exakt festgelegt.[3] Eine grobe Unterteilung ist jedoch in

- wahlärztliche Leistungen und
- nichtärztliche Wahlleistungen

vorgenommen worden.

Bei den **wahlärztlichen Leistungen** „kauft" der Patient sich die persönliche Betreuung durch den Wahlarzt, auch wenn nach den Umständen des einzelnen Behandlungsfalles die Versorgung durch nachgeordnete Krankenhausärzte medizinisch ausreichend wäre.[4] Wahlärztliche Leistungen können gemäß § 22 BPflV in Verbindung mit § 17 Abs. 3 KHEntgG von allen an der Behandlung (voll- oder teilstationäre, vor- oder nachstationäre) eines Patienten beteiligten Ärzten berechnet werden, sofern sie eine Liquidationsberechtigung besitzen. Es ist im voraus eine Vereinbarung mit dem Patienten zu treffen (§ 17 Abs. 2 KHEntgG).

Die Vergütung für die allgemeinen Krankenhausleistungen erfolgt nach den für alle Benutzer des Krankenhauses einheitlich geltenden Pflegesätzen; die wahlärztlichen Leistungen werden gemäß § 17 Abs. 3 Satz 7 KHEntgG dem Patienten zusätzlich nach der Gebührenordnung für Ärzte (GOÄ) in Rechnung gestellt. Der liquidationsberechtigte Arzt ist verpflichtet, dem Krankenhaus die auf diese Wahlleistungen entfallenden - nach § 7 Abs. 2 Satz 2

---

[1] Vgl. *Möws, V.*: Ambulantes Operieren, in: das Krankenhaus, 4/2003, S. 328.

[2] Vgl. *Schwing, C.*: „Warum machen wir das überhaupt?", Kritische Faktoren des ambulanten Operierens, in: ku, 2/2007, S. 130.

[3] Vgl. *Imdahl, H.*: Wahlleistungen im Krankenhaus, in: *Arnold, M., Paffrath, D. (Hrsg.)*: Krankenhaus-Report '93 - Aktuelle Beiträge, Trends, Statistiken, Stuttgart/Jena 1993, S. 112.

[4] Vgl. *o.V.*: Auswirkungen zur Finanzierung der Wahlleistungen, in: f&w, 2/2001, S. 118.

Nr. 4 BPflV nicht pflegesatzfähigen - Kosten zu erstatten (§ 19 Abs. 2 KHEntgG). Unter Kosten sind jedoch nicht die tatsächlich entstandenen Kosten zu verstehen, sondern gemäß § 7 Abs. 2 Satz 2 Nr. 4 BPflV ein bestimmter Prozentsatz der vom Arzt in Rechnung gestellten Gebühren. Ob diese erstatteten „Kosten“ den tatsächlich entstandenen Kosten entsprechen, ist zu prüfen, indem z.B. eine differenzierte Aufzeichnung und Abgrenzung der Leistungen und Kosten erfolgt.[1]

Nichtärztliche Wahlleistungen des Krankenhauses sind unter anderem die gesondert berechenbare Unterkunft (Einbett- und Zweibettzimmer) und sonstige Wahlleistungen (z.B. Telefon, Fernsehen, Internetanschluß), die in erheblichem Maße zur Subventionierung der allgemeinen Krankenhausleistungen beitragen.[2] Dazu legen die Krankenhäuser die ihnen angemessen erscheinenden Preise fest, während die Privaten Krankenversicherungen (PKV) ihrerseits versuchen, die Preise zu reduzieren.

Im August 2002 haben der Verband der Privaten Krankenversicherung (PKV) und die Deutsche Krankenhausgesellschaft (DKG) eine **gemeinsame Empfehlung gemäß § 22 Absatz 1 BPflV/§ 17 Absatz 1 KHEntgG zur Bemessung der Entgelte für eine Wahlleistung „Unterkunft“** abgegeben. Die Empfehlung enthält neben allgemeinen Regelungen auch Preisempfehlungen bezüglich der Komfortelemente.[3] Viele Krankenhäuser haben sich dieser Empfehlung angeschlossen und ihre Komfortleistungen und Wahlleistungsentgelte entsprechend angepaßt.

---

[1] Vgl. *Hildebrand, R.*: Kostenrechnung, in: *Eichhorn, S. (Hrsg.)*: Handbuch Krankenhaus Rechnungswesen, Grundlagen - Verfahren - Anwendungen, 2., überarbeitete und erweiterte Auflage, Wiesbaden 1988, S. 368.

[2] Vgl. *Imdahl, H.*: a.a.O., S. 118.

[3] Vgl. Gemeinsame Empfehlung gemäß § 22 Absatz 1 BPflV/§ 17 Absatz 1 KHEntgG zur Bemessung der Entgelte für eine Wahlleistung „Unterkunft“, in: das Krankenhaus, 9/2002, S. 728ff.

3 Die Stellung der Kosten- und Leistungsrechnung im Rechnungswesen

Die Kosten- und Leistungsrechnung als Teil des betrieblichen Rechnungswesens ist, wie bereits in Kap. 2.2.2.1 Kosten- und Leistungsrechnung erläutert, fast ausschließlich auf interne Zwecke ausgerichtet. Eine Ausnahme besteht allerdings für solche Unternehmen, die bestimmte öffentliche Aufgaben erfüllen. Für das Verfahren der Preisbildung und zur Informationsaufbereitung für öffentliche Auftraggeber ist die Kosten- und Leistungsrechnung an die Vorschriften der Verordnung über die Preise bei öffentlichen Aufträgen (VPöA) und der Leitsätze für die Preisermittlung aufgrund von Selbstkosten (LSP) gebunden.[1]

Die Kosten- und Leistungsrechnung für Krankenhäuser ist durch § 8 KHBV gesetzlich vorgeschrieben und muß neben den allgemeinen betriebswirtschaftlichen Funktionen auch rechtlich vorgesehene Zwecke erfüllen. Dadurch erhält die Kosten- und Leistungsrechnung des Krankenhauses eine Sonderstellung.[2]

3.1 Rechtlich vorgegebene Zwecke der Kosten- und Leistungsrechnung

Die rechtlich vorgegebenen Zwecke bestimmen sich vor allem aus § 8 Satz 1 KHBV:

- Betriebsinterne Steuerung,
- Beurteilung der Wirtschaftlichkeit und Leistungsfähigkeit,
- Ermittlung der pflegesatzfähigen Kosten sowie
- Erstellung der Leistungs- und Kalkulationsaufstellung nach den Vorschriften der Bundespflegesatzverordnung.

Eine Aktualisierung der Krankenhaus-Buchführungsverordnung im Hinblick auf das DRG-System ist derzeit noch nicht erfolgt.[3]

3.1.1 Betriebsinterne Planung und Steuerung

Gemäß § 8 KHBV hat das Krankenhaus eine Kosten- und Leistungsrechnung zu führen, die eine betriebsinterne Steuerung erlaubt. Weitergehende gesetzliche Vorschriften über die Ausgestaltung der Kosten- und Leistungsrechnung, um diesen Zweck zu erfüllen, liegen jedoch nicht vor.

---

[1] Vgl. *Götzinger, M., Michael, H.*: Kosten- und Leistungsrechnung, Eine Einführung, 5., unveränderte Auflage, Heidelberg 1990, [im folgenden zitiert als: *Götzinger, M., Michael, H.*: KLR 1990], S. 24.

[2] Vgl. *Freymann, H.*: Controlling im Krankenhaus - Möglichkeiten und Nutzen für die Betriebsführung, in: *Eichhorn, S., Freymann, H.* (Gesamtverantwortung), Wirtschaftliches Krankenhaus, Beiträge zu Management, Planung, Rechnungswesen, Prüfung, Hrsg.: WIBERA, Wirtschaftsberatung Aktiengesellschaft, Wirtschaftsprüfungsgesellschaft, Steuerberatungsgesellschaft, Düsseldorf, 3., grundlegend neubearbeitete Auflage, Köln 1989, S. 61.

[3] Siehe Kap. 2.1.2.2 Krankenhaus-Buchführungsverordnung.

Voraussetzung für eine effektive Steuerung ist eine eindeutige Zielsetzung. Nur wenn das Ziel klar definiert ist, kann eine betriebliche Steuerung sinnvoll sein.[1] Das gesetzlich vorgeschriebene Ziel des Krankenhauses ist die Erfüllung des Versorgungsauftrags. Das bedeutet, das Krankenhaus hat bestmöglich die Verbesserung des Gesundheitszustandes aller das Krankenhaus aufsuchenden Patienten herbeizuführen.[2] Als Primärleistung des Krankenhauses wird daher die Statusveränderung, d.h., die Veränderung des Gesundheitszustandes des Patienten verstanden.[3] Die Operationalisierung dieses globalen Zieles bestimmt die qualitative und quantitative Gesamtleistung des Krankenhauses für eine zukünftige Periode.[4] Die Gesamtleistung des Krankenhauses wird dabei beschrieben durch das Leistungsspektrum der einzelnen Abteilungen, der stationären und ambulanten Patientenversorgung und die dafür notwendige Infrastruktur. So sind z.B. die Krankenhausleistungen nach § 2 Abs. 1 BPflV bzw. § 2 Abs. 1 KHEntgG, wie in Kap. 1 erläutert, die Sekundärleistungen.

Für die Planung muß der zukünftige Bedarf an Krankenhausleistungen ermittelt werden, um die notwendigen Ressourcen bereitzustellen. Nur durch eine **differenzierte Leistungserfassung und -dokumentation** der Krankenhausleistungen können die Produktionsfaktoren für jede Einzelleistung festgestellt und geplant werden. Darüber hinaus sind die Kosten verursachungsgerecht den Leistungen zuzuordnen. Mit dieser internen Planung geht das Krankenhaus dann als Forderung in die Entgeltverhandlung für den nächsten Budgetzeitraum. Das Ergebnis dieser Verhandlungen mit den Vertretern der Krankenkassen vor Ort ist in der Regel eine Vereinbarung oder bei Nicht-Einigung eine Festsetzung durch die Schiedsstelle nach § 18 a KHG. So sollte das Krankenhaus rechtzeitig Planvorgaben für den Budgetzeitraum haben. Dazu zählen insbesondere

- ein Gesamtbetrag, sowie
- im BPflV-Bereich: tagesgleiche Pflegesätze, Fallzahlen, Berechnungstage, Verweildauern und
- im KHEntgG-Bereich: Anzahl DRGs, Casemix, CMI, Basisfallwert und gegebenenfalls nach § 6 KHEntgG krankenhausindividuell zu vereinbarende Entgelte.

Diese Vorgaben sollten eingehalten werden, da Abweichungen sowohl nach oben als auch nach unten zwar in gewisser Weise über die Erlösausgleichsregelungen[5] aufgefangen werden, aber dennoch für das Krankenhaus von Nachteil sind. Bei Nicht-Erreichen der Plandaten macht das Krankenhaus Mindererlöse, die nur zum Teil ausgeglichen werden und es muß zudem für den kommenden Zeitraum Leistungs- und Budgetabsenkungen befürchten.

---

[1] Vgl. *Hildebrand, R.*: a.a.O., S. 348.

[2] Vgl. *Eichhorn, S.*: Krankenhausbetriebslehre - Theorie und Praxis der Krankenhausleistungsrechnung Band III, Köln/Stuttgart/Berlin/Mainz 1987, S. 9.

[3] Siehe Kap. 1 Das betriebliche Rechnungswesen und der Leistungsprozeß im Krankenhaus.

[4] Vgl. *Möhlmann, E.*: Neue Wege in der Leistungs- und Kostenrechnung, in: f&w, 2/1992, S. 87-92.

[5] Siehe Kap. 2.5.2.4 Flexibles Budget und Kap. 2.5.3.4 Erlösausgleiche bis 2008.

Bei Mehrleistungen muß das Krankenhaus die erzielten Mehrerlöse in der Regel zu 65% oder gar 100% zurückzahlen. Die verbleibenden 35% reichen im allgemeinen nicht, um die Kosten für die Mehrleistungen zu decken. Außerdem sind die Krankenkassen in den Entgeltverhandlungen geneigt, diese Mehrleistungen auch für das nächste Jahr zu fordern ohne entsprechend angemessene Budgetaufstockung.

Eine Steuerung ist somit unerläßlich und setzt eine regelmäßige Überwachung und Kontrolle der Planleistungen und Plankosten voraus.[1] Nicht nur in bezug auf die Gesamtleistung des Krankenhauses und als Fortschreibung der vorangegangenen Budgets, sondern auch - soweit möglich - in bezug auf die einzelnen Abteilungen und deren Einzelleistungen.

3.1.2 Ermittlung der Wirtschaftlichkeit und der Leistungsfähigkeit

Die Ermittlung, Beurteilung und Kontrolle der Wirtschaftlichkeit ist für das Krankenhaus ein wesentlicher Zweck der Kosten- und Leistungsrechnung.

Ökonomisches Wirtschaften im Krankenhaus bedeutet, die erforderlichen ärztlich-pflegerischen Maßnahmen mit dem geringst möglichen Mitteleinsatz zu erreichen.[2] Die Beurteilung der Wirtschaftlichkeit nach betriebswirtschaftlichen Gesichtspunkten wird dabei durch die Relation von Istkosten zu Sollkosten gemessen. **Sollkosten** sind die jeweils durch umfangreiche Untersuchungen festgelegten (minimalen) Kosten je Leistungseinheit bzw. Kostenstelle, mit denen das vorgegebene Leistungsspektrum zu erreichen ist. Bei einem wirtschaftlich arbeitenden Krankenhaus halten sich die **Istkosten**, die tatsächlich zum Erreichen der Leistungen anfallen, im Rahmen dieser im vorhinein festgelegten Sollkosten.

Voraussetzung zur Wirtschaftlichkeitsbeurteilung ist jedoch die quantitative und/oder qualitative Meßbarkeit der zu untersuchenden Kosten bzw. Leistungen. Neben der mengen- und wertmäßigen Ermittlung des Faktoreinsatzes muß auch das Krankenhausprodukt, d.h., die Durchführung ärztlich-pflegerischer Maßnahmen in einer bestimmten Art, Menge und Qualität bestimmbar sein. Obwohl gerade letzteres Kriterium - Qualität - nur schwer meßbar ist, kommt der Wirtschaftlichkeit seit dem Gesundheitsstrukturgesetz besondere Bedeutung zu. Die tagesgleichen Pflegesätze müssen gemäß § 17 Abs. 2 KHG medizinisch leistungsgerecht sein und einem Krankenhaus bei wirtschaftlicher Betriebsführung ermöglichen, den Versorgungsauftrag zu erfüllen. Auch durch den in § 5 BPflV vorgesehenen externen **Krankenhausvergleich** sollten die Wirtschaftlichkeit und die Möglichkeit der Beurteilung von Wirtschaftlichkeiten an Bedeutung gewinnen.

Die wirtschaftliche Leistungserstellung wird mit den DRGs im Laufe der Konvergenzphase und danach noch wesentlich an Bedeutung gewinnen. Wenn die Preise für die Krankenhausleistungen landesweit festgesetzt werden, wird es für das einzelne Krankenhaus überlebenswichtig, die vereinbarten Leistungen wirtschaftlich zu erbringen, Kostentreiber aufzuspüren, Ab-

---

[1] Vgl. *Hildebrand, R.*: a.a.O., S. 348, 358f.

[2] Vgl. *Eichhorn, S.*: Krankenhausbetriebslehre Band I, a.a.O., S. 20.

läufe zu optimieren und im Leistungsspektrum Schwerpunkte zu setzen. Wichtige Hilfsmittel sind hierzu interne und externe Vergleiche.

3.1.2.1 Innerbetrieblicher Vergleich

Im innerbetrieblichen **Zeitvergleich** werden insbesondere Istzahlen wichtiger Kostenarten (z.B. Arznei-, Heil- und Hilfsmittel, Implantate) vergangener Perioden einander gegenübergestellt. Die daraus zu erkennenden Abweichungen haben jedoch nur geringe Aussagekraft, da kein Maßstab zur Bewertung der erreichten Wirtschaftlichkeit bestimmbar ist.[1]

Der innerbetriebliche Vergleich kann auch als **Soll-Ist-Vergleich** im Rahmen einer Plankostenrechnung durchgeführt werden. Etwaige Abweichungen der Istkosten von den Sollkosten müssen auf ihre Ursachen hin überprüft werden.

Beispiel:

Im Vergleich zu den Plankosten sind höhere Istkosten im medizinischen Bedarf ermittelt worden. Diese können

- auf Mehrverbrauch aufgrund einer höheren Leistungszahl,
- auf Preiserhöhungen der Lieferapotheke oder
- auf größeren Schwund, z.B. durch Ablauf des Verfallsdatums

zurückgeführt werden.

Wenn es möglich ist, die Ursachen festzustellen, können gleichzeitig Ansatzpunkte zur Verbesserung der Wirtschaftlichkeit ermittelt werden.[2]

3.1.2.2 Externer Betriebsvergleich

Beim externen Betriebsvergleich werden bestimmte Krankenhausdaten eines Zeitraums - meistens des Geschäftsjahres - mit entsprechenden Daten anderer Krankenhäuser verglichen. Gerade zur Vorbereitung auf das DRG-System hatten sich bundesweit viele Krankenhäuser an Benchmark-Projekten beteiligt und anonymisierte DRG-relevante Patientendaten zum Vergleich zur Verfügung gestellt. Ziel dieser externen Vergleiche war eine erste Standortbestimmung unter DRG-Gesichtspunkten.

Die Problematik solcher externen Krankenhausvergleiche liegt vor allem darin, daß für Vergleichszwecke Unterschiede bei den Kriterien[3]

- Betriebsgröße,
- Verfahren der Leistungserstellung,
- Unterschiede in der Belegschaftsstruktur sowie
- standortbedingte Unterschiede

durch entsprechende Rechnungsmodelle zu eliminieren sind. Die besonderen Probleme bei der Eliminierung erschweren den Betriebs- und Abtei-

---

1 Vgl. *Moews, D.*: Kosten- und Leistungsrechnung, 5., völlig überarbeitete und erweiterte Auflage, München/Wien 1992, S. 7f.

2 Vgl. *Hübner, H.*: a.a.O., S. 39.

3 Vgl. *Deutsche Krankenhausgesellschaft (Hrsg.)*: Stellungnahme zum Referentenentwurf, a.a.O., S. 102; *Verband der Krankenhausdirektoren Deutschlands e.V. (VKD) (Hrsg.)*: Systembruch mit komplizierten Regelungen - VKD-Stellungnahme zum Referentenentwurf der Bundespflegesatzverordnung 1995, in: ku, 4/1994, S. 244f.

lungsvergleich erheblich.[1] Eventuell können mit Hilfe von Äquivalenzziffern die Krankenhausabteilungen vergleichbar gemacht werden.[2] Die bundesweiten DRG-Berwertungsrelationen und der sich daraus ergebende Casemix je Krankenhaus oder auch je Fachabteilung haben die Vergleichbarkeit verbessert.

Eine Grundlage für die Vergleichbarkeit von Kosten und Leistungen ist der durch die Krankenhaus-Buchführungsverordnung gesetzlich vorgeschriebene Mindestumfang der Kosten- und Leistungsrechnung, insbesondere der Kontenrahmen und die Vorgaben zur Betriebsabrechnung (Kostenrechnung). Für die DRG-Kalkulation sind außerdem die Kodierrichtlinien, nach denen die Leistungen zu dokumentieren sind, und das im Auftrag der Selbstverwaltung erstellte Kalkulationsschema[3] wesentliche Grundlage, um eine Vergleichbarkeit der Daten zwischen den unterschiedlichen Krankenhäusern herzustellen.

Einen solchen externen Vergleich stellt auch der **Krankenhausvergleich nach § 5 BPflV** dar, der die Bemessung von medizinisch leistungsgerechten Budgets und tagesgleichen Pflegesätzen unterstützen soll. Grundlage für den Vergleich ist die Leistungs- und Kalkulationsaufstellung, die einen relativ umfangreichen Einblick in die Kosten- und Leistungsstruktur der einzelnen Fachabteilungen gibt.[4] Ursprünglich sollte dieser Krankenhausvergleich bereits ab 1995 eingesetzt werden, wurde dann jedoch um drei Jahre verschoben, so daß er zum 01.01.1998 in Kraft getreten ist. Das Ziel, die krankenhausindividuellen Selbstkosten durch optimierte Bundesdurchschnitte nach Maßgabe des Krankenhausvergleichs zu ersetzen,[5] wurde bis zum Ablauf der auf die drei Jahre angelegten Begleitforschung[6] entsprechend verschoben. Zwar sollten die Spitzenverbände bis März 1998 Maßstäbe und Grundsätze für einen Krankenhausvergleich vereinbaren; für 1998 lagen jedoch noch keine konsensfähigen Ergebnisse vor.[7] Die bereits existierenden Modelle und Konzepte für Betriebsvergleiche waren noch überarbeitungsbedürftig. Auch für 1999 hatten sich die Vertragspartner über die Gestaltung des gesetzlich vorgeschriebenen Krankenhausvergleichs noch nicht einigen können.[8] Selbst im Jahr 2001 steckte der gemeinsame Krankenhausver-

---

1 Vgl. *Guthardt, E., Sieben, G.*: Die betriebswirtschaftliche Beurteilung von Wirtschaftsführung und wirtschaftlichen Verhältnissen nicht erwerbswirtschaftlicher Betriebe unter besonderer Berücksichtigung der Krankenhäuser, Opladen 1979, S. 76f.; *Tuschen, K. H.*: GSG '93: Die neuen Vergütungsformen und ihre Anforderungen an das Krankenhaus, in: f&w, 1/1993, S. 8.

2 Siehe Kap. 4.4.2.5 Ausgewählte allgemeine Kalkulationsverfahren in der Übersicht.

3 Siehe Kap. 4.4.4.1 Bundeseinheitliches Kalkulationsschema.

4 Vgl. *Kröger, J.*: Der Krankenhausvergleich - Damoklesschwert oder Segen für die Krankenhäuser?, in: ku, 2/1998, S. 92; *Kehr, H.*: Der Krankenhaus-Betriebsvergleich, in: f&w, 3/1998, S. 194.

5 Vgl. *Regler, K.*: Auswirkungen des GSG und Handlungsbedarf der Krankenhausträger, in: das Krankenhaus, 1/1994, S. 4.

6 Vgl. *Boschke, W. L.*: a.a.O., S. 270.

7 Vgl. *Philippi, M.*: Pflegesatzrunde 1998: Bestimmungsfaktoren und Strategien, in: f&w, 2/1998, S. 102.

8 Vgl. *Wandschneider, U., Lalanne, S.*: So wird ein Krankenhausvergleich zum Führungsinstrument, in: f&w, 1/1999, S. 28.

gleich nach § 5 BPflV noch immer in der Umsetzungsphase.[1] Mit der DRG-Einführung verlor dieser Krankenhausvergleich an Bedeutung. Er gilt zwar weiterhin für den BPflV-Bereich (Psychiatrie, etc.), aber für alle übrigen Krankenhäuser/Abteilungen gemäß § 3 Abs. 1 Satz 2 KHEntgG nur noch eingeschränkt, d.h., in den Jahren 2003 und 2004 nur zur Berücksichtigung von Leistungsveränderungen und zur Beurteilung der krankenhausindividuell vereinbarten Entgelte nach § 6 Abs. 1 KHEntgG. Für die Folgejahre können gemäß § 4 Abs. 1 Satz 2 KHEntgG zur Berücksichtigung von Leistungsveränderungen Krankenhausvergleiche auf der Grundlage von DRG-Leistungsdaten herangezogen werden.

Da bis zum Vorliegen der Orientierungsdaten aufgrund des gemeinsamen Krankenhausvergleichs diejenigen Daten zu berücksichtigen sind, die jeweils von den Verbänden der Krankenkassen und Krankenhäuser erstellt werden (§ 5 Abs. 4 BPflV), werden die Krankenhäuser in den Entgeltverhandlungen immer wieder mit den eigenen Vergleichen der Krankenkassen konfrontiert.

Durch Krankenhausvergleiche werde es möglich sein - so die Absicht des Gesetzgebers -, die bisher ermittelten durchschnittlichen Kosten und die daraus entwickelten Preise zu optimieren. D.h. aber auch, daß Krankenhäuser, deren Kosten über den Preisen liegen, Reserven ausschöpfen müssen, um mindestens kostendeckend zu arbeiten. Krankenhäuser, die bereits eine Kostendeckung erreicht haben oder Gewinne erzielen, werden ständig nach weiterer Minimierung der Kosten suchen. Aus diesem Anpassungsprozeß lassen sich im Zeitablauf optimierte Durchschnittspreise ermitteln.[2] Das bis 2003 noch gültige Mischsystem aus Abteilungspflegesätzen, einem Basispflegesatz sowie Fallpauschalen und pauschalierten Sonderentgelten hat jedoch diese vom Gesetzgeber beabsichtigte Wirkung, Kosteneinsparungen und Wirtschaftlichkeitsverbesserungen zu erreichen, nicht im erwarteten Umfang erfüllt.

Mit der DRG-Einführung sind Krankenhausvergleiche auf eine neue Basis gestellt worden. Zwar ist der auf Kosten- bzw. Erlösbasis aufbauende Vergleich nach § 5 BPflV bei den Entgeltverhandlungen kaum noch von Bedeutung. Unabhängig von dieser Entwicklung ist jedoch zu erwarten, daß Betriebsvergleiche auch in Zukunft als Instrument der Krankenhausführung sowie in Verhandlungen mit den Krankenkassen eingesetzt werden.[3]

3.1.3 Ermittlung der Kosten- und Leistungsstruktur

Die Ermittlung und Kenntnis der Kosten- und Leistungsstruktur des Krankenhauses ist zum einen zur betrieblichen Steuerung besonders notwendig.

[1] Vgl. *Lüngen, M., Wolf-Ostermann, K., Lauterbach, K. W.*: Das Thema ist nicht „abgehakt", Krankenhausvergleich - Strategien in Pflegesatzverhandlungen im Vorfeld der DRGs, in: ku, 5/2001, S. 386.

[2] Vgl. *Breyer, F.*: Die Kalkulation von Preisen im Krankenhauswesen - Ziele, Methoden und Auswirkungen, Heidelberg 1991, S. 40f.

[3] Vgl. *Breitmeier, I., Engelke, H., Knorr, K.-E., Lauterjung, G., Mohr, F. W., Notz, U., Pfeifer, P., Robbers, I., Rippel, W. H., Wagener, A.*: Düsseldorfer Kommentar zur BPflV, 3. Auflage, Düsseldorf 2000, S. 79.

Zum anderen sind im Rahmen der Entgeltverhandlungen mit den Vertretern der Krankenkassen vor Ort insbesondere das Leistungsspektrum transparent zu machen.

Im BPflV-Bereich hat das Krankenhaus gemäß § 17 Abs. 4 BPflV zur Vorbereitung der Pflegesatzverhandlungen auf Verlangen einer Vertragspartei die **Leistungs- und Kalkulationsaufstellung** (LKA) nach den Anlagen 1 und 2 BPflV vorzulegen.[1] Diese Aufstellung enthält insbesondere Angaben zu den vereinbarten Vergütungen, den Leistungen und den Kalkulationen von Budget und tagesgleichen Pflegesätzen. Die Leistungen werden je Fachabteilung beschrieben und umfassen neben Angaben zu Fallzahlen, Berechnungstagen und Verweildauern insbesondere die anonymisierte, abteilungsbezogene Diagnosestatistik (auch L4-Statistik genannt).[2]

In das Budget und die Pflegesätze dürfen nur die pflegesatzfähigen Kosten einfließen.[3] Eine Darstellung der nicht pflegesatzfähigen Kosten z.B. für ambulante Leistungen, Leistungen an Dritte (z.B. Arzneimittellieferung durch die hauseigene Apotheke an andere Krankenhäuser) oder Personalunterkunft und -verpflegung ist nicht erforderlich.[4]

Da seit dem Gesundheitsstrukturgesetz[5] bei den Pflegesatzverhandlungen die Leistungen eine größere Berücksichtigung finden, stellt sich die Aufstellung der Leistungen und Kosten in geänderter Form dar. Nach § 7 Abs. 2 BPflV wird das bis 1993 herrschende **„Bruttoprinzip"**[6], bei dem die nicht pflegesatzfähigen Kosten im Verhandlungswege zu bereinigen waren, durch das **„Nettoprinzip"** ersetzt. Nach dem „Nettoprinzip" weist die Leistungs- und Kalkulationsaufstellung nur noch die Aufwendungen der voll- und teilstationären Leistungen des Krankenhauses aus; nur diese sind seit 1993 noch Gegenstand der Pflegesatzverhandlungen. Alle übrigen Kosten sind entweder vorab aus den gesamten prospektiven Kosten des Krankenhauses auszugliedern (z.B. die Kosten für die Ambulanzen) oder werden im Rahmen der Leistungs- und Kalkulationsaufstellung gemäß § 7 Abs. 2 BPflV abgezogen (z.B. Kosten für vor- und nachstationäre Behandlung).[7] Diese Leistungen werden nicht mit dem Budget und den Pflegesätzen nach § 10 BPflV vergütet. Vor- und nachstationäre Leistungen z.B. werden über die oben beschriebenen Pauschalen vergütet.[8] Für die Ambulanzen der Krankenhausärzte gelten die Vergütungsregelungen, die auch für die niedergelassenen Vertragsärzte gelten.

---

1 Siehe Kap. 2.5.2.2 Abteilungspflegesätze; Kap. 2.5.2.3 Basispflegesatz und 4.3.6 Kostenstellenrechnung für den BPflV-Bereich.

2 Siehe Kap. 4.4.3.2.2 ICD-Schlüssel.

3 Siehe Kap. 2.3 Begriffsdefinitionen zum betrieblichen bzw. krankenhausspezifischen Rechnungswesen.

4 Vgl. *Winkler, H. J.*: Anwendung des Nettoprinzips nach der BPflV 1995 - Lösung der Überleitungsprobleme am praktischen Beispiel (I), in: das Krankenhaus, 9/1994, S. 389.

5 Siehe Kap. 2.1.2.1 Gesundheitsstrukturgesetz.

6 Vgl. *Tuschen, K. H.*: Referentenentwurf 1995, a.a.O., S. 78; *Winkler, H. J.*: a.a.O., S. 389.

7 Vgl. *Winkler, H. J.*: a.a.O., S. 389ff.

8 Siehe Kap. 2.5.5 Vor- und nachstationäre Behandlung.

Im KHEntgG-Bereich hat das Krankenhaus gemäß § 11 Abs. 4 KHEntgG zur Vorbereitung der Entgeltverhandlungen die **Aufstellung der Entgelte und Budgetermittlung** (AEB) vorzulegen.[1] In dieser Aufstellung werden die Krankenhausleistungen durch die DRG-Fallpauschalen, den Casemix und gegebenenfalls durch Zusatzentgelte und nach § 6 KHEntgG krankenhausindividuell zu vereinbarende Entgelte beschrieben. Auch hier sind bei der Ermittlung des krankenhausindividuellen Basisfallwertes nur die DRG-relevanten Kosten, die im wesentlichen den pflegesatzfähigen Kosten entsprechen, anzusetzen.

Sowohl im BPflV- als auch im KHEntgG-Bereich sind also Kosten und Leistungen sorgfältig zu ermitteln und für den folgenden Verhandlungszeitraum zu planen. Leistungs- und Kalkulationsaufstellung und Aufstellung der Entgelte und Budgetermittlung sind zudem Grundlage für externe Vergleiche. Durch sie soll eine Transparenz der Kosten- und Leistungsverhältnisse geschaffen werden, die den Patienten - sofern möglich - die Wahl des Krankenhauses und den Krankenkassen einen Krankenhausvergleich erleichtern.[2] Der ab 2005 gesetzlich vorgeschriebene und zu veröffentlichende strukturierte Qualitätsbericht gemäß § 137 Abs. 3 Satz 1 Nr. 4 SGB V[3] wird diese Transparenz noch erheblich vergrößern und sollte von den Krankenhäusern als Chance genutzt werden, ihre Leistungen nach Art, Anzahl und Qualität sichtbar darzustellen.

3.2 Gemeinsamkeiten der allgemeinen und der krankenhausspezifischen Funktionen der Kosten- und Leistungsrechnung

Neben den gesetzlich festgelegten Aufgaben soll die Kosten- und Leistungsrechnung des Krankenhauses auch die allgemein aus der Betriebswirtschaftslehre bekannten Funktionen eines qualifizierten Planungs-, Steuerungs- und Kontrollinstrumentes erfüllen und damit nachfolgenden Zwecken dienen.

3.2.1 Preischarakter der DRG-Fallpauschalen

Bei der Beurteilung, ob die Höhe der DRG-Fallpauschale zur Kostendeckung ausreichend ist, muß die Kostenrechnung als wichtigstes Lenkungsinstrument herangezogen werden. In 2004 mit noch krankenhausindividuellen Basisfallwerten waren die DRGs im Grunde nur eine neue Form von Abschlagszahlungen auf das Budget. Aber mit Beginn der Konvergenzphase in 2005 und der schrittweisen Anpassung der krankenhausindividuellen an landesweit geltende Basisfallwerte[4] haben die DRGs den Charakter von Preisen

---

1 Siehe Kap. 2.1.2.13 Krankenhausentgeltgesetz und Kap. 2.1.2.15 Fallpauschalenänderungsgesetz.

2 Vgl. *Monka, M.*: Entwicklung und Berechnung von Fallpauschalen: Das ökonometrische Modell des WidO, in: *Arnold, M., Paffrath, D. (Hrsg.)*: Krankenhaus-Report '93, Aktuelle Beiträge, Trends, Statistiken, Stuttgart/Jena 1993, S. 98.

3 Siehe Kap. 2.1.2.12 Fallpauschalengesetz.

4 Siehe Kap. 2.5.3.2 Systematik des G-DRG-Systems.

gewonnen. Ob es sich ab 2009 dabei um landesweite Fest- oder Höchstpreise handeln wird, steht noch nicht endgültig fest.[1] Im Falle von Höchstpreisen werden die Krankenkassen versuchen, mit einzelnen Krankenhäusern niedrigere Preise zu vereinbaren. Für eine derartige Preisfindung gelten dann für das Krankenhaus die gleichen Empfehlungen wie in der freien Wirtschaft. Insbesondere wird die Kenntnis der Preisuntergrenze für die einzelnen DRGs langfristig überlebenswichtig.

Auch bei Festpreisen muß das Krankenhaus den zu erzielenden Erlösen die Kosten gegenüberstellen. Eine Kostenträgerrechnung mit dem Ziel, die Kosten je DRG zu ermitteln ist unerläßlich. Nur so kann die Rentabilität der einzelnen Leistungen transparent werden. In einem Krankenhaus mit einem breiten Leistungsangebot können dabei einzelne unrentable Leistungen ausgeglichen werden. In einer Spezial-Klinik mit eingeschränktem Leistungsspektrum besteht diese Möglichkeit aber unter Umständen nicht.

Langfristig sollten unrentable Leistungen abgebaut und rentable Leistungen verstärkt angeboten werden. Dabei ist das Krankenhaus jedoch an den Versorgungsauftrag gebunden und somit in der Planung seines Leistungsspektrums eingeschränkt. Zur Sicherstellung einer für die Versorgung der Bevölkerung notwendigen Vorhaltung von Leistungen, die aufgrund des geringen Versorgungsbedarfs mit den DRGs nicht kostendeckend finanzierbar ist, sieht § 17 b Abs. 1 KHG zusätzliche Zahlungen vor. Die genaue Ausgestaltung dieser Regelung liegt derzeit noch nicht vor.

3.2.2 Erfolgsermittlung

Mit dem Vorliegen von Preisen ist die Erfolgsermittlung als eine weitere grundsätzliche Aufgabe der Kosten- und Leistungsrechnung verbunden.

Im Rahmen der Selbstkostendeckungsgarantie, die erst mit dem Gesundheitsstrukturgesetz[2] 1993 im Krankenhausbereich aufgehoben worden ist, konnte der Erfolg eines Krankenhauses nur daran gemessen werden, inwieweit der Bedarf an Krankenhausleistungen gedeckt werden konnte.[3] Eine Gegenüberstellung von Leistungen bzw. Erlösen und Kosten als Erfolgsermittlung machte keinen Sinn.

Mit der Einführung von landesweit vorgegebenen Preisen, eingeschränkt bereits 1995 mit den Fallpauschalen und Sonderentgelten und umfassend mit den DRG-Fallpauschalen in 2004 bzw. 2009, kommt der Erfolgsermittlung als Gegenüberstellung von Erlösen und Kosten eine größere Bedeutung zu. Eine Nachkalkulation auf Basis der entsprechenden Kalkulationsmethodik[4] stellt die Differenz zwischen dem Erlös aus einer DRG-Fallpauschale und den zur Leistungserbringung anfallenden Kosten und damit den Erfolg fest. Ist das Krankenhaus in der Lage, wirtschaftlich zu arbeiten und im Rahmen des Versorgungsauftrags Gewinne zu erzielen, so verbleiben diese dem Krankenhaus und können für Investitionen eingesetzt werden.

---

[1] Siehe Kap. 6 Diskutierte ordnungspolitische Rahmenbedingungen ab 2009.

[2] Siehe Kap. 2.5.1.1 Aufhebung des Selbstkostendeckungsprinzips.

[3] Vgl. *Fuchs, M.*: a.a.O., S. 46; *Hübner, H.*: a.a.O., S. 38.

[4] Siehe Kap. 4.4.2.2 Aufgaben der Kostenträgerstückrechnung (Kalkulation).

4 Teilgebiete der Kosten- und Leistungsrechnung

Wie oben[1] geklärt, sind **Kosten** bewerteter Verbrauch von Gütern und Dienstleistungen zur betrieblichen Leistungserstellung.[2] Das Ergebnis der Leistungserstellung stellt der bewertete mengenmäßige Output dar. Falls der Output für den Markt bestimmt und abgesetzt ist, spricht man vom Erlös.[3] Die Kostenrechnung spiegelt den Leistungserstellungsprozeß (Produktionsprozeß/Dienstleistungserstellungsprozeß) wertmäßig wider.

Die **Kosten- und Leistungsrechnung** für Krankenhäuser ist in § 8 KHBV vorgeschrieben. Mindestanforderungen an die Gestaltung sind demnach:

- Bildung von Kostenstellen aufgrund ihrer Aufgaben und Strukturen, mindestens jedoch solche Kostenstellen, die sich aus dem Kostenstellenrahmen nach Anlage 5 KHBV ergeben, sofern hierfür Kosten und Leistungen anfallen,
- Herleitung der Kosten aus der Buchführung und
- verursachungsgerechte Erfassung der Kosten und Leistungen nach Kostenstellen.

Die Ausgestaltung der Kosten- und Leistungsrechnung ist nicht näher festgelegt. In den folgenden Kapiteln wird daher auf die Darstellung der Kostenrechnung der üblichen Art näher eingegangen.[4]

4.1 Aufbau der Kostenrechnung

Der Grundaufbau jeder Kostenrechnung besteht - wie schon kurz skizziert[5] - aus den Stufen

- Kostenartenrechnung,
- Kostenstellenrechnung und
- Kostenträgerrechnung.[6]

Die **Kostenartenrechnung** erfaßt sämtliche im Laufe einer Abrechnungsperiode anfallenden Kosten in systematisch gegliederter Form. Die Kostenartenrechnung beantwortet die Frage: **Welche Kosten sind angefallen?**

In der **Kostenstellenrechnung** werden die einzelnen Kostenarten den Kostenstellen (Leistungsbereichen) zugeordnet, in denen sie entstanden sind

---

[1] Siehe Kap. 2.3 Begriffsdefinitionen zum betrieblichen bzw. krankenhausspezifischen Rechnungswesen.

[2] Vgl. *Hummel, S., Männel, W.*: a.a.O., S. 73.

[3] Vgl. *Hummel, S., Männel, W.*: a.a.O., S. 83f.

[4] Zu diesen allgemeinen Grundlagen wird auf die einschlägige Literatur verwiesen. Vgl. insbesondere: *Hummel, S., Männel, W.*: a.a.O.; *Götzinger, M., Michael, H.*: KLR 1990, a.a.O.; *Schweitzer, M., Küpper, H.-U.*: Systeme der Kostenrechnung, 7. Auflage, München 1998; *Deutsche Krankenhausgesellschaft (Hrsg.)*: Rechnungswesen, a.a.O.; *Wahle, O.*: a.a.O.; *Hübner, H.*: a.a.O.

[5] Siehe Kap. 2.2.2.1 Die Kosten- und Leistungsrechnung.

[6] Zu den Begriffen Kostenarten-, Kostenstellen- und Kostenträgerrechnung im Krankenhaus siehe auch z.B. *Tuschen, K. H., Philippi, M.*: a.a.O., S. 45ff.

bzw. durch die sie verursacht wurden. Die Kostenstellenrechnung beantwortet die Frage: **Wo sind die Kosten angefallen?**

In der **Kostenträgerrechnung** als letzte Stufe der Kostenrechnung erfolgt eine Verrechnung der entstandenen Kosten auf die erstellten Güter und Dienstleistungen. Die Kostenträgerrechnung beantwortet die Frage: **Wofür sind welche Kosten in welcher Höhe entstanden?**

In der Kostenträgerrechnung ist zu unterscheiden zwischen der Kostenträgerzeitrechnung und der Kostenträgerstückrechnung. In der **Kostenträgerzeitrechnung** werden die Kosten einer Periode den Leistungen (Erlösen) einer Periode gegenübergestellt. Die zumeist kurzfristige Rechnung ermittelt den Saldo zwischen diesen Größen und damit den Betriebserfolg. In der **Kostenträgerstückrechnung** werden die Kosten einer Leistungseinheit (Kostenträger) ermittelt.

Die folgende Abbildung stellt die Kostenrechnung und die Beziehung der einzelnen Teilbereiche schematisch dar, wobei der traditionelle Ansatz Kostenrechnungsstufen unterscheidet, der moderne Ansatz hingegen eine Trennung nach Kostenrechnungsphasen vornimmt.

Abbildung 29: Stufen und Phasen der Kostenrechnung

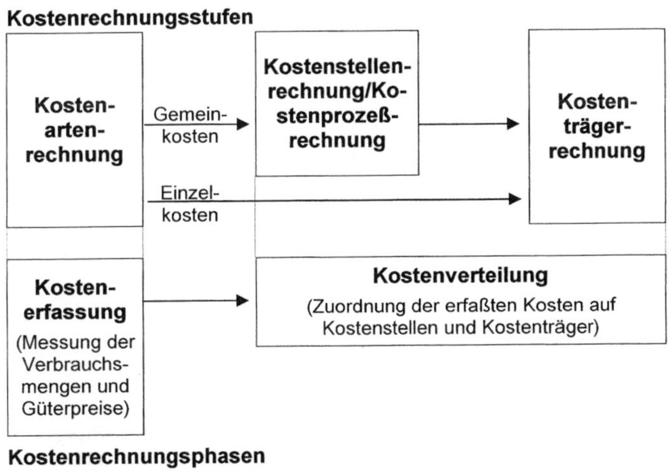

Quelle: Schweitzer, M., Küpper, H.-U.: Systeme der Kostenrechnung, 7. Auflage, München 1998, S. 39.

Die Kostenrechnung stellt die Höhe der Kosten über die Stufen Kostenarten, Kostenstellen und Kostenträger fest. Im Rahmen der Kostenrechnungsphasen stellt die **Kostenerfassung** (1. Phase) die in einer Rechnungsperiode benötigten Güter mit Hilfe der tatsächlich verbrauchten Mengen fest und ermittelt die erzielten Einkaufspreise. Die 2. Phase (**Kostenverteilung**) ordnet die Kosten nach bestimmten Grundsätzen den Kostenstellen und Kostenträgern zu.[1] Diese Systematik orientiert sich an dem in der Industrie und dem Handel angewandten **Kostenzuordnungsprinzip**. Die Einzelkosten können

[1] Vgl. *Schweitzer, M., Küpper, H.-U.*: a.a.O., S. 39f.

direkt den Kostenträgern zugeordnet werden. Gemeinkosten, also solche Kosten, die für mehrere Kostenträger gemeinsam anfallen und nicht unmittelbar einem Kostenträger zuzuordnen sind,[1] werden auf die Kostenstellen verteilt. Für das Krankenhaus gilt nach § 8 KHBV, daß Gemeinkosten und auch Einzelkosten in die Kostenstellenrechnung übergeleitet werden.[2]

Bis zum Gesundheitsstrukturgesetz[3] 1993 und der Novellierung der Bundespflegesatzverordnung war es nicht notwendig, über eine Kostenträgerrechnung zu verfügen. Eine Kostenträgerstückrechnung war jedoch dann sinnvoll, aber nicht gesetzlich vorgeschrieben, wenn krankenhausindividuelle Sonderentgelte vereinbart wurden.

Die folgende Abbildung ist der Vollständigkeithalber um eine dritte Kostenrechnungsphase erweitert worden, und zwar um die **Kostenauswertungsphase**, die der Planung, Steuerung und Kontrolle des Unternehmensprozesses dient.[4] Die betriebliche Steuerung (§ 8 KHBV), eine Aufgabe der Kostenrechnung und für das Krankenhaus als gesetzlicher Zweck festgelegt, vollzieht sich in der Kostenträgerrechnung als Auswertungsphase. Für die Krankenhäuser wird also zur Erfüllung der gesetzlich vorgeschriebenen Aufgabe eine Kostenträgerrechnung unabdingbar sein.

Abbildung 30: Traditionelle und phasenorientierte Aufteilung der Kostenrechnung

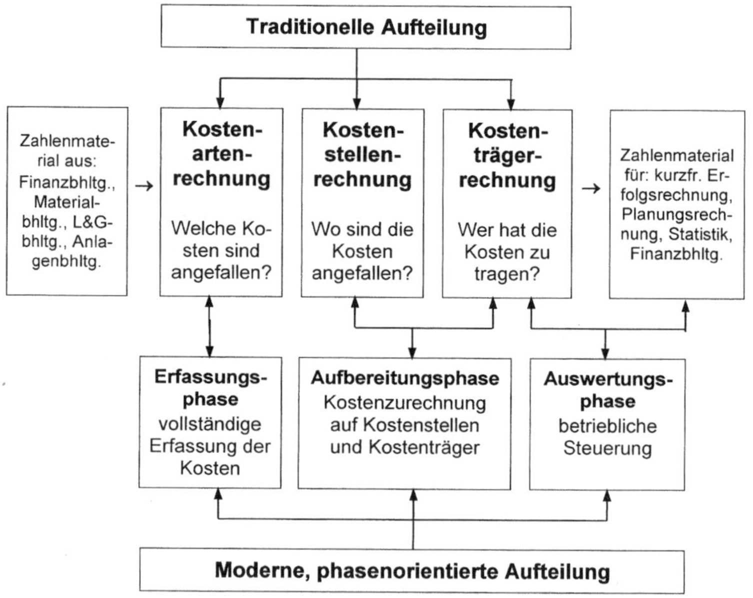

Quelle: In Anlehnung an: von Lojewski, U., Thalenhorst, J.: Kostenrechnung, Stuttgart/Berlin/Köln 2001, S. 18.

---

[1] Vgl. *Hentze, J., Kehres, E.*: a.a.O., S. 12.

[2] Vgl. *Hentze, J., Kehres, E.*: a.a.O., S. 16.

[3] Siehe Kap. 2.1.2.1 Gesundheitsstrukturgesetz.

[4] Vgl. *Schweitzer, M., Küpper, H.-U.*: a.a.O., S. 17 und 39.

4.2 Kostenartenrechnung

Wie aus der vorhergehende Abbildung ersichtlich ist, erhält die Kostenrechnung ihre Daten aus den vorgelagerten Rechnungskreisen, und zwar der

- Finanzbuchhaltung,
- Materialbuchhaltung und
- Lohn- und Gehaltsabrechnung,

aus denen die **Grundkosten**[1] abgeleitet werden. Darüber hinaus lassen sich mit Hilfe der Anlagenbuchhaltung die kalkulatorischen Abschreibungen und kalkulatorischen Zinsen für das in den Betriebsmitteln gebundene Kapital ermitteln, sofern diese für das Krankenhaus gesetzlich verwendet werden dürfen, z.B. bei nicht geförderten Krankenhäusern (§ 8 BPflV).

4.2.1 Aufbau der Kostenartenrechnung

Die von der Kostenartenrechnung zu erfüllenden Aufgaben sind je nach Typologie und Größe des Krankenhauses von unterschiedlicher Bedeutung. Nachstehend werden allgemeine Formulierungen gewählt:

- Ermittlung der Kostendaten für die Kostenstellen- und Kostenträgerrechnung,[2]
- vollständige Erfassung und Darstellung der durch die Leistungserstellung angefallenen Kosten, insbesondere auch die Abgrenzung vom Aufwand,[3]
- Kontrolle der absoluten Höhe einzelner Kostenarten im Zeitvergleich, sowie Kontrolle des relativen Anteils einzelner Kostenarten an den Gesamtkosten.[4]

4.2.2 Gliederungskriterien

Die Kostenarten allein liefern nicht immer aussagekräftige Informationen. Daher werden die in einem Abrechnungszeitraum anfallenden Kosten je nach Ausrichtung der zu liefernden Informationen nach verschiedenen Kriterien gegliedert.

In der Literatur ist eine Vielzahl verschiedener Gliederungskriterien zu finden.[5] Die nachfolgenden Gliederungspunkte repräsentieren eine für den hier vorgegebenen Zweck sinnvolle Auswahl.

1. Gliederung nach der Herkunft der Kostengüter

Die Unterscheidung der Kostenarten erfolgt nach dieser Untergliederung in primäre und sekundäre Kosten.

---

[1] Siehe Kap. 2.3 Begriffsdefinitionen zum betrieblichen bzw. krankenhausspezifischen Rechnungswesen.

[2] Vgl. *Hummel, S., Männel, W.*: a.a.O., S. 128f.

[3] Vgl. *Wahle, O.*: a.a.O., S. 14.

[4] Vgl. *Wahle, O.*: a.a.O., S. 14; *Götzinger, M., Michael, H.*: KLR 1990, a.a.O., S. 55.

[5] Vgl. u.a. *Wahle, O.*: a.a.O., S. 14ff.; *Hummel, S., Männel, W.*: a.a.O., S. 132ff.; *Hübner, H.*: a.a.O., S. 43ff.; *Götzinger, M., Michael, H.*: KLR 1990, a.a.O., S. 55ff.; *Schweitzer, M., Küpper, H.-U.*: a.a.O., S. 95f.

- **Primäre Kosten** entstehen durch den Bezug von Kostengütern am Beschaffungsmarkt (Sachgüter, Arbeitsleistung). In der Kostenartenrechnung erfolgt nur eine Erfassung der primären Kostenarten.
- **Sekundäre Kosten** entstehen durch den Verbrauch innerbetrieblicher und selbsterstellter Leistungen, wie z.B. Untersuchungen in Laboren. Diese sind aus den primären Kostenarten, z.B. Personalkosten und Sachkosten für Chemikalien und gegebenenfalls auch aus anderen sekundären Kostenarten zusammengesetzt. Die Kosten der Laboruntersuchungen werden dann den anfordernden Stellen zugerechnet.

  Sekundäre Kostenarten werden ausschließlich kostenstellenbezogen, d.h. im Rahmen des Betriebsabrechnungsbogens (BAB)[1], erfaßt.

2. Gliederung nach der Art der verbrauchten Kostengüter

Dieses Gliederungskriterium gibt Auskunft über die Art des Güter- und Dienstleistungsverzehrs in der Abrechnungsperiode. Dies führt zu einer Einteilung unter anderem in

- Personalkosten,
- Materialkosten,
- Wagniskosten und
- Abgaben.[2]

3. Gliederung nach der Art der Zurechnung

Die Unterscheidung nach der Art der Zurechnung auf eine bestimmte Leistung, eine Kostenstelle oder einen Kostenträger wird durch Einzelkosten und Gemeinkosten beschrieben.

- **Einzelkosten** sind direkte Kosten, die einer Leistungseinheit oder einem Kostenträger direkt und verursachungsgerecht zugeordnet werden können.

  Für die Kalkulation eines nach § 6 Abs. 1 KHEntgG krankenhausindividuell zu vereinbarenden Entgeltes sind Einzelkosten z.B. solche Kosten, die direkt diesem „Entgeltpatienten" zugerechnet werden können, z.B. Kosten für Implantate oder Blutersatzstoffe. Die Zurechnung kann aufgrund genauer Aufzeichnungen der Patientendaten vorgenommen werden.
- **Gemeinkosten** als indirekte Kosten werden mittelbar, d.h. über eine Schlüsselung, den Kostenträgern zugerechnet. Gemeinkosten können echte oder unechte Gemeinkosten sein.

  Echte Gemeinkosten können dem einzelnen Kostenträger nur indirekt zugerechnet werden. Unechte Gemeinkosten könnten direkt zugerechnet werden, aus wirtschaftlichen Gründen wird jedoch davon abgesehen und eine indirekte Zuordnung vorgenommen.[3]

---

1 Siehe Kap. 4.3.5 Das System des Betriebsabrechnungsbogens.

2 Vgl. *Wahle, O.*: a.a.O., S. 14.

3 Vgl. *Schweitzer, M., Küpper, H.-U.*: a.a.O., S. 96; *Hummel, S., Männel, W.*: a.a.O., S. 98f.

Die Gemeinkosten unterscheidet man weiterhin in Stelleneinzelkosten und Stellengemeinkosten. **Stelleneinzelkosten** lassen sich direkt einer Kostenstelle, aber nicht einem Kostenträger zurechnen.

> Beispiel:
>
> Personalkosten für den Pflegedienst
>
> Die Personalkosten können einer Station und damit einer Kostenstelle direkt zugerechnet werden. Eine Kostenzurechnung auf einen Patienten ist nur über eine Schlüsselung (z.B. Pflegeaufwand gemäß Pflegekategorie) möglich.

Stellengemeinkosten sind die über Schlüsselung den Kostenstellen angerechneten Kosten.

Abbildung 31: Untergliederung der Kosten nach der Art der Zurechnung auf Kostenträger und Kostenstellen

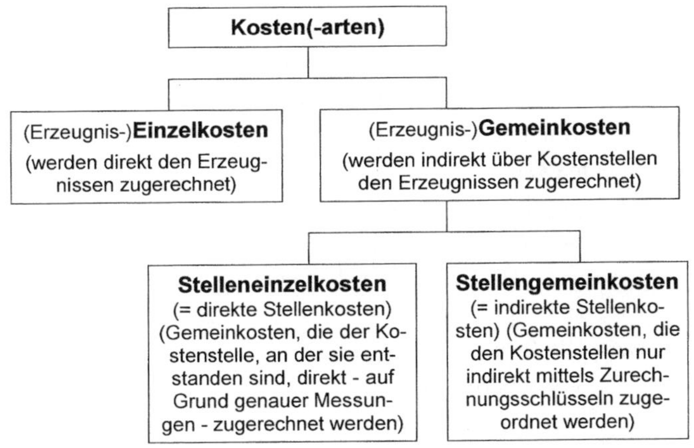

Quelle: Götzinger, M., Michael, H.: Kosten- und Leistungsrechnung, Eine Einführung, 5., unveränderte Auflage, Heidelberg 1990, S. 56.

4. Gliederung nach der Art der Abhängigkeit von Kosteneinflußgrößen

Kosten verhalten sich abhängig von Kosteneinflußgrößen, wie z.B. Preis und Qualität der Produktionsfaktoren, Auftragsgröße und Beschäftigung.

Die Kosten werden im allgemeinen nach beschäftigungsunabhängigen (= **fixen Kosten**) und beschäftigungsabhängige Kosten (= **variablen Kosten**) unterschieden.[1]

Unter Beschäftigung bzw. Beschäftigungsgrad kann die Kapazitätsauslastung verstanden werden.[2] Im Krankenhausbereich wird die Kapazitätsaus-

[1] Vgl. *Götzinger, M., Michael, H.*: KLR 1990, a.a.O., S. 55; *Schweitzer, M., Küpper, H.-U.*: a.a.O., S. 96f.

[2] Vgl. *Wahle, O.*: a.a.O., S. 17.

lastung z.B. durch den Grad der Bettenauslastung ausgedrückt.[1] Andere Möglichkeiten zur Berechnung der Kapazitätsauslastung wären die Zahl der Patienten, die Anzahl der Laborleistung zur Angabe der Beschäftigung im Laborbereich, die Zahl der Geburten etc. zur Messung der Auslastung des Kreißsaales, und zwar jeweils im Verhältnis zur Kapazität betrachtet.

- **Variable Kosten**

  Verändern sich die Kosten bei einer Veränderung der Beschäftigung, werden diese Kosten als beschäftigungsabhängige oder variable Kosten in bezug auf die Beschäftigung bezeichnet.

  Beispiel:
  Steigt die Bettenauslastung um 5%, so steigen die variablen Kosten ebenfalls um 5%, d.h., die variablen Kosten verhalten sich proportional zur Bettenauslastung.[2]

  Variable Kosten können auch proportional (progressiv) oder unterproportional (degressiv) zur Veränderung der Beschäftigung fallen oder steigen.

  Beispiele für variable Kosten sind:
  - Arznei-, Heil- und Hilfsmittel,
  - Lebensmittel für Patienten und
  - Präparate für Laboruntersuchungen.

- **Fixe Kosten**

  Bleiben die Kosten konstant, obwohl ein Leistungsanstieg (z.B. höhere Belegungsquote, Erhöhung der Anzahl der Einzelleistungen im Labor) zu verzeichnen ist, handelt es sich um beschäftigungsunabhängige (fixe) Kosten.

  Beispiele für fixe Kosten sind:[3]
  - Versicherungen,
  - bestimmte Steuern,
  - Personalkosten in Höhe einer eventuell notwendigen Mindestbesetzung und
  - Vorhaltekosten, wie z.B. Instandhaltung und Geräteüberwachung.

- **Gemischt variable/fixe Kosten**

  Die Kostenarten
  - Personalkosten,
  - Medizinischer Sachbedarf,
  - Wasser, Energie, Brennstoffe,
  - Wirtschaftsbedarf und
  - Verwaltungsbedarf

  können zu unterschiedlichen Teilen in einer Periode fix und variabel sein. Folgende Tabelle stellt verschiedene Kostenarten und ihren Anteil an fixen und variablen Kosten an den Gesamtkosten dar.

---

[1] Vgl. *Deutsche Krankenhausgesellschaft (Hrsg.)*: Rechnungswesen, a.a.O., S. 134.
[2] Vgl. *Hildebrand, R.*: a.a.O., S. 426f.
[3] Vgl. *Hübner, H.*: a.a.O., S. 53.

Tabelle 10: Anteil der variablen und fixen Kosten bei ausgewählten Kostenarten

Kostenarten	Anteil % periodenfix	Anteil % periodenvariabel
Personalkosten	98	2
Lebensmittel (nur für Patienten)	--	100
Medizinischer Bedarf	5	95
Wasser, Energie, Brennstoffe	95	5
Wirtschaftsbedarf	80	20
Verwaltungsbedarf	95	5
Steuern, Abgaben, Versicherungen	100	--
Wirtschaftsgüter	100	--
Instandhaltung	100	--
Sonstige Kosten	100	--

Quelle: Engelke, D. R., Riefenstahl, R.: Die Auswirkungen der Flexibilisierung des Krankenhausbudgets auf die Erlössituation und das Betriebsergebnis des Krankenhauses, in: ku, 5/1985, S. 334, zitiert bei: Hildebrand, R.: a.a.O., S. 426.

- **Sprungfixe Kosten**

  Bei den Personalkosten festangestellter Mitarbeiter handelt es sich im allgemeinen um fixe Kosten. Bis zu einer bestimmten Erhöhung des Beschäftigungsgrades bzw. bis zu einer bestimmten geringeren Auslastung bleiben die Personalkosten konstant. Durch eine Zunahme der Mitarbeiterzahl steigen die Kosten jedoch nicht proportional zur Leistungsausweitung, da der Produktionsfaktor Arbeit/Personal nicht teilbar, und eine Anpassung an jeweilige Beschäftigungsschwankungen proportional nicht möglich ist. Daher bezeichnet man diese Personalkosten als intervall- oder sprungfixe Kosten. Mittelfristig gesehen sind Personalkosten jedoch variable Kosten, da bei einer dauerhaften Änderung der Belegungsquote auch die Anzahl der Mitarbeiter durch Entlassungen oder Neueinstellungen angepaßt werden kann.[1]

Abbildung 32: Intervall- oder sprungfixe Kosten

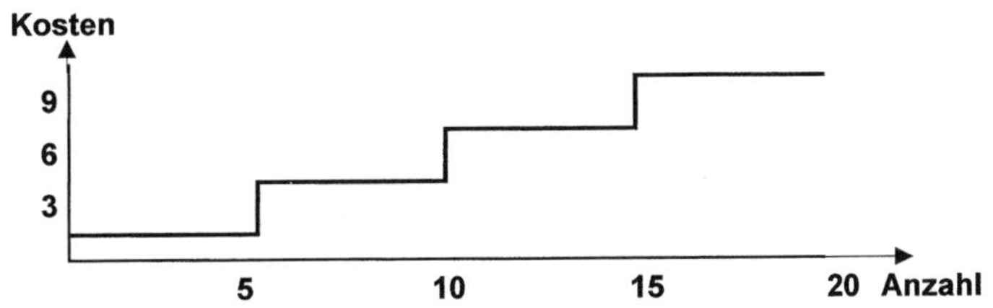

Quelle: Hildebrand, R.: Kostenrechnung, in: Eichhorn, S. (Hrsg.), Handbuch Krankenhaus-Rechnungswesen, Grundlagen - Verfahren - Anwendungen, 2. überarbeitete und erweiterte Auflage 1988, S. 427.

[1] Vgl. *Hübner, H.*: a.a.O., S. 135; . *Hildebrand, R.*: a.a.O., S. 426f.

5. Gliederung nach Vorgabe des gesetzlichen Kontenrahmens

Gemäß § 3 und Anlage 4 KHBV ist dem Krankenhaus ein Mindestgliederungsschema der Kostenarten/Konten vorgegeben.

Im Rahmen des **Musterkontenplans** nach der Krankenhaus-Buchführungsverordnung können die Krankenhäuser je nach Anforderung eine individuelle Ausgestaltung in der Weise vornehmen, daß eine Überleitung auf die Konten des vorgeschriebenen Kontenrahmens jederzeit möglich ist. Der Musterkontenplan, wie in Abbildung 8 auszugsweise dargestellt, umfaßt neun Kontenklassen.[1]

Jede Kontenklasse wird differenziert nach

- Kontengruppen,
- Kontenuntergruppen und
- Konten.

Jedem Konto wird zur eindeutigen Zuordnung eine Bezeichnung zugeteilt.

Die Systematik des Kontenplans orientiert sich auch an den Anforderungen der Leistungs- und Kalkulationsaufstellung. Die Kontenklassen 6 und 7 stellen die einzelnen Konten der Aufwendungen dar. Die in der Kontenklasse 6 erfaßten Aufwendungen stellen gleichzeitig pflegesatz- bzw. DRG-relevante Kosten dar und können ohne Ausnahme in die Kostenrechnung übernommen werden. In der Kontenklasse 7 sind nicht alle Aufwandsarten pflegesatz- bzw. DRG-relevant und müssen daraufhin untersucht werden, inwieweit sie in die Kostenrechnung eingehen sollen und können. Z.B. stellen die in der Kontengruppe 76 erfaßten Abschreibungen unter anderem Abschreibungen auf Sachanlagen und Einrichtungen aus Fördermitteln dar. Bei diesen Abschreibungen handelt es sich um planmäßige Abschreibungen von den Anschaffung- oder Herstellungskosten, die nicht in die Pflegesatzermittlung bzw. DRG-Kalkulation eingehen dürfen, aber für die Kostenrechnung notwendig sein können. Die ebenfalls in dieser Kontengruppe erfaßten Abschreibung auf Forderungen sind dagegen pflegesatzfähig bzw. bei der DRG-Kalkulation zu berücksichtigen.[2]

Die Kontengruppen 86 bis 88 der Kontenklasse 8 enthalten die Abgrenzungskonten zwischen Finanzbuchhaltung und Betriebsbuchhaltung. In den Kontengruppen 86 und 87 sind die Ertrags- und Aufwandsbuchungen zu sammeln, die nicht in die Betriebsabrechnung eingehen dürfen. Mit Hilfe der Kontengruppe 88 werden die kalkulatorischen Kosten in das System eingebracht. In der Regel sollen jedoch die bilanziellen Abschreibungen als Abschreibungswerte in die Kostenrechnung übernommen werden. Abweichungen, die sich aufgrund des tatsächlichen Werteverzehrs ergeben, können betriebsindividuell berücksichtigt werden.

Die Berücksichtigung der kalkulatorischen Kosten ist, wie in Kap. 2.3 Begriffsdefinitionen zum betrieblichen bzw. krankenhausspezifischen Rechnungswesen dargestellt, unterschiedlich geregelt.

---

1 Siehe Kap. 2.2.1 Externes Rechnungswesen.

2 Siehe Kap. 2.3 Begriffsdefinitionen zum betrieblichen bzw. krankenhausspezifischen Rechnungswesen.

4.2.3 Verfahren der Kostenerfassung

Die Kostenartenrechnung soll sämtliche im Leistungsprozeß anfallende Kosten vollständig erfassen und darstellen. Dies erfolgt mit Hilfe von extern und intern angefertigten Belegen. Wie angedeutet, erhält die Kostenartenrechnung eine Reihe von Daten aus vorgelagerten Rechnungsstellen.[1] So gehen z.B. die Belege der Material- und Personalaufwendungen der Abteilungen Materialabrechnung bzw. Lohn- und Gehaltsbuchhaltung[2] sowie Daten externer Belege, z.B. Rechnungen von Lieferanten, aus der Finanzbuchhaltung in die Kostenrechnung ein.[3] Diese Belege müssen den Sachverhalt genau darstellen und eine Weiterbearbeitung in der

- Kostenartenrechnung - genaue Bezeichnung -,
- Kostenstellenrechnung - Angabe des Ortes der Verwendung - und
- Kostenträgerrechnung

ermöglichen, d.h., auf jedem Beleg sind entsprechende Vermerke anzubringen.[4]

Insbesondere ist durch den Musterkontenplan eine Bezeichnung für jedes Konto und damit für jede Kostenart vorgegeben, die eine eindeutige und einheitliche Zuordnung ermöglichen soll.

Bei der Erfassung der Kostenarten sind

- die differenzierte Werterfassung und
- die undifferenzierte Werterfassung

zu unterscheiden.[5]

1. Differenzierte Werterfassung

Als Beispiel für eine differenzierte Werterfassung (getrennte Mengen- und Preiserfassung) soll die Ermittlung der Materialkosten herangezogen werden. Im ersten Schritt werden die Verbrauchsmengen z.B. an Verbandsmitteln oder Verwaltungsbedarf erfaßt. In einem zweiten Schritt sind diese Mengen mit den entsprechenden Preisen zu bewerten, d.h., jeder Mengenkomponente wird mit dem Preis eine Wertkomponente zugeordnet.[6]

In der Finanzbuchhaltung erfolgt die Bewertung nach handels- und steuerrechtlichen Vorschriften. Letztere sind insbesondere von Bedeutung, wenn es sich um privatrechtlich geführte Krankenhäuser handelt.

Für die allgemeine Kostenrechnung gibt es keine Bewertungsvorschriften. In der Praxis werden Anschaffungs-, Tages- oder Verrechnungspreise herangezogen.

---

[1] Siehe Kap. 4.1 Aufbau der Kostenrechnung.
[2] Vgl. *Schweitzer, M., Küpper, H.-U.*: a.a.O., S. 104ff.; *Wahle, O.*: a.a.O., S. 23f.
[3] Vgl. *Wahle, O.*: a.a.O., S. 23f.
[4] Vgl. *Wahle, O.*: a.a.O., S. 23f.
[5] Vgl. *Wahle, O.*: a.a.O., S. 23f.; *Hentze, J., Kehres, E.*: a.a.O., S. 30f.
[6] Vgl. *Wahle, O.*: a.a.O., S. 25.

Die folgende Abbildung gibt einen Überblick, wie die Wertkomponenten ermittelt werden können.

Abbildung 33: Kostenbewertung

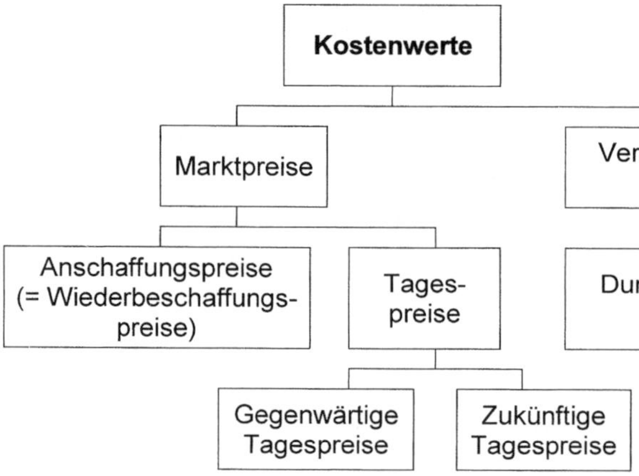

Quelle: Wahle, O.: Kostenrechnung II für Studium und Praxis, Ist- und Normalkostenrechnung, 3., überarbeitete Auflage, Bad Homburg v.d.H. 1989, S. 25.

2. Undifferenzierte Werterfassung

Bei der undifferenzierten Werterfassung erfolgt die Erfassung über einen Kostenbetrag, der nicht in eine Mengen- und Preiskomponente aufgeteilt werden kann. Der Betrag wird in der Finanzbuchhaltung gleichmäßig über die gesamte Abrechnungsperiode verteilt.

Beispiele, für die die undifferenzierte Werterfassung Anwendung finden kann, sind die Kostenarten Versicherungen und Gebühren.[1]

Auf die Art der Mengenerfassung und die Bestimmung der Werte wird im nachfolgenden Kapitel bei ausgewählten Kostenarten eingegangen.

4.2.4 Erfassung einzelner Kostenarten

Zur Darstellung, in welchen Stufen und in welcher Form Kostenarten erfaßt und bewertet werden können, werden im folgenden Kapitel ausgewählte Kostenarten vorgestellt, und zwar nach dem Kriterium des relativen Anteils der Kostenarten an der Gesamtkostenstruktur.

Die nachfolgende Abbildung stellt die bereits bekannten Kostenarten dar, zusätzlich jedoch beispielhaft mit ihrem Anteil an den Gesamtkosten.

---

[1] Vgl. *Wahle, O.*: a.a.O., S. 25.

Abbildung 34: Kostenarten und Kostenstruktur

Kontenklasse 6:	Aufwendungen	Struktur %
60	Löhne und Gehälter	67
61	Gesetzliche Sozialabgaben	
62	Aufwendungen für die Altersversorgung	
63	Aufwendungen für Beihilfen und Unterstützungen	
64	Sonstige Personalaufwendungen	
65	Lebensmittel	3
66	Medizinischer Bedarf	16
67	Wasser, Energie, Brennstoffe	3
68	Wirtschaftsbedarf	3
69	Verwaltungsbedarf	2
Kontenklasse 7:		
70	Aufwendungen für zentrale Dienstleistungen	1
71	Wiederbeschaffte Gebrauchsgüter	0
72	Instandhaltung	3
73	Steuern, Abgaben, Versicherungen	1
74	Zinsen und ähnliche Aufwendungen	0
78	Sonstige ordentliche Aufwendungen	1
79	Außerordentliche Aufwendungen	
		100

Quelle: Hentze, J., Kehres, E.: Kosten- und Leistungsrechnung der Krankenhäuser, Systematische Einführung, 4., überarbeitete Auflage, Stuttgart/Berlin/Köln 1999, S. 28.

4.2.4.1 Personalkosten

Zu den Personalkosten gehören Lohn- und Gehaltskosten sowie Personalnebenkosten.

Der Kontenrahmen der Krankenhaus-Buchführungsverordnung (Anlage 4) unterscheidet folgende Personalkostenarten:

Kto. 60 Löhne und Gehälter

Kto. 61 Gesetzliche Sozialabgaben

Kto. 62 Aufwendungen für die Altersversorgung

Kto. 63 Aufwendungen für Beihilfen und Unterstützungen

Kto. 64 Sonstige Personalaufwendungen

Zu den **Löhnen und Gehältern** gehören alle Leistungsentgelte einschließlich Vergütungen für Überstunden, Bereitschaftsdienst, Rufbereitschaft, Zeitzuschläge, Sachbezüge für freie Unterkunft für Angehörige von Ordensgemeinschaften, die im Krankenhaus tätig sind. Diese Gelder fließen dem Träger des Ordens zu.[1]

[1] Vgl. *Hentze, J., Kehres, E.*: a.a.O., S. 33.

Zu den **gesetzlichen Sozialabgaben** gehören die Arbeitgeberbeiträge zur Sozialversicherung (Renten-, Kranken-, Pflege-, Arbeitslosenversicherung) sowie die Beiträge zur gesetzlichen Unfallversicherung. Zu den Beiträgen an die Berufsgenossenschaft gehört neben den Beiträge zur gesetzlichen Unfallversicherung auch das Konkursausfallgeld.

Beiträge zu Ruhegehalts- und Zusatzversorgungskassen sowie anderen Versorgungseinrichtungen werden als **Aufwendungen für die Altersversorgung** erfaßt.

Freiwillige Sozialleistungen unterteilen sich in primäre und sekundäre Sozialkosten und werden unter den **Sonstigen Personalaufwendungen** erfaßt. Unter primären Sozialkosten versteht man die an den Arbeitnehmer direkt gegebenen Leistungen wie z.B. Kuren und Jubiläumszahlungen. Sekundäre Sozialkosten umfassen betriebseigene Einrichtungen wie z.B. Sportanlagen, Werkszeitungen und die Cafeteria. Dieses sind Kosten, die sich aus primären Kosten wie z.B. Lebensmittel, Personalkosten, Gebrauchsgüter und sekundären Kosten zusammensetzen. Sie werden auf gesonderten Kostenstellen erfaßt und gegebenenfalls im Zuge der innerbetrieblichen Leistungsverrechnung auf die die Leistungen in Anspruch nehmenden Kostenstellen verteilt.

Ein separater Ausweis von (tariflichen) Lohnnebenkosten, wie Urlaubs- und Weihnachtsgeld, neben den Löhnen und Gehältern ist möglich und notwendig, wird jedoch nicht immer vorgenommen.

4.2.4.2 Sachkosten

Die Sachkosten werden gemäß Anlage 4 KHBV wie folgt gegliedert:

Abbildung 35: Gliederung der Sachkosten

Kontengruppe	Bezeichnung
65	Lebensmittel und bezogene Leistungen
66	Medizinischer Bedarf
67	Wasser, Energie, Brennstoffe
68	Wirtschaftsbedarf
69	Verwaltungsbedarf
70	Aufwendungen für zentrale Dienstleistungen
71	Wiederbeschaffte Gebrauchsgüter (soweit Festwerte gebildet wurden)
72	Instandhaltung
73	Steuern, Abgaben, Versicherungen
74	Zinsen und ähnliche Aufwendungen

Quelle: Auszug aus dem Kontenrahmen für die Buchführung, Anlage 4 KHBV.

Eine differenzierte Gliederung - wie nachfolgend für die Sachkosten des medizinischen Sachbedarfs dargestellt - erfolgt nicht für jede Kostenart.

Abbildung 36: Differenzierung des Medizinischen Bedarfs

66	Medizinischer Bedarf
6600	Arzneimittel (außer Implantate und Dialysebedarf)
6601	Kosten der Lieferapotheke
6602	Blut, Blutkonserven und Blutplasma
6603	Verbandmittel, Heil- und Hilfsmittel
6604	Ärztliches und pflegerisches Verbrauchsmaterial, Instrumente
6606	Narkose- und sonstiger OP-Bedarf
6607	Bedarf für Röntgen- und Nuklearmedizin
6608	Laborbedarf
6609	Untersuchungen in fremden Instituten
6610	Bedarf für EKG, EEG, Sonographie
6611	Bedarf der physikalischen Therapie
6612	Apothekenbedarf, Desinfektionsmaterial
6613	Implantate
6614	Transplantate
6615	Dialysebedarf
6616	Kosten für Krankentransporte (soweit nicht Durchlaufposten)
6617	Sonstiger medizinischer Bedarf
6618	Honorare für nicht im Krankenhaus angestellte Ärzte

Quelle: Auszug aus dem Kontenrahmen für die Buchführung, Anlage 4 KHBV.

Die Güter des medizinischen Bedarfs sind überwiegend Verbrauchsgüter, die nach § 2 Satz 1 Nr. 3 AbgrV

- bei Verwendung im Leistungsprozeß aufgezehrt werden,
  z.B. Arzneimittel,
- unverwendbar werden,
  z.B. Einwegspritzen oder
- nur von einem Patienten genutzt werden können,
  z.B. Endoprothesen,[1] Herzklappen, Herzschrittmacher.

Um diese Verbrauchsmaterialien zu erfassen, können verschiedene - im folgenden genauer beschriebene - Verfahren zur Anwendung kommen:

- Zugangs- und Festwertrechnung,
- Inventurmethode,
- Fortschreibungs- oder Skontrationsmethode,
- Verbrauchsaufschreibung oder
- Rückrechnung.

4.2.4.2.1 Mengenerfassung

Nachfolgend werden verschiedene Verfahren zur Mengenerfassung dargestellt.[2]

---

[1] Vgl. *Keisers, J.*: Einführung in die Krankenhausbetriebslehre - Ein Leitfaden für Krankenpflegepersonal, Ärzte und Verwaltungsangestellte, 4., überarbeitete Auflage, Hagen 1993, S. 167f.

[2] Vgl. *Keisers, J.*: a.a.O., S. 143ff.; *Hentze, J., Kehres, E.*: a.a.O., S. 38ff.; *Wahle, O.*: a.a.O., S. 31ff.

1. Zugangsrechnung oder Festwertrechnung

Mit einer einfachen Zugangsrechnung ermittelt man die Verbrauchsmengen lediglich durch Feststellung des Lagerzugangs. Dabei wird unterstellt, daß der Zugang dem Verbrauch entspricht.

Nachteilig für die Anwendbarkeit ist, daß ein außerordentlicher Verbrauch (z.B. Schwund) ebenso wie ein auf Unwirtschaftlichkeiten zurückzuführender Mehrverbrauch nicht festgestellt werden kann.

Dieses Verfahren wird in der Praxis z.B. bei Gütern des medizinischen Bedarfs, Wirtschaftsbedarfs und Verwaltungsbedarfs angewandt, die in einem Handlager oder einem Stations- bzw. Fachabteilungslager gelagert und bei Erreichen eines Mindestbestandes wieder ersetzt werden. Damit wird nicht der eigentliche Verbrauch des Krankenhauses festgestellt, sondern die Anforderungen der verbrauchenden Stellen.

Zur Erläuterung mögen folgende Beispiele dienen:

- Arzneien aus einer Lieferapotheke werden direkt an die Station geliefert. Der verbrauchenden Station werden die gelieferten Arzneien direkt als bewerteter Verbrauch berechnet.
- Der Verbrauch von Wirtschaftsbedarf aus einem Zentrallager wird durch Materialentnahmescheine, auf denen die anfordernde Kostenstelle vermerkt ist, direkt den Kostenstellen als Verbrauch berechnet.

2. Inventurmethode

Die Inventurmethode berechnet den Verbrauch durch eine Staffelrechnung nach folgender Formel:

	Bestand am Anfang der Periode
+	**Zugang während der Periode**
./.	**Bestand am Ende der Periode**
=	**Verbrauch**

Voraussetzung zur Ermittlung des Verbrauchs ist eine regelmäßige Inventur in kurzen Abständen, die aber meistens aus zeitlichen und wirtschaftlichen Gründen (Kosten-Nutzen-Aspekt) nicht durchgeführt wird.

Wie bei der Zugangsrechnung besteht ein Nachteil dieser Methode darin, daß Materialabgang und leistungsbedingter Verbrauch gleichgesetzt und Schwund und Diebstahl nicht ermittelt werden können.[1]

Da nur der Gesamtverbrauch erfaßt wird, ist keine Zurechnung auf Kostenstellen oder Kostenträger möglich. Zudem können unvorhergesehene Bestandsabweichungen nicht aufgedeckt werden, da in der Regel nur einmal im Jahr eine Inventur vorgenommen wird.

3. Fortschreibungsmethode oder Skontrationsmethode

Voraussetzung für diese Methode ist die Erfassung der verbrauchten Mengen durch Materialentnahmescheine und die Erfassung des Zugangs durch Materialzugangsformulare.

---

[1] Vgl. *Wahle, O.*: a.a.O., S. 34f.

Die Ermittlung erfolgt nach folgender Formel:

	Bestand am Anfang der Periode
+	**Zugang während der Periode** (Nachweis durch Belege)
./.	**Bestand am Ende der Periode** (Nachweis durch Belege)
=	**Buchbestand am Ende der Periode** (Überprüfung durch Inventur)

Der Verbrauch ergibt sich aus den Aufzeichnungen der Entnahmescheine. Vorteilhaft ist hier die Möglichkeit einer kostenstellenbezogenen Verbrauchserfassung. Abweichungen zwischen Buchbestand und Inventurbestand lassen Rückschlüsse auf Diebstahl und Schwund zu. Jedoch ist die belegmäßige Organisation dieser Methode relativ aufwendig. Die folgende Tabelle stellt die Skontrationsmethode dar, die mit einer Bewertung zu periodisch ermittelten Durchschnittspreisen[1] verbunden ist.

Tabelle 11: Darstellungsbeispiel Skontrationsmethode

Anfangsbestand	1. Januar	200 Einheiten á 10,00 €	=	2.000,00 €
Zugang	1. Quartal	300 Einheiten á 12,00 €	=	3.600,00 €
Durchschnittswert	1. Quartal	5.600,00 € / 500	=	11,20 €
Verbrauch	1. Quartal	350 Einheiten á 11,20 €	=	3.920,00 €
Bestand	1. April	150 Einheiten á 11,20 €	=	1.680,00 €
Zugang	2. Quartal	250 Einheiten á 11,00 €	=	2.750,00 €
Durchschnittswert	2. Quartal	4.430,00 € / 400	=	11,08 €
Verbrauch	2. Quartal	300 Einheiten á 11,08 €	=	3.322,50 €
Bestand	1. Juli	100 Einheiten á 11,08 €	=	1.107,50 €
Zugang	3. Quartal	400 Einheiten á 9,00 €	=	3.600,00 €
Durchschnittswert	3. Quartal	4.707,50 € / 500	=	9,42 €
Verbrauch	3. Quartal	150 Einheiten á 9,42 €	=	1.412,25 €
Bestand	1. Oktober	350 Einheiten á 9,42 €	=	3.295,25 €
Zugang	4. Quartal	50 Einheiten á 13,00 €	=	650,00 €
Durchschnittswert	4. Quartal	3.945,25 € / 400	=	9,86 €
Verbrauch	4. Quartal	150 Einheiten á 9,86 €	=	1.479,47 €
Endbestand	31. Dezember	250 Einheiten á 9,86 €	=	2.465,78 €

Quelle: In Anlehnung an: Frühmorgen, O.: Anlagenbuchhaltung und Lagerbuchhaltung, in: Eichhorn, S. (Hsrg.), Handbuch Krankenhaus Rechnungswesen, 2., überarbeitete und erweiterte Auflage, Wiesbaden 1988, S. 310; Angaben hier in Euro.

4. Verbrauchsaufschreibung

Verbrauchsaufschreibungen stellen eine Ergänzung zur Skontrationsmethode dar, wenn zwischen Entnahme und Verbrauch eine zeitliche Differenz besteht. Mit Hilfe der Entnahmescheine wird ein Verbrauch ermittelt, der nicht immer dem effektiven Verbrauch entspricht, da, wie z.B. bei Arzneimitteln, ein gewisser Bestand auf den Stationen als Handlager gehalten wird.

Verbrauchsaufschreibungen erfassen den tatsächlichen Verbrauch und sind somit eine exakte Methode zur Ermittlung des Verbrauchs.

[1] Siehe Kap. 4.2.4.2.2 Bewertung der Verbrauchsmengen.

5. Rückrechnung oder retrograde Methode

Aus Rezepturen und Stücklisten, die Sollverbrauchsmengen enthalten, wird auf den Gesamtverbrauch geschlossen, indem die Anzahl mit den Sollverbrauchsmengen multipliziert wird.

Der Istverbrauch ist mit Hilfe zusätzlicher Bestandsaufnahmen zu ermitteln. Durch Gegenüberstellung mit den Sollverbrauchsmengen können dann Abweichungen festgestellt werden.

Die Methode der Rückrechnung kann im Krankenhausbereich kaum Anwendung finden, da Sollverbrauchsmengen für die Behandlung von Patienten bisher kaum festgelegt sind. Die an anderer Stelle[1] beschriebenen Patientenbehandlungsleitlinien könnten jedoch eine Feststellung von Sollverbrauchsmengen erleichtern.

Durch Multiplikation der Menge mit dem Preis erhält man den gesamten (leistungsbedingten) bewerteten Verbrauch und somit die Materialkosten.

Nachfolgend sollen verschiedene Bewertungsmöglichkeiten dargestellt werden.

4.2.4.2.2 Bewertung der Verbrauchsmengen

Es können anschaffungspreisorientierte Bewertungen des Materialverbrauchs oder Bewertung mit Verrechnungspreisen vorgenommen werden.[2]

1. Anschaffungspreisorientierte Bewertung

Für eine anschaffungspreisorientierte Bewertung werden verschiedene Bewertungsverfahren angewendet:

- **Historische Anschaffungspreise**

  Für eine Einzelbewertung können historische Anschaffungspreise bei den Gütern angesetzt werden, die einen relativ hohen Wert haben und sofort für die Behandlung des Patienten verwendet werden (z.B. Herzklappen).

- **Bewertung mit Durchschnittspreisen**

  Gewogene Durchschnittspreise werden verwendet, wenn die Güter zu verschiedenen Zeiten dem Lager zugehen und vom Lager abgehen.

  Man unterscheidet:

  - **Periodisch ermittelte Durchschnittspreise**: sie werden einmal am Ende der Abrechnungsperiode ermittelt und bewerten so den Verbrauch der vergangenen Periode.
  - **Gleitende Durchschnittspreise**: sie werden nach jedem Zugang neu ermittelt und stellen einen aktualisierten Durchschnittspreis dar.

---

[1] Siehe Kap. 4.4.3.2.5 Patientenbehandlungsleitlinien/Klinische Behandlungspfade.

[2] Vgl. *Hummel, S., Männel, W.*: a.a.O., S. 146ff.; *Wahle, O.*: a.a.O., S. 35ff.

- **Preisermittlung nach den Verbrauchsfolgeverfahren**

  Zu den Verbrauchsfolgeverfahren gehören die zeitorientierten Verfahren und die wertorientierten Verfahren.

  - **Zeitorientierte Verfahren** sind das FIFO-Verfahren (first in - first out) und das LIFO-Verfahren (last in - first out). Das FIFO-Verfahren unterstellt, daß die zuerst in das Lager eingehenden Güter zuerst verbraucht werden. Dieses Verfahren könnte zur Bewertung unter anderem für Arzneimittel verwendet werden. Das LIFO-Verfahren unterstellt, daß alle zuletzt beschafften Güter zuerst verbraucht werden.
  - Zu den **wertorientierten Verfahren** gehören das HIFO-Verfahren (highest in - first out) und das LOFO-Verfahren (lowest in - first out). Bei Verwendung des HIFO-Verfahrens wird angenommen, daß die Güter mit dem höchsten Wert zuerst verbraucht werden, beim LOFO-Verfahren werden die Güter mit dem niedrigsten Wert zuerst verbraucht.

2. Bewertung mit festen Verrechnungspreisen

Verrechnungspreise werden in Anlehnung an Anschaffungspreise (oder allgemein auch Wiederbeschaffungspreise) ermittelt. Es sind Durchschnittspreise, die innerhalb der Abrechnungsperiode konstant sind. Die bei schwankenden Anschaffungs- oder Wiederbeschaffungspreisen entstehenden Preisdifferenzen werden buchhalterisch ausgeglichen.

4.2.4.2.3 Abschreibungen

Ein Teil der Vorhaltekosten im Krankenhaus sind Abschreibungen auf Anlagegüter. Sie resultieren aus Investitionskosten und gehören, da die Anlagenfinanzierung zum größten Teil über öffentliche Fördermittel der Bundesländer getätigt werden sollen, nicht zu den pflegesatzfähigen bzw. DRG-relevanten Kosten.[1] Aber z.B. bei allen nicht geförderten Krankenhäusern können aufgrund des Krankenhausfinanzierungsgesetzes und der Hochschulbauförderung Abschreibungen für Anlagegüter im Budget berücksichtigt werden (§ 8 Abs. 1 BPflV). Auch bei geförderten Krankenhäusern sind gemäß § 17 Abs. 4 Nr. 1 KHG Kosten der Wiederbeschaffung von Wirtschaftsgütern mit einer durchschnittlichen Nutzungsdauer bis zu drei Jahren im Pflegesatz zu berücksichtigen. Daher soll hier ansatzweise auf die Möglichkeiten der Erfassung der Wertminderung von Anlagegütern eingegangen werden.

Betriebsmittel (Gebäude, technische Anlagen, Einrichtungs- und Ausstattungsgegenstände) sind langfristig nutzbare Anlagegegenstände, die durch die Nutzung in ihrem Nutzungspotential vermindert werden, also der Wertminderung unterliegen.

In der Finanzbuchhaltung richten sich die Abschreibungen für Krankenhäuser nach den Vorschriften der Krankenhaus-Buchführungsverordnung in

[1] Vgl. *Lankers, C. H. R.*: Ressourcen im Krankenhaus, in: *Paffrath, D., Arnold, M.*, Krankenhausreport '93, Aktuelle Beiträge, Trends, Statistiken, Stuttgart/Jena 1993, S. 189.

Verbindung mit handels- und steuerrechtlichen Vorschriften. Nach § 5 Abs. 1 KHBV in Verbindung mit § 253 Abs. 2 HGB sind Vermögensgegenstände, deren Nutzung zeitlich begrenzt ist, zu den Anschaffungs- oder Herstellungskosten vermindert um Abschreibungen anzusetzen. Diese planmäßigen Abschreibungen werden durch die Höhe der Anschaffungs- oder Herstellungskosten und durch die Festlegung der voraussichtlichen betriebsgewöhnlichen Nutzungsdauer bestimmt.[1]

Die allgemeine Kostenrechnung berücksichtigt die wertmäßige Minderung aufgrund leistungsbedingter Nutzung für die jeweilige Abrechnungsperiode durch kalkulatorische Abschreibungen, die sich in der Regel an Wiederbeschaffungskosten orientieren, d.h., anstelle der Anschaffungs- und Herstellungskosten wird der Preis einer gleichwertigen, später zu beschaffenden Ersatzanlage zugrundegelegt oder von Tageswerten der Anlagegüter ausgegangen. Die kalkulatorische Abschreibung ist im allgemeinen nicht an gesetzliche Vorschriften gebunden, sie soll der Substanzerhaltung dienen.[2] Für die gesetzlich vorgeschriebene Krankenhaus-Kostenrechnung ist sie ausgeschlossen.

Zur Ermittlung der planmäßigen Abschreibung ist nicht nur die Höhe der Anschaffungs- oder Herstellungskosten relevant, sondern auch die Festlegung der voraussichtlichen durchschnittlichen Nutzungsdauer.

Die durchschnittliche **Nutzungsdauer** wird durch Schätzung ermittelt, wobei die betriebsindividuellen Verhältnisse zu berücksichtigen sind. Nach § 3 Abs. 3 AbgrV ist bei der Ermittlung der Nutzungsdauer von einem Einschichtbetrieb auszugehen. Allgemein kann man sich gemäß § 8 Abs. 1 BPflV bei Ermittlung der Nutzungsdauer an veröffentlichten Abschreibungsverfahren (AfA-Tabellen der Steuerverwaltung) orientieren.[3] Für das Krankenhaus sind demnach die Abschreibungstabellen des Bundesministeriums für Finanzen anwendbar.[4]

Die **Wertminderung** eines Betriebsmittels durch Verschleiß und Abnahme der Nutzungsmöglichkeiten kann verschiedene Ursachen haben:[5]

- **Anlagenverschleiß**

  Verschleiß bedeutet Minderung der technischen Leistungsfähigkeit. Diese Minderung kann verursacht werden durch

  - den Einsatz im Leistungsprozeß (Gebrauchsverschleiß),
  - Umwelteinflüsse (Zeitverschleiß),
  - den Abbau des Anlagegutes bei Gewinnbetrieben (z.B. Kiesgruben, Bergwerke) (Substanzverringerung) oder
  - Brand, Explosion, etc. (Katastrophenverschleiß).

---

1 Vgl. *Deutsche Krankenhausgesellschaft (Hrsg.)*: Rechnungswesen, a.a.O., S. 52f.

2 Vgl. *Coenenberg, A. G.*: Jahresabschluß und Jahresabschlußanalyse: betriebswirtschaftliche, handels- und steuerrechtliche Grundlage, 18. Auflage, Landsberg 2001, S. 179.

3 Vgl. *Wahle, O.*: a.a.O., S. 48.

4 Vgl. *Deutsche Krankenhausgesellschaft (Hrsg.)*: Rechnungswesen, a.a.O., S. 53.

5 Vgl. *Wahle, O.*: a.a.O., S. 47; *Hummel, S., Männel, W.*: a.a.O., S. 162ff.; *Götzinger, M., Michael, H.*: KLR 1990, a.a.O., S. 65.

- **Fristablauf**

  Zeitlich befristete Rechte, Patente, Lizenzen geben die Nutzungsdauer des Anlagegutes vor.

- **Technische Überholung**

  Aufgrund technischer Entwicklungen können wirtschaftlichere oder leistungsfähigere Anlage zur Verfügung gestellt werden (z.B. Datenverarbeitungsanlagen).

- **Wirtschaftliche Überholung**

  Zum Beispiel kann durch die Änderung der Nachfragesituation die Nutzung eines Anlagegutes nicht mehr notwendig sein.

Die voraussichtlich geschätzte Nutzungsdauer kann durch nicht bzw. schwer vorhersehbare Ereignisse verkürzt werden. Diese nicht kalkulierbaren Abschreibungsursachen werden in der Finanzbuchhaltung allgemein durch außerplanmäßige Abschreibungen (= neutrale Aufwendungen) und in der Kostenrechnung durch die Position „Kalkulatorische Wagnisse" erfaßt.

Für die Höhe des periodischen Abschreibungsbetrags ist neben der Bestimmung der Abschreibungssumme und des Abschreibungszeitraums auch die Abschreibungsquote zu bestimmen. Die Abschreibungsquote ist abhängig vom gewählten Abschreibungsverfahren.

Das **Abschreibungsverfahren** dient der Berechnung der Abschreibungen. Damit wird neben der Höhe auch die Art der Verteilung der Anschaffungs- oder Herstellungskosten auf die voraussichtliche Nutzungsdauer festgelegt.

Die Abschreibungsverfahren lassen sich in die zwei Kategorien zeitabhängige und mengenabhängige Verteilung der Abschreibungssumme aufteilen.

1. Zeitabhängige Abschreibung

Die zeitabhängige Verteilung kann mit linearen (gleichbleibenden), degressiven (fallenden) oder progressiven (steigenden) Abschreibungsquoten erfolgen. Grundsätzlich gilt, daß die Abschreibung zeitanteilig zu erfolgen hat, d.h., die Abschreibungssumme im Anschaffungsjahr (bzw. Abgangsjahr) ist abhängig vom Zeitpunkt der unterjährigen Anschaffung (bzw. des Abgangs).

Für alle nachfolgend durchgeführten Beispielrechnungen werden folgende Daten zugrunde gelegt:

Beispiel:

Anlagegut:	Cardiotocograph
Anschaffungskosten (AHK):	10.000,-- €
Voraussichtliche Nutzungsdauer (n):	8 Jahre

Zu den zeitabhängigen Abschreibungsverfahren im Einzelnen:

- **Lineare Abschreibung**

  Die lineare Abschreibung findet in der Regel in der Kostenrechnung Anwendung und bedeutet, daß durch gleichbleibende Jahresbeträge eine gleichmäßige Verteilung der Anschaffungs- oder Herstellungskosten (AHK) über die gesamte vorgesehene Nutzungsdauer (n) vorgenommen wird.

Der jährliche Abschreibungsbetrag oder die Abschreibungsquote (q) wird bei der linearen Abschreibung nach folgender Formel errechnet:[1]

$$\textbf{Jährliche Abschreibungsquote (q)} = \frac{\textbf{Abschreibungssumme (AHK)}}{\textbf{Nutzungsdauer (n)}}$$

Beispiel:

$$\text{Jährliche Abschreibungsquote (q)} = \frac{10.000,\text{-- €}}{8} = 1.250,\text{-- €}$$

Die Abschreibungssumme berücksichtigt keinen Restwert (RW) am Ende der Nutzungsdauer.

Bei Vorliegen eines Restwertes wird die jährliche Abschreibungsquote (q) nach folgender Formeln ermittelt:

$$\textbf{Jährliche Abschreibungsquote (q)} = \frac{\textbf{AHK - Restwert (RW)}}{\textbf{Nutzungsdauer (n)}}$$

Der Abschreibungsprozentsatz (p) wird mit Hilfe der folgenden Formel berechnet:

$$\textbf{Abschreibungsprozentsatz (p)} = \frac{1}{\textbf{Nutzungsdauer (n)}} \times 100\%$$

Beispiel:

$$\text{Abschreibungsprozentsatz (p)} = \frac{1}{8} \times 100\% = 12{,}5\%$$

Die nachfolgende Tabelle stellt den Abschreibungsverlauf im obigen Beispiel bei linearer Abschreibung dar.

Tabelle 12: Entwicklung der linearen Abschreibung und des Restbuchwertes

Nutz.-jahr	AHK/RW	q	p	Summe q	RW
1	10.000,-- €	1.250,-- €	12,5%	1.250,-- €	8.750,-- €
2	8.750,-- €	1.250,-- €	12,5%	2.500,-- €	7.500,-- €
3	7.500,-- €	1.250,-- €	12,5%	3.750,-- €	6.250,-- €
4	6.250,-- €	1.250,-- €	12,5%	5.000,-- €	5.000,-- €
5	5.000,-- €	1.250,-- €	12,5%	6.250,-- €	3.750,-- €
6	3.750,-- €	1.250,-- €	12,5%	7.500,-- €	2.500,-- €
7	2.500,-- €	1.250,-- €	12,5%	8.750,-- €	1.250,-- €
8	1.250,-- €	1.250,-- €	12,5%	10.000,-- €	0,-- €

Legende:

AHK = Anschaffungswert
RW = Restbuchwert
q = Jährliche Abschreibungsquote
p = Abschreibungsprozentsatz

Quelle: Eigener Entwurf.

[1] Vgl. *Wahle, O.*: a.a.O., S. 52ff.

Die lineare Abschreibung mit der gleichmäßigen Verteilung des Werteverzehrs entspricht in besonderer Weise dem „Normalisierungsbestreben“[1] der Kostenrechnung.

- **Degressive Abschreibung**

  Mit Hilfe der degressiven Abschreibung wird der während der Nutzungsdauer abnehmende Werteverzehr durch jährlich fallende Abschreibungsquoten dargestellt.

  Die Abschreibung ist im ersten Nutzungsjahr am höchsten und im letzten Nutzungsjahr am niedrigsten, d.h., der Restwert des Anlagegutes sinkt in den ersten Jahren stärker als gegen Ende der Nutzungsdauer.

  Man unterscheidet zwei Formen der degressiven Abschreibung: die arithmetisch-degressive und die geometrisch-degressive Abschreibung.

  - Bei der **arithmetisch-degressiven** Abschreibung (auch digitale Abschreibung) vermindert sich die Abschreibung jährlich um den gleichen Betrag, den Degressionsbetrag (D).

    Zur Ermittlung des Degressionsbetrags wird folgende Formel verwendet:

    $$\textbf{Degressionsbetrag (D)} = \frac{\textbf{Abschreibungssumme}}{\textbf{Summe Abschreibungsperiodenziffern}}$$

    Die Summe der Abschreibungsperiodenziffern ist die Summe der Jahresziffern der Nutzungsdauer.[2]

    Beispiel:

    Summe der Abschreibungsperiodenziffern:

    1 + 2 + 3 + 4 + 5 + 6 + 7 + 8 = 36

    $$\text{Degressionsbetrag (D)} = \frac{10.000,\text{-- €}}{36} = 277,78\text{ €}$$

    Die jährliche Abschreibungsquote (q) wird durch folgende Gleichung ermittelt:

    Jährliche Abschreibungsquote = Degressionsbetrag x Nutzungsdauer (bzw. Restnutzungsdauer)

    Beispiel:

    1. Jahr Abschreibungsquote (q) = 277,78 € x 8 = 2.222,24 €

    2. Jahr Abschreibungsquote (q) = 277,78 € x 7 = 1.944,46 €

    3. Jahr Abschreibungsquote (q) = 277,78 € x 6 = 1.666,68 €

    Die arithmetisch-degressive Abschreibung ist steuerrechtlich jedoch nicht zulässig.

---

[1] Vgl. *Hummel, S., Männel, W.*: a.a.O., S. 173.

[2] Vgl. *Wahle, O.*: a.a.O., S. 52.

- Die **geometrisch-degressive** Abschreibung ist eine Restwertabsetzung, bei der die jährlichen Abschreibungsbeträge nach einem gleichbleibenden Prozentsatz vom jeweiligen Restwert bemessen werden. Steuerlich darf auch diese Abschreibungsmethode seit 2008 nicht mehr angewandt werden.

Ausgangswert	**x Abschreibungsprozentsatz**	**= Abschreibung 1. Jahr**
Restwert am Ende des 1. Jahres	**x Abschreibungsprozentsatz**	**= Abschreibung 2. Jahr**

Beispiel:

Abschreibung 1. Jahr = 10.000,-- € x 12,5% = 1.250,00 €

Abschreibung 2. Jahr = 8.750,-- € x 12,5% = 1.093,75 €

Die folgende Tabelle zeigt die Entwicklung bei einem angenommenen Abschreibungsprozentsatz von 12,5%:

Tabelle 13: Entwicklung der geometrisch-degressiven Abschreibung und des Restbuchwertes

Nutz.-jahr	AHK/RW	q	p	Summe q	RW
1	10.000,00 €	1.250,00 €	12,5%	1.250,00 €	8.750,00 €
2	8.750,00 €	1.093,75 €	12,5%	2.343,75 €	7.656,25 €
3	7.656,25 €	975,03 €	12,5%	3.318,78 €	6.681,22 €
4	6.681,22 €	835,15 €	12,5%	4.153,93 €	5.846,07 €
5	5.846,07 €	730,76 €	12,5%	4.884,69 €	5.115,31 €
6	5.115,31 €	639,41 €	12,5%	5.524,10 €	4.475,90 €
7	4.475,90 €	559,49 €	12,5%	6.083,59 €	3.916,41 €
8	3.916,41 €	489,55 €	12,5%	6.573,14 €	3.426,86 €

Legende:

AHK = Anschaffungswert
RW = Restbuchwert
q = Jährliche Abschreibungsquote
p = Abschreibungsprozentsatz

Quelle: Eigener Entwurf.

Wie zu erkennen ist, stellt die geometrisch-degressive Abschreibung eine unendliche Abschreibung dar.[1] Ein Übergang von der degressiven Abschreibung zur linearen Abschreibung ist jedoch möglich. Hierbei ist der Restbuchwert auf die noch verbleibende Restnutzungsdauer gleichmäßig zu verteilen.

- **Progressive Abschreibung**

  Die progressive Abschreibung verteilt die Anschaffungs- und Herstellungskosten über die voraussichtliche Nutzungsdauer durch steigende jährliche Abschreibungsquoten. In der Praxis findet die progressive Abschreibung kaum Anwendung, sie ist steuerlich auch nicht zugelassen.

[1] Vgl. *Wahle, O.*: a.a.O., S. 53f.

Neben diesen zeitabhängigen Abschreibungsverfahren kann auch die mengenabhängige Abschreibung Anwendung finden.

2. Mengenabhängige Abschreibung

Die mengenabhängige (leistungsabhängige) Abschreibung ermittelt die Abschreibungsbeträge unter Berücksichtigung der tatsächlichen Inanspruchnahme. Die Messung der tatsächlichen Inanspruchnahme bedingt die Bestimmung der voraussichtlichen Leistungsfähigkeit durch Leistungseinheiten sowie eine laufende Kontrolle der abgegebenen Leistung.

Beispiele:

- Laufzeiten in Stunden bei Beatmungsgeräten (Nutzenpotential würde in Stunden festgelegt werden) oder
- Fahrleistung in km bei Krankentransportfahrzeugen.

Nach § 7 Abs. 1 Satz 6 EStG ist die mengenabhängige Abschreibung unter bestimmten Voraussetzung steuerlich zulässig.

Für **geringwertige Wirtschaftsgüter** (GWG) gelten steuerliche Sonderregelungen:

- Anschaffungs- oder Herstellungskosten von abnutzbaren beweglichen Wirtschaftsgütern des Anlagevermögens, die einer selbständigen Nutzung fähig sind, sind im Jahr der Anschaffung oder Herstellung des Wirtschaftsguts in voller Höhe abzusetzen, wenn die Anschaffungs- oder Herstellungskosten, vermindert um einen darin enthaltenen Vorsteuerbetrag 150,-- Euro nicht übersteigen (§ 6 Abs. 2 ESTG).
- Wenn die Anschaffungs- oder Herstellungskosten von abnutzbaren beweglichen Wirtschaftsgütern des Anlagevermögens, die einer selbständigen Nutzung fähig sind, vermindert um einen darin enthaltenen Vorsteuerbetrag für das einzelne Wirtschaftsgut 150,-- Euro, aber nicht 1.000,-- Euro übersteigen ist im Jahr der Anschaffung oder Herstellung ein Sammelposten zu bilden. Dieser ist im Jahr der Bildung und den folgenden vier Jahren mit jeweils einem Fünftel gewinnmindernd aufzulösen (§ 6 Abs. 2a ESTG).

4.3 Kostenstellenrechnung

Kostenstellen sind Leistungsbereiche, in denen die Kosten verursacht werden.[1] Gemäß § 8 Satz 2 Nr. 1 KHBV hat das Krankenhaus Kostenstellen zu bilden. Sofern hierfür Kosten und Leistungen anfallen, sollen mindestens die Kostenstellen gebildet werden, die sich aus dem Kostenstellenrahmen der Anlage 5 KHBV ergeben. Es muß durch die Kostenstellenbildung ermöglicht werden, daß die Kosten und Leistungen verursachungsgerecht erfaßt werden können. Die Bildung der Kostenstellen erfolgt nach Kriterien, die in Kapitel 4.3.2 Grundsätze der Kostenstellenbildung beschrieben werden.

---

[1] Vgl. *Wahle, O.*: a.a.O., S. 76.

4.3.1 Aufgaben der Kostenstellenrechnung

Die Kostenstellenrechnung hat sowohl abrechnungstechnische (z.B. Verteilung der Einzel- und Gemeinkosten) als auch organisatorische Aufgaben (z.B. Planung der Kosten und Kontrolle der betrieblichen Tätigkeit) zu erfüllen.[1]

- **Verteilung der Gemeinkosten auf die Kostenstellen**

  Bis zum Gesundheitsstrukturgesetz gab es für das Krankenhaus in der Regel nur einen tagesgleichen Pflegesatz. Dieser wurde ermittelt, indem durch eine einstufige Divisionskalkulation[2] die Selbstkosten auf die geplante Anzahl Pflegetage verteilt wurden. Eine differenzierte Verteilung der Gemeinkosten war also nicht erforderlich.

  Mit der Einführung von pauschalierten Entgelten wurde jedoch eine genauere Kostenzuordnung erforderlich. Im Hinblick auf die Zahl der Kostenträger (unter anderem 1.137 DRGs in 2008) ist es notwendig, mit Hilfe der Kostenstellenrechnung die Einzel- und Gemeinkosten verursachungsgerecht den einzelnen Leistungs-/Kostenstellen zuzuordnen.

- **Kontrolle der Wirtschaftlichkeit der einzelnen Kostenstellen**

  Die Kontrolle der Wirtschaftlichkeit der einzelnen Kostenstellen erfolgt in der Regel durch Zeitvergleiche oder Soll-Ist-Vergleiche. Vielfach sind dazu die prospektiven Budgets der einzelnen Abteilungen mit den tatsächlichen Kosten verglichen worden. Diese Abteilungsbudgets sind jedoch vielfach nur durch Fortführung der alten Budgets und aufgrund von Verhandlungsergebnissen ermitteln worden.

  Aus betriebswirtschaftlicher Sicht ist für derartige Soll-Ist-Vergleich eine differenzierte Plankostenrechnung dringend erforderlich, insbesondere, da seit der Einführung der DRGs die klassischen Abteilungsbudgets im Rahmen der Budgetverhandlungen aufgehoben sind. Nur durch eine gezielte Gegenüberstellung von - an der Realität orientierten - Plankosten und tatsächlich angefallenen Istkosten können Abweichungen analysiert, Unwirtschaftlichkeiten aufgedeckt und Konsequenzen gezogen werden.

- **Planung und Überwachung der Kostenstellenbudgets**

  Diese Plankosten, die sicher nicht für jede einzelne Kostenstelle, aber doch für jede Abteilung und für die Funktionsbereiche ermittelt werden sollten, haben dann die Funktion von Abteilungsbudgets/ Budgets für die einzelnen Funktionsbereiche. Bei der Ermittlung dieser Budgets sollten alle Verantwortlichen einbezogen werden. Erhalten die Abteilungsverantwortlichen, in der Regel die Chefärzte, Entscheidungskompetenz über das ihnen zur Verfügung stehende Budget, wird auch die Übernahme von „Resultatsverantwortung"[3] zu er-

[1] Vgl. *Wahle, O.*: a.a.O., S. 76.
[2] Siehe Kap. 4.4.2.5 Ausgewählte allgemeine Kalkulationsverfahren in der Übersicht.
[3] Vgl. *Hildebrand, R.*: a.a.O., S. 405.

warten sein. D.h., daß sie die Ermittlung der Teilbudgets aus dem Gesamtbetrag mittragen und deren Einhaltung sicherstellen, soweit es ihnen möglich ist.

4.3.2 Grundsätze der Kostenstellenbildung

Bei der Bildung von Kostenstellen sind folgende Grundsätze zu beachten, um die oben erläuterten Aufgaben erfüllen zu können.[1]

1. Grundsatz der Eindeutigkeit

Kostenstellen sollen klar voneinander abgegrenzt werden, so daß eine zweifelsfreie und eindeutige Zuordnung der Kosten auf einzelne Kostenstellen (Kostenstellenkontierung) möglich ist.

2. Grundsatz der Wirtschaftlichkeit

Bei der Bildung der Kostenstellen ist zu beachten, daß die Tiefe der Kostenstellengliederung einerseits übersichtlich bleibt, andererseits jedoch differenziert genug erfolgt. Jede Differenzierung bei der Kostenstellenbildung sollte unter Beachtung einer wirtschaftlichen Verwaltung der Kostenstellen in Relation zur gewonnenen Aussagekraft erfolgen.

3. Grundsatz der Identität von Kostenstellen und Verantwortungsbereichen

Jede Kostenstelle soll ein selbständiger Verantwortungsbereich sein, dem ein Kostenstellenverantwortlicher zugeteilt ist. Dies ist insbesondere deshalb erforderlich, um eine wirksame Kosten- und Wirtschaftlichkeitskontrolle durchführen zu können.

4. Grundsatz der eindeutigen Bezugsgrößenfindung

Je differenzierter die Kostenstellenbildung, desto einfacher können Bezugsgrößen gefunden werden. Bezugsgrößen sind Maßstäbe der Kostenverursachung und notwendig zur Durchführung einer Kalkulation in der Kostenträgerrechnung.[2] Sie sollten die Relation von anfallenden Kosten und Leistungserstellung möglichst eindeutig darstellen.

4.3.3 Kriterien zur Kostenstellengliederung

Zur Bildung und Abgrenzung von Kostenstellen unter Beachtung der genannten Grundsätze können folgende Kriterien angeführt werden.

1. Gliederung nach Kostenträgergesichtspunkten

Die Gliederung nach Kostenträgergesichtspunkten ist nur dann möglich, wenn diese Kostenstellen ausschließlich von einer Produkt- oder Leistungsart in Anspruch genommen werden. Dieses ist im Krankenhaus aufgrund des differenzierten Leistungsspektrums jedoch kaum möglich.

---

[1] Vgl. *Hummel, S., Männel, W.*: a.a.O., S. 198; *Wahle, O.*: a.a.O., S. 76f.; *Deutsche Krankenhausgesellschaft (Hrsg.)*: Rechnungswesen, a.a.O., S. 157f.

[2] Siehe Kap. 4.4.4.1 Bundeseinheitliches Kalkulationsschema.

2. Gliederung nach räumlichen Gesichtspunkten

Die räumliche Gliederung erfordert räumlich abgegrenzte Leistungsbereiche und kann als Ergänzung zur Kostenstellenbildung nach Funktions- und Verantwortungsbereichen gesehen werden.

Beispiel:

Der Funktionsbereich Labor wird unterteilt in klinisch-chemisches Labor und serologisches Labor.[1]

3. Gliederung nach Verantwortungsbereichen

Nach dem bereits oben erwähnten Grundsatz ist eine Kostenstellenbildung nach Verantwortungsbereichen dann sinnvoll, wenn insbesondere, wie im Krankenhausbereich, die Kontrolle der Kosten und der Wirtschaftlichkeit einen hohen Stellenwert einnimmt. Der Kostenstellenverantwortliche ist Ansprechpartner sowohl bei der Planung der zu erwartenden Leistungen und Kosten als auch bei Leistungs- oder Kostenabweichungen und den daraus folgenden Konsequenzen.

Beispiel:

Kostenstelle: Fachabteilung Gynäkologie/Geburtshilfe

Eine weitere Untergliederung dieser Kostenstelle ist ebenso möglich wie die Schaffung gleichgeordneter Kostenstellen unter der Verantwortung des Chefarztes.

Weitere Kostenstellen:
- Kreißsaal
- Bettenstation (keine interdisziplinäre Station)
- Gynäkologische Ambulanz

4. Gliederung nach Funktionsbereichen

Nach diesem Gliederungskriterium ist der in Anlage 5 KHBV dargestellte Kostenstellenrahmen aufgebaut und enthält folgende Kostenstellengruppen:

- Gemeinsame Kostenstellen (z.B. Verwaltung),
- Versorgungseinrichtungen (z.B. Küche),
- Medizinische Institutionen (z.B. Labor),
- Pflegefachbereiche - Normalpflege (z.B. Normalstation),
- Pflegefachbereiche - abweichende Pflegeintensität (z.B. Intensivstation),
- Sonstige Einrichtungen (z.B. Ausbildung),
- Ausgliederungen (z.B. Ambulanzen).

Da dieser Kostenstellenrahmen nur den grundsätzlichen Aufbau wiedergibt, kann jedes Krankenhaus einen davon abweichenden Kostenstellenplan aufstellen. Jedoch soll gemäß § 8 Satz 2 Nr. 1 KHBV bei abweichender Gliederung der Kostenstellen durch ein ordnungsmäßiges Überleitungsverfahren die Umschlüsselung auf den Kostenstellenrahmen sichergestellt werden.

---

[1] Vgl. *Jungmann-Ginkel, E., Kober, K.*: a.a.O., S. 196.

4.3.4 Der Kostenstellenrahmen nach der Krankenhaus-Buchführungsverordnung

Wie dargestellt, erfolgt die Kostenstellenbildung im Kostenstellenrahmen der Anlage 5 KHBV hauptsächlich nach funktionalen Gesichtspunkten.

4.3.4.1 Vorkostenstellen

Die Gemeinsamen Kostenstellen der Kontengruppe 90 sind Allgemeine Kostenstellen, d.h., Stellen, die für alle Bereiche des Krankenhauses Leistungen erbringen.

Abbildung 37: Gemeinsame Kostenstellen

90	**Gemeinsame Kostenstellen**
900	Gebäude einschl. Grundstück und Außenanlagen
901	Leitung und Verwaltung des Krankenhauses
902	Werkstätten
903	Nebenbetriebe
904	Personaleinrichtungen (für den Betrieb des Krankenhauses unerläßlich)
905	Aus-, Fort- und Weiterbildung
906	Sozialdienst, Patientenbetreuung

Quelle: Auszug aus dem Kostenstellenrahmen, Anlage 5 KHBV.

Sie sind nach abrechnungstechnischen Gesichtspunkten Vorkostenstellen, die ihre Kosten an nachfolgende, die Leistungen empfangende Kostenstellen weiterverrechnen. Sie erbringen in der Regel nur innerbetriebliche Leistungen, die nicht am Markt veräußert werden und für die unmittelbar keine Erlöse erzielt werden. Wegen der nur mittelbaren Beteiligung an der Leistungserstellung gehören sie zu den **Hilfskostenstellen**.

Weitere Vorkostenstellen sind die Kostenstellen des Versorgungs- und des Behandlungsbereichs.

Abbildung 38: Versorgungseinrichtungen/Medizinische Institutionen

91	**Versorgungseinrichtungen**
910	Speisenversorgung
911	Wäscheversorgung
912	Zentraler Reinigungsdienst
913	Versorgung mit Energie, Wasser, Brennstoffen
914	Innerbetriebliche Transporte
917	Apotheke/Arzneimittelausgabe (ohne Herstellung)
918	Zentrale Sterilisation
92	**Medizinische Institutionen**
920	Röntgendiagnostik und -therapie
921	Nukleardiagnostik und -therapie
922	Laboratorien
923	Funktionsdiagnostik
924	Sonstige diagnostische Einrichtungen
925	Anästhesie, OP-Einrichtungen und Kreißzimmer
926	Physikalische Therapie
927	Sonstige therapeutische Einrichtungen
928	Pathologie
929	Ambulanzen

Quelle: Auszug aus dem Kostenstellenrahmen, Anlage 5 KHBV.

Die Kosten der Gemeinsamen Kostenstellen und Versorgungseinrichtungen werden im BPflV-Bereich zum Basispflegebudget zusammengefaßt.

Die Leistungsstellen der medizinischen Institutionen erbringen neben den Leistungen für stationäre und teilstationäre Patienten unter anderem auch Leistungen für die Ambulanzen im Krankenhaus. Soweit Leistungen für ambulante Patienten erbracht werden, sind diese Leistungsstellen Endkostenstellen, da es sich hierbei um Marktleistungen handelt, für die unmittelbar Erlöse erzielt werden. Auf die Besonderheiten der Ambulanzen soll hier jedoch nicht weiter eingegangen werden.

4.3.4.2 Endkostenstellen

Der Begriff Endkostenstelle ist ein typisch abrechnungstechnisches Gliederungsmerkmal. Die Kosten der Endkostenstellen werden im Rahmen der Kostenstellenrechnung nicht weiterverrechnet, da die Kosten direkt den Kostenträgern zugeordnet werden können.

Endkostenstellen können Haupt- oder Nebenkostenstellen sein.

Hauptkostenstellen sind die Orte der eigentlichen betrieblichen Leistungserstellung. Im Krankenhausbereich gehören dazu unter anderem die Kostenstellengruppen

- 93 - 95 Pflegefachbereiche - Normalpflege und
- 96 Pflegefachbereiche - abweichende Pflegeintensität.

Zu den **Nebenkostenstellen** im Krankenhausbereich gehören die Kostenstellen

- 97 Sonstige Einrichtungen und
- 98 Ausgliederungen.

Nebenkostenstellen erbringen unter anderem Leistungen, die nicht zum eigentlichen Leistungsangebot des Krankenhauses gehören und an andere Leistungsbereiche des Krankenhauses oder an die Kostenträger abgegeben werden können.

Die Nebenkostenstellen Sonstige Einrichtungen sind

- Personaleinrichtungen (für den Betrieb des Krankenhauses nicht unerläßlich),
- Ausbildungsstätten und
- Bereiche der Lehre und Forschung.

Bei den Ausgliederungen sind insbesondere die Kostenstellen der Ambulanzen zu nennen. Diese werden aus rechentechnischen Gründen eingerichtet, um die notwendige Ausgliederung der Ambulanzkosten aufzunehmen und den aus den Ambulanzen erzielten Erlösen gegenüberzustellen.[1]

4.3.4.3 Alternativer Kostenstellenplan

Ähnlich wie der Kostenstellenrahmen der Krankenhaus-Buchführungsverordnung ist auch eine im folgenden dargestellte alternative Kostenstellen-Hierarchie auf der Grundlage des Leistungsprozesses eines Krankenhauses

---

[1] Vgl. *Hentze, J., Kehres, E.*: a.a.O., S. 46.

aufgebaut. In einem Modellversuch zur Einführung eines alternativen, leistungsorientierten Entgeltsystems in den St. Vincentius-Krankenhäusern in Karlsruhe im Jahr 1992,[1] wird im wesentlichen der Behandlungsprozeß eines Patienten berücksichtigt und in den Kostenstellenaufbau einbezogen. Die Durchführung des Projektes hat aus verschiedenen, aufeinander aufbauenden Stufen bestanden. Es wurde ein entscheidungsorientiertes Organisationsmodell aufgebaut, aufgrund dessen eine entsprechende Umstrukturierung des Kostenstellenplans erfolgte.

Abbildung 39: Kostenstellen-Hierarchie, dargestellt am Beispiel der St. Vincentius-Krankenhäuser Karlsruhe

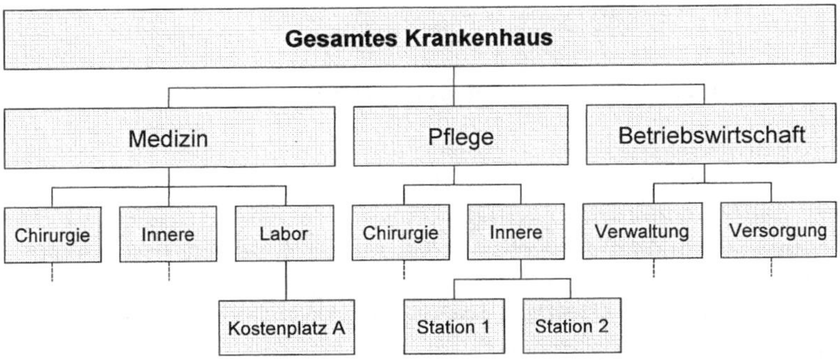

Quelle: Möhlmann, E.: Neue Wege in der Leistungs- und Kostenrechnung, in: f&w, 2/1992, S. 87f.

Die Struktur basiert auf Verantwortungshierarchien. So werden den Kostenstellen nur solche Leistungen und Kosten angerechnet, für die die Kostenstellenleiter verantwortlich sind, d.h., die auf ihre Entscheidungen zurückzuführen sind. Die ausgewiesenen Kosten sind somit nur Kostenstelleneinzelkosten.[2]

Der verursachungsgerechten Kostenverteilung innerhalb des Kostenstellensystems kam bereits mit Einführung des Basispflegesatzes und der Abteilungspflegesätze besondere Bedeutung zu. Anders als zuvor war nicht mehr nur die Ermittlung der Gesamtkosten notwendig, sondern auch

- die endkostenstellenbezogene Darstellung der Kosten,
- die Ausgliederung der Basiskosten aus den Gesamtkosten und
- die innerbetriebliche Leistungsverrechnung der Funktionsstellen auf die Fachabteilungen.

Mit Einführung des DRG-Entgeltsystems ist eine verursachungsgerechte Kostenverteilung für die Krankenhäuser unerläßlich. Da mit den DRGs die gesamte Krankenhausbehandlung abgegolten wird und die Vergütung nicht mehr abteilungsbezogen erfolgt, empfiehlt es sich umso mehr, sich bei der Kostenstellenbildung am Behandlungsprozeß des Patienten zu orientieren.

---

1 Vgl. *Möhlmann, E.*: a.a.O., S. 87ff.

2 Vgl. *Möhlmann, E.*: a.a.O., S. 87f.

Eng damit verbunden ist die Entwicklung von „Clinical Pathways", d.h., von klinischen Pfaden von der Patientenaufnahme bis zur Entlassung.[1] Insbesondere wenn diesen Pfaden und Pfadabschnitten nicht nur Diagnosen, Therapien und Abläufe, sondern auch Kosten hinterlegt werden, sollte die Bildung der Kostenstellen diese Systematik widerspiegeln.

Bei der Entwicklung eines alternativen Kostenstellenplans ist ferner zu berücksichtigen, daß nach § 8 Satz 2 Nr. 3 KHBV neben den Kosten auch die Leistungen verursachungsgerecht nach Kostenstellen zu erfassen sind. Außerdem ist darauf zu achten, daß angesichts der oben erwähnten „Resultatsverantwortung" des leitenden ärztlichen und pflegerischen Personals der Grundsatz der Identität von Kostenstellen und Verantwortungsbereich beachtet wird.[2]

4.3.5 Das System des Betriebsabrechnungsbogens

Die Kostenstellenrechnung läßt sich kontenmäßig oder statistisch-tabellarisch durchführen. Als Hilfsmittel für die statistisch-tabellarische Rechnung dient der Betriebsabrechnungsbogen, kurz BAB genannt.[3] Er stellt in horizontaler Reihenfolge die Kostenstellen und in vertikaler Reihenfolge die Kostenarten dar. Er dient sowohl der Verteilung der Kostenarten auf die einzelnen Kostenstellen als auch der Verteilung der Kosten von den Vorkostenstellen auf die Endkostenstellen.

Allgemein werden die Kostenstellen in einem Betriebsabrechnungsbogen nach dem in der folgenden Abbildung dargestellten Schema dargestellt.

Abbildung 40: Verkürzter, formaler Aufbau eines Betriebsabrechnungsbogens - Horizontaler Aufbau

Kostenstellen	Vorkostenstellen				Endkostenstellen			
	Allgemeine (Hilfs-)kostenstelle			Hilfskostenstelle	Hauptkostenstelle			
				Fertigungsstellen				
Kostenarten	Gebäude	Reparaturwerkstatt	Sozialeinrichtungen	Fertigungshilfsstelle z.B. Betriebsbüro	Fertigungshauptstelle	Material	Verwaltung	Vertrieb

Quelle: In Anlehnung an: Wahle, O.: Kostenrechnung II für Studium und Praxis, Ist- und Normalkostenrechnung, 3., überarbeitete Auflage, Bad Homburg v.d.H. 1989, S. 82.

In den Hauptkostenstellen werden die Marktleistungen, d.h., die eigentlichen Krankenhausleistungen erstellt. Dazu erhalten sie in der Regel innerbetriebliche Leistungen von den Hilfskostenstellen, deren Gemeinkosten auf die Hauptkostenstellen umgelegt/verrechnet werden. Die verrechneten Ge-

[1] Siehe Kap. 2.5.3.5 Handlungsbedarf in deutschen Krankenhäusern und Kap. 4.4.3.2.5 Patientenbehandlungsleitlinien/Klinische Behandlungspfade.

[2] Siehe Kap. 4.3.2 Grundsätze der Kostenstellenbildung.

[3] Vgl. *Götzinger, M., Michael, H.*: KLR 1990, a.a.O., S. 114.

meinkosten können dann zusammen mit den primären Stellenkosten auf die einzelnen Kostenträger verteilt werden. Aus abrechnungstechnischer Sicht sind Hauptkostenstellen Endkostenstellen.[1]

Die Hilfskostenstellen geben ihre Leistungen an bestimmte Hauptkostenstellen weiter. In der obigen Abbildung erbringt die Fertigungshilfsstelle Betriebsbüro innerbetriebliche Leistungen nur für die Fertigungshauptstelle.

Allgemeine Hilfskostenstellen erbringen Leistungen für den gesamten Betriebsprozeß. Auch die in diesen Stellen erfaßten Kosten werden an die Hauptkostenstellen weiterverrechnet, da die Hilfskostenstellen ihre Leistungen nicht unmittelbar für einen Kostenträger erbringen.

Hilfskostenstellen sind Vorkostenstellen, da sie den Endkostenstellen vorgelagert sind und ihre Kosten über die Kalkulationssätze der Hauptkostenstellen in die Kostenträgerrechnung einfließen.[2]

Die Kostenarten können im Betriebsabrechnungsbogen wie folgt aufgenommen werden.

Abbildung 41: Verkürzter, formaler Aufbau eines Betriebsabrechnungsbogens - Vertikaler Aufbau

Kostenarten	Zeilensumme	Verteilungsgrundlage
Fertigungsmaterial Fertigungslöhne[1)]	Zahlen aus der Finanzbuchhaltung und der kalkulatorischen Rechnung	
Hilfs- und Betriebsstoffe		Entnahmescheine
Strom, Gas, Wasser[2)]		Zähler oder anwendbare Schlüssel
Hilfslöhne		Lohnbelege
Gehälter		Gehaltsliste
Sozialkosten		Lohn-/Gehaltssumme
Kalk. Abschreibungen		Anlagenkartei

Quelle: In Anlehnung an: Wahle, O.: Kostenrechnung II für Studium und Praxis, Ist- und Normalkostenrechnung, 3., überarbeitete Auflage, Bad Homburg v.d.H. 1989, S. 82.

Anmerkung zu Abbildung 41:

1) Die Fertigungsmaterial- und Fertigungslohnkosten sind Kostenträgereinzelkosten. Sie werden nicht auf die Kostenstellen verteilt, da sie nur in den Fertigungshauptstellen verursacht werden. Für einen Betriebsabrechnungsbogen auf Vollkostenbasis müssen diese Kosten im Betriebsabrechnungsbogen erfaßt werden.
2) Die hier erfaßten Energiekosten fallen nur bei fremdbezogener Energie an.

---

[1] Vgl. *Wahle, O.*: a.a.O., S. 77ff.

[2] Vgl. *Wahle, O.*: a.a.O., S. 78.

Der Betriebsabrechnungsbogen des Krankenhauses kann folgenden Aufbau haben:

- In einer vertikalen Auflistung werden - wie oben - alle kostenstellenbezogen erfaßten Kostenarten aufgeführt.
- Die horizontale Gliederung enthält die Vorkostenstellen z.B. Gemeinsame Kostenstellen, Versorgungseinrichtungen und medizinische Institutionen. Als Endkostenstellen werden unter anderem Normalpflege und abweichende Pflege verstanden.

Abbildung 42: Verkürzter, formaler Aufbau eines Betriebsabrechnungsbogens im Krankenhaus

Kostenstellen / Kostenarten	Vorkostenstellen				Endkostenstellen			
	Gemeinsame Kostenstellen		Versorgungs-einrichtungen		Hauptkosten-stellen		Nebenkosten-stellen	
Personalkosten								
Lebensmittel								
Med. Bedarf								

Quelle: Eigener Entwurf.

Da Einzelkosten direkt den Kostenträgern zugerechnet werden können, dient der allgemeine Betriebsabrechnungsbogen in erster Linie der Erfassung und Verteilung der Gemeinkosten.

Aus Übersichtlichkeits- und Vollständigkeitsgründen sollen allgemein und müssen im Krankenhausbereich auch Einzelkosten im Betriebsabrechnungsbogen ausgewiesen werden. Dieses ist insbesondere wegen der Kostenabrechnung sowie der Kosten- und Wirtschaftlichkeitskontrolle notwendig.[1]

Die Verrechnung der Gemeinkosten erfolgt in mehreren Arbeitsschritten:[2]

1. Verteilung der primären Gemeinkosten auf Kostenstellen (Primärkostenverrechnung),
2. Verrechnung bzw. Umlage der innerbetrieblichen Leistungen/Kosten der Vorkostenstellen auf die Endkostenstellen (Sekundärkostenrechnung),
3. Ermittlung der Kalkulationssätze, sofern erforderlich.

Die nachstehende Abbildung stellt den Ablauf der Primär- und Sekundärkostenabrechnung in der Kostenstellenrechnung dar, wobei als 4. Arbeitsschritt die Kostenkontrolle mit Hilfe der Kostenstellenrechnung durchgeführt werden kann.

---

[1] Vgl. *Wahle, O.*: a.a.O., S. 81; *Götzinger, M., Michael, H.*: KLR 1990, a.a.O., S. 155.

[2] Vgl. *Wahle, O.*: a.a.O., S. 81.

Abbildung 43: Ablauf der Primär- und Sekundärkostenverrechnung bei der Kostenstellenrechnung im Betriebsabrechnungsbogen

Kostenarten \ Kostenstellen		Hilfskostenstellen	Hauptkostenstellen
1. Primäre (Stellen-)Kosten	Stelleneinzelkosten	Verteilung der **primären Gemeinkosten** auf die Kostenstellen	
	Stellengemeinkosten		
2. Sekundäre (Stellen-)Kosten		Durchführung der **innerbetrieblichen Leistungsverrechnung**	
			3. Ermittlung von Kalkulationssätzen 4. Kostenkontrolle

Quelle: Eisele, W.: Technik des betrieblichen Rechnungswesens. Buchführung - Kostenrechnung - Sonderbilanzen, 3. Auflage, München 1988, S. 524.

Die Aufzählungen 1. bis 4. werden im folgenden als Aufgaben der Kostenstellenrechnung näher erläutert.[1]

4.3.5.1 Verteilung der primären Gemeinkosten auf Kostenstellen

Unter primären Gemeinkosten werden die Gemeinkosten verstanden, die in den Kostenstellen tatsächlich als einzelne Kostenart aufgrund von Güterverbrauch entstehen. Sind diese Gemeinkosten direkt den Kostenstellen zuzuordnen, handelt es sich um **Kostenstelleneinzelkosten**.

Beispiele:

- Gehälter des Pflegepersonals auf einer Station
  Voraussetzung ist allerdings, daß das Pflegepersonal ausschließlich auf dieser Station tätig ist und nicht aufgrund von Engpässen auf anderen Stationen eingesetzt wird.
- Sachkosten (Medizinischer Bedarf, Wirtschaftsbedarf, etc.)
  Sie können dann als Kostenstelleneinzelkosten erfaßt werden, wenn durch eine Lagerbuchhaltung oder durch Rechnungen (z.B. bei Arzneien der Lieferapotheke) eine kostenstellenbezogene Zuordnung möglich ist. Sachkosten können nur dann Kostenträgereinzelkosten sein, wenn eine patienten-/kostenträgerbezogene Erfassung möglich ist.

---

[1] Vgl. auch *Betge, P.*: Primäre und sekundäre Kosten in der Kostenrechnung, in: WiSt, 4/1991, S. 160.

Kostenstellengemeinkosten hingegen fallen für mehrere Kostenstellen an und können den einzelnen Kostenstellen nicht exakt zugerechnet werden.[1] Die Kostenartenverteilung erfordert daher Schlüsselgrößen, die sich möglichst proportional zu den Kosteneinflußgrößen verhalten.[2]

Die folgende Abbildung stellt häufig benutzte Verteilungsschlüssel ausgewählter Gemeinkosten dar.

Abbildung 44: Beispiele für Verteilungsschlüssel im allgemeinen Betriebsabrechnungsbogen

Kostenart	Schlüsselgrundlage
Gesetzliche Sozialkosten	- nach Lohn- und Gehaltssumme auf Kostenstellen
Freiwillige Sozialkosten	- nach Lohn- und Gehaltssumme (üblich) oder - nach Anzahl der Mitarbeiter auf Kostenstellen oder - über Kostenstelle Sozialbereich gesammelt und dann nach denselben Schlüsseln verteilt
Strom, Gas, Wasser, Dampf (fremdbezogen), wenn keine Energieverteilungs- oder -versorgungsstellen eingerichtet sind	- nach Verbrauch, der durch Zähler gemessen wird soweit keine genaue Messung erfolgt: - Kraftstrom: Installierte Leitung unter Berücksichtigung von Betriebsstunden - Heizenergie: Anzahl Heizrippen, Raumgröße in m^2 oder m^3, Heizdauer
Fernsprechgebühren	- vielfach direkt (bei Aufzeichnung), Rest nach Sprechstellen
Kalkulatorische Zinsen	- betriebsnotwendiges Kapital gemäß Kapitalverteilungsbogen
Kalkulatorische Wagnisse	- nach Verursachung auf Kostenstellen, nach Erfahrungswerten
Versicherungen	- direkt auf Kostenstellen - Feuer-, Wasser-, Sturmversicherung nach versicherten Sachwerten - Unfallversicherung nach Köpfen
Steuern	- Grundsteuer gemäß Fläche je Kostenstelle

Quelle: In Anlehnung an: Wahle, O.: Kostenrechnung II für Studium und Praxis, Ist- und Normalkostenrechnung, 3., überarbeitete Auflage, Bad Homburg v.d.H. 1989, S. 84.

Der folgende Ausschnitt eines Betriebsabrechnungsbogens stellt die Zuordnung der Personal- und Sachkosten und der Steuern und Zinsen auf entsprechenden Kostenstellen beispielhaft dar.

[1] Vgl. *Hummel, S., Männel, W.*: a.a.O., S. 216.

[2] Vgl. *Wahle, O.*: a.a.O., S. 85.

Abbildung 45: Ausschnitt eines Betriebsabrechnungsbogens

Kostenstelle / Primär- und Sekundärkosten	Gesamtbetrag[1]	Verteilungsgrundlage	Vorkostenstellen					Endkostenstellen			
			Gemeinsame Kostenstellen			Versorgungseinrichtungen, Med. Institutionen		Hauptkostenstellen		Nebenkostenstellen	
			A	B	C	D	E	W	X	Y	Z
Personalkosten	5.777.000	Gehalts-/Lohnliste		1.250.000	825.000	645.000	647.000	1.425.000	877.000	63.000	45.000
Lebensmittel	520.000				520.000						
Med. Bedarf	1.103.000	Materialentnahmescheine, Rechnungen der Lieferapotheke				218.000	162.000	356.000	312.000		55.000
Wasser, Energie, Brennstoffe	94.500	Abrechnungen, Zähler	3.000	5.000	15.000	5.000	13.000	26.000	23.000	4.500	
Verwaltungsbedarf	87.500	Materialentnahmescheine		27.000	15.000	2.500	4.500	23.000	11.000	2.500	2.000
Steuern, Abgaben, Versicherungen	62.500	Anzahl Betten, Bemessungsgrundlage	52.000	3.000	5.000			1.000	500	1.000	
Zinsen für Betriebsmittel	29.000	Gebundenes Kapital						4.000	16.000	9.000	
Summe	**7.673.500**		**55.000**	**1.285.000**	**1.380.000**	**870.500**	**826.500**	**1.835.000**	**1.239.500**	**80.000**	**102.000**
Innerbetriebliche Leistungsverrechnung											

Quelle: Eigener Entwurf in Anlehnung an: Deutsche Krankenhausgesellschaft (Hrsg.), Hinweise der DKG zum Rechnungswesen der Krankenhäuser, unter besonderer Berücksichtigung der Anpassung des Rechnungswesens der Krankenhäuser in den neuen Bundesländern an die Erfordernisse des Krankenhausfinanzierungsrechts, Düsseldorf 1992, S. 170.

Anmerkung zu Abbildung 45:

*) Der Gesamtbetrag ergibt sich aus den Zahlen der Finanzbuchhaltung nach den notwendigen Abgrenzungen (z.B. periodischen Abgrenzungen).

4.3.5.2 Umlage bzw. Verrechnung der innerbetrieblichen Leistungen der Vorkostenstellen auf die Endkostenstellen

Als Umlage wird die Weiterverteilung der Kosten innerbetrieblicher Leistungen verstanden, wenn diese Leistungen nicht meßbar sind, sondern die Kosten aufgrund eines Umlageschlüssels verteilt werden.

Von einer Verrechnung wird gesprochen, wenn die Kostenverteilung aufgrund gemessener Leistungen vorgenommen wird,[1] die nach Art, Menge und Zeitpunkt bestimmbar sind.

Innerbetriebliche Leistungen sind allgemein keine Marktleistungen, sondern werden in dem weiteren Leistungserstellungsprozeß eingesetzt. Der Einsatz erfolgt entweder in der Periode der Erstellung (sofort verbrauchte innerbetriebliche Leistungen) oder nur teilweise in dieser Periode (nicht zum Sofortverbrauch bestimmte innerbetriebliche Leistungen)[2] bzw. überhaupt nicht in dieser Periode. Ziel ist es, den leistungsempfangenden Kostenstellen alle Kosten zu berechnen, die durch die Leistungserstellung verursacht wurden, und die leistungserstellenden Kostenstellen von diesen Kosten entsprechend zu entlasten.

Mit der Verrechnung der innerbetrieblichen Leistungen werden die Summen der Vorkostenstellen aufgelöst. Den Endkostenstellen (Haupt- und Nebenkostenstellen) werden alle Kosten zugeordnet, die sie verbraucht und in Anspruch genommen haben. Das sind somit nicht nur primäre Produktivfaktoren, sondern auch Leistungen und Güter, die andere Kostenstellen erbracht haben.[3]

Durch die Verrechnung bzw. Umlage werden alle Primärkosten der Vorkostenstellen, die aufgrund des innerbetrieblichen Leistungsaustausches entstanden sind, zu Sekundärkosten der Endkostenstellen.[4]

Für die nach der Bundespflegesatzverordnung vorgesehene Leistungs- und Kalkulationsaufstellung sind die Kosten der medizinischen Institutionen gesondert auszuweisen.[5] Die Verrechnung der innerbetrieblichen Leistungen dieser Institutionen auf die Fachabteilungen ist für die Ermittlung der Abteilungspflegesätze von Bedeutung.

Im Rahmen der DRG-Kalkulation werden die Kosten der medizinischen Institutionen nicht weiter verrechnet, sondern in der Kostenmatrix separat dargestellt.[6]

---

[1] Vgl. *Hummel, S., Männel, W.*: a.a.O., S. 217.

[2] Vgl. *Bergner, H.*: Innerbetriebliche Leistungsverrechnung, in: *Grochla, E., Wittmann, W. (Hrsg.)*: Handwörterbuch der Betriebswirtschaft, Band II, 4. Auflage, Stuttgart 1975, Sp. 2482, zitiert bei: *Götzinger, M., Michael, H.*: KLR 1990, a.a.O., S. 117.

[3] Vgl. *Hummel, S., Männel, W.*: a.a.O., S. 217.

[4] Vgl. *Betge, P.*: a.a.O., S. 159f. Oft wird die Verrechnung der innerbetrieblichen Leistungen synonym zur Kostenstellenumlage verwendet, vgl. *Wahle, O.*: a.a.O., S. 85.

[5] Vgl. Anlage 1 zu § 17 Abs. 4 BPflV LKA Abschnitt K7.

[6] Siehe Kap. 4.4.4.1 Bundeseinheitliches Kalkulationsschema.

4.3.5.2.1 Beispiel einer Kostenverrechnung

Eine Verrechnung der primären Kosten von Vorkostenstellen auf die Endkostenstellen kann nur erfolgen, wenn die Leistung bestimmbar und die Ermittlung eines Verrechnungskostensatzes (= Leistungsbewertung)[1] den Rechnungszielen (realitätsnahe Kostendarstellung, Preisermittlung, Preisvergleich) entspricht.

Den Kosten für medizinische Sekundärleistungen

- in der Röntgendiagnostik,
- im Kreißsaal,
- im Labor,
- in der Physikalischen Therapie,
- in der Anästhesie etc.

wird ein Verrechnungskostensatz aufgrund folgender Datengrundlage zugeordnet:

1. Die Leistungsanzahl kann aufgrund der - bis zum Gesundheitsstrukturgesetz nach dem früheren Kosten- und Leistungsnachweis vorgeschriebenen - Leistungsstatistik (Leistungserfassung der nicht bettenführenden Leistungsbereiche des Krankenhauses) ermittelt werden, wenn eine Leistungserfassung kostenstellenbezogen erfolgt ist. Die Leistungsstatistik orientiert sich in der Leistungsbeschreibung zum größten Teil an den Definitionen der Gebührenordnung für Ärzte (GOÄ) und des DKG-NT (Bd. 1: Tarif der Deutschen Krankenhausgesellschaft für die Abrechnung erbrachter Leistungen und für die Kostenerstattung vom Arzt an das Krankenhaus, zugleich BG-T vereinbarter Tarif für die Abrechnung mit den gesetzlichen Unfallversicherungsträgern).
2. Für jede Leistung wird ein Verrechnungspreis ermittelt. Die Ermittlung kann erfolgen durch
   - Übernahme der Preise aus der GOÄ bzw. dem DKG-NT,
   - Durchführung einer Einzelkalkulation für jede Leistung,
   - Division der Gesamtkosten (Istkosten, Plankosten, Normalkosten) durch die Anzahl der Gesamtleistungen bei homogenen Leistungen oder
   - Division der Gesamtkosten durch die Gesamtleistungen, aber mit folgendem Zusatz: Die Gesamtleistungen werden ausgedrückt durch eine Gesamtpunktzahl. Jede nach GOÄ und DKG-NT definierte Leistung wird dargestellt durch eine Punktzahl. Die Gesamtzahl der Leistungen ergibt somit auch eine Gesamtpunktzahl. Durch Division der Gesamtkosten durch diese Gesamtpunktzahl erhält man den Wert pro Punkt. Für jede Leistung kann somit ein Verrechnungspreis ermittelt werden, dem über die Punkte je Leistung eine Gewichtung zugrunde liegt.

---

[1] Vgl. *Hildebrand, R.*: a.a.O., S. 410.

Die aufgrund eines Verrechnungspreises weiterverrechneten Kosten müssen am Ende einer Periode oder eines Jahres mit den tatsächlichen Kosten verglichen werden. Bei Abweichung ist zu prüfen, ob

- eine weitere Belastung oder eine Entlastung der empfangenden Kostenstelle vorgenommen werden soll oder
- die Änderungen von dem Kostenstellenverantwortlichen der Leistungsstelle zu verantworten sind.

Bei (erwarteten) Änderungen der Kosteneinflußgrößen sind die Verrechnungspreise zu aktualisieren.

4.3.5.2.2 Kostenverteilung mit Hilfe von Kostenumlageschlüsseln

Bei nicht meßbaren Leistungen oder bei Leistungen, die aus wirtschaftlichen Gründen nicht gemessen werden, erfolgt die Kostenverteilung indirekt mit Hilfe von Kostenumlageschlüsseln.

Die ermittelten Schlüssel können sowohl Mengen- als auch Wertschlüssel sein:

- **Mengenschlüssel**

- Zählgrößen:	- Anzahl der erbrachten Untersuchungen
	- Anzahl der Beschäftigten
	- Anzahl der Patienten
- Zeitgrößen:	- Gerätelaufzeiten
- Gewichtsgrößen:	- kg Wäsche
- Geometrische Größen:	- m^2 Bodenfläche
	- m^3 umbauter Raum

- **Werteschlüssel**

- Kostengrößen:	- Summe der Personalkosten
	- Summe der Einzelkosten

Die folgende Abbildung stellt mögliche Verteilungsschlüssel für Sekundärkosten dar. Diese nicht verbindlichen Vorgaben wurden von der Bund-Länder-Arbeitsgruppe „Kontenrahmen“ erarbeitet und zur Verwendung vorgeschlagen.[1]

[1] Vgl. *Hildebrand, R.*: a.a.O., S. 411.

Abbildung 46: Beispiele für Umlageschlüssel bei Verteilung der Sekundärkosten

Kostenstelle	Schlüssel
Röntgen	Leistungen, Leistungsarten, Mengen, gewichtet; behandelte Patienten
Nukleardiagnostik / -therapie	wie vor
Laboratorien	Leistungen, Leistungsarten, Mengen, gewichtet
Funktionsdiagnostik	wie vor
Sonstige diagnostische Einrichtungen	wie vor
Anästhesie, OP, Kreißzimmer	zeitliche Inanspruchnahme; OP-Katalog von Hoehn
Physikalische Therapie	Leistungen, Leistungsarten, Mengen, gewichtet
Sonstige therapeutische Einrichtungen	wie vor
Pathologie	wie vor
Ambulanzen	Leistungen anhand von Aufzeichnungen, sonst geschätzte Inanspruchnahme
Intensivüberwachung	Inanspruchnahme, Pflegetage
Intensivbehandlung	wie vor
Intensivmedizin	wie vor
Ausbildung	Betten; Beschäftigte

Quelle: In Anlehnung an: Hildebrand, R.: Kostenrechnung, in: Eichhorn, S. (Hrsg.), Handbuch Krankenhaus-Rechnungswesen, Grundlagen - Verfahren - Anwendungen, 2. überarbeitete und erweiterte Auflage 1988, S. 411.

4.3.5.2.3 Verfahren der innerbetrieblichen Leistungsverrechnung

Es lassen sich folgende Verfahren der innerbetrieblichen Leistungsverrechnung unterscheiden:

1. Einseitige Leistungsverrechnung:

1. Kostenstellenumlageverfahren
   - Summarische Umlage,
   - Differenzierte oder kostenartenweise Umlage,
   - Stufenleiterverfahren (Treppenverfahren),
   - Anbauverfahren (Blockverfahren),
2. Kostenartenverfahren,
3. Kostenstellenausgleichsverfahren,
4. Kostenträgerverfahren,

2. Wechselseitige Leistungsverrechnung:

5. Simultane Verfahren (Gleichungen, Iteration).

Die Wahl des Verfahrens der innerbetrieblichen Leistungsverrechnung ist abhängig von der Art der innerbetrieblichen Leistungsverflechtung. So können im allgemeinen die Vorkostenstellen und Endkostenstellen für eine oder mehrere andere Kostenstelle(n) (Vorkostenstellen und Endkostenstellen) Leistungen erbringen und sie aber auch von ihnen erhalten.

Beispiel: Vorkostenstelle

Die technischen Anlagen der Personalcafeteria (Herde, Kühlschränke, Warmhalteplatten) werden von angestellten Handwerkern, die zum Kostenstellenbereich Werkstätten gehören, reparieren und instandgesetzt. Gleichzeitig nehmen die Handwerker die Leistungen der Personalcafeteria (Mahlzeiten, Getränke) in Anspruch.

Beispiel: Endkostenstelle

Personalbereitstellung des Pflegepersonals für andere Fachabteilungen, sofern auf Pflegestationen, auf denen üblicherweise nur Patienten einer Fachrichtung betreut werden, bei Kapazitätsengpässen freie Betten von anderen Fachabteilungen genutzt werden.

Diese Leistungsverflechtungen sind zu berücksichtigen und auch bei der Ermittlung von Kalkulationssätzen einzubeziehen.

Zu den Verfahren im einzelnen:

Zu 1. Das **Kostenstellenumlageverfahren** verteilt die in den Vorkostenstellen anfallenden Kosten auf die leistungsempfangenden Kostenstellen.

Hierbei ist zu unterscheiden zwischen

- summarischer und
- differenzierter oder kostenartenweise Kostenstellenumlage.

Bei einer **summarischen Kostenstellenumlage** wird die Summe der Primärkosten der (einzigen) Vorkostenstelle auf die Endkostenstellen umgelegt.

Abbildung 47 zeigt ein Beispiel der summarischen Kostenstellenumlage. Die Vorkostenstelle „A“ verteilt die in dieser Kostenstelle angefallenen Kosten nach einem bestimmten Schlüssel (Verteileinheiten). Die Endkostenstellen (z.B. Fachabteilungen) werden mit den anteiligen Kosten belastet, die sich aus ihrem Anteil der in Anspruch genommenen Leistungen ergeben. Die Gesamtkosten der Vorkostenstelle werden durch den gesamten Leistungsumfang dividiert (im Beispiel: 631.000 € / 100.000 = 6,31 €) und dieser Wert mit der entsprechenden Anzahl der Leistungseinheit der Endkostenstelle (Fachabteilung) multipliziert (im Beispiel für Endkostenstelle B: 40.000 x 6,31 € = 252.400 €).

Abbildung 47: Summarische Kostenstellenumlage

Kostenstellen / Primär- und Sekundärkosten	Vorkostenstelle	Endkostenstellen		
	A	B	C	D
Verteileinheiten	100.000			
in Anspruch genommene Verteileinheiten		40.000	35.000	25.000
Personalkosten				
Ärztlicher Dienst	---	1.000.000	850.000	600.000
Pflegedienst	---	2.500.000	2.000.000	1.500.000
Med.-techn. Dienst	---	200.000	180.000	120.000
Funktionsdienst	600.000	---	---	---
Summe Personalkosten	**600.000**	**3.700.000**	**3.030.000**	**2.220.000**
Sachkosten				
Medizinischer Bedarf	---	800.000	750.000	300.000
Gebrauchsgüter	11.000	11.000	8.500	6.000
Instandhaltung	20.000	40.000	30.000	20.000
Summe Sachkosten	**31.000**	**851.000**	**788.500**	**326.000**
Summe Primärkosten	**631.000**	**4.551.000**	**3.818.500**	**2.546.000**
Sekundärkosten		**252.400**	**220.850**	**157.750**
Primäre und sekundäre Kosten nach Verrechnung innerbetrieblicher Leistungen	---	4.803.400	4.039.350	2.703.750

Quelle: In Anlehnung an: Hentze, J., Kehres, E.: Kosten- und Leistungsrechnung der Krankenhäuser, Systematische Einführung, 4., überarbeitete Auflage, Stuttgart/Berlin/Köln 1999, S. 77.

Bei der **differenzierten oder kostenartenweise** Kostenstellenumlage wird die Struktur der Primärkosten beibehalten.

Die folgende Abbildung zeigt ein Beispiel einer Kostenstellenumlage, wobei die Kosten kostenartenweise verrechnet werden. Jede Primärkostenart der Vorkostenstelle „A“ wird differenziert an die Endkostenstellen verrechnet. Bezugsgröße zur Ermittlung des jeweiligen Anteils der zu verteilenden Kostenart ist der jeweils festgelegte Schlüssel. Für jede Kostenart kann ein anderer Schlüssel gewählt werden, um so die kostenrechnerische Aussagegenauigkeit zu erhöhen.[1] Im Beispiel wird darauf jedoch der Übersichtlichkeit halber verzichtet, alle Kostenarten werden hier über einen Verteilschlüssel verteilt. In jeder Endkostenstelle erfolgt für jede Kostenart der Ausweis als Primär- bzw. Sekundärkosten. Die Summe der Sekundärkosten ergibt die Summe der Primärkosten der Vorkostenstelle.

[1] Vgl. *Hentze, J., Kehres, E.*: a.a.O., S. 80.

Abbildung 48: Kostenstellenumlage unter Beibehaltung der Kostenartenstruktur

Kostenstellen / Primär- und Sekundärkosten	Vorkostenstelle	Endkostenstellen								
	A	Innere Medizin			Chirurgie			Gynäkologie		
Verteileinheiten	100.000	Primär kosten	Sekundär-kosten	Kosten gesamt	Primär kosten	Sekundär-kosten	Kosten gesamt	Primär kosten	Sekundär-kosten	Kosten gesamt
in Anspruch genommene Verteileinheiten			40.000			35.000			25.000	
Personalkosten										
Ärztlicher Dienst	---	1.000.000	---	1.000.000	850.000	---	850.000	600.000	---	600.000
Pflegedienst	---	2.500.000	---	2.500.000	2.000.000	---	2.000.000	1.500.000	---	1.500.000
Med.-techn. Dienst	---	200.000	---	200.000	180.000	---	180.000	120.000	---	120.000
Funktionsdienst	600.000	---	240.000	240.000	---	210.000	210.000	---	150.000	150.000
Summe Personalkosten	**600.000**	**3.700.000**	**240.000**	**3.940.000**	**3.030.000**	**210.000**	**3.240.000**	**2.220.000**	**150.000**	**2.370.000**
Sachkosten										
Medizinischer Bedarf	---	800.000	---	800.000	750.000	---	750.000	300.000	---	300.000
Gebrauchsgüter	11.000	11.000	4.400	15.400	8.500	3.850	12.350	6.000	2.750	8.750
Instandhaltung	20.000	40.000	8.000	48.000	30.000	7.000	37.000	20.000	5.000	25.000
Summe Sachkosten	**31.000**	**851.000**	**12.400**	**863.400**	**788.500**	**10.850**	**799.350**	**326.000**	**7.750**	**333.750**
Summe Primärkosten	**631.000**	**4.551.000**	**---**	**---**	**3.818.500**	**---**	**---**	**2.546.000**	**---**	**---**
Sekundärkosten			**252.400**			**220.850**			**157.750**	
Primäre und sekundäre Kosten nach Umlage	**---**	**---**	**---**	**4.803.400**	**---**	**---**	**4.039.350**	**---**	**---**	**2.703.750**

Quelle: In Anlehnung an: Hentze, J., Kehres, E.: Kosten- und Leistungsrechnung der Krankenhäuser, Systematische Einführung, 4., überarbeitete Auflage, Stuttgart/Berlin/Köln 1999, S. 78.

Bei mehrstufigen einseitigen Leistungsströmen werden Varianten des Kostenstellenumlageverfahrens angewendet.

Das **Stufenleiter- oder Treppenverfahren** verteilt die Kosten der Hilfskostenstellen auf die jeweils nachgelagerten Hilfs- und Hauptkostenstellen.

Da bei diesem Verfahren die wechselseitigen Beziehungen unberücksichtigt bleiben, ist es erforderlich, die Reihenfolge der Vorkostenstellen und damit die Reihenfolge der Kostenverteilung so zu wählen, daß die zuerst abgerechneten Kostenstellen möglichst wenige (besser: keine) Leistungen von nachgelagerten Kostenstellen erhalten.

Die Kosten der ersten Hilfskostenstelle werden auf die nachgelagerten Hilfs- und Hauptkostenstellen umgelegt. Dann werden die Kosten (primäre und sekundäre Kosten) der zweiten Hilfskostenstelle auf die nachfolgenden Kostenstellen verteilt. Das Verfahren wird so lange fortgeführt, bis alle Hilfskostenstellen ihre Kosten verteilt haben. Die Kostenumlage wird summarisch durchgeführt.[1] Zur Kostenverteilung wird ein Verrechnungssatz gebildet, den man ermittelt, indem die Gesamtkosten (Primär- und/oder Sekundärkosten) durch die Gesamtleistung, dargestellt durch eine Schlüssel- oder Maßgröße, dividiert werden. Dieses sukzessive (stufenweise) Verfahren wird sehr häufig angewendet und in Abbildung 49 beispielhaft dargestellt.

Abbildung 49: Beispiel für das Stufenleiterverfahren

Kostenstellen / Primär- und Sekundärkosten	Vorkostenstellen		Endkostenstellen		
	A	B	Innere Medizin	Chirurgie	Gynäkologie
Primärkosten	150.000	1.500.000	5.000.000	4.000.000	2.500.000
	└→	100.000	20.000	18.000	12.000
Zwischensumme		1.600.000	5.020.000	4.018.000	2.512.000
		└→	---	1.200.000	400.000
Primär- und Sekundärkosten nach Leistungsverrechnung	---	---	5.020.000	5.218.000	2.912.000

Quelle: In Anlehnung an: Hentze, J., Kehres, E.: Kosten- und Leistungsrechnung der Krankenhäuser, Systematische Einführung, 4., überarbeitete Auflage, Stuttgart/Berlin/Köln 1999, S. 83.

Im **Anbau- oder Blockverfahren** werden die Kosten der Vorkostenstellen (Hilfskostenstellen) unmittelbar als Block auf die Endkostenstellen verteilt. Eine Leistungsabgabe einer Vorkostenstelle an eine andere Vorkostenstelle wird nicht vorgenommen und somit auch keine Kostenverteilung. Sämtliche Vorkostenstellen verteilen ausschließlich Primärkosten an die Endkostenstellen.

[1] Vgl. *Wahle, O.*: a.a.O., S. 92.

Der in der allgemeinen Praxis selten anzutreffende Fall, daß Hilfskostenstellen untereinander keine Leistungen austauschen, führt dazu, daß dieses Verfahren kaum Anwendung findet. Die folgende Abbildung zeigt schematisch die Verrechnungsmethode des Anbauverfahrens.

Abbildung 50: Kostenstellenumlageverfahren als Anbauverfahren

Kostenstellen / Kostenart (in Hundert €)	Hilfskostensstellen			Hauptkostenstellen		
	A	B	C	D	E	F
Primäre Kosten	400	900	1.500	5.000	8.000	6.000
	(-400)	(-900)	(-1.500)			
Sekundärkosten-verrechnung				+150	+200	+50
				+400	+300	+200
					+700	+800
Endkosten	0	0	0	5.550	9.200	7.050

- = Entlastung + = Belastung der Kostenstellen

Quelle: Freidank, C.-Chr.: Kostenrechnung. Einführung in die begrifflichen, theoretischen, verrechnungstechnischen sowie planungs- und kontrollorientierten Grundlagen des innerbetrieblichen Rechnungswesens, 5. Auflage, München/Wien 1994, S. 141.

Die Ermittlung des Verrechnungssatzes erfolgt wie bei dem Stufenleiterverfahren. Die Zahl der Leistungen (Schlüssel oder Maßgröße) ist jedoch kleiner, da (eventuelle) Leistungen an andere Hilfskostenstellen unberücksichtigt bleiben.

Die folgenden Verfahren gehen ebenfalls von einer einseitigen Leistungsverrechnung aus, gelten jedoch für heterogene Leistungen.

Zu 2. Beim **Kostenartenverfahren** werden die innerbetrieblichen Leistungen zwischen den Hauptkostenstellen verrechnet. Hier gibt es keine allgemeinen Kostenstellen oder Hilfskostenstellen. Die leistenden Kostenstellen werden von den Einzelkosten, die durch die innerbetrieblichen Leistungen angefallen sind, entlastet. Die empfangenden Kostenstellen werden mit diesen Einzelkosten belastet, aber in Form von Gemeinkosten. Die bei der leistenden Kostenstelle angefallenen Gemeinkosten werden nicht verrechnet, so daß die Gemeinkostenzuschläge dieser Stellen ungerechtfertigt erhöht werden.

Zu 3. Das **Kostenstellenausgleichsverfahren** verrechnet neben den separat für diese Leistung erfaßten Einzelkosten auch anteilige Gemeinkosten an die leistungsempfangende Kostenstelle.

Zu 4. Ebenso wie für die beiden letztgenannten Verfahren werden im **Kostenträgerverfahren** die innerbetrieblichen Leistungen als Einzelkosten erfaßt. Das Kostenträgerverfahren bietet die Möglichkeit, die Leistungserstellung auf mehrere Kostenstellen zu erweitern und stellt jede Leistung als selbständigen Kostenträger dar. Verfahrenstechnisch wird so vorgegangen, daß für jede Leistung (Kostenträger) eine Ausgliederungsstelle zur Erfassung der Kosten eingerichtet wird.

Zu 5. Die Berücksichtigung innerbetrieblicher Leistungsverflechtung kann auch durch **simultane Verfahren** erfolgen, wobei die Verrechnung hier wechselseitig erfolgt. Simultane Verfahren sind z.B. das Gleichungsverfahren und das Iterationsverfahren.

Beim Gleichungsverfahren werden die Verrechnungssätze, die wegen der Leistungsverflechtung voneinander abhängen, mit Hilfe eines Systems linearer Gleichungen errechnet. Die Zahl der linearen Gleichungen entspricht der Zahl der in die Verrechnung eingehenden Kostenstellen.[1] In die Gleichung können die Mengen innerbetrieblicher Leistungen als bekannte Daten und die zu ermittelnden Verrechnungspreise als Variable eingehen.

Das Iterationsverfahren ermittelt den gesuchten Verrechnungspreis durch eine schrittweise Annäherung, in dem die einzelnen Stufen des Prozesses (Iterationen) jeweils eine vollständige Leistungsverrechnung vornehmen. Für den ersten Schritt ist ein geschätzter oder auf Basis vergangener Perioden ermittelter Verrechnungspreis zu bestimmen.

Wegen der im Hinblick auf die DRG-Kalkulation erforderlichen Genauigkeit haben diese Verfahren - in EDV-gestützter Form - Eingang in die Krankenhaus-Informationssysteme gefunden oder werden über „Insellösungen", d.h., durch zusätzliche EDV-Programme abgedeckt.

4.3.5.3 Ermittlung der Kalkulationssätze zur Verteilung der Stellenkosten auf die Kostenträger

In der letzten Stufe der allgemeinen Kostenstellenrechnung werden in den Hauptkostenstellen die Kalkulationssätze ermittelt, die für die Kalkulation der Kostenträger (Endprodukte) benötigt werden. Die nur noch in den Endkostenstellen ausgewiesenen Gemeinkosten werden über einen Kalkulationssatz von der Kostenstellenrechnung in die Kostenträgerrechnung übergeleitet. Der Kalkulationssatz ermittelt sich nach folgender Formel:

$$\textbf{Kalkulationssatz} = \frac{\textbf{Gemeinkosten der Endkostenstelle}}{\textbf{Bezugsbasis der Kostenstelle}}$$

Der Kalkulationssatz kann ein Zuschlags- oder ein Verrechnungssatz sein. Wählt man als Bezugsbasis eine Wertgröße (z.B. Euro), ist der Kalkulationssatz ein in Prozent angegebener Zuschlagssatz. Handelt es sich bei der Bezugsbasis um eine Mengen- oder Zeitgröße, wird der Kalkulationssatz als

[1] Vgl. *Wahle, O.*: a.a.O., S. 89f.

Verrechnungssatz bezeichnet. Der Verrechnungssatz gibt das Verhältnis Euro/Mengen- oder Zeiteinheit an. Durch Multiplikation des Plan-Kalkulationssatzes (z.B. Euro/geplante standardisierte Laboruntersuchungen) mit der Ist-Bezugsgröße (z.B. durchgeführte standardisierte Laboruntersuchungen) werden die Sollkosten der Kostenstelle errechnet. Durch einen nun möglichen Vergleich der geplanten Kosten mit den tatsächlich entstandenen (Ist-)Gesamtkosten der Kostenstellen können Abweichungen festgestellt und weitergehende Analysen der Kostenabweichung durchgeführt werden.

4.3.6 Kostenstellenrechnung für den BPflV-Bereich

Die bisher dargestellte Kostenstellenrechnung auf der Grundlage des früheren Kostenstellenrahmens mußte bereits mit dem Gesundheitsstrukturgesetz 1993 erweitert werden, da sie zur Feststellung der Kosten und Leistungen unter den Anforderungen des ab 1995 neuen Entgeltsystems nicht geeignet war.

Im DRG-System sind die Anforderungen an die Kostenstellenrechnung und die innerbetriebliche Leistungsverrechnung weiter gestiegen. Im KHEntgG-Bereich ist die Kostenstellenrechnung letztlich „nur" ein Schritt zur Vorbereitung der Kostenträgerrechnung und wird daher im Zusammenhang mit der Kostenträgerrechnung näher dargestellt.[1] Für den BPflV-Bereich (Psychiatrie, etc.) ist dagegen eine Kostenstellenrechnung mit der Fähigkeit, bestimmte Funktionen einer Kostenträgerrechnung zu übernehmen, ausreichend und wird hier erläutert.

Die Kostenstellenrechnung muß gemäß § 8 KHBV

- betriebswirtschaftlichen Anforderungen genügen,
- die Leistungs- und Kalkulationsaufstellung nach der Bundespflegesatzverordnung ermöglichen und auch
- die prospektive Bildung der Abteilungspflegesätze und des Basispflegesatzes zur Unterstützung der internen Budgetierung ermöglichen.

1. Kostenstellenrechnung unter Berücksichtigung der Abteilungspflegesätze

Voraussetzung zur Bildung eines Pflegesatzes für einen Abteilung ist, daß diese Abteilung den Charakter einer Endkostenstelle besitzt. Abteilungspflegesätze werden im BPflV-Bereich für jede bettenführende Abteilung der Psychiatrie, Psychosomatik und der Psychotherapeutischen Medizin vereinbart und vergüten ärztliche und pflegerische Leistungen sowie die Versorgung mit Medikamenten.[2]

Dabei werden im Rahmen der Leistungs- und Kalkulationsaufstellung nur ausgewählte Kostenarten berücksichtigt,[3] wie z.B.

- Personalkosten des ärztlichen und pflegerischen Dienstes,
- Technischer Dienst (Medizintechnik),

---

[1] Siehe Kap. 4.4.4.1 Bundeseinheitliches Kalkulationsschema.

[2] Vgl. § 13 Abs. 2 BPflV; siehe auch Kap. 2.5.2.2 Abteilungspflegesätze.

[3] Vgl. Anlage 1 zu § 17 Abs. 4 BPflV LKA Abschnitte K3 und K7.

- Sachkosten des medizinischen Bedarfs,
- Instandhaltungskosten medizinisch-technischer Geräte sowie
- Gebrauchsgüter des medizinisch-technischen Bereichs.

Diese Kostenarten werden den Abteilungen (Kostenstellen) direkt zugeordnet. Darüber hinaus werden im Rahmen einer innerbetrieblichen Leistungsverrechnung die medizinisch bedingten Kosten insbesondere der Intensivstationen, der medizinischen Institutionen (z.B. Radiologie, Labor) möglichst verursachungsgerecht auf die Fachabteilungen verrechnet. So werden im Abteilungspflegesatz auch Kosten für den medizinisch-technischen Dienst (Personal z.B. im Labor) berücksichtigt. Genauere Vorgaben für diese innerbetriebliche Leistungsverrechnung macht die Bundespflegesatzverordnung jedoch nicht. Die Zuordnung von weiteren Kostenarten zum Abteilungspflegesatz sollte nur dann vorgenommen werden, wenn dieses im Rahmen des Krankenhausvergleichs nach § 5 BPflV abgestimmt ist, um eine Vergleichbarkeit zu gewährleisten.

Nach Abzug der nicht pflegesatzfähigen Kosten gemäß § 7 Abs. 2 BPflV für die jeweilige Abteilung werden die verbleibenden pflegesatzfähigen Kosten durch die Pflegetage der Abteilung dividiert, um einen tagesgleichen Abteilungspflegesatz zu erhalten.

2. Kostenstellenrechnung unter Berücksichtigung des Basispflegesatzes

Für die Bereiche „Gemeinsame Kostenstelle" und „Versorgungseinrichtungen" ist zur Ermittlung des Basispflegesatzes eine Kostenverrechnung der Gemeinkosten nicht erforderlich, da alle hier anfallenden Kostenarten im Basispflegesatz berücksichtigt werden und als Summe dem Pflegesatz zugerechnet werden können.[1] Insofern haben sie eine Endkostenstellenfunktion.

Es ist daher möglich, alle relevanten, in diesen Vorkostenstellen anfallenden Kosten kostenartenweise darzustellen und in einer Kostenstelle „Basiskosten" ebenfalls kostenartenweise zusammenzufassen. Für die Ermittlung des Basispflegesatzes im Rahmen der Leistungs- und Kalkulationsaufstellung wird eine genauere Verrechnung dieser relevanten pflegesatzfähigen Kosten nicht verlangt. Der gesamte Budgetanteil Basispflegesatz wird über die Anzahl der Pflegetage im Pflegesatzzeitraum durch einfache Divisionskalkulation auf den einzelnen Pflegetag umgelegt.[2]

Für innerbetriebliche Kalkulationen jedoch können tiefere Betrachtungen durchaus interessant sein. So können unter anderem folgende Verrechnungsmöglichkeiten überprüft werden:

- Für die Leistung „Versorgung mit Lebensmitteln" kann eine differenzierte Verrechnung sinnvoll sein.

  Bei den Beköstigungen wird nach Vollkost, Schonkost und Diätkost unterschieden. Eine Leistungsstatistik für diesen Bereich wird im Rahmen der Leistungs- und Kalkulationsaufstellung nicht verlangt. Dennoch wäre zu untersuchen, ob für diesen Bereich eigene „Ko-

[1] Siehe Kap. 2.5.2.3 Basispflegesatz.

[2] Vgl. Anlage 1 zu § 17 Abs. 4 BPflV LKA Abschnitte K3 und K6.

stenträger" gebildet werden. Unterscheiden sich die oben erwähnten Beköstigungsarten in der Zubereitungszeit und in den Lebensmittelkosten, könnte eine einfache Verrechnung „Beköstigung pro Pflegetag" eventuell zu großen Ungenauigkeiten führen.

- Es sollte berücksichtigt werden, daß die Kosten der Verwaltung, die ebenfalls in den Basispflegesatz eingehen, sich nicht proportional zu den Pflegetagen verhalten. Anstelle der Bezugsbasis „Pflegetag" wäre die Bezugsbasis „Behandlungsfall" wahrscheinlich eher verursachungsgerecht.

3. Kostenstellenrechnung unter Berücksichtigung ausgewählter Anforderungskriterien

Die Kostenstellenrechnung dient grundsätzlich und allgemein nicht der Preisbildung, so daß die herkömmliche Kostenstellenrechnung nicht nach den dafür erforderlichen Prämissen aufgebaut wird. Für das BPflV-Krankenhaus gelten jedoch andere Bedingungen. Dort werden Kostenstellen überwiegend nach den Erfordernissen der Fachabteilungen und den geltenden Vergütungsformen gebildet. Solange Abteilungspflegesätze Verhandlungssache der Vertragsparteien sind, ist der Aufbau einer derartig modifizierten Kostenstellenrechnung, wie sie für die Leistungs- und Kalkulationsaufstellung im Rahmen der Vertragsverhandlungen benötigt wird, sinnvoll.

Das ist jedoch nicht so zu verstehen, daß die Abteilungspflegesätze und der Basispflegesatz ausschließlich aufgrund vergangener Kosten ermittelt werden, denn beide Pflegesätze stellen Abschlagszahlungen auf das vereinbarte und vorauskalkulierte Budget dar. D.h., die Kalkulation erfolgt durch Zerlegung des globalen Budgets in Teilbudgets auf Grundlage der Kostenstellenrechnung.[1] Diese Budgets wurden aus den prospektiv ermittelten Kosten abgeleitet.

Die Klapptafel am Ende dieses Buches stellt eine nach den Anforderungen dieses Vergütungssystems aufgebaute Kostenstellenrechnung dar. Es handelt sich hierbei um einen Vorschlag für einen speziellen Betriebsabrechnungsbogen für BPflV-Krankenhäuser.

Anmerkungen zu diesem Betriebsabrechnungsbogen (BAB):

Der Aufbau stellt einen Vorschlag dar, der sich an der Kostenarten- und Kostenstellengliederung nach Anlage 4 und 5 KHBV orientiert.

Basiskosten

Zur besseren Kenntlichmachung sind bei dem Auszug aus der Kostenartengruppe 6 der Krankenhaus-Buchführungsverordnung diejenigen Kostenarten, die in den Basispflegesatz gerechnet werden, schraffiert unterlegt. Die Gemeinsamen Kostenstellen und die Versorgungseinrichtungen im Rahmen der Vorkostenstellen rechnen sämtliche Kosten mit der „künstlichen" Kostenstelle Basiskosten ab. Solange hierfür keine pauschalierten Entgelte existieren, werden die angefallenen Kosten als Basis für die Pflegesatzverhandlungen herangezogen.

---

[1] Vgl. *Böing, W.*: Interne Budgetierung im Krankenhaus - Beziehungen zur externen Budgetierung, Gestaltungsformen, Voraussetzungen und Steuerungsmöglichkeiten, Heidelberg 1990, S. 64.

Innerbetriebliche Leistungsverrechnung

Die Kosten der medizinischen Institutionen werden in der Zeile Innerbetriebliche Leistungsverrechnung gesammelt und an die jeweils verursachenden Abteilungen vollständig abgegeben.

Nicht pflegesatzfähige Kosten

Kostenstellen für nicht pflegesatzfähige Kosten (unter anderem für Forschung und Lehre und für die Ambulanzen) sind unter den Sonstigen Einrichtungen und den Ausgliederungen entsprechend der Anlage 5 KHBV aufgeführt. Außerdem sind die nach § 7 Abs. 2 BPflV nicht pflegesatzfähige Bereiche getrennt ausgewiesen; dazu gehören unter anderem Kosten für die vor- und nachstationäre Behandlung, für wahlärztliche Leistungen und nichtärztliche Wahlleistungen.

Abteilungsbudgets

Die Kostenstellen für die bettenführenden Abteilungen mit normaler und abweichender Pflegeintensität, haben im Rahmen der innerbetrieblichen Leistungsverrechnung Kosten zu empfangen, aber auch Kosten abzugeben; erstere von den Vorkostenstellen, letztere an die Kostenstellen mit nicht pflegesatzfähigen Kosten. Weiterhin sind hier Ausgleichsbeträge bzw. Zuschläge zu berücksichtigen. Der Restbetrag (Restbudget) dient als Grundlage für die Verhandlungen über den Abteilungspflegesatz.

Im Rahmen der Kostenstellenrechnung ist zu beachten, daß eine zukünftige Änderung der Investitionsfinanzierung[1] auch die Kostenstellen- und Kostenträgerrechnung beeinflussen wird. Bisher sind die mit den Investitionen verbundenen Aufwendungen und Kosten weitgehend ausgeklammert worden. Bei Einführung einer monistischen Finanzierung wird das Krankenhaus auch diese z.B. über die Pflegesätze und/oder Zuschläge refinanzieren müssen. Wie bei einem erwerbswirtschaftlichen Unternehmen muß das Krankenhaus mindestens die Summe aller Leistungen kostendeckend am Markt anbieten und darüber hinaus möglichst Gewinne erzielen können. D.h., daß die bisher ausgeklammerten Aufwands- und Kostenarten, wie z.B. (kalkulatorische) Abschreibungen und kalkulatorische Eigenkapitalzinsen, dann ebenfalls wie bei nicht geförderten Krankenhäusern zu berücksichtigen wären.

4.4 Kostenträgerrechnung

Die Kostenträgerrechnung ist die letzte Stufe der Kostenrechnung und beantwortet die Frage, wofür die Kosten angefallen sind. Die Kostenträgerrechnung kann als

- Kostenträgerzeitrechnung (Betriebsergebnisrechnung oder kurzfristige Periodenrechnung) oder
- Kostenträgerstückrechnung (Kalkulation oder kalkulatorische Stückrechnung)

durchgeführt werden.[2]

---

[1] Siehe Kap. 2.4 Krankenhausfinanzierung und Kap. 6. Diskutierte ordnungspolitische Rahmenbedingungen ab 2009.

[2] Vgl. *Hummel, S., Männel, W.*: a.a.O., S. 260.

4.4.1 Kostenträgerzeitrechnung

Die Kostenträgerzeitrechnung hat die Aufgabe, den Betriebserfolg einer bestimmten Periode zu ermitteln.[1] Der Betriebserfolg ergibt sich aus der Gegenüberstellung von Leistungen (Erlösen) und Kosten.

Eine Kostenträgerzeitrechnung im engeren Sinne ist die Kalkulation einer im Abrechnungszeitraum hergestellten Leistungsmenge einer Produktart.[2]

Durch die Gegenüberstellung von Leistungen und Kosten für eine Periode soll das Betriebsergebnis aufgezeigt werden. Man spricht daher auch von der kurzfristigen Erfolgsrechnung. Entsprechend der Kostengliederung kann man zwei Arten der Kostenträgerzeitrechnung unterscheiden:

- **Gesamtkostenverfahren**

  Die gesamten Kosten einer Periode werden nach Kostenarten gegliedert und den gesamten betrieblichen Erträgen gegenübergestellt.

- **Umsatzkostenverfahren**

  Die Kosten und Erlöse der abgesetzten Produkte werden in diesem Verfahren gegenübergestellt.

Es soll an dieser Stelle jedoch nicht ausführlich auf die Kostenträgerzeitrechnung eingegangen werden.

4.4.2 Kostenträgerstückrechnung/Kalkulation

Die Kostenträgerstückrechnung ermittelt die Kosten, die für die Erstellung einer Leistungs- oder Produkteinheit entstanden sind.[3]

4.4.2.1 Die Merkmale der Kalkulation

Kalkulationen lassen sich anhand von fünf Merkmalen charakterisieren, die in der folgenden Abbildung näher dargestellt sind.

Abbildung 51: Merkmale der Kalkulation

Merkmal	Gekennzeichnet durch die Frage
1 Zweck	Welche Aufgabe hat die Kalkulation?
2 Gegenstand	Welche Leistung ist zu kalkulieren?
3 Zeitpunkt	Wann wird die Kalkulation durchgeführt?
4 Inhalt	Welche Kosten sind in die Kalkulation einzubeziehen?
5 Verfahren	Nach welcher rechentechnischen Methode sind die Kosten der Leistung zu berechnen?

Quelle: Vormbaum, H.: Kalkulationsarten und Kalkulationsverfahren, 4. Auflage, Stuttgart 1977, S. 18f.

---

[1] Vgl. *Götzinger, M., Michael, H.*: KLR 1990, a.a.O., S. 137.

[2] Vgl. *Hummel, S., Männel, W.*: a.a.O., S. 260.

[3] Vgl. *Hummel, S., Männel, W.*: a.a.O., S. 260.

4.4.2.2 Aufgaben der Kostenträgerstückrechnung (Kalkulation)

Die Kostenträgerstückrechnung (Kalkulation) hat folgende allgemeine Aufgaben:[1]

1. Ermittlung der Kosten je Leistungseinheit

Eine wesentlichen Aufgabe der Kostenträgerstückrechnung ist die Ermittlung von Kosten, um sie mit dem erzielten Preis zu vergleichen.

Ein Kosten-Preis-Vergleich wurde bereits durch die Einführung von Sonderentgelten und Fallpauschalen zu einer wichtigen Aufgabe der Kostenträgerrechnung.[2] In dem G-DRG-System haben derartige Kosten-Preis-Vergleiche weiter an Bedeutung gewonnen.

2. Bildung interner Verrechnungspreise

Wie bereits bei der Behandlung der innerbetrieblichen Leistungsverrechnung diskutiert, kann die Kostenträgerrechnung auch zur Festlegung innerbetrieblicher Verrechnungspreise verwendet werden, da durch sie intern angeforderte Leistungen bewertet werden können.

Im DRG-System gewinnen Verrechnungssätze eine besondere Rolle. Mit ihnen können im Rahmen der DRG-Kalkulation auch die nicht unmittelbar abrechnungs-, aber dennoch kostenrelevanten Bereiche (z.B. Radiologie) sowohl von der Leistungs- als auch von der Kostenseite her möglichst verursachungsgerecht berücksichtigt werden.

3. Unterstützung der Planungs- und Kontrollmaßnahmen

Die Kenntnis der Kosten je Leistungseinheit (z.B. je DRG) ist mit die wichtigste Information zur Planung des Leistungsspektrums im Rahmen des Versorgungsauftrags. Nur wenn die über die DRG-Fallpauschale erzielten Erlöse die Kosten decken, kann das Krankenhaus langfristig die Leistung weiter anbieten.

Die unten näher beschriebene DRG-Kalkulation mit der differenzierten Betrachtung der Kosten sowohl nach Kostenarten- als auch nach Kostenstellengruppen[3] identifiziert eventuelle Kostentreiber im Rahmen der betrachteten Gruppen. Neben der krankenhausindividuellen Kalkulation steht die durch das Institut für das Entgeltsystem im Krankenhaus (InEK) als Grundlage für das G-DRG-System durchgeführte bundesweite Kalkulation als Vergleich zur Verfügung. So können Abweichungen sowohl innerhalb bestimmter Kostenartengruppen als auch innerhalb bestimmter Kostenstellengruppen näher analysiert und kontrolliert werden. Entscheidend wird jedoch für das Krankenhaus sein, inwieweit diese Erkenntnisse zu Maßnahmen führen, die in den entsprechenden Bereichen Personal- und/oder Sachkosten senken.

Bei der Suche nach Kosteneinsparpotentialen ist z.B. auch zu prüfen, ob Eigenleistungen durch einen günstigeren Fremdbezug von Leistungen (z.B. Raumpflege) ersetzt werden können.

---

[1] Vgl. *Wahle, O.*: a.a.O., S. 129ff.; *Hentze, J., Kehres, E.*: a.a.O., S. 88f.

[2] Vgl. *Hentze, J., Kehres, E.*: a.a.O., S. 89.

[3] Siehe Kap. 4.4.4.1 Bundeseinheitliches Kalkulationsschema.

4.4.2.3 Zeitpunkt der Kalkulation

Vor Beginn der Leistungserstellung werden **Vor- bzw. Plankalkulationen** durchgeführt. Für den Krankenhausbereich wurden bis 1993 im Rahmen der Budgetverhandlungen nur die gesamten Selbstkosten vorauskalkuliert, ohne für einzelne Leistungen Kalkulationen durchzuführen; genauere Angaben über den erforderlichen Personal- und Sachmitteleinsatz lagen kaum vor.

Für die Vorauskalkulation z.B. von DRG-Fallpauschalen oder Kosten für ambulante Operationen sind daher folgende Voraussetzungen zu erfüllen:[1]

- patientenbezogene Erfassung möglichst aller Kosten und Leistungen,
- ein Erfassungszeitraum, der eine Durchschnittsbildung ermöglicht (große Fallzahl, wenige Extremwerte/Ausreißer) und
- Verdichtung der patientenbezogenen Daten nach Vergütungsformen.

In diesem Sinne ist die von *Kilger* wie folgt definierte Plankalkulation zu verstehen: „Unter Plankalkulation versteht man Kalkulationen, bei denen für eine bestimmte Planungsperiode im voraus geplante Herstell- bzw. Selbstkosten pro Erzeugniseinheit ermittelt werden. Die Kostendaten der Plankalkulation basieren auf der nach Kostenarten und Kostenstellen differenzierten Kostenplanung".[2]

Grundsätzlich liefern Plankalkulationen in erwerbswirtschaftlichen Unternehmen Informationen für Preisverhandlungen, Angebotserstellung und Entscheidungen über die Ablehnung oder Annahme von Aufträgen.

Im Krankenhaus werden Vor- bzw. Plankalkulationen eingesetzt,

- um das Leistungsprogramm prospektiv festlegen zu können, als Grundlage für die Entgeltverhandlungen, und
- als Basis zur Ermittlung von Kostenabweichungen im Rahmen der Nachkalkulation und der internen Budgetierung.

Nach- bzw. Istkalkulationen dienen der stückbezogenen Erfolgskontrolle und werden - wie der Name sagt - nachträglich durchgeführt.

Im Rahmen des DRG-Vergütungssystems sollte eine laufend durchgeführte Nachkalkulation einen festen Platz in der Kostenrechnung haben und die notwendigen personellen Kapazitäten und EDV-technische Ausrüstung zur Verfügung gestellt werden.

4.4.2.4 Umfang und Inhalt der Kalkulation

Weiterhin ist zu unterscheiden, in welchem Umfang und mit welchem Inhalt die Kalkulation durchgeführt wird. Der Umfang der Kalkulation wird dadurch bestimmt, ob bei der Kalkulation mit Voll- oder mit Teilkosten gerechnet werden soll.[3]

---

[1] Vgl. *Ralfs, D.*: Leistungserfassung als Basis der Kostenträgerrechnung, in: ku, 12/1993, S. 1088.

[2] *Kilger, W., Pampel, J., Vikas, K.*: Flexible Plankostenrechnung und Deckungsbeitragsrechnung, 11., vollständig überarbeitete Auflage, Wiesbaden 2002, S. 467.

[3] Vgl. *Wahle, O.*: a.a.O., S. 127.

Bei der Kostenrechnung auf Vollkostenbasis werden die gesamten Kosten auf die Kostenträger verrechnet. Bei der Kostenrechnung auf Teilkostenbasis bleiben bestimmte Kosten (i.d.R. fixe Kosten) zunächst unberücksichtigt.

Für das Krankenhaus ist eine **Vollkostenrechnung** und damit eine Kalkulation auf Vollkostenbasis gesetzlich vorgeschrieben. Eine Teilkostenkalkulation, die im Krankenhausbereich nur parallel zur Vollkostenkalkulation durchgeführt werden kann, verfolgt unter anderem den Zweck, Preisuntergrenzen[1] zu ermitteln. Es ist zu klären, ob zumindest die variablen Kosten durch den erzielbaren Preis abgedeckt werden. Für die Krankenhauspraxis wird diese Frage jedoch besonders relevant, wenn das DRG-System ab 2009 ein Höchstpreis-System sein sollte und sogenannte Einkaufsmodelle gelten sollten.[2]

Eine Voll- oder **Teilkostenrechnung** kann mit

- Istkosten,
- Normalkosten oder
- Plankosten

durchgeführt werden und wird somit vom Inhalt bestimmt.[3]

Eine **Istkostenrechnung** bewertet die effektiv verbrauchten Mengen an Gütern und Leistungen mit den effektiv angefallenen Preisen bei der Beschaffung bzw. dem Verbrauch der Mengen.[4] Die Istkostenrechnung ist vergangenheitsorientiert und für zukünftige Entscheidungen und Planungen oft mit zu großen Unsicherheiten behaftet. Außerdem ist die Istkostenrechnung zeitaufwendig aufgrund der in jeder Abrechnungsperiode vorzunehmenden Zurechnung von Gemeinkosten in der Sekundärkostenrechnung und Kostenträgerstückrechnung.[5]

Eine Weiterentwicklung stellt die **Normalkostenrechnung** dar. Dafür werden aus den Istkosten vergangener, zeitlich längerer Perioden Durchschnittswerte ermittelt. Falls für die Zukunft kostenbeeinflussende Änderungen zu erwarten sind, werden aktualisierte Mittelwerte errechnet. Die Grundlage dafür können Abrechnungsperioden sein, die durch ähnliche Faktoren beeinflußt worden sind.[6]

Bei der **Plankostenrechnung** geht man darüber hinaus von Mengen- und Preisgrößen aus, die für die Zukunft geplant und erwartet werden.[7]

---

[1] Die Festlegung der Preisuntergrenzen kann unter verschiedenen Aspekten erfolgen und somit auch in der Höhe der Untergrenze variieren.

[2] Siehe Kap. 3.2.1 Preischarakter der DRG-Fallpauschalen und Kap. 6 Diskutierte ordnungspolitische Rahmenbedingungen ab 2009.

[3] Vgl. *Wahle, O.*: a.a.O., S. 127.

[4] Vgl. *Kloock, J., Sieben, G., Schildbach, T.*: Kosten- und Leistungsrechnung, 4., überarbeitete Auflage, Düsseldorf 1987, S. 6.

[5] Vgl. *Kloock, J., Sieben, G., Schildbach, T.*: a.a.O., S. 176; *Wahle, O.*: a.a.O., S. 95.

[6] Vgl. *Kloock, J., Sieben, G., Schildbach, T.*: a.a.O., S. 176.

[7] Siehe Kap. 4.4.2.3 Zeitpunkt der Kalkulation.

4.4.2.5 Ausgewählte allgemeine Kalkulationsverfahren in der Übersicht

Im Rahmen der Kostenträgerstückrechnung stehen unterschiedliche Kalkulationsverfahren zur Verfügung. Ihre Einsatzmöglichkeiten sind unter anderem abhängig von den jeweils erforderlichen Abrechnungstechniken.

In der gewerblichen Praxis kommt eine Vielzahl von Kalkulationsverfahren zum Einsatz. Ihre Anwendungsmöglichkeiten im Bereich der Krankenhaus-Kostenrechnung sind jedoch relativ begrenzt.

In den folgenden Ausführungen werden deshalb lediglich diejenigen Kalkulationsverfahren im Grundsatz erläutert, die für den Krankenhausbereich von Bedeutung sind.

1. Divisionskalkulation

Die Divisionskalkulation ist eine verbreitete, unkomplizierte Kalkulationsmethode. Sie ist jedoch vorbehaltlos für ein Leistungsprogramm mit nur einem einzigen Produkt anwendbar, da eine verursachungsgerechte Aufteilung der Gesamtkosten auf mehrere Kostenträger nicht ohne weiteres möglich ist.

Man unterscheidet die einfache und die mehrfache Divisionskalkulation.

- Bei der **einfachen Divisionskalkulation** werden die Gesamtkosten durch die gefertigte und (damit identische) verkaufte Menge dividiert. Wenn keine Identität zwischen beiden Mengengrößen vorliegt, werden die Stückkosten falsch berechnet.

  Im Krankenhausbereich findet diese Divisionskalkulation z.B. bei der Ermittlung tagesgleicher Pflegesätze (z.B. Abteilungspflegesätze, Basispflegesatz) Anwendung. So werden die gesamten einer Abteilung zuzuordnenden pflegesatzfähigen Plankosten im Rahmen der Leistungs- und Kalkulationsaufstellung durch die Anzahl der geplanten Pflegetage dividiert. Dabei wird vereinfachend unterstellt, daß alle Pflegetage identisch sind in Bezug auf die zu erbringenden Einzelleistungen, den personellen Einsatz und den Sachmittelaufwand.

  Im G-DRG-System, das eine weit differenziertere Leistungsbeschreibung darstellt, kann dieses Verfahren letztlich nur auf DRG-Ebene angewendet werden. D.h., wenn die Gesamtkosten für eine DRG mit einem bestimmten, einheitlichen Schweregrad ermittelt sind, können sie durch einfache Division in Form von Durchschnittskosten auf die einzelnen Patienten/Behandlungsfälle, die in diese DRG eingruppiert wurden, verteilt werden. Bereits auf der Ebene der Basis-DRG, in der DRGs mit unterschiedlichen Schweregraden und entsprechend unterschiedlichen Ressourceneinsätzen zusammengefaßt sind, ist eine derart vereinfachende Ermittlung von Durchschnittskosten nicht mehr sinnvoll.

- Bei der **mehrfachen Divisionskalkulation** werden einzelne Prozeßstufen und/oder einzelne Kostenarten getrennt berücksichtigt.

  Bei einer Trennung nach Prozeßstufen werden für jede Stufe die dort angefallenen Stückkosten durch Division der angefallenen Kosten durch die jeweils ausgebrachte Menge ermittelt. Durch Addition der Stufenstückkosten werden die Gesamtstückkosten ermittelt.

Dieses Verfahren wird mit der Entwicklung bzw. Weiterentwicklung von Clinical Pathways[1] im Krankenhaus an Bedeutung gewinnen. Wenn das Krankenhaus für die wichtigsten DRGs derartige Patientenpfade entwickelt hat, sollten auch die Kosten für die einzelnen Pfadabschnitte/Stufen ermittelt werden.

Außerdem kann bei einer getrennten Betrachtung einzelner, wichtiger Kostenarten dieses Verfahren angewendet werden. So werden im Rahmen der DRG-Kalkulation Kostenartengruppen differenziert betrachtet und die durchschnittlichen Kosten der DRG für diese Gruppe ermittelt.[2]

2. Äquivalenzziffernkalkulation

Um die einfach zu handhabende Divisionskalkulation auch für Leistungsprogramme verwenden zu können, bei denen die Leistungen nicht homogen, aber ähnlich sind, wird mit Hilfe von Äquivalenzziffern versucht, diese Produkte durch Umrechnung weitgehend gleichwertig zu machen. Die Äquivalenzziffern können sich z.B. auf Gewichts-, Zeit- oder Volumeneinheiten beziehen.

Bei der Kalkulation mit Äquivalenzziffern wird eine Relation zwischen den anfallenden Kosten und dem Gewichtungsfaktor unterstellt. So wird jede erbrachte Leistungseinheit mit einem Faktor gewichtet. Die insgesamt für die erbrachten Leistungen angefallenen Kosten werden dann durch die Summe der Gewichtungsfaktoren dividiert. Man erhält so einen Verrechnungspreis für den Faktor mit dem Wert eins. Die Kosten je Leistungseinheit erhält man durch Multiplikation dieses Verrechnungspreises mit dem jeweiligen Gewichtungsfaktor.

Die DRGs mit ihren Bewertungsrelationen bieten sich für eine Äquivalenzziffernkalkulation geradezu an. Diese Gewichte könnten dazu verwendet werden, die Kosten der Gemeinkostenbereiche zu differenzieren.[3] Während die Divisionskalkulation auf der Ebene der Basis-DRGs nicht sinnvoll ist, können mit Hilfe der Äquivalenzziffernkalkulation die für eine Basis-DRG ermittelten Kosten auf die einzelnen DRGs mit ihren unterschiedlichen Ressourceneinsätzen und Bewertungsrelationen verursachungsgerechter verteilt werden.

3. Zuschlagskalkulation

Das im herstellenden, gewerblichen Bereich am häufigsten angewendete Kalkulationsverfahren ist die Zuschlagskalkulation. Sie ist anders aufgebaut als die gesetzlich vorgeschriebene Krankenhaus-Kostenrechnung und operiert mit Zuschlagssätzen und gegebenenfalls auch mit Maschinenstundensätzen.

---

1 Siehe Kap. 4.4.3.2.5 Patientenbehandlungsleitlinien/Klinische Behandlungspfade.

2 Siehe Kap. 4.4.4.1 Bundeseinheitliches Kalkulationsschema.

3 Vgl. *Teichmann, W., Trill, R.*: a.a.O., S. 6.

Herkömmliche Anwendungsbereiche der Zuschlagskalkulation sind Produktionsbetriebe mit sehr heterogenem Produktionsprogramm, also insbesondere Unternehmen mit Sorten- und Einzelfertigung. Die Zuschlagskalkulation basiert auf der Trennung der Gesamtkosten des Betriebes in Kostenträgereinzel- und Kostenträgergemeinkosten.[1] Das Kalkulationsschema für ein einzelnes Produkt ist so aufgebaut, daß zu den jeweiligen Einzelkosten des Material- und Fertigungsbereichs mit Hilfe von Zuschlagssätzen Materialgemeinkosten und Fertigungsgemeinkosten hinzugerechnet werden. Die Verwaltungs- und im allgemeinen auch die Vertriebskosten werden auf die Gesamtsumme dieser Herstellkosten ebenfalls durch einen Zuschlagssatz aufgeschlagen.[2] Das Ergebnis sind die Selbstkosten.

Bei der Rechnung mit Maschinenstundensätzen werden diejenigen Fertigungsgemeinkosten, die in ihrer Höhe eindeutig von Maschinenlaufzeiten abhängen, gesondert behandelt. Durch Division dieser Kosten durch die Laufzeit der Maschine in Stunden oder Minuten wird ein Stunden- oder Minutensatz ermittelt. Dieser Satz wird bei der Produktkalkulation verwendet, um die Gemeinkosten, die während der Verweildauer des Produktes in der Maschine angefallen sind, festzustellen.

Zur Verdeutlichung der Zuschlagskalkulation möge nachstehendes Schema dienen:

1.	Materialeinzelkosten
+ 2.	Materialgemeinkosten (%-Satz von 1)
= 3.	**Materialkosten** (Zeilen 1+2)
+ 4.	Einzellöhne
+ 5.	Fertigungsgemeinkosten (%-Satz von 4)
+ 6.	Evt. Sondereinzelkosten der Fertigung (z.B. Modellkosten)
= 7.	**Fertigungskosten** (Zeilen 4+5+6)
= 8.	**Herstellkosten** (Zeilen 3+7)
+ 9.	Verwaltungsgemeinkosten (%-Satz von 8)
+ 10.	Vertriebsgemeinkosten (%-Satz von 8, sofern nicht Herstellkosten des Umsatzes verwendet werden)
+ 11.	Evt. Sondereinzelkosten des Vertriebs (z.B. Außenverpackung)
= 12.	**Selbstkosten** (Zeilen 8+9+10+11)

Bei dem bis 1993 geltenden Entgeltsystem der Krankenhäuser war eine Differenzierung der Kosten in Einzel- und Gemeinkosten nicht notwendig, so daß sich weitere Überlegungen hinsichtlich des möglichen Einsatzes der Zuschlagskalkulation erübrigten. Da die Krankenhausleistungen inzwischen jedoch außer über tagesgleiche Pflegesätze auch über pauschalierte Entgelte vergütet werden, und die patienten- bzw. kostenträgerbezogene Erfassung von Kosten und Leistungen weiterentwickelt worden ist, ist die Möglichkeit

[1] Vgl. *Hentze, J., Kehres, E.*: a.a.O., S. 94.

[2] Vgl. *Götzinger, M., Michael, H.*: Kosten- und Leistungsrechnung - Eine Einführung, 6., überarbeitete und erweiterte Auflage, Heidelberg 1993, [im folgenden zitiert als: *Götzinger, M., Michael, H.*: KLR 1993], S. 150ff.

der Trennung in Kostenträgereinzel- und -gemeinkosten zumindest ansatzweise gegeben. Aufgrund des hohen Erfassungsaufwands bei der Ermittlung der direkten Kosten und des sehr hohen Gemeinkostenanteils findet die Zuschlagskalkulation jedoch auch weiterhin wenig Anwendung im Krankenhaus,[1] zumal gemäß § 8 KHBV alle - also auch die Einzelkosten - nach Kostenstellen zu erfassen sind.

Die Anwendung einer Zuschlagskalkulation könnte eventuell für Teilbereiche in Frage kommen, so z.B. bei der Ermittlung der Selbstkosten für Wahlleistungen. Außerdem können Elemente der Maschinenstundensatzrechnung bei der Ermittlung der Kosten für den Geräteeinsatz verwendet werden, um z.B. bei der DRG-Kalkulation über entsprechende Kosteninformationen für die Nutzung einzelner Geräte zu verfügen.

4.4.3 Kostenträger im Krankenhaus

Kostenträger sind die vom Unternehmen erstellten Leistungen. Dies können für den Markt und Absatz bestimmte Leistungen ebenso sein wie innerbetriebliche Leistungen. Kostenträger „tragen" die angefallenen Kosten, die ihnen nach dem

- Verursachungs-,
- Durchschnitts- oder
- Tragfähigkeitsprinzip

zugerechnet werden.[2]

1. Verursachungsprinzip

Dem einzelnen Kostenträger dürfen nur die Kosten zugerechnet werden, die dieser verursacht hat. Genauer: Zurechenbar sind nur die Kosten, die bei einer zusätzlichen Kostenträgereinheit zusätzlich anfallen bzw. bei einer Kostenträgereinheit weniger wegfallen. Das Verursachungsprinzip kann demzufolge bei der Verrechnung der Fixkosten in der Kostenträgerrechnung nicht eingehalten werden, da nur die variablen Kosten wirklich verursachungsgerecht zugeordnet werden können.

2. Durchschnittsprinzip

Hier geht es nicht darum, welche Kosten durch welche Leistungen verursacht werden, sondern welche Kosten im Durchschnitt auf welche Kostenträger bzw. welches Bezugsobjekt entfallen. Im Falle eines Einproduktbetriebes werden alle Fixkosten durch die Anzahl der Leistungen dividiert. Beim Mehrproduktbetrieb muß diese Verteilung mit Hilfe bestimmter Schlüsselgrößen (Bezugsgrößen) vorgenommen werden.[3]

3. Tragfähigkeitsprinzip

Bei der Verteilung der nicht verursachungsgemäß zurechenbaren Kosten, also im wesentlichen der fixen Kosten, nach dem Tragfähigkeitsprinzip, wird auf die Belastbarkeit der Kostenträger abgestellt, d.h., die Kosten werden

---

[1] Vgl. *Hübner, H.*: a.a.O., S. 105f.

[2] Vgl. *Wahle, O.*: a.a.O., S. 126; *Hübner, H.*: a.a.O., S. 62.

[3] Vgl. *Haberstock, L.*: a.a.O., S. 150f.

nicht verursachungsgerecht, sondern z.B. aufgrund des erzielbar hohen oder niedrigen Marktpreises des Kostenträgers verteilt.

Bereits vor Einführung des differenzierteren Entgeltsystems 1993 wurde über die Einführung einer Kostenträgerrechnung diskutiert, wobei jedoch schon die Wahl eines geeigneten Kostenträgers unter Berücksichtigung von traditionellen, industriell geprägten Vorgaben Schwierigkeiten bereitete.[1]

Die Kostenträgerrechnung ermittelt die Selbstkosten bestimmter Einheiten, im allgemeinen für am Markt abgesetzte Güter oder Güter der innerbetrieblichen Verwendung. Wie diskutiert,[2] besteht die Leistung des Krankenhauses in der Statusveränderung des Patienten (Primärleistung), die durch Leistungen der Pflege, Diagnostik, Therapie, Versorgung und Verwaltung (Sekundärleistung) herbeigeführt wird. Hier wird deutlich, daß die „Marktleistung" des Krankenhauses eine Zusammenfassung heterogener Einzelleistungen am Patienten und nicht z.B. die „Herstellung" des Pflegetages ist.[3] Anstelle des Pflegetages sollten also Kostenträger gefunden werden, die die Leistungen „Statusveränderung" bestmöglich wiedergeben. Dies könnte z.B. der Patient als Empfänger der Leistung sein, für den eine „patientenbezogene Einzelfertigung"[4] kalkuliert wird. Die Durchschnittskosten eines Patienten sind jedoch ohne weiteres nicht zu ermitteln. Es ist notwendig, Patienten mit gleichen Diagnosen, gleichen Persönlichkeitsmustern (Alter, Geschlecht) und gleichen Sekundärleistungen zusammenzufassen, um auf dieser Basis Durchschnittskosten zu ermitteln.

Bei der Bestimmung der Kostenträger ist immer auch das gültige Entgeltsystem zu berücksichtigen.[5] Im DRG-System bieten sich die DRGs als Kostenträger an, zumal in ihnen relativ homogene Behandlungsfälle zusammengefaßt werden.[6] Daneben sollen hier jedoch weitere mögliche Kostenträger betrachtet werden.

Sowohl Einzelleistungen als auch Fallgruppen können im Krankenhaus als Kostenträger in Frage kommen:

- **Einzelleistungen**,[7] z.B.
  - Ärztliche Leistungen,
  - Operative Leistungen,
  - Leistungen der medizinischen Institutionen,[8]
  - Pflegeleistungen,
  - Leistungen im Wirtschafts-, Verwaltungs- und Versorgungsbereich,

---

[1] Vgl. *Hübner, H.*: a.a.O., S. 62ff.

[2] Siehe Kap. 1 Das betriebliche Rechnungswesen und der Leistungsprozeß im Krankenhaus.

[3] Vgl. *Hübner, H.*: a.a.O., S. 70f.; *Hentze, J., Kehres, E.*: a.a.O., S. 101.

[4] Vgl. *Martius, G. H.*: Die Patientenkalkulation im Krankenhausbetrieb, Diss., Berlin 1989, S. 37, zitiert bei: *Hentze, J., Kehres, E.*: a.a.O., S. 101.

[5] Vgl. *Breyer, F.*: a.a.O., S. 62.

[6] Siehe Kap. 4.4.4 Kostenträgerrechnung im G-DRG-System.

[7] Vgl. *Hübner, H.*: a.a.O., S. 78f.

[8] Vgl. *Hildebrand, R.*: a.a.O., S. 418.

- **Fallgruppen**, z.B.
  - Diagnosis Related Groups (DRGs),[1]
  - Patient Management Categories (PMC),[2]
  - Ambulante Operationen.

4.4.3.1 Einzelleistungen als Kostenträger

Die Bestimmung der Einzelleistungen für die Kostenträgerrechnung - aber auch für die Kostenstellenrechnung - ist im Krankenhaus vor allem ein Problem der Leistungserfassung.[3] Anders als in einem Produktionsbetrieb ist die Leistung, der Output, exakt nur kompliziert bestimmbar. Durch eine Strukturierung der verschiedenen Leistungen[4] soll eine Möglichkeit aufgezeigt werden, umfangreichere Informationen über die erbrachten Leistungen bzw. Leistungseinheiten zu erhalten.

4.4.3.1.1 Leistungen der medizinischen Institutionen

Vor 1993 schrieb die Bundespflegesatzverordnung eine Leistungsstatistik für alle medizinischen Institutionen vor. Seit dem Gesundheitsstrukturgesetz sind diese Statistiken nicht mehr gesetzlich vorgeschrieben, wurden jedoch in vielen Krankenhäusern weitergeführt. Seit der Einführung der DRGs gewinnen diese Leistungsstatistiken wieder neu an Bedeutung.

Sie dienen unter anderem dazu

- für den BPflV-Bereich die innerbetriebliche Leistungsverrechnung im Rahmen der Leistungs- und Kalkulationsaufstellung durchzuführen, d.h., die durch die Leistungserstellung verursachten Kosten den anfordernden Abteilungen zur Ermittlung des Abteilungspflegesatzes zuordnen zu können, und
- im KHEntgG-Bereich im Rahmen der DRG-Kalkulation die Leistungen der medizinischen Institutionen bewerten und auf die einzelnen DRGs verteilen zu können.

Die Leistungen der medizinischen Leistungsstellen, wie z.B.[5]

- Röntgenleistungen und Anwendung radioaktiver Substanzen,
- Diagnostik der
  - Inneren Medizin,
  - Neurologie,
  - Geburtshilfe/Gynäkologie,
  - Augen-Abteilung,
  - Hals-Nasen-Ohren-Abteilung,
  - Urologie,

---

[1] Siehe Kap. 2.5.3 Diagnose-orientiertes Fallpauschalensystem ab 2003.

[2] Vgl. *Hildebrand, R.*: a.a.O., S. 418; siehe auch Kap. 4.4.3.2.4 Patient Management Categories (PMC).

[3] Vgl. *Ralfs, D.*: a.a.O., S. 1086ff.

[4] Vgl. *Hübner, H.*: a.a.O., S. 77ff.

[5] Vgl. Blatt L2 des Kosten- und Leistungsnachweises nach § 16 Abs. 4 BPflV a.F.

- Laboratoriumsuntersuchungen,
- Physikalisch-medizinische Leistungen und
- Anästhesieleistungen

werden über Ziffern nach der Gebührenordnung für Ärzte (GOÄ) und nach dem DKG-NT identifiziert und der Anzahl nach erfaßt, wobei eine getrennte Aufzeichnung für den stationären und den ambulanten Bereich einschließlich Leistungen für Dritte vorgenommen werden sollte. Im Rahmen einer innerbetrieblichen, periodischen Auswertung können den Ziffern und damit den Leistungen die ebenfalls in der GOÄ und dem DKG-NT festgelegten Punkte zugeordnet werden. Eine reine Angabe der Leistungsanzahl zur Feststellung der Leistungsfähigkeit ist ohne Aussagewert, da sich z.B. die Laborleistungen in ihren Kosten zum Teil erheblich unterscheiden. Die Punkte berücksichtigen eine Gewichtung der einzelnen Leistungen.[1] Aus der Multiplikation der Anzahl der Leistungen mit den jeweiligen Punkten ergibt sich die Gesamtpunktzahl, die die Gesamtleistung der medizinischen Institution ausdrückt. Zur weiteren Verwendung im Rahmen der Kosten- und Leistungsrechnung kann aus den Gesamt- oder Teilkosten ein Punktwert ermittelt werden, um so jede Leistung bewerten zu können. Damit kann diese einem Fall, einem Patienten und den anfordernden Abteilungen zugeordnet werden.

Beispiel:

Gesamtleistung Labor:	12.373.333	GOÄ-Punkte
Gesamtkosten der Kostenstelle Labor:	346.453,--	€
Punktwert:	0,028	€/Punkt

4.4.3.1.2 Operative Leistungen

Unter einer Operation versteht man einen selbständigen ärztlichen, therapeutischen oder diagnostischen Eingriff an einem Patienten im OP-Saal oder unter OP-Bedingungen.[2]

Die Bundespflegesatzverordnung schrieb bis 2003 gemäß § 17 Abs. 4 Satz 4 Nr. 2 im Rahmen der Leistungs- und Kalkulationsaufstellung eine anonymisierte Operationsstatistik für jede Fachabteilung vor. Sie war wie die Diagnosestatistik auf einem maschinellen Datenträger zur Vorbereitung auf die Pflegesatzverhandlungen den anderen Vertragsparteien vorzulegen.[3] Da ab 2004 die Bundespflegesatzverordnung nur noch für den psychiatrischen, psychosomatischen und psychotherapeutischen Bereich also einen nichtoperativen Bereich gilt, hat sich die Verpflichtung zu einer OP-Statistik in dem Rahmen erübrigt. Für den KHEntgG-Bereich und die Eingruppierung in eine DRG ist die Dokumentation der Operationen natürlich von Bedeutung, so daß auch die entsprechenden Statistiken weiter für krankenhausinterne Zwecke ausgewertet werden können.

---

[1] Vgl. *Hildebrand, R.*: a.a.O., S. 422.

[2] Vgl. *Seelos, H.-J.*: Medizinische Basisdokumentation, in: *Eichhorn, S. (Hrsg.)*: Handbuch Krankenhaus Rechnungswesen, Grundlagen - Verfahren - Anwendungen, 2., überarbeitete und erweiterte Auflage, Wiesbaden 1988, S. 36f.

[3] Vgl. § 17 Abs. 4 Satz 2 und 4 Nr. 2 BPflV in der bis 31.12.2003 geltenden Fassung.

Die Operationen werden gemäß dem OPS-Schlüssel dokumentiert. Dieser Operationenschlüssel ist aus der Internationalen Klassifikation der Prozeduren in der Medizin (ICPM)[1] abgeleitet. Jede so definierte Operation kann als Leistungseinheit betrachtet werden, die wiederum aus mehreren, kalkulierbaren Einzelleistungen besteht. Einige dieser Einzelleistungen sind bei verschiedenen Operationen gleich und brauchen daher nur einmal kalkuliert zu werden. Aufgrund von Operationsplänen und den damit gewonnenen Erfahrungen sind Operationen im Hinblick auf die Kalkulation zum Teil standardisierbar.[2] Andere Einzelleistungen, wie z.B. Anästhesieleistungen, hängen unter anderem von der Konstitution des Patienten ab und können von Fall zu Fall variieren.

Zur Kalkulation einer OP-Leistung sind folgende Daten notwendig:

- Sachkosten und
- OP-Zeiten zur Ermittlung der Personalkosten.[3]

Zu den Sachkosten zählen insbesondere:

- Medizinischer Bedarf,
- Instandhaltung Medizintechnik und
- Gebrauchsgüter.

Die Sachkosten für Artikel des medizinischen Bedarfs, der Medizintechnik und der Gebrauchsgüter im OP-Bereich können im Rahmen einer ABC-Analyse teils fallbezogen, teils pauschal ermittelt werden. Fallbezogen ermittelt werden sollten die sogenannten A-Artikel (wichtige, kostenintensive Artikel, z.B. teure Implantate) und pauschal die übrigen, weniger aufwendigen B- und C-Artikel (z.B. Tupfer). Für die Feststellung der Sachkosten im OP-Bereich sind Artikel-Stücklisten des Operations- und Anästhesiebedarfs hilfreich.[4]

Die Ermittlung der OP-Zeiten (z.B. Schnitt-Naht-Zeit, Anästhesiezeit, Rüstzeiten) ist vor allem für

- die Personalkostenberechnung und
- gegebenenfalls für die Umlage von Gemeinkosten (z.B. Heizkosten)

notwendig.[5]

---

[1] Vgl. *Deutsches Institut für medizinische Dokumentation und Information, DIMDI (Hrsg. im Auftrag des Bundesministeriums für Gesundheit unter Beteiligung der Arbeitsgruppe OPS des Kuratoriums für Fragen der Klassifikation im Gesundheitswesen (KKG))*: OPS Version 2008, Operationen- und Prozedurenschlüssel Internationale Klassifikation der Prozeduren in der Medizin (OPS), Band 1: Systematisches Verzeichnis, Stand: 25. Oktober 2007, mit Aktualisierung vom 16. November 2007, www.dimdi.de.

[2] Vgl. *Hübner, H.*: a.a.O., S. 79.

[3] Vgl. *Ralfs, D.*: a.a.O., S. 1089.

[4] Vgl. *Baugut, G., Schmitz, R.-M.*: a.a.O., S. 172.

[5] Siehe ausführlicher *Keun, F., Prott, R.*: Einführung in die krankenhausbetriebliche Kosten- und Leistungsrechnung, in: *v. Eiff, W., Fenger, H., Gillessen, A., Kerres, A., Mis, U., Raem, A., Winter, S. (Hrsg.)*: Der Krankenhausmanager - Praktisches Management für Krankenhäuser und Einrichtungen des Gesundheitswesens, Berlin/Heidelberg/New York 2003, S. 44ff.

Bei den Personalkosten unterscheidet man die Kosten für den

- Ärztlichen Dienst,
- Funktionsdienst (Vergütungen für Krankenpflegepersonal im Operationsdienst, Anästhesie und Ambulanz, Hebammen, Personal der Zentralsterilisation, etc.),
- Pflegedienst, Intensivpflege bei Organtransplantationen und
- Medizinisch-technischer Dienst (Vergütungen für Apothekenpersonal, Krankengymnasten, Medizinisch-technische Assistenten, etc.).

Für jede Berufsgruppe kann anhand der durchschnittlichen jährlichen Bruttopersonalkosten und der Jahresarbeitszeit ein Stunden- oder Minutenwert (Kostenkomponente) berechnet werden.

Anhand der OP-Zeiten sowie der Personalbesetzung im Operationssaal lassen sich die Zeitaufwendungen des Arztdienstes (Operateur/Assistent/Anästhesist) und des operativen Funktionsdienstes und Anästhesie-Funktionsdienstes (Mengenkomponente) ermitteln.

Durch Zusammenführen der beiden Komponenten erhält man die Personalkosten im OP-Bereich:

Mengenkomponente [Min] **x Kostenkomponenten** [€/Min] **= Personalkosten** [€]

4.4.3.1.3 Leistungen der Wirtschafts-, Verwaltungs- und Versorgungsbereiche im Krankenhaus

Die nachstehend aufgeführten Leistungen im Versorgungsbereich

- Versorgung mit Wasser, Energie, Brennstoffen,
- Wäscheversorgung und
- Speisenversorgung

mußten früher im Abschnitt S5 des Kosten- und Leistungsnachweises der alten Bundespflegesatzverordnung für das Gesamtkrankenhaus erfaßt werden, so daß durch die gesetzlich vorgeschriebene Leistungserfassung eine Erweiterung der Kosten- und Leistungsrechnung vom Grunde her gegeben war. Die Leistungs- und Kalkulationsaufstellung erhält keinen vergleichbaren Abschnitt mehr. Nach Maßgabe des § 8 Satz 2 Nr. 3 KHBV sind jedoch „... die Kosten und Leistungen ... verursachungsgerecht nach Kostenstellen zu erfassen; ...“. Verursachungsgerecht bedeutet, daß z.B. in der Kostenstelle Wäscherei die gesamte Menge der (trockenen) Schmutzwäsche in Kilogramm zu erfassen ist.[1] Charakteristisch für die zu erfassenden Leistung ist, daß sie meßbar und normiert ist.[2]

Aus Gründen einer effizienten Kosten- und Leistungsrechnung sollten die Leistungen im Wirtschafts-, Verwaltungs- und Versorgungsbereich nach folgenden Maßeinheiten erfaßt werden.

---

[1] Vgl. *Bölke, G., Schmidt-Rettich, B.*: a.a.O., S. 462f.

[2] Vgl. *Hübner, H.*: a.a.O., S. 78.

Abbildung 52: Leistungserfassung

Kostenstelle	Art der zu erfassenden Leistungen
Werkstätten	Zahl der Arbeitsstunden
Speisenversorgung	Zahl der Beköstigungstage, unterteilt nach: - Patienten, - Personal und - Sonstige sowie nach: - Normalkost, - Schonkost und - Diätkost
Wäscheversorgung	Kilogramm Schmutzwäsche (trocken)
Bettenzentrale	Zahl der gereinigten und aufgerüsteten desinfizierten Betten
Zentraler Reinigungsdienst	Quadratmeter Nutzfläche, unterteilt nach der Intensität der Reinigung und dem Reinigungsturnus
Innerbetriebliche Transporte	Zahl der Arbeitsstunden
Lager	Verbrauch
Apotheke	Arzneimittelverbrauch
Zentrale Sterilisation	Zahl der sterilisierten Güter in der örtlich festgelegten Zusammenstellung

Quelle: Bölke, G., Schmidt-Rettig, B.: Leistungsrechnung - Leistungsstatistik, in: Eichhorn, S. (Hrsg.), Handbuch Krankenhaus-Rechnungswesen, Grundlagen - Verfahren - Anwendungen, 2. überarbeitete und erweiterte Auflage 1988, S. 463.

Die in diesen Kostenstellen erfaßten und bewerteten Leistungen können im Fall einer innerbetrieblichen Leistungsverrechnung den anfordernden Kostenstellen zugerechnet werden, wenn eine entsprechende Erfassung sowohl der erstellten als auch der angeforderten Leistungen vorgenommen wird. So können z.B. die in der Kostenstelle „913 Versorgung mit Energie, Wasser, Brennstoffen“[1] erfaßten Leistungen und Kosten weiterverrechnet werden, wenn eine Zuordnung über eine Messung (z.B. kWh, m^3) erfolgt.[2] Andererseits fallen in der Kostenstelle „900 Gebäude, einschließlich Grundstück und Außenanlagen“[3] Kosten an, die keiner „Leistung“ zuzuordnen sind. Für eine innerbetriebliche Leistungsverrechnung müßte anstelle einer Leistungsbestimmung eine Verteilung über einen sachgerechten Schlüssel erfolgen. Für diese Kostenstelle wäre der Schlüssel „Quadratmeternutzfläche“ denkbar.[4]

Im Verwaltungsbereich könnte eine Leistungserfassung über Aufschreibung der Tätigkeiten erfolgen; jedoch sollte die Kosten-Nutzen-Relation berücksichtigt werden. Insbesondere im Hinblick auf eine patientenorientierte Leistungserfassung und Kostenträgerrechnung wäre eine Differenzierung der Verwaltungsleistungen wünschenswert. Bisher werden die gesamten Verwaltungskosten in der Regel über die Bezugsgröße Pflegetag verrechnet.

[1] Vgl. Kostenstellenrahmen für die Kosten- und Leistungsrechnung, Anlage 5 KHBV.

[2] Vgl. *Bölke, G., Schmidt-Rettich, B.*: a.a.O., S. 464.

[3] Vgl. Kostenstellenrahmen für die Kosten- und Leistungsrechnung, Anlage 5 KHBV.

[4] Vgl. *Bölke, G., Schmidt-Rettich, B.*: a.a.O., S. 464.

Für eine differenzierte Verrechnung könnten die Kosten im Verwaltungsbereich folgendermaßen aufgegliedert werden:

- Fallproportionale Kosten, die sich nur mit der Anzahl der Fälle verändern, aber von der Entwicklung der Pflegetage unabhängig sind. Hierfür wäre ein Anteil je Patient zu ermitteln.
- Fixe Kosten, die keine Beziehung zum Kostenträger (Patient) haben und sich daher weder pflegetage- noch fallabhängig verändern.
- Variable Kosten, die sich um einen bestimmten Faktor mit der Anzahl der Pflegetage verändern.[1]

Verwaltungsleistungen betreffen jedoch nicht nur den Bereich der Patientenverwaltung im engeren Sinne, sondern darüber hinaus z.B.

- die Pflegepersonalabteilung,
- die Lohn- und Gehaltsabrechnung,
- die Personal- und Sozialeinrichtungen,
- das Rechnungswesen/Controlling,
- die Datenverarbeitung und
- die Verwaltungsleitung.

Eine Bestimmung von Einzelleistungen ist nur bei sich ständig wiederholenden, normierbaren Tätigkeiten sinnvoll. Beispiele wären:[2]

- Lohn- und Gehaltsabrechnungen,
- Buchungsvorgänge und
- Rechnungserstellung.

Beachtet man die Aufgaben der Kostenträgerstückrechnung,[3] so wird deutlich, daß auch im Bereich der Wirtschafts- und Versorgungsdienste trotz aller Schwierigkeiten eine Kostenträgerstückrechnung aufgebaut werden sollte, um z.B. auch über Eigenerstellung und Fremdvergabe entscheiden zu können.

4.4.3.2 Fallgruppen als Kostenträger

Der Aufwand für die Krankenhausversorgung eines Patienten ist erfahrungsgemäß von Patient zu Patient höchst unterschiedlich.[4] Da man aber aus Gründen der Praktikabilität die Höhe der Kosten für einen Behandlungsfall nicht für jeden einzelnen Patienten ermitteln kann, müssen die Patienten, bei denen Art und Anzahl der Einzelleistungen annähernd gleich sind, zu Patientengruppen zusammengefaßt werden.[5] Der Fallgruppenpatient wird dann als Leistungseinheit für eine Reihe von Einzelleistungen betrachtet.[6] Kostenträger ist somit eine spezielle Fallgruppe.

---

[1] Vgl. *Kuge, A.*: Erfahrungsbericht über die Einführung und den Umgang mit Fallpauschalen am Beispiel der Paracelsus-Klinik Hemer, in: *Arnold, M., Paffrath, D. (Hrsg.)*: Krankenhaus-Report '94, Aktuelle Beiträge, Trends, Statistiken, Stuttgart/Jena 1994, S. 59.

[2] Vgl. *Hübner, H.*: a.a.O., S. 78.

[3] Siehe Kap. 4.4.2.2 Aufgaben der Kostenträgerstückrechnung (Kalkulation).

[4] Vgl. *Eichhorn, S.*: Krankenhausentgelte, a.a.O., S. 123.

[5] Vgl. *Eichhorn, S.*: Krankenhausentgelte, a.a.O., S. 123ff.

[6] Vgl. *Hübner, H.*: a.a.O., S. 74.

Die Anzahl von Fallgruppen sollte einerseits überschaubar sein.[1] Andererseits erhöht jedoch eine zu geringe Anzahl von Fallgruppen die Heterogenität innerhalb der einzelnen Gruppen und damit auch die Ungenauigkeit.

Maßgeblich für die Klassifizierung der Patienten ist der jeweilige Behandlungsfall. Ein brauchbares Patientenklassifizierungssystem erlaubt eine eindeutige Zuordnung der Patienten zu den gebildeten Fallgruppen, die wiederum im Hinblick auf den Ressourcenverbrauch und die Kosten relativ homogen sind.[2]

Die Erarbeitung eines Fallpauschalen-Kataloges im Sinne der Bundespflegesatzverordnung war ein erster Schritt in die Richtung, Standards und Normkosten für Krankheitsartenprofile/Fallgruppen zu erarbeiten, um daraus leistungsorientierte Preise zu entwickeln. Voraussetzung für die Preisbeurteilung ist jedoch vor allem die Definition der zu erbringenden Leistung nach Art, Menge und Qualität. Die Differenzierungstiefe innerhalb der Fallgruppen beeinflußt die Aussagefähigkeit einer einzelnen Pauschale.

Grundsätzlich gilt, daß bei gleicher Kalkulationsmethodik in verschiedenen Krankenhäusern für gleiche Leistungen unterschiedliche Selbstkosten ermittelt werden.[3] Daher sollte eine weitere Differenzierung nach

- Art und Umfang der medizinischen und pflegerischen Versorgung sowie
- Persönlichkeitsmerkmalen, wie Patientenalter und Multimorbidität,[4]

vorgenommen werden.

4.4.3.2.1 Entwicklung der Fallidentifikation durch ausgewählte Methoden

Eine Fallgruppierung sollte betriebswirtschaftliche Zwecke erfüllen, d.h., vom Umfang her zu handhaben und zugleich von den Fällen her relativ homogen sein. Die für die Diagnosestatistik zu verwendenden ICD-Schlüssel sind zwar medizinisch sinnvoll, aber für betriebswirtschaftliche Auswertungen nicht unbedingt verwendbar.[5]

Grundsätzlich sind folgende Gruppierungskriterien denkbar:[6]

- Bei der diagnosebezogenen Fallgruppenbildung wird davon ausgegangen, daß es allein anhand der Diagnose möglich ist, den Behandlungsbedarf des Patienten hinreichend zu beschreiben. Als Leistung

---

[1] Vgl. *Eichhorn, S.*: Krankenhausentgelte, a.a.O., S. 124.

[2] Vgl. *Eichhorn, S.*: Krankenhausentgelte, a.a.O., S. 123ff.

[3] Vgl. *Rathje, E.*: Änderungen von Kostenmanagement und Krankenhausorganisation bei Einführung von pauschalierten Sonderentgelten und Fallpauschalen, in: das Krankenhaus, 4/1993, S. 167.

[4] Vgl. *Eichhorn, S.*: Krankenhausentgelte, a.a.O., S. 124; *Seelos, H.-J.*: a.a.O., 539. Multimorbidität bezeichnet die Gleichrangigkeit von Diagnosen bei einem Patienten, wobei die anzugebende Hauptdiagnose gemäß der Deutschen Kodierrichtlinien, Version 2008 diejenige ist, die hauptsächlich für die Veranlassung des stationären Aufenthaltes verantwortlich ist.

[5] Vgl. *Hildebrand, R.*: a.a.O., S. 391.

[6] Vgl. *Neubauer, G.*: GSG '93 - Auf dem Weg vom Pflegesatz zur Fallpauschale, in: f&w, 1/1993, S. 38f.

wird hier die Verbesserung des Krankheitsbildes angesehen, nicht die Leistung im einzelnen. Diese Gruppenbildung spiegelt sich in der Diagnosestatistik gemäß § 17 Abs. 4 BPflV wider, die als Abschnitt L4 der Leistungs- und Kalkulationsaufstellung Grundlage bei den Budgetverhandlungen zwischen Krankenhaus und Krankenkassen ist.

- Bei der therapiebezogenen Fallgruppenbildung stehen der jeweilige medizinische Eingriff und damit die einzelne Leistung im Vordergrund. Die Diagnose ist dabei von nachrangiger Bedeutung. Der Operationsstatistik nach den OPS-Kodes liegt eine derartige Gruppierung zugrunde.
- Bei einer Kombination von diagnosebezogener und therapiebezogener Fallgruppenbildung wird davon ausgegangen, daß die Diagnose noch keinen eindeutigen Rückschluß auf die einzelnen Therapieverfahren zuläßt und deshalb als alleiniges Kriterium für die Klassifizierung der Patienten nicht ausreicht. Wenn sich die Eingruppierung am Leistungsgeschehen des Krankenhauses orientieren soll, müssen insbesondere Aufnahmesymptomatik, Diagnosen und Therapieverfahren gemeinsam berücksichtigt werden.[1] Die DRGs werden durch derartige Kombinationen aus Diagnose und Therapie beschrieben.

4.4.3.2.2 ICD-Schlüssel

Eine Möglichkeit zur Bildung von Fallgruppen bietet der inzwischen zum Teil bis zu sechsstellige ICD-10-Schlüssel.[2] Der ICD-Schlüssel (International Classification of Disease and Related Health Problems - Internationale statistische Klassifikation der Krankheiten und verwandter Gesundheitsprobleme) bezieht sich zunächst auf die Hauptdiagnose, d.h., auf diejenige Diagnose, die hauptsächlich für die Veranlassung des stationären Aufenthaltes verantwortlich ist.[3] Die Diagnostizierung und somit auch die medizinisch vertretbare ICD-Verschlüsselung kann nur vom behandelnden Arzt vorgenommen werden.[4] Bereits seit dem 01.01.2000 - mit der Umstellung von der ICD-9 auf die ICD-10 - sind auch die Nebendiagnosen nach dem ICD-Kode zu erfassen.

---

[1] Vgl. *Eichhorn, S.*: Krankenhausentgelte, a.a.O., S. 123f.

[2] Vgl. *Deutsches Institut für medizinische Dokumentation und Information, DIMDI (Hrsg. im Auftrag des Bundesministeriums für Gesundheit unter Beteiligung der Arbeitsgruppe ICD-10 des Kuratoriums für Fragen der Klassifikation im Gesundheitswesen(KKG))*: ICD-10-GM Version 2008 Systematisches Verzeichnis, Internationale statistische Klassifikation der Krankheiten und verwandter Gesundheitsprobleme, 10. Revision - German Modification -, Stand: 5. Oktober 2007, www.dimdi.de.

[3] Vgl. Deutschen Kodierrichtlinien Allgemeine und spezielle Kodierrichtlinien für die Verschlüsselung von Krankheiten und Prozeduren, Version 2008, Siegburg, 21.09.2007, S. 4.

[4] Vgl. Deutschen Kodierrichtlinien Allgemeine und spezielle Kodierrichtlinien für die Verschlüsselung von Krankheiten und Prozeduren, Version 2008, Siegburg, 21.09.2007, S. 3.

Auf die Bedeutung der Kodierung im G-DRG-System wurde bereits mehrfach hingewiesen.[1]

Der gesetzlich vorgeschriebenen Diagnosestatistik (L4-Statistik) liegt dieser ICD-Schlüssel in der jeweils gültigen Version zugrunde.

4.4.3.2.3 Diagnosis Related Groups (DRGs)

Neben den Diagnosen sind - wie bereits erwähnt - auch andere Einflußfaktoren für die Höhe der Fallkosten verantwortlich. Hierzu zählen z.B. Alter und Geschlecht des Patienten und die Fallschwere. Diese Systematik charakterisiert die bereits beschriebenen Diagnosis Related Groups (DRGs). Auf die Kostenträgerrechnung im G-DRG-System wird unten näher eingegangen.[2]

4.4.3.2.4 Patient Management Categories (PMC)

Im Gegensatz zu den DRGs wird bei den im folgenden erläuterten Patient Management Categories (PMC) nicht nur die Diagnose und der Schweregrad berücksichtigt, sondern auch die entsprechenden Therapieverfahren, wobei eine noch stärkere medizinische Leistungsbezogenheit gegeben ist.

Die PMC wurden zwischen 1978 und 1984 in Amerika entwickelt. Sie definieren Gruppen von Krankenhausfällen, die typische und ähnliche Behandlungsweisen im Krankenhaus aufweisen. Dazu wurden 47 Krankheitsartengruppen (Module) erarbeitet, aus denen wiederum 840 PMC entwickelt worden sind.[3] Die Definition der Fallgruppen wurde dabei ausschließlich mit Hilfe des medizinischen Sachverstandes festgelegt. Als Maßstab für die Einordnung der Patienten in die PMC dienten typische Diagnosekombinationen.[4]

Folgende Eigenschaften kennzeichnen das PMC-Modell:

- Es findet eine krankheitsartenbezogene Klassifikation statt. Hierzu dienen klinische Merkmale des Patienten, z.B. Einweisungsgrund, Krankheitsbild, Symptome, Diagnose, therapeutische Leistungen und in Ausnahmefällen zusätzlich Alter und Geschlecht.
- Die Schwere der Erkrankung wird berücksichtigt. Als Kriterium für die Krankheitsschwere dienen das Sterberisiko, das Risiko einer eingeschränkten Lebensführung und Komplikationen.
- Die Multimorbidität wird einbezogen. So werden die Patienten, die mehrere voneinander unabhängige Krankheiten aufweisen, von den Patienten, die diese Eigenschaft nicht aufweisen, unterschieden.
- Es findet keine Unterscheidung zwischen Haupt- und Nebendiagnose statt.[5]

---

[1] Siehe insbesondere Kap. 2.5.3.5 Handlungsbedarf in deutschen Krankenhäusern.

[2] Siehe Kap. 4.4.4 Kostenträgerrechnung im G-DRG-System.

[3] Vgl. *Breyer, F.*: a.a.O., S. 60.

[4] Vgl. *Neubauer, G., Demmler, G.*: „Patient Management Categories“: Erprobung der Fallklassifikation für Krankenhauspatienten, Ergebnisbericht, in: *Bundesministerium für Gesundheit (Hrsg.)*: Schriftenreihe des Bundesministeriums für Gesundheit, Band 8.1, Baden-Baden 1992, Anhang S. 3.

[5] Vgl. *Neubauer, G., Demmler, G.*: a.a.O., S. 3.

Durch die Berücksichtigung dieser Kriterien beinhalten die einzelnen PMC den typischen Behandlungsverlauf eines Patienten im Krankenhaus. Am Beginn steht die Feststellung des Einweisungsgrundes und der Symptome des Patienten durch den Arzt.[1] Diese Merkmale bilden die Grundlage für erste Diagnosen, die dann später spezifiziert und fundiert werden. Aufgrund der Befunde ergibt sich eine abgesicherte Diagnose und damit die Notwendigkeit, bestimmte therapeutische Leistungen einzuleiten.

Diese bestimmten medizinischen Maßnahmen (components of care)[2] stellen ein „... Maß für die Inanspruchnahme von Ressourcen bei effektivem Vorgehen“[3] dar.

Zur Bildung der PMC werden Standard-Leistungs-Profile[4] berücksichtigt. Da die Therapieformen und nicht in erster Linie die Diagnosen Merkmale zur Bildung der Fallgruppen sind, ist es möglich, daß auch bei unterschiedlichen Diagnosen eine gleiche Therapie erfolgt und somit eine gleiche Fallgruppe in Frage kommt.

Die Abfolge medizinischer Maßnahmen für jede Patientenkategorie wird durch die **Patient Management Paths (PMP)** festgelegt. Die PMP beschreiben die typischen diagnostischen und therapeutischen Leistungskomplexe, die durch die einzelnen PMC verursacht werden. Da die PMP alle angezeigten diagnostischen und therapeutischen Leistungen der jeweiligen Patientenkategorien enthalten, kann auf ihrer Basis der mengenmäßige Ressourcenverbrauch für jede Fallgruppe festgestellt werden. Wird dieser mengenmäßige Ressourcenverbrauch bewertet, so erhält man die Kosten pro Behandlungspfad und damit pro Patientenkategorie.[5]

4.4.3.2.5 Patientenbehandlungsleitlinien/Klinische Behandlungspfade

Zur Erprobung der amerikanischen Vorgehensweise im deutschen Krankenhaussystem wurde im Rahmen eines Modellversuchs im St. Joseph-Hospital, Wiesbaden, aufbauend auf den PMC die **Patientenbehandlungsleitlinien (PBLs)** für jede Krankheitsart entwickelt.[6] Die Patientenbehandlungsleitlinien stellen den exemplarischen Behandlungsverlauf pro Aufenthaltstag dar. Es erfolgt eine Differenzierung der Leistungen in ärztliche und pflegerische Tätigkeiten, sowie in Leitungen im Operationssaal und der medizinischen Institution. So wird z.B. die Behandlung „Normale Entbindung“ um die „Leistung im Kinderzimmer“ ergänzt. Die Erarbeitung dieser Patientenbehandlungsleitlinien erfolgte in Kooperation mit allen Ärzten und Behandlungsstellen.

---

1 Vgl. *Hildebrand, R.*: a.a.O., S. 394.

2 Vgl. *Hildebrand, R.*: a.a.O., S. 394.

3 *Hildebrand, R.*: a.a.O., S. 394.

4 Vgl. *Hildebrand, R.*: a.a.O., S. 394.

5 Vgl. *Ehrhard, H.-J., Gliemann, M., Jeschke, H. A.*: Zur Novellierung der Krankenhausfinanzierung - Reflexionen aus der Praxis, in: ku, 5/1992, S. 320.

6 Vgl. *Schmidt, K.-J., Heuser, U.*: Weiterentwicklung der Fallpauschalen zu Patientenbehandlungsleitlinien (PBLs), in: f&w, 3/1994, S. 173ff.

Abbildung 53: Darstellung eines exemplarischen Behandlungsverlaufes PMC Normale Entbindung

1. Tag	2.Tag	3. Tag	4. Tag	5. Tag
Ärztlicher Dienst - Aufnahmebogen, Anamnese - körperliche, vaginale Untersuchung (mehrfach) - Routine-Labor (BB etc.) - CTG (mehrfach) **Geburt** - normale Entbindung *1 Hebamme:* - permanente Betreuung während der Geburt und Versorgung der Mutter und des Kindes nach der Entbindung *1 Arzt:* - ggf. Naht (ca. 60%) - ggf. kleinere Komplikationen - Untersuchung des Kindes, U1	Ärztlicher Dienst - Visite - Fundusstand - Untersuchung der Brust - ggf. Nahtkontrolle - ggf. Verordnung von Medikamenten - Verordnung von Krankengymnastik	Ärztlicher Dienst - Visite - Fundusstand - Untersuchung der Brust - ggf. Nahtkontrolle - Abschlußuntersuchung - Routinelabor - Urinstatus - ggf. Verordnung von Medikamenten	Ärztlicher Dienst - Visite - Fundusstand - Untersuchung der Brust - ggf. Nahtkontrolle - ggf. Verordnung von Medikamenten	Ärztlicher Dienst - Visite - Entlassung - vorläufiger Entlassungsbrief - Arztbrief - Abmeldung in der Verwaltung
Medizinische Institutionen - Laborkontrollen	Medizinische Institutionen - Wochenbettgymnastik	Medizinische Institutionen - Wochenbettgymnastik - Routinelabor	Medizinische Institutionen - Wochenbettgymnastik	
Pflege (A1S1) - Aufnahme i.d. Station - Kurve anlegen - Anamnese erheben - Vitalzeichen, Gewicht, Größe - regelmäßige Kontrollgänge nachts: Rundgänge	Pflege (A1S1) - Mobilisation - ggf. Verabreichung von Medikamenten - Essen bringen nachts: Rundgänge	Pflege (A1S1) - Blutroutine richten - ggf. Verabreichung von Medikamenten - Essen bringen nachts: Rundgänge	Pflege (A1S1) - ggf. Verabreichung von Medikamenten - Essen bringen nachts: Rundgänge	Pflege - Entlassung - Infos an Patientin - Zimmer aufräumen - administr. Aufgaben
Kinderzimmer - Kurve anlegen - allgemeine Säuglingspflege/Beratung der Mutter	Kinderzimmer - allgemeine Säuglingspflege/Beratung der Mutter	Kinderzimmer - allgemeine Säuglingspflege/Beratung der Mutter	Kinderzimmer - allgemeine Säuglingspflege/Beratung der Mutter - Untersuchung vom Kinderarzt, U2 - PKU-Test	Kinderzimmer - allgemeine Säuglingspflege/Beratung der Mutter - Entlassung

Quelle: Schmidt, K.-J., Heuser, U.: Weiterentwicklung der Fallpauschalen zu Patientenbehandlungsleitlinien (PBLs), in: f&w, 3/1994, S. 174.

Der Pflegeaufwand für den Fallgruppenpatienten wird entsprechend der Pflege-Personalregelung[1] in Minuten erfaßt und anhand von Minutenwerten bewertet.[2]

Diesen Behandlungsleitlinien wurden entsprechende Kosten zugeordnet. Die Kostenerfassung für die Leistungsbestandteile erfolgte nach der Systematik, die von der Arbeitsgruppe „Entgeltsysteme“ in Zusammenhang mit der Fallpauschalenkalkulation entwickelt wurde. Soweit möglich, wurde

- eine direkte Kostenzurechnung pro Patient für
  - Personal- und Sachkosten der Operationsleistungen,
  - Personal- und Sachkosten der medizinischen Institutionen,
  - Personal- und Sachkosten der Stationsleistungen sowie
- eine Kostenzurechnung pro Pflegetag für
  - ärztliche Stationsleistungen,
  - Sachkosten und
  - Basisleistungen

vorgenommen.[3]

Die Behandlungsleitfäden vereinfachen die Leistungs- und Kostendokumentation und -kontrolle und bieten Grundlagen für Abweichungsanalysen. Außerdem erleichtert die Orientierung an diesen Standards und die Transparenz in der Leistungsdarstellung die Arbeit aller Mitarbeiter im Pflege- und Verwaltungsbereich sowie die der Ärzte.[4]

Gerade in einem DRG-basierten Entgeltsystem gewinnen Behandlungsleitlinien, strukturierte Behandlungsabläufe, Behandlungspfade, Klinische Patientenpfade oder **Clinical Pathways** an Bedeutung, um innerhalb einer DRG den Einsatz der verfügbaren Ressourcen bestmöglich zu koordinieren. Pauschalierende Entgelte erfordern geradezu die Einführung standardisierter Behandlungsformen, denn nur so können Abläufe straff organisiert und Schnittstellen überwunden werden.[5] Als Klinischer Pfad kann ein netzartig, Berufgruppen übergreifender Behandlungsablauf auf evidenzbasierter Grundlage (Leitlinie) verstanden werden, der Patientenerwartung, Qualität und Wirtschaftlichkeit gleichermaßen berücksichtigt.[6]

In australischen Kliniken stellen die Pathways bereits das Standardinstrument zur Behandlungsplanung und Dokumentation dar.[7] Ständig wachsen-

---

1 Siehe Kap. 2.1.2.7 Pflege-Personalregelung.

2 Siehe Kap. 4.4.3.1.2 Operative Leistungen.

3 Vgl. *Schmidt, K.-J., Heuser, U.*: a.a.O., S. 174.

4 Vgl. *Schmidt, K.-J., Heuser, U.*: a.a.O., S. 176.

5 Vgl. *Burkhardt, J., Müller, M., Weigang, U., Weißflog, D., Wilkens-Lotis, C., Zehender, M.*: Die Bewältigung strategischer und organisatorischer Herausforderungen in einem dynamischen Krankenhausumfeld, in: das Krankenhaus, 5/2006, S. 379.

6 Vgl. *Heinsen, A., Haupt, T., Burtscheid, H., Bulling, L., Rosar, G., Helff, G.*: Der Klinische Pfad - eine gelungene Verbindung von Qualitätsmanagement und Prozesskostenrechnung, in: das Krankenhaus, 1/2006, S. 26.

7 Vgl. *Schlaudt, H.-P.*: Auf abgesicherten Behandlungswegen zum medizinischen und ökonomischen Erfolg, in: f&w, 6/2000, S. 594.

der Kostendruck und zunehmender Wettbewerb zwingen auch in Deutschland die Krankenhäuser zur Überprüfung und Optimierung aller Strukturen und Prozesse.[1] Etliche Krankenhäuser arbeiten bereits mit derartigen Pfaden.[2]

Die Pfadarbeit läßt sich in vier Phasen einteilen, die im folgenden stichwortartig dargestellt werden.[3]

1. Projektvorbereitung/Planungsphase

- Bildung einer interdisziplinären Projektsteuerungsgruppe
- Festlegung der Ziele[4], z.B.:
  - Förderung einer abteilungs- und berufsgruppenübergreifenden Kommunikation und Zusammenarbeit, Überwinden von Schnittstellenproblemen
  - Optimierung von Prozeßabläufen, bessere Koordination von Teilprozessen
  - Verbesserung der Behandlungsqualität
  - Verbesserung der Aus- und Weiterbildungsqualität, Orientierungs- und Entscheidungshilfe in Diagnostik und Therapie, Verfahrenssicherheit vor allem für neue Mitarbeiter
  - Erhöhung der Patienten- und Mitarbeiterzufriedenheit
  - Verweildauerreduzierung
  - Schaffung von transparenten Strukturen und Leistungen
  - Ermittlung und transparente Darstellung der Kosten und Erlöse
  - Schaffung einer Grundlage zur Kostenkalkulation der Kernprozesse

---

[1] Vgl. *Küttner, T., Rausch, A., Pühse, G., Hertle, L., Roeder, N.*: Entwicklung eines klinischen Behandlungspfades für die radikale Prostatektomie, in: das Krankenhaus, 10/2006, S. 842.

[2] Siehe z.B. *Heinsen, A., Haupt, T., Burtscheid, H., Bulling, L., Rosar, G., Helff, G.*: a.a.O.; *Krusch, A., Siegmund, Th., Huber, P., Kircher, M., Schumm-Draeger, P.-M.*: Clinical Pathways und Case-Management als DRG-Managementinstrumente, in: das Krankenhaus, 2/2006; *Stecher, C., Eberhardt, H., Albrecht, M., Schlüchtermann, J.*: Behandlungspfade als Schlüssel zur Erlössicherung, in: f&w, 2/2006; *Stibbe, R., Juszczak, J., Güsgen, J., Salomon, E.*: Prozesse ökonomisch bewerten, in: ku-Special, Nummer 35 - 04/2006; *Burkhardt, J., Müller, M. Weigang, U., Weißflog, D., Wilkens-Lotis, C., Zehender, M.*: a.a.O.; *Küttner, T., Rausch, A., Pühse, G., Hertle, L., Roeder, N.*: a.a.O.; *Haas, H., Fattroth, A., Wahle, L., Weismann, T.*: Ressourcen und Aufwand lassen sich exakt ermitteln, in: f&w, 6/2006; *Schwing, C.*: Pfadfinder im Aufbruch, in: ku, 11/2006; *Haupt, T., Bulling, L., Rosar, G., Burtscheid, H., Brinkmann, G., Helff, G.*: Klinische Behandlungspfade im Bundeswehrkrankenhaus Bad Zwischenahn, in: das Krankenhaus, 1/2007; *Appel, D., Ruf, H., Müller, E., Beermann, W.*: Clinical Pathways - ein praxisorientiertes Instrument zur wirtschaftlichen Leistungserbringung, in: das Krankenhaus, 5/2007; *Wahn, M., Haupt, T., Helff, G.*: Ergebnisse des Prozeßmanagements im Rahmen des Pfadcontrollings, in: das Krankenhaus, 6/2007; *Ament-Rambow, Ch., Stark, M.*: Prozesse - das richtig Design, in: ku, 5/2008.

[3] Vgl. *Küttner, T., Rausch, A., Pühse, G., Hertle, L., Roeder, N.*: a.a.O., S. 842ff.

[4] Vgl. *Heinsen, A., Haupt, T., Burtscheid, H., Bulling, L., Rosar, G., Helff, G.*: a.a.O., S. 27; *Krusch, A., Siegmund, Th., Huber, P., Kircher, M., Schumm-Draeger, P.-M.*: a.a.O., S. 124; *Stecher, C., Eberhardt, H., Albrecht, M., Schlüchtermann, J.*: a.a.O., S. 185.

- Entscheidung, ob Klinische Pfade eingekauft oder selbst - eventuell mit Hilfe von Referenz-Pfaden - entwickelt werden sollen[1]
- Auswahl der Behandlungspfade anhand folgender beispielhaft aufgeführter Fragestellungen[2]
  - Welche Leistungen sind hinsichtlich ihrer Häufigkeit und ihres Erlösvolumens Kernleistungen (z.B. Top 10 DRGs einer Abteilung)?
  - Welche Leistungen haben einen hohen Ressourcenverbrauch?
  - Welche Leistungen haben einen gut definierbaren Start- und Endpunkt?
  - Welche Leistungen zeichnen sich durch homogene Patientenstruktur aus?
  - Welche Ein- und Ausschlußkriterien sind zu wählen? Es wird empfohlen, nur 70 bis 80% einer ausgewählten Behandlungsgruppe im Pfad zu belassen, da diese Fälle den üblichen, komplikationslosen Behandlungsverlauf widerspiegeln.[3]
  - Bei welchen Leistungen bestehen Qualitätsindikatoren, die einen Vergleich mit anderen Leistungserbringern ermöglichen?

2. Pfadentwicklung

- Einbindung aller am Prozeß beteiligten Berufsgruppen, Bildung von Arbeitsgruppen
- Aufnahme des Ist-Zustands, genaue Aufstellung des tatsächlichen Behandlungsablaufes z.B. anhand von Patientenakten und Gesprächen mit am Ablauf beteiligten Mitarbeitenden, jedoch ohne daß bereits Verbesserungsvorschläge eingearbeitet werden
- Auf Basis der Ist-Analyse erfolgt eine Schwachstellenanalyse, die Ermittlung von Verbesserungspotentialen und Entwicklung eines Soll-Vorschlag insbesondere durch Optimierung des Prozeßablaufes und durch Festlegung von Standard-Abläufen, Entscheidungsknotenpunkte, Dauer der Teilprozesse, die dafür Verantwortlichen sowie die Schnittstellen sollten visualisiert werden
- Abgleich der Ist-Situation mit dem optimierten Ablauf (Soll-Pfad)
- Kostenermittlung für die einzelnen Prozesse,[4] auf diese Weise können die Kosten der Standardbehandlung nachvollzogen werden; zunächst werden die Personal- und Einzelmaterialkosten berücksichtigt, die den Behandlungsablauf unmittelbar beeinflussen (Pfadko-

---

1 Vgl. *Schwing, C.*: Kaufen oder selber stricken, in: ku, 5/2008, [im folgenden zitiert als: *Schwing, C.*: Kaufen], S. 31.

2 Vgl. *Heinsen, A., Haupt, T., Burtscheid, H., Bulling, L., Rosar, G., Helff, G.*: a.a.O., S. 27.

3 Vgl. *Wahn, M., Haupt, T., Helff, G.*: a.a.O., S. 566.

4 Siehe Kap. 5.1 Prozeßkostenrechnung.

sten), die Gemeinkosten werden nach der Verweildauer im Pfad pauschal hinzugerechnet[1]

- Begleitend ist die Integration der Behandlungspfade in ein EDV-System anzustreben, idealerweise werden die Pfade direkt in das Krankenhaus-Informationssystem eingepflegt und so mit der elektronischen Patientenakte verbunden, um Doppelerfassungen zu vermeiden

3. Pfadimplementierung

- Information und Motivation aller an der Behandlung der „Pfad-Patienten“ Beteiligten
- Testphase, Feedback und Pfadkorrektur
- Verbindliche Einführung des Behandlungspfades in die tägliche Praxis

4. Kontinuierliches Pfadmanagement

- Pfadcontrolling einschließlich der Erfassung und Analyse von Abweichungen
- Mitarbeiter- u. Patientenbefragungen
- Zeitnahe und konsequente Pfadanpassung an den jeweils neuesten Erkenntnisstand

Das Erarbeiten von Klinischen Behandlungspfaden erfordert - wie generell alle Projekte - ein hohes Engagement der Mitarbeitenden, die im klinischen Alltag mit der Behandlung der Patienten betraut sind. Bei der Pfadarbeit ist interdisziplinär und berufsübergreifend ein Konsens über die Versorgung einer Gruppe von Patienten mit bestimmten Merkmalen herzustellen. Hierbei geht es nicht in erster Linie um das perfekte Pfadprodukt, das am Ende zu kompliziert ist für die tägliche Routine, sondern es geht vielmehr um ein gemeinsam erarbeitetes Pfadschema, das von jedem Beteiligten verstanden wird und intuitiv nachvollziehbar ist.[2] Auch zeigen die Erfahrungen, daß es für die Umsetzung des Behandlungspfades unerläßlich ist, den Pfad zur „Chefsache“ zu machen und ihn von der Klinikleitung als verbindlich zu erklären.[3]

4.4.3.3 Patientenbezogene Leistungserfassung

Da für die Krankenhäuser die Kalkulation der pauschalen Entgelte unerläßlich ist, ist eine patientenbezogene Erfassung der Kosten und Leistungen über einen längeren Zeitraum und mit angemessenen Fallzahlen erforderlich.[4] So sind patientenbezogene Daten z.B. über die Inanspruchnahme me-

---

[1] Vgl. *Heinsen, A., Haupt, T., Burtscheid, H., Bulling, L., Rosar, G., Helff, G.*: a.a.O., S. 28f.

[2] Vgl. *Schwing, C.*: Kaufen, a.a.O., S. 31.

[3] Vgl. *Küttner, T., Rausch, A., Pühse, G., Hertle, L., Roeder, N.*: a.a.O., S. 850

[4] Vgl. *Ralfs, D.*: a.a.O., S. 1086ff.

dizinischer Sekundärleistungen (wie unter anderem Röntgenleistungen, Labor-Untersuchungen, Leistungen der Physikalischen Therapie), Diagnosen, Verweildauer und Pflegekategorien erforderlich.[1]

Der Ausbau und die Ausgestaltung des Rechnungswesens, die Leistungserfassung und vor allem die Ausgestaltung eines Krankenhaus-Informationssystems sind darauf auszurichten.[2]

Nach Erfassung der patientenindividuellen Leistungen und Kosten müssen diese in einem weiteren Schritt auf die Kostenträger verdichtet werden.[3]

Die Vorgehensweise beim Aufbau einer patientenbezogenen Kostenträgerrechnung umfaßt zunächst die Bestimmung der Leistungen, die patientenbezogenen zu erfassen sind.[4] Mittels einer Patientenidentifikationsnummer, die jeder Patient bei seiner Aufnahme ins Krankenhaus bekommt, ist eine Patientenzuordnung aller Leistungen und Kosten grundsätzlich möglich.

Eine patientenbezogene Leistungserfassung sollte unter anderem folgende Informationen umfassen:[5]

- Persönlichkeitsdaten (Alter, Geschlecht, etc.),
- Angaben über Haupt- und Nebendiagnosen je Abteilung nach dem ICD-10-Schlüssel,[6]
- Angaben über Operationen je Abteilung (Therapien nach dem OPS-Schlüssel, Operationszeiten, Personalbesetzung während der Operation, Anästhesieleistungen, etc.),[7]
- Pflegekategorien (gemäß Pflege-Personalregelung) auf den Normalstationen,[8]
- Pflegeintensität auf den Intensivstationen (Intensivüberwachung, -behandlung, -beatmung),
- Leistungen aller medizinischen Institutionen[9] nach der Gebührenordnung für Ärzte (GOÄ) oder dem DKG-NT[10], insbesondere
  - die Leistungsmenge,
  - die leistungserbringende Kostenstelle sowie
  - die anfordernde Kostenstelle,

---

1 Vgl. *Deutsches Krankenhausinstitut (Bearb.), Bertelsmann Stiftung (Hrsg.)*: Patientenbezogene Leistungs- und Kostenbudgetierung - Leitfaden zur Gestaltung und Handhabung eines entscheidungsorientierten Informations- und Berichtswesens im Krankenhaus, Gütersloh 1987, S. 17.

2 Vgl. *Ralfs, D.*: a.a.O., S. 1086.

3 Vgl. *Ralfs, D.*: a.a.O., S. 1086f.; *Breyer, F.*: a.a.O., S. 65.

4 Vgl. *Breyer, F.*: a.a.O., S. 71ff.

5 Vgl. *Deutsches Krankenhausinstitut (Bearb.), Bertelsmann Stiftung (Hrsg.)*: a.a.O., S. 16f.

6 Siehe Kap. 4.4.3.2.2 ICD-Schlüssel.

7 Siehe Kap. 4.4.3.1.2 Operative Leistungen.

8 Siehe Kap. 2.1.2.7 Pflege-Personalregelung.

9 Siehe Kap. 4.4.3.1.1 Leistungen der medizinischen Institutionen.

10 Die GOÄ bzw. der DKG-NT beschreiben im wesentlichen Leistungen der Ärzte. Um die Tätigkeit des Funktionsdienstes vollständiger erfassen zu können, sollte die Möglichkeit bestehen, hauseigene Tarife anzulegen.

- Kreißsaal-Inanspruchnahme,
- Verweildauer,
- Verlegung in andere Fachabteilungen oder Stationen und
- Sachkosten des medizinischen Bedarfs bei teuren Artikeln und Medikamenten.

Der Aufbau eines entsprechenden Informationssystems setzt daher folgende organisatorische Gegebenheiten voraus:[1]

- Entwicklung eines Formular- und Belegwesens, das die Erfassung aller dieser relevanten Daten ermöglicht,
- Erfassung der Daten am Entstehungsort eventuell über Barcodes und Belegleser, um lange Erfassungszeiten, Übertragungsfehler und Doppelerfassungen zu vermeiden und
- Sicherstellung eines funktionierenden Datenflusses innerhalb des Krankenhauses, um allen zugriffsberechtigten Abteilungen die notwendigen Daten zur Verfügung stellen zu können, wie z.B.
  - Abruf von Anforderungen/Bestellungen und Befunden/Lieferungen zwischen versorgender Station und Funktions- und Versorgungsstellen,
  - Weitergabe der Patientendaten zwischen medizinischem Bereich und Verwaltung oder
  - Weitergabe von Informationen über Notaufnahmen/Aufnahmen, Verlegungen und Entlassungen zwischen Station und Verwaltung.

Nach der Leistungserfassung müssen alle Leistungen bewertet werden. Wie bereits erwähnt, können nicht alle Kosten als Patienteneinzelkosten (Kostenträgereinzelkosten) erfaßt werden. Patienteneinzelkosten sind solche Kosten, die dem Patienten direkt zugerechnet werden können. Dazu gehören hauptsächlich die Kosten für Konsiliaruntersuchungen, Sachkosten des medizinischen Bedarfs wie z.B. Herzklappen und Implantate und alle Leistungen, deren Aufwand durch Fremdrechnung aus der Finanzbuchhaltung festzustellen sind.[2]

Aufgrund der Leistungserfassung können die Kosten z.B. der medizinischen Institutionen über Punktwerte verrechnet werden. Arzt- und Pflegekosten können anhand von Minutenwerten auf den einzelnen Patienten umgelegt werden.[3]

---

[1] Vgl. *Breyer, F.*: a.a.O., S. 74f.; *Ralfs, D.*: a.a.O., S. 1088f.

[2] Vgl. *Ralfs, D.*: a.a.O., S. 1088; *Breyer, F.*: a.a.O., S. 74.

[3] Vgl. *Deutsches Krankenhausinstitut (Bearb.), Bertelsmann Stiftung (Hrsg.)*: a.a.O., S. 16; *Breyer, F.*: a.a.O., S. 74.

4.4.4 Kostenträgerrechnung im G-DRG-System

Die jährliche Kalkulation der Relativgewichte der deutschen Fallgruppen (G-DRG) wird auf Basis deutscher Daten vorgenommen. Um eine einheitliche und transparente Kalkulationsmethodik in den am Kalkulationsverfahren beteiligten Krankenhäusern zu garantieren, wurde im Auftrag der Selbstverwaltungspartner ein Kalkulationsschema erarbeitet und im Laufe der Jahre weiterentwickelt, das auch für innerbetriebliche DRG-Kalkulationen genutzt werden kann.[1]

4.4.4.1 Bundeseinheitliches Kalkulationsschema

Im Rahmen einer Vollkostenrechnung auf Istkostenbasis sollen alle DRG-relevanten Kosten unter Berücksichtigung sämtlicher DRG-relevanter Leistungen möglichst verursachungsgerecht den Behandlungsfällen und damit den DRGs zugeordnet werden (100%-Ansatz).[2]

Ausgangspunkt sind die testierten Jahresabschlüsse für die betrachtete Periode, d.h. die gemäß Krankenhaus-Buchführungsverordnung[3] gegliederten Aufwandsarten in der Finanzbuchhaltung,[4] die in der Kostenstellenrechnung[5] je Kostenstelle ausgewiesen werden. Im Rahmen der Kalkulation werden die Gesamtkosten des Krankenhauses sowohl in der Kostenarten- als auch in der Kostenstellenrechnung um die Kostenanteile bereinigt, die nicht im Zusammenhang mit in das G-DRG-System einbezogenen Leistungen stehen.

Das Kalkulationsschema differenziert zwischen direkten Kostenstellen, die Leistungen direkt für Patienten erbringen und indirekten Kostenstellen, die ihre Leistungen ohne Patientenbezug an direkte Kostenstellen abgeben. Im Zuge der innerbetrieblichen Leistungsverrechnung (IBLV) werden die Kosten der indirekten auf die direkten Kostenstellen verteilt, wobei einheitlich anzuwendenden Verrechnungsschlüssel vorgegeben werden.[6]

Im Anschluß werden in der Kostenträgerrechnung die Kosten der direkten Kostenstellen den einzelnen Behandlungsfällen zugeordnet. Einzelkosten werden anhand der fallbezogenen Dokumentation den Patienten direkt zugeordnet. Für die Zuordnung der Gemeinkosten werden Kalkulationssätze je Leistungseinheit für die nach Kostenarten vorgegebenen Bezugsgrößen berechnet.[7]

Die folgende Abbildung zeigt die zur Ermittlung der Fallkosten vorgesehenen Arbeitsschritte im Überblick.

---

[1] Vgl. *Deutsche Krankenhausgesellschaft (DKG), Spitzenverbände der Krankenkassen (GKV), Verband der privaten Krankenversicherung (PKV)*: Version 3.0, a.a.O.

[2] Vgl. *Deutsche Krankenhausgesellschaft (DKG), Spitzenverbände der Krankenkassen (GKV), Verband der privaten Krankenversicherung (PKV)*: Version 3.0, a.a.O., S. 2.

[3] Siehe Kap. 2.1.2.2 Krankenhaus-Buchführungsverordnung.

[4] Siehe Kap. 4.2 Kostenartenrechnung.

[5] Siehe Kap. 4.3 Kostenstellenrechnung.

[6] Vgl. *Deutsche Krankenhausgesellschaft (DKG), Spitzenverbände der Krankenkassen (GKV), Verband der privaten Krankenversicherung (PKV)*: Version 3.0, a.a.O., S. 2.

[7] Vgl. *Deutsche Krankenhausgesellschaft (DKG), Spitzenverbände der Krankenkassen (GKV), Verband der privaten Krankenversicherung (PKV)*: Version 3.0, a.a.O., S. 3.

Abbildung 54: Wesentliche Arbeitsschritte der G-DRG-Kalkulation

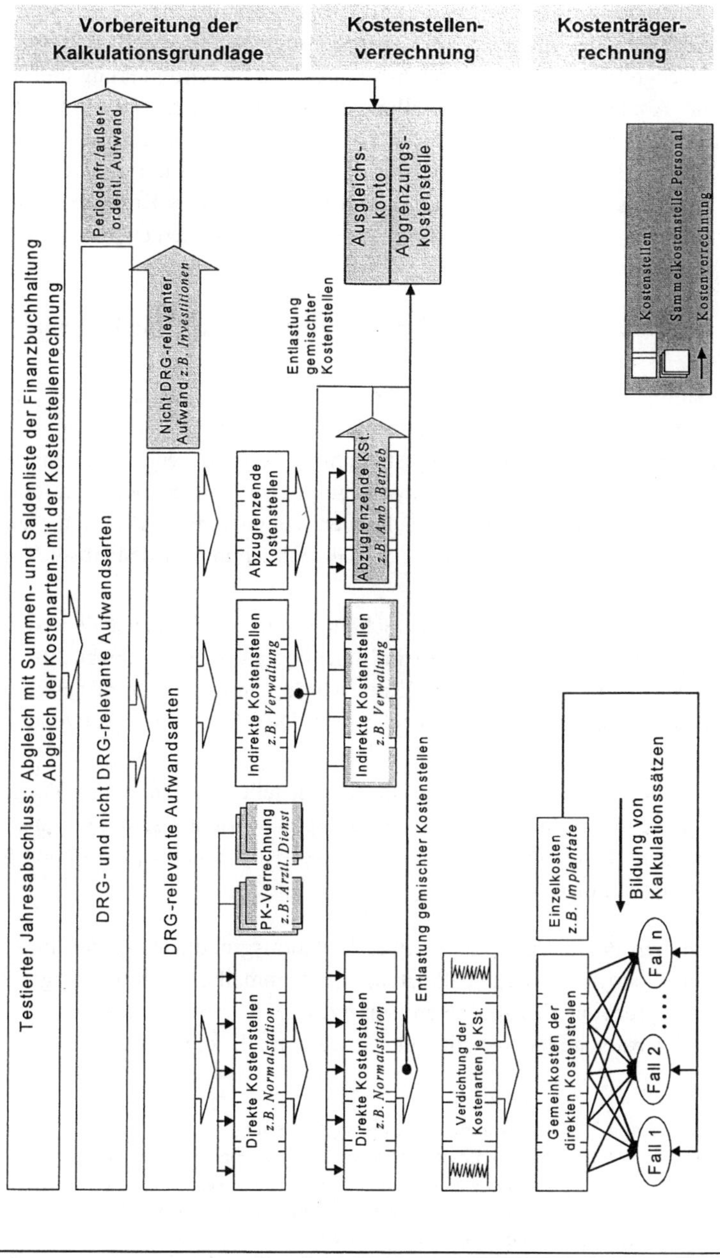

Quelle: Deutsche Krankenhausgesellschaft (DKG), Spitzenverbände der Krankenkassen (GKV), Verband der privaten Krankenversicherung (PKV): Kalkulation von Fallkosten, Handbuch zur Anwendung in Krankenhäusern, Version 3.0, 10. Juli 2007, www.g-drg.de, Anlage 1.1, S. 221.

1. Vorbereitung der Kalkulationsgrundlage

Im ersten Schritt werden die für die Kalkulation benötigten Daten aufbereitet.

Der patientenbezogenen Leistungserfassung kommt eine wesentliche Bedeutung zu.[1] Zum einen sind die für die Patienten festgestellten Diagnosen und durchgeführten Leistungen (Prozeduren) für die Gruppierung und damit für die Abrechnung der Behandlungsfälle erforderlich. Sie sind auf der Grundlage der jeweils gültigen ICD- und OPS-Klassifikationen[2] und unter Beachtung der Kodierrichtlinien zu dokumentieren.[3] Zum anderen dienen die Leistungs- und Verbrauchsdaten der fallbezogenen Kostenzurechnung des Personal- und Sachmitteleinsatzes jeder an der Patientenbehandlung beteiligten Kostenstelle.[4]

Die Kostendaten werden anhand des testierten Jahresabschluß zusammengestellt.

Die Summensalden der Aufwandkonten der Kontenklassen 6 und 7 der Krankenhaus-Buchführungsverordnung in der Finanzbuchhaltung werden mit den in der Gewinn- und Verlustrechnung ausgewiesenen Aufwendungen abgeglichen. Bei eventuellen Abweichungen sind in der Kostenartenrechnung entsprechende Korrekturbuchungen vorzunehmen. Das dafür einzurichtende Ausgleichskonto nimmt die Gegenbuchung für den Ausgleich der Differenz auf.[5]

Außerdem muß die Kostenartenrechnung mit der Kostenstellenrechnung übereinstimmen. D.h. z.B. Aufwandsbuchungen in der Finanzbuchhaltung, bei denen keine Kostenstelle belastet wurde, sind manuell zu berichtigen. Die Gegenbuchung nimmt die für die nicht DRG-relevanten Aufwendungen eingerichtete Abgrenzungskostenstelle auf.[6]

Sowohl die Kostenarten als auch die Kostenstellen sollten an den Vorgaben der Krankenhaus-Buchführungsverordnung ausgerichtet sein. D.h., der dort vorgegebene Kontenrahmen und der Muster-Kostenstellenplan stellen Mindestvoraussetzungen dar.[7]

Im Rahmen der Vorbereitung der Kalkulationsgrundlage werden in einem zweiten Schritt die Personalkosten, die Sammelkostenstellen zugeordnet sind, entsprechend des zeitlichen Einsatzes der Mitarbeiter auf die einzelnen direkten Kostenstellen verteilt. Häufig werden z.B. die Kosten für den Ärzt-

---

1 Siehe Kap. 4.4.3.3 Patientenbezogene Leistungserfassung.

2 Siehe Kap. 4.4.3.2.2 ICD-Schlüssel und Kap. 4.4.3.1.2 Operative Leistungen.

3 Vgl. *Deutsche Krankenhausgesellschaft (DKG), Spitzenverbände der Krankenkassen (GKV), Verband der privaten Krankenversicherung (PKV)*: Version 3.0, a.a.O., S. 21.

4 Vgl. *Deutsche Krankenhausgesellschaft (DKG), Spitzenverbände der Krankenkassen (GKV), Verband der privaten Krankenversicherung (PKV)*: Version 3.0, a.a.O., S. 23.

5 Vgl. *Deutsche Krankenhausgesellschaft (DKG), Spitzenverbände der Krankenkassen (GKV), Verband der privaten Krankenversicherung (PKV)*: Version 3.0, a.a.O., S. 24.

6 Vgl. *Deutsche Krankenhausgesellschaft (DKG), Spitzenverbände der Krankenkassen (GKV), Verband der privaten Krankenversicherung (PKV)*: Version 3.0, a.a.O., S. 25.

7 Siehe Kap. 2.2.1 Externes Rechnungswesen und 4.3.4 Der Kostenstellenrahmen nach der Krankenhaus-Buchführungsverordnung.

lichen Dienst auf die allgemeine Abteilungskostenstelle gebucht. Anhand der Tätigkeitsanteile des Ärztlichen Dienstes im Operationssaal, auf der Station, in der Ambulanz und in den Funktionsbereichen sind die Kosten (inkl. der Kosten für Bereitschafts- und Rufdienst) auf die jeweiligen direkten Kostenstellen aufzuteilen. Liegen Ergebnisse einer mitarbeiterbezogenen Zeiterfassung nicht vor, können andere statistische Unterlagen (z.B. Dienstpläne) als Grundlage zur Verteilung der Personalkosten herangezogen werden. Nur in Ausnahmefällen sollten die Einsatzzeiten der Mitarbeiter geschätzt werden.[1]

Im dritten Schritt werden die **DRG-relevanten Leistungen und Kosten** ermittelt.

Für jede Kostenstelle muß geprüft werden, inwieweit die dort erbrachten Leistungen bei der DRG-Kalkulation zu berücksichtigen sind. Zu den DRG-relevanten Leistungen zählen allgemeine voll- und teilstationären Krankenhausleistungen und vor- und nachstationäre Leistungen, soweit sie nicht gesondert abgerechnet werden können.[2] Nicht zu den DRG-relevanten Leistungen gehören somit insbesondere Wahlleistungen, Leistungen für ambulante Bereiche, für Einrichtungen der Psychiatrie, Psychosomatik oder Psychotherapeutischen Medizin und Leistungen für Ausbildungsstätten.[3]

Die Definition der DRG-relevanten Kosten entspricht im wesentlichen der bekannten Definition der pflegesatzfähigen Kosten,[4] die unter anderem um Kosten für die vor- und nachstationäre Behandlung ergänzt und um Kosten für stationäre Leistungen der psychiatrischen Abteilungen gekürzt werden. Die nicht DRG-relevanten Kosten werden auf zwei Ebenen ausgegliedert.

In der Kostenartenrechnung werden nicht DRG-relevante Aufwandsarten vollständig ausgegliedert und auf das hierfür eingerichtete Ausgleichskonto umgebucht. **Abgrenzungstatbestände auf Kostenartenebene** sind z.B.:[5]

- Periodenfremde und außerordentliche Aufwendungen,
- Rückstellungen (Ausnahme: Rückstellungen für Urlaub und Mehrarbeit),
- Aufwendungen für zentrale Dienstleistungen, soweit sie nicht in Zusammenhang mit allgemeinen Krankenhausleistungen stehen,
- Steuern, Abgaben und Versicherungen für Betriebsteile, die keine allgemeine Krankenhausleistungen erbringen, sowie Ertragssteuern,
- Zinsaufwendungen (Ausnahme: Zinsen für Betriebsmittelkredite),

[1] Vgl. *Deutsche Krankenhausgesellschaft (DKG), Spitzenverbände der Krankenkassen (GKV), Verband der privaten Krankenversicherung (PKV)*: Version 3.0, a.a.O., S. 36.

[2] Siehe Kap. 2.3 Begriffsdefinitionen zum betrieblichen bzw. krankenhausspezifischen Rechnungswesen.

[3] Vgl. *Deutsche Krankenhausgesellschaft (DKG), Spitzenverbände der Krankenkassen (GKV), Verband der privaten Krankenversicherung (PKV)*: Version 3.0, a.a.O., S. 14f.

[4] Siehe Kap. 2.3 Begriffsdefinitionen zum betrieblichen bzw. krankenhausspezifischen Rechnungswesen.

[5] Vgl. *Deutsche Krankenhausgesellschaft (DKG), Spitzenverbände der Krankenkassen (GKV), Verband der privaten Krankenversicherung (PKV)*: Version 3.0, a.a.O., Anlage 2, S. 226.

- Investitionskosten (Ausnahme: Abschreibungen für Gebrauchsgüter),
- Einzel- und Pauschalwertberichtigungen, Abschreibungen auf Forderungen.

In der Kostenstellenrechnung sind zunächst alle Kostenstellen nach ihrem Kostenträgerbezug einzuteilen zum einen in direkte und indirekte, zum anderen in abzugrenzende und gemischte Kostenstellen.[1]

Kostenstellen, die DRG-relevante Leistungen erbringen werden in direkte und indirekte Kostenstellen eingeteilt.

- **Direkte Kostenstellen** erbringen medizinisch-pflegerische Leistungen direkt für die Patienten (z.B. Pflegefachbereiche, medizinische Institutionen, OP-Bereich).
- **Indirekte Kostenstellen** erbringen ihre Leistungen ohne direkten Patientenbezug.

  Die indirekten Kostenstellen werden weiter unterschieden in Kostenstellen der medizinischen Infrastruktur und Kostenstellen der nicht medizinischen Infrastruktur.

  - **Indirekte Kostenstellen der medizinischen Infrastruktur** sind z.B.:[2]
    - Gemeinsame Kostenstellen der Fachabteilungen (Normal- und Intensivpflege),
    - Gemeinsame Kostenstellen des OP-Bereichs,
    - Gemeinsame Kostenstelle der Anästhesie,
    - Zentralsterilisation,
    - Bettenzentrale,
    - Krankenhaushygiene,
    - Krankentransporte,
    - Apotheke,
    - Versorgung Druckluft/Sauerstoff/Medizinische Gase,
    - Medizintechnik,
    - Qualitätsmanagement,
    - Pflegedienstleitung,
    - Ärztliche Direktion,
    - Medizinischer Schreibdienst,
    - Medizinisches Controlling,
    - Sozialdienst,
    - Krankenhausseelsorge.

---

1 Vgl. *Deutsche Krankenhausgesellschaft (DKG), Spitzenverbände der Krankenkassen (GKV), Verband der privaten Krankenversicherung (PKV)*: Version 3.0, a.a.O., S. 52ff.

2 Vgl. *Deutsche Krankenhausgesellschaft (DKG), Spitzenverbände der Krankenkassen (GKV), Verband der privaten Krankenversicherung (PKV)*: Version 3.0, a.a.O., Anlage 3, S. 228.

- **Indirekte Kostenstellen der nicht medizinischen Infrastruktur** sind z.B.:[1]
  - Gebäude, Grundstücke, Außenanlagen,
  - Verwaltungsleitung, Krankenhausdirektion,
  - Verwaltung,
  - Controlling,
  - Werkstätten,
  - Personaleinrichtungen,
  - Aus-, Fort- und Weiterbildung,
  - Speisenversorgung, Küche,
  - Wäscheversorgung,
  - Zentrale Reinigungsdienste,
  - Energie-, Wasser-, Brennstoffversorgung,
  - EDV/IT-Support.

- **Abzugrenzende Kostenstellen** erbringen ausschließlich nicht DRG-relevante Leistungen (z.B. Kostenstelle: OP-Saal für ambulante Operationen). Die dort gebuchten Kosten sind vollständig auf die eingerichtete Abgrenzungskostenstelle auszugliedern.
- **Gemischte Kostenstellen** erbringen sowohl DRG-relevante als auch nicht DRG-relevante Leistungen. Die Kosten für die nicht DRG-relevanten Leistungen sind auszugliedern. Der Anteil an nicht DRG-relevanten Leistungen in einer gemischten Kostenstelle, der anhand von entsprechenden Leistungsstatistiken ermittelt wird, ist maßgebend für die Ausgliederung der für diese Leistungen angefallenen Kosten. In der Regel sind alle Kostenarten gleichmäßig anhand des ermittelten Prozentsatzes zu entlasten.

Die in der Kostenartenrechnung vorgenommenen Bereinigungen um nicht DRG-relevante Kosten werden also zugleich in der Kostenstellenrechnung nachvollzogen. D.h., zum einen werden Kostenstellen, die keine DRG-relevanten Kosten enthalten, abgegrenzt. Zum anderen werden gemischte Kostenstellen um die nicht DRG-relevanten Kosten entlastet.

Abgrenzungstatbestände auf Kostenstellenebene sind demnach z.B.:[2]

- Kosten für rein vorstationäre Leistungen nach § 115 a SGB V,
- Kosten für Wahlleistungen,
- Kosten für Begleitpersonen,
- Kosten für Leistungen, die in Einrichtungen der Psychiatrie, Psychosomatik oder Psychotherapeutischen Medizin erbracht werden,

---

[1] Vgl. *Deutsche Krankenhausgesellschaft (DKG), Spitzenverbände der Krankenkassen (GKV), Verband der privaten Krankenversicherung (PKV)*: Version 3.0, a.a.O., Anlage 3, S. 229.

[2] Vgl. *Deutsche Krankenhausgesellschaft (DKG), Spitzenverbände der Krankenkassen (GKV), Verband der privaten Krankenversicherung (PKV)*: Version 3.0, a.a.O., Anlage 2, S. 226f.

- Kosten für ambulante Leistungen einschließlich ambulanter Operationen nach § 115 b SGB V,
- Kosten der Ausbildungsstätten und Kosten bzw. Mehrkosten durch Ausbildungsvergütungen,
- Kosten der Leistungen an Dritte,
- Kosten der Personalverpflegung,
- Kosten der Nebenbetriebe,
- Kosten aus Vermietung und Verpachtung,
- Kosten für die Besetzung des Notarztwagens,
- Kosten der ergänzenden Leistungsbereiche (z.B. Kurzzeitpflege, Altenheim, ambulante Pflege),
- Kosten der wissenschaftlichen Forschung und Lehre.

Die Ausgliederung kann z.B. bei Sachkosten anhand von Originalbelegen aus der Finanzbuchhaltung erfolgen oder über einen Prozentsatz, der mit Hilfe von gewichteten oder ungewichteten Leistungsstatistiken ermittelt wird. In begründeten Ausnahmefällen, z.B. wegen fehlender Kosten- und Leistungsinformationen, kann auch ein Erlösabzugsverfahren vorgenommen werden. So kann z.B. die Ausgliederung ambulanter Leistungen anhand der Erlöse aus ambulanter Tätigkeit erfolgen.[1] Auch andere Parameter können herangezogen werden.[2] So ist z.B. bei Gebäudekostenstellen der Anteil der vermieteten Nutzfläche an der Gesamtnutzfläche des Gebäudes maßgebend für die Ermittlung der nicht DRG-relevanten Kosten.

2. Kostenstellenverrechnung

Im Zuge der Kostenstellenverrechnung werden die Kosten der indirekten Kostenstellen auf die direkten und gegebenenfalls auf die abzugrenzende Kostenstelle übergeleitet, sofern dies nicht bereits im Zuge der Personalkostenverrechnung geschehen ist.[3]

Für eine Feinsteuerung des Kosten- und Leistungsgeschehens verfügen große Krankenhäuser oft über eine sehr differenzierte Kostenstellenstruktur. Zur Vereinfachung kann es daher vor Durchführung der Kostenstellenverrechnung sinnvoll sein, Kostenstellen zu verdichten. So können indirekte Kostenstellen zusammengefaßt werden, wenn für die Verteilung der Kosten identische Verrechnungsschlüssel dienen.[4]

Das einzig zulässige Verfahren für die Kostenverrechnung ist die **innerbetriebliche Leistungsverrechnung (IBLV)**. Das bei den ersten G-DRG-Kalkulationen noch anwendbare vereinfachte Umlageverfahren (VUV), bei dem die Kostenstellen der nicht medizinischen Infrastruktur in einer sogenannten Basiskostenstelle zusammengefaßt und über die Pflegetage auf die

---

[1] Vgl. *Deutsche Krankenhausgesellschaft (DKG), Spitzenverbände der Krankenkassen (GKV), Verband der privaten Krankenversicherung (PKV)*: Version 3.0, a.a.O., S. 62.

[2] Siehe Kap. 4.3.5.2.2 Kostenverteilung mit Hilfe von Kostenumlageschlüsseln.

[3] Vgl. *Deutsche Krankenhausgesellschaft (DKG), Spitzenverbände der Krankenkassen (GKV), Verband der privaten Krankenversicherung (PKV)*: Version 3.0, a.a.O., S. 83.

[4] Vgl. *Deutsche Krankenhausgesellschaft (DKG), Spitzenverbände der Krankenkassen (GKV), Verband der privaten Krankenversicherung (PKV)*: Version 3.0, a.a.O., S. 88.

einzelnen Behandlungsfälle verteilt werden, ist zugunsten einer besseren Datenqualität ausgeschlossen worden. Auch Mischverfahren sind nicht mehr zulässig.

In der innerbetriebliche Leistungsverrechnung werden die Kosten aller indirekten Kostenstellen anhand verursachungsgerechter Verrechnungsschlüssel auf die direkten Kostenstellen und gegebenenfalls auf die abzugrenzenden Kostenstellen verteilt.[1] Am Ende werden in jeder direkten Kostenstelle die verrechneten Kosten der medizinischen und der nicht medizinischen Infrastruktur ausgewiesen, um dann in der Kostenträgerrechnung den einzelnen Behandlungsfällen mit den entsprechenden fallbezogenen Bezugsgrößen zugeordnet zu werden.[2]

Für die innerbetriebliche Leistungsverrechnung kommen grundsätzlich drei Methoden in Frage:[3]

- **Gleichungsverfahren**: sämtliche Leistungsbeziehungen zwischen den Kostenstellen werden berücksichtigt.
- **Stufenleiterverfahren**: Leistungsbeziehungen zwischen den indirekten Kostenstellen werden nur bedingt berücksichtigt, die indirekten Kostenstellen werden der Reihe nach verrechnet beginnend mit der Kostenstelle mit den höchsten Kosten.
- **Anbauverfahren**: die Leistungsbeziehungen zwischen den indirekten Kostenstellen werden nicht berücksichtigt, die indirekten Kostenstellen werden ausschließlich auf die direkten Kostenstellen verrechnet. Diese Methode sollte nur in Ausnahmefällen verwendet werden.

Entscheidend für die Qualität dieser Leistungsverrechnung ist die Wahl geeigneter Verrechnungsschlüssel. Grundsätzlich sollten solche Bezugsgrößen der Verrechnung zugrunde gelegt werden, die die in der Kostenstelle erbrachten Leistungen unmittelbar unter Berücksichtigung der eingesetzten Ressourcen messen und in den Leistungsstatistiken der Kostenstellen dokumentiert sind.[4] Nur wenn solche Leistungsstatistiken in den indirekten Kostenstellen nicht vorliegen, sollten Verrechnungsschlüssel herangezogen werden, deren Größen in den empfangenden direkten Kostenstellen gemessen werden. Auf jeden Fall sollte darauf geachtet werden, daß gewichtete Schlüssel den Vorzug vor ungewichteten erhalten.[5] Die Qualität der in den Kostenstellen verfügbaren Leistungsdaten entscheidet letztlich, wie aussagekräftig das Kalkulationsergebnis ist.[6] Die folgende Abbildung faßt einige der vorgegebenen Verrechnungsschlüssel zusammen.

---

[1] Siehe Kap. 4.3.5.2.2 Kostenverteilung mit Hilfe von Kostenumlageschlüsseln.

[2] Vgl. *Deutsche Krankenhausgesellschaft (DKG), Spitzenverbände der Krankenkassen (GKV), Verband der privaten Krankenversicherung (PKV)*: Version 3.0, a.a.O., S. 89.

[3] Vgl. *Deutsche Krankenhausgesellschaft (DKG), Spitzenverbände der Krankenkassen (GKV), Verband der privaten Krankenversicherung (PKV)*: Version 3.0, a.a.O., S. 89f.; siehe Kap. 4.3.5.2.3 Verfahren der innerbetrieblichen Leistungsverrechnung.

[4] Siehe Kap. 4.3.5.2.2 Kostenverteilung mit Hilfe von Kostenumlageschlüsseln.

[5] Vgl. *Deutsche Krankenhausgesellschaft (DKG), Spitzenverbände der Krankenkassen (GKV), Verband der privaten Krankenversicherung (PKV)*: Version 3.0, a.a.O., S. 92.

[6] Vgl. *Janiszewski, J., Pfaff, M.*: Das DRG-Kalkulationsmodell, in: f&w, 3/2001, S. 224.

Abbildung 55: IBLV-Verrechnungsschlüssel, Auszug

Kostenstellen	Verrechnungsschlüssel		
	Priorität 1	**Priorität 2**	**Priorität 3**
Kostenstellen der medizinischen Infrastruktur			
Ärztlicher Direktor	Vollzeitkräfte ÄD	primäre Personalkosten ÄD	
Pflegedienstleitung	Vollzeitkräfte PD	primäre Personalkosten PD	
Medizinischer Schreibdienst	Arbeitsstunden	Vollzeitkräfte ÄD, PD, FD	
Archiv Patientenakte	bearbeitete Dokumente	Fallzahl	
Medizinische Dokumentation, Fotolabor	bearbeitete Dokumente	Pflegetage	
Medizincontrolling	Vollzeitkräfte	primäre Gemeinkosten	Fallzahl
Qualitätsmanagement, Strahlenschutz	Vollzeitkräfte (KoAGrp 1-3)	primäre Personalkosten (KoAGrp 1-3)	
Werkstatt (medizinisch)	Arbeitsstunden	primäre Sachkosten	
Sozialdienst	betreute Patienten	Pflegetage	
Krankenhausseelsorge	Pflegetage		
Bettenaufbereitung	aufbereitete Betten	Fallzahl	
Krankenhaushygiene	Arbeitsstunden	Pflegetage	
Versorgung med. Gase	Verbrauchsmenge	Anschlüsse	Fallzahl
Medizintechnik	Arbeitsstunden	Ausstattung Geräte	
Krankentransporte	Transporte	Vollzeitkräfte	
Apotheke	Bestellungen	primäre Sachkosten (KoAGrp 4)	
Zentralsterilisation	Sterilguteinheiten		
Kostenstellen der nicht medizinischen Infrastruktur			
Gebäude, Grundstücke, Außenanlagen	m^2 Nutzfläche	m^2 Grundfläche	
Verwaltung (allgemein), Krankenhausdirektion	Vollzeitkräfte	primäre Gemeinkosten	
Patientenverwaltung	Fallzahl		
Finanzbuchhaltung, Kosten-/Leistungsrechnung	Vollzeitkräfte	primäre Gemeinkosten	
Personalabteilung, Betriebsrat	Vollzeitkräfte	primäre Personalkosten	
Einkauf/Materialwirtschaft	Bestellungen	primäre Sachkosten	
EDV/IT-Support	Ausstattung Geräte	Vollzeitkräfte	
Controlling	Vollzeitkräfte	primäre Gemeinkosten	Fallzahl
Werkstatt/Technik	Arbeitsstunden	m^2 Nutzfläche	
Betriebsarzt	Arbeitsstunden	Vollzeitkräfte	primäre Personalkosten
Küche	Essen (gewichtet)	Beköstigungstage	
Wäscherei, Schneiderei	kg Wäsche	Pflegetage	
Reinigungsdienst	Reinigungsfläche		
Wärme-, Wasser-, Stromversorgung	Verbrauchsmenge	m^2 Nutzfläche	m^2 Grundfläche
Fuhrpark	gefahrene km	Vollzeitkräfte	Fallzahl

Quelle: Deutsche Krankenhausgesellschaft (DKG), Spitzenverbände der Krankenkassen (GKV), Verband der privaten Krankenversicherung (PKV): Kalkulation von Fallkosten, Handbuch zur Anwendung in Krankenhäusern, Version 3.0, 10. Juli 2007, www.g-drg.de, Anlage 8 und 9, S. 248f.

Nach Durchführung der Kostenstellenverrechnung werden zunächst die abzugrenzenden Kostenstellen gegen die Abgrenzungskostenstelle entlastet.

Anschließend werden die Kostenarten der direkten Kostenstellen zu definierten **Kostenartengruppen (KoArtGrp)** zusammengefaßt, um den Aufwand der Kalkulation zu begrenzen:[1]

- KoArtGrp 1 Personalkosten ärztlicher Dienst,
- KoArtGrp 2 Personalkosten Pflegedienst,
- KoArtGrp 3 Personalkosten des Funktionsdienstes und des medizinisch-technischen Dienstes,
- KoArtGrp 4a Sachkosten für Arzneimittel,
- KoArtGrp 4b Sachkosten für Arzneimittel (Einzelkosten/Istverbrauch),
- KoArtGrp 5 Sachkosten für Implantate und Transplantate,
- KoArtGrp 6a Sachkosten des medizinischen Bedarfs (ohne Arzneimittel, Implantate und Transplantate),
- KoArtGrp 6b Sachkosten des medizinischen Bedarfs (Einzelkosten/ Istverbrauch; ohne Arzneimittel, Implantate und Transplantate),
- KoArtGrp 7 Personal- und Sachkosten der medizinischen Infrastruktur,
- KoArtGrp 8 Personal- und Sachkosten der nicht medizinischen Infrastruktur.

Jede Kostenart wird genau einer Gruppe zugeordnet.

3. Kostenträgerrechnung

In der letzten Phase der DRG-Kalkulation werden die auf den direkten Kostenstellen gebuchten DRG-relevanten Kosten verursachungsgerecht den leistungsempfangenden Behandlungsfällen zugeordnet.

In einem ersten Schritt wird zunächst die krankenhausindividuelle Struktur der Kostenstellengliederung zu einheitlich definierten **Kostenstellengruppen (KoStGrp)** - ähnlich wie oben die Kostenarten - zusammengefaßt. Diese Gruppen sind wie folgt definiert:[2]

- KoStGrp 1 Normalstation (inkl. Aufnahmestation, Neugeborenenzimmer und Schlaflabor),
- KoStGrp 2 Intensivstation (inkl. Neonatologie und Stroke Unit),
- KoStGrp 3 Dialyseabteilung,
- KoStGrp 4 OP-Bereich (inkl. TUR Eingriffsraum und Kreißsaal-OP),
- KoStGrp 5 Anästhesie (inkl. Aufwachraum),
- KoStGrp 6 Kreißsaal,

---

[1] Vgl. *Deutsche Krankenhausgesellschaft (DKG), Spitzenverbände der Krankenkassen (GKV), Verband der privaten Krankenversicherung (PKV)*: Version 3.0, a.a.O., S. 84f.

[2] Vgl. *Deutsche Krankenhausgesellschaft (DKG), Spitzenverbände der Krankenkassen (GKV), Verband der privaten Krankenversicherung (PKV)*: Version 3.0, a.a.O., S. 103.

- KoStGrp 7 Kardiologische Diagnostik/Therapie,
- KoStGrp 8 Endoskopische Diagnostik/Therapie,
- KoStGrp 9 Radiologie (inkl. Röntgendiagnostik, Computertomographie, Angiographie, Magnet-Resonanz-Tomographie, Strahlentherapie, Nuklearmedizin, etc.),
- KoStGrp 10 Laboratorien (inkl. Immunologie, Blutdepot, Mikrobiologie, Pathologie, Histologie, etc.),
- KoStGrp 11 Übrige diagnostische und therapeutische Bereiche (inkl. EEG, EKG, EMG, Sonographie, Physikalische Therapie, Notfallambulanz, etc.).

Eine direkte Kostenstelle ist nur genau einer Gruppe zugeordnet. Werden in einer Kostenstelle Leistungen erbracht, die unterschiedlichen Gruppen zuzuordnen sind, ist die Kostenstelle gegebenenfalls zu teilen.

Im Rahmen der Kostenträgerrechnung werden die zwei Kalkulationsverfahren Einzelkostenzuordnung und Gemeinkostenzurechnung angewandt.

- **Einzelkostenzuordnung**[1]

  Einzelkosten sind dem Patienten direkt und verursachungsgerecht zuzuordnen. Für ausgewählte, teure Sachgüter des medizinischen Bedarfs ist eine Einzelkostenzuordnung vorgeschrieben. Dies setzt voraus, daß diese in den Krankenhäusern patientenbezogen erfaßt werden. Dazu zählen Einzelartikel aus folgenden Artikelgruppen:

  - Medikamente,
  - Blutprodukte,
  - Implantate,
  - Transplantate,
  - Herz-/Röntgenkatheter,
  - Materialsets (spezielle),
  - andere Verbrauchsmaterialien,
  - aufwendige Fremdleistungen.

  Es darf nur der dokumentierte Ist-Verbrauch zugrunde gelegt werden. Die Bewertung erfolgt nach den Anschaffungskosten.

  Soweit für diese klassischen Einzelkosten keine patientenbezogene Einzelkostenzuordnung möglich ist, sind für bestimmte Artikelgruppen krankenhausindividuelle klinische Verteilungsmodelle (KVM) für homogene Patientengruppen zu bilden, über die die Kosten auf die Behandlungsfälle verteilt werden. Die Patientengruppen werden über die Diagnosen und/oder Prozeduren definiert. Über die Materialwirtschaft können so z.B. verbrauchsgewichtete gleitende Durchschnittskosten[2] je OPS-Kode ermittelt und den entsprechenden Fällen zugeordnet werden.

---

[1] Vgl. *Deutsche Krankenhausgesellschaft (DKG), Spitzenverbände der Krankenkassen (GKV), Verband der privaten Krankenversicherung (PKV)*: Version 3.0, a.a.O., S. 105ff.

[2] Siehe Kap. 4.2.4.2.2 Bewertung der Verbrauchsmengen.

Die Kostenstellen, die gemäß der Krankenhaus-Buchführungsverordnung sowohl mit Einzel- als auch mit Gemeinkosten belastet werden, sind um diese Einzelkosten zu entlasten und enthalten dann nur noch DRG-relevante Gemeinkosten.

Die Einzelkostenzuordnung hat für die Weiterentwicklung des deutschen DRG-Systems eine große Bedeutung, insbesondere um eine schärfere Unterscheidung der Fallgruppen nach ihrem Aufwand zu erzielen.

- **Gemeinkostenzurechnung**[1]

  Die fallbezogene Zuordnung der Gemeinkosten erfolgt mit Hilfe von Kalkulationssätzen, die auf der Grundlage von verursachungsgerechten Bezugsgrößen in Abhängigkeit von der Kostenstelle und der Kostenart gebildet werden.

  In der Regel erfolgt die Kostenzuordnung über gewichtete Bezugsgrößen; für einige Kosten erfolgt die Zuordnung jedoch über ungewichtete Bezugsgrößen.

  - **Gewichtete Bezugsgrößenkalkulation**

    Die Leistungen der direkten Kostenstellen werden entsprechend dem mit der Leistungserbringung verbundenen Ressourcenverbrauch gewichtet. Für jede Kostenstelle wird ein Kalkulationssatz errechnet, der die Höhe der Kosten bestimmt, mit denen ein Fall bei Inanspruchnahme der Kostenstelle belastet wird.[2] Dieses Verfahren setzt voraus, daß die erbrachten Leistungen fallbezogen erfaßt werden und daß ein Bewertungsmaßstab für eine verursachungsgerechte Kostenzuordnung je Leistung vorliegt. Letzteres ist z.B. bei den Abrechnungstarifen (GOÄ, EBM, etc.), mit denen in der Regel die Leistungen der medizinischen Institutionen[3] dokumentiert werden, oder auch bei den PPR-Minuten[4] der Fall, da dort Standard-Ressourceneinsätze hinterlegt sind.

  - **Ungewichtete Bezugsgrößenkalkulation**

    Bei der ungewichteten Kalkulation ist der berechnete Kalkulationssatz für jede Leistung gleich hoch, d.h. die Heterogenität der Leistungserstellung bleibt unberücksichtigt. Die Anwendung ist daher auf wenige Bereiche beschränkt, so werden z.B. die Kosten für den Ärztlichen Dienst auf der Normalstation über die Bezugsgröße „Pflegetag“ auf die Behandlungsfälle verteilt.

In der folgenden Abbildung sind Bezugsgrößen zur Bildung der Kalkulationssätze aufgeführt. Die Zuordnung einer Kostenstelle zu einer Kostenstellengruppe gibt zugleich die anzuwendenden Bezugsgrößen vor. Für einzelne Kostenmodule sind Alternativen für die Wahl der Bezugsgrößen zugelassen.

---

[1] Vgl. *Deutsche Krankenhausgesellschaft (DKG), Spitzenverbände der Krankenkassen (GKV), Verband der privaten Krankenversicherung (PKV)*: Version 3.0, a.a.O., S. 119ff.

[2] Siehe Kap. 4.4.2.5 Ausgewählte allgemeine Kalkulationsverfahren in der Übersicht.

[3] Siehe Kap. 4.4.3.1.1 Leistungen der medizinischen Institutionen.

[4] Siehe Kap. 2.1.2.7 Pflege-Personalregelung.

Abbildung 56: Bezugsgrößen zur Ermittlung der Kalkulationssätze

		Personalkosten			Sachkosten					Personal- u. Sachkosten	
		Ärztlicher Dienst	Pflegedienst	Med.-techn. Dienst/Funktionsdienst	Arzneimittel		Implantate/ Transplantate	Übriger med. Bedarf		Med. Infrastruktur	Nicht med. Infrastruktur
		1	2	3	4a	4b	5	6a	6b	7	8
Normalstation	1	Pflegetage	PPR-Minuten	Pflegetage	PPR-Minuten	Ist-Verbrauch Einzelkosten-zuordnung	-	PPR-Minuten	Ist-Verbrauch Einzelkosten-zuordnung	Pflegetage	Pflegetage
Intensivstation	2	Gewichtete Intensivstunden	Gewichtete Intensivstunden	Gewichtete Intensivstunden	Gewichtete Intensivstunden	Ist-Verbrauch Einzelkosten-zuordnung	Ist-Verbrauch Einzelkosten-zuordnung	Gewichtete Intensivstunden	Ist-Verbrauch Einzelkosten-zuordnung	Intensivstunden	Intensivstunden
Dialyseabteilung	3	Gewichtete Dialysen	Gewichtete Dialysen	Gewichtete Dialysen	Gewichtete Dialysen	Ist-Verbrauch Einzelkosten-zuordnung	-	Gewichtete Dialysen	Ist-Verbrauch Einzelkosten-zuordnung	Gewichtete Dialysen	Gewichtete Dialysen
OP-Bereich	4	Schnitt-Naht-Zeit mit GZF und Rüstzeit	-	Schnitt-Naht-Zeit/HLM-Zeit mit GZF und Rüstzeit	Schnitt-Naht-Zeit und Rüstzeit	Ist-Verbrauch Einzelkosten-zuordnung	Ist-Verbrauch Einzelkosten-zuordnung	Schnitt-Naht-Zeit und Rüstzeit	Ist-Verbrauch Einzelkosten-zuordnung	Schnitt-Naht-Zeit und Rüstzeit	Schnitt-Naht-Zeit und Rüstzeit
Anästhesie	5	Anästhesiologie-zeit und GZF	-	Anästhesio-logiezeit	Anästhesio-logiezeit	Ist-Verbrauch Einzelkosten-zuordnung	-	Anästhesio-logiezeit	Ist-Verbrauch Einzelkosten-zuordnung	Anästhesio-logiezeit	Anästhesio-logiezeit
Kreißsaal	6	Aufenthaltszeit Patientin im Kreißsaal	-	Aufenthaltszeit Patientin im Kreißsaal	Aufenthaltszeit Patientin im Kreißsaal	Ist-Verbrauch Einzelkosten-zuordnung	-	Aufenthaltszeit Patientin im Kreißsaal	Ist-Verbrauch Einzelkosten-zuordnung	Aufenthaltszeit Patientin im Kreißsaal	Aufenthaltszeit Patientin im Kreißsaal
Kardiologische Diagnostik/Therapie	7	1. Eingriffszeit 2. Punkte lt. Leistungskatalog	-	1. Eingriffszeit 2. Punkte lt. Leistungskatalog	1. Eingriffszeit 2. Punkte lt. Leistungskatalog	Ist-Verbrauch Einzelkosten-zuordnung	Ist-Verbrauch Einzelkosten-zuordnung	1. Eingriffszeit 2. Punkte lt. Leistungskatalog	Ist-Verbrauch Einzelkosten-zuordnung	1. Eingriffszeit 2. Punkte lt. Leistungskatalog	1. Eingriffszeit 2. Punkte lt. Leistungskatalog
Endoskopische Diagnostik/Therapie	8	1. Eingriffszeit 2. Punkte lt. Leistungskatalog	-	1. Eingriffszeit 2. Punkte lt. Leistungskatalog	1. Eingriffszeit 2. Punkte lt. Leistungskatalog	Ist-Verbrauch Einzelkosten-zuordnung	Ist-Verbrauch Einzelkosten-zuordnung	1. Eingriffszeit 2. Punkte lt. Leistungskatalog	Ist-Verbrauch Einzelkosten-zuordnung	1. Eingriffszeit 2. Punkte lt. Leistungskatalog	1. Eingriffszeit 2. Punkte lt. Leistungskatalog
Radiologie	9	Punkte lt. Leistungskatalog	-	Punkte lt. Leistungskatalog	Punkte lt. Leistungskatalog	Ist-Verbrauch Einzelkosten-zuordnung	Ist-Verbrauch Einzelkosten-zuordnung	Punkte lt. Leistungskatalog	Ist-Verbrauch Einzelkosten-zuordnung	Punkte lt. Leistungskatalog	Punkte lt. Leistungskatalog
Laboratorium	10	Punkte lt. Leistungskatalog	-	Punkte lt. Leistungskatalog	Punkte lt. Leistungskatalog	Ist-Verbrauch Einzelkosten-zuordnung	-	Punkte lt. Leistungskatalog	Ist-Verbrauch Einzelkosten-zuordnung	Punkte lt. Leistungskatalog	Punkte lt. Leistungskatalog
Übrige diagn. und therap. Bereiche	11	1. Eingriffszeit 2. Punkte lt. Leistungskatalog	1. Eingriffszeit 2. Punkte lt. Leistungskatalog	1. Eingriffszeit 2. Punkte lt. Leistungskatalog	1. Eingriffszeit 2. Punkte lt. Leistungskatalog	Ist-Verbrauch Einzelkosten-zuordnung	Ist-Verbrauch Einzelkosten-zuordnung	1. Eingriffszeit 2. Punkte lt. Leistungskatalog	Ist-Verbrauch Einzelkosten-zuordnung	1. Eingriffszeit 2. Punkte lt. Leistungskatalog	1. Eingriffszeit 2. Punkte lt. Leistungskatalog

Quelle: Deutsche Krankenhausgesellschaft (DKG), Spitzenverbände der Krankenkassen (GKV), Verband der privaten Krankenversicherung (PKV): Kalkulation von Fallkosten, Handbuch zur Anwendung in Krankenhäusern, Version 3.0, 10. Juli 2007, www.g-drg.de, S. 125.

Das Ergebnis dieser Kostenkalkulation wird in einem fallbezogenen Datensatz in einer einheitlichen, modularen Struktur dargestellt. Die einzelnen Kostenmodule sind sowohl durch einen Kostenarten- als auch einen Kostenstellenbezug definiert. Verbindet man Kostenarten- und Kostenstellengruppen entsteht die in Abbildung 57 dargestellt Matrixstruktur. Insgesamt sind 99 Kostenmodule definiert. Die Einzelkosten werden in separaten Kostenmodulen dem fallbezogenen Datensatz zugeordnet.

Abbildung 57: Modulare Kostenstruktur im fallbezogenen Datensatz

Kostenstellengruppen		Kostenartengruppen: 1 Personalkosten Ärztlicher Dienst	2 Personalkosten Pflegedienst	3 Personalkosten med.-techn. Dienst/Funktionsdienst	4a Sachkosten Arzneimittel	4b Sachkosten Arzneimittel (Einzelkosten/Istverbrauch)	5 Sachkosten Implantate u. Transplantate	6a Sachkosten übriger med. Bedarf	6b Sachkosten übriger med. Bedarf (Einzelkosten/Istverbrauch)	7 Personal- u. Sachkosten medizinische Infrastruktur	8 Personal- u. Sachkosten nicht medizinische Infrastruktur
		Personalkosten			Sachkosten					Infrastr.-Kosten	
Bettenführende Bereiche	1 Normalstation	1.1	1.2	1.3	1.4a	1.4b	-	1.6a	1.6b	1.7	1.8
	2 Intensivstation	2.1	2.2	2.3	2.4a	2.4b	2.5	2.6a	2.6b	2.7	2.8
	3 Dialyseabteilung	3.1	3.2	3.3	3.4a	3.4b	-	3.6a	3.6b	3.7	3.8
Untersuchungs- und Behandlungsbereiche	4 OP-Bereich	4.1	-	4.3	4.4a	4.4b	4.5	4.6a	4.6b	4.7	4.8
	5 Anästhesie	5.1	-	5.3	5.4a	5.4b	-	5.6a	5.6b	5.7	5.8
	6 Kreißsaal	6.1	-	6.3	6.4a	6.4b	-	6.6a	6.6b	6.7	6.8
	7 Kardiologische Diag. /Therapie	7.1	-	7.3	7.4a	7.4b	7.5	7.6a	7.6b	7.7	7.8
	8 Endoskopische Diag. /Therapie	8.1	-	8.3	8.4a	8.4b	8.5	8.6a	8.6b	8.7	8.8
	9 Radiologie	9.1	-	9.3	9.4a	9.4b	9.5	9.6a	9.6b	9.7	9.8
	10 Laboratorien	10.1	-	10.3	10.4a	10.4b	10.5	10.6a	10.6b	10.7	10.8
	11 Übrige diag. u. therap. Bereiche	11.1	11.2	11.3	11.4a	11.4b	11.5	11.6a	11.6b	11.7	11.8

Quelle: In Anlehnung an: Deutsche Krankenhausgesellschaft (DKG), Spitzenverbände der Krankenkassen (GKV), Verband der privaten Krankenversicherung (PKV): Kalkulation von Fallkosten, Handbuch zur Anwendung in Krankenhäusern, Version 3.0, 10. Juli 2007, www.g-drg.de, S. 189.

Mit der jeweils aktuellen G-DRG-Version werden auch die Kalkulationsergebnisse vom InEK der Öffentlichkeit zur Verfügung gestellt. Für jede bundeseinheitlich bewertete DRG wird für Hauptabteilungen die oben vorgestellte Kostenmatrix und zusätzliche Leistungsdaten in einem Report-Browser herausgegeben. So ist nachvollziehbar, aus welchen Bestandteilen, gegliedert nach Kostenarten- und Kostenstellengruppen, sich die kalkulierten Gesamtkosten für eine DRG zusammensetzen. Das ermöglicht den Krankenhäusern, die über eine Kostenträgerrechnung verfügen, die hauseigenen Kostendaten mit den InEK-Daten zu vergleichen, die eigene Kostenstruktur zu überprüfen und wirtschaftliche und unwirtschaftliche Bereiche zu identifizieren. Wichtig ist jedoch, daß die krankenhausindividuellen Kosten unter Beachtung des bundeseinheitlichen Kalkulationsschemas und in ähnlich hoher Qualität aufbereitet werden, um Fehlentscheidungen zu vermeiden.

Die InEK-Kalkulationsdaten können auch zur internen Budgetierung, d.h. zur Verrechnung der DRG-Erlöse auf die Kostenarten- und Kostenstellengruppen, herangezogen werden. Dazu werden die Euro-Beträge in der Kostenmatrix in Prozentwerte umgerechnet, mit denen dann die DRG-Erlöse auf die einzelnen Bereiche verteilt werden können.[1]

4.4.4.2 Implementierung einer Kostenträgerrechnung im Krankenhaus

Während in der Vergangenheit das Produktspektrum der Krankenhäuser im wesentlichen durch das Produkt „Pflegetag" beschrieben wurde, liegt mit der DRG-Einführung ein detaillierter Produktkatalog vor, der das Leistungsspektrum aller Krankenhäuser nach einheitlichen Kriterien abbildet.[2] Damit sind die Anforderungen an das Krankenhausmanagement gewachsen. Innerhalb der geänderten Rahmenbedingungen sehen sich die Krankenhausmanager neuen unternehmerischen Fragestellungen gegenüber, die in Industriebetrieben bereits seit langem von Bedeutung sind, z.B.:

- Welche Produkte erzielen einen Deckungsbeitrag?
- Wie sollte das Produktportfolio optimal gestaltet werden?[3]
- Welche Bereiche arbeiten unwirtschaftlich?
- Wie werden die (knappen) Ressourcen am effizientesten genutzt?

Dennoch wird noch immer in einigen Krankenhäusern die Notwendigkeit der zeitnahen Beschäftigung mit dem Thema „Kostenträgerrechnung" nicht erkannt und ist eine eher abwartende Haltung zu beobachten. Auch Jahre nach der DRG-Einführung verfügt nur ein kleiner Teil der deutschen Krankenhäuser über eine funktionierende Kostenträgerrechnung.[4] Häufig be-

---

[1] Vgl. *Siebers, L., Helling, J., Fiori, W., Bunzemeier, H., Roeder, N.*: Krankenhausinterne DRG-Erlösverteilung auf der Basis der InEK-Daten - Möglichkeiten und Grenzen, in: das Krankenhaus, 1/2008, S. 39f.

[2] Vgl. *Janiszewski, J., Larbig, M.*: Das Krankenhaus muss seine Produktkosten kennen, in: f&w, 3/2002, S. 246.

[3] Vgl. *Greiling, M., Jücker, C.*: Strategisches Management im Krankenhaus, Stuttgart 2003, S. 77ff.

[4] Vgl. *Larbig, M., Ackermann, D.*: Zukunftsgerichtete Instrumente der Krankenhaussteuerung - ein Plädoyer für die Kostenträgerrechnung, in: das Krankenhaus, 4/2008, S. 336, 340.

schränken sich die Aktivitäten auf die Sicherstellung der Abrechnung, die Verbesserung der Kodierung und die Durchführung der Entgeltverhandlungen. Jedoch sind verläßliche fallbezogene Kosteninformationen zwingende Grundlage für operative und strategische Entscheidungen. Es empfiehlt sich für jedes Krankenhaus, die Voraussetzungen für die Fallkostenkalkulation zu schaffen und die Kostenrechnung zu einer Kostenträger- und Prozeßkostenrechnung[1] weiterzuentwickeln. Mit dem Ende der Konvergenzphase in 2009 wird sich der Krankenhaussektor zu einem Markt wandeln, auf dem Angebot und Nachfrage und kalkulierte kostenbasierte Preise den Erfolg des Krankenhauses bestimmen. Der Wettbewerbsdruck wird weiter zunehmen. Die Krankenhäuser sollten das Risiko, aufgrund fehlender Informationen strategische Fehlentscheidungen zu treffen oder wichtige Weichenstellungen zu verschleppen, minimieren.[2] Es ist nicht mehr ausreichend, die Wirtschaftlichkeit einer Fachabteilung (Kostenstelle) zu überwachen, sondern ein Kosten-Erlös-Vergleich bezogen auf die abgerechnete Leistung muß möglich sein.[3]

Grundlage einer aussagefähigen Kostenträgerrechnung ist eine valide, lückenlose Datenbasis, die medizinische Falldaten (Diagnosen und Prozeduren), Kostendaten und Leistungsdaten[4] umfaßt. Viele Krankenhäuser verfügen jedoch noch nicht über die notwendige Datenqualität und verzichten deshalb auf die Einführung einer Kostenträgerrechnung. Aber gerade die intensive Beschäftigung mit den vielfältigen und komplexen Themen bei Einführung der Kostenträgerrechnung führt zu einer Verbesserung der Datenlage. Allerdings fehlt es häufig auch an den notwendigen personellen Ressourcen im Controlling, dem bei diesem Projekt eine Schlüsselposition zukommt.[5]

Um die Kosten verursachungsgerecht den Patienten zurechnen zu können, sind eine Reihe von Vorarbeiten und Entscheidungen zu treffen. Je nach Ausgangssituation des Krankenhauses kann dieser Prozeß unter Umständen relativ lange dauern und erhebliche organisatorische Anstrengungen und aufwendige Anpassungsprozesse erfordern, insbesondere auch in den Leistungsbereichen des Krankenhauses.[6] Die Implementierung einer funktionierenden Kostenträgerrechnung ist auch nach Erfahrungen in Australien fast immer ein mehrjähriger Prozeß.[7] Wenn z.B. im Jahr 2008 die Grundlagen für eine Kostenträgerrechnung gelegt werden, werden erstmals für das Jahr 2009 Gesamtjahresdaten vorliegen. Diese können nach der Jahresabschlußprüfung für 2009 also in der ersten Jahreshälfte 2010 zu einer brauchbaren Fallkostenkalkulation herangezogen werden. Solche Krankenhäuser

---

1 Siehe Kap. 5.1 Prozeßkostenrechnung.

2 Vgl. *Larbig, M., Ackermann, D.*: a.a.O., S. 336; *Toth, A., Bitsch, A.*: Kombinierte Analyse zur Steuerung von Kliniken, in: das Krankenhaus, 4/2008, S. 349.

3 Vgl. *Larbig, M., Ackermann, D.*: a.a.O., S. 341.

4 Siehe Abb. 56.

5 Vgl. *Larbig, M., Ackermann, D.*: a.a.O., S. 340f.

6 Vgl. *Strauch, E., Ziegler, S., Westendorf, P., Schmidt, M., Titze, S.*: Prozeßkostenrechnung: Kosten- und Leistungstransparenz an Behandlungspfaden, in: das Krankenhaus, 5/2006, S. 418.

7 Vgl. *Larbig, M., Hennke, M.*: Noch Lücken im Datenbestand, in: ku, 9/2003, S. 796.

sind dann bereits acht Jahre im Hintertreffen gegenüber den an der Erstkalkulation in 2002 beteiligten Krankenhäusern. Sie werden Wettbewerbsnachteile in Kauf nehmen müssen gegenüber den Krankenhäusern, die ihre strategischen Entscheidungen schon auf eine verläßliche Datenbasis stellen können.[1]

Eine der wichtigsten Fragen ist die krankenhausindividuelle Zielsetzung bei der Einführung einer fallbezogenen Kostenträgerrechnung und welche Konsequenzen die Führungsebene bereit ist, aus den Ergebnissen der Kostenträgerrechnung zu ziehen. Letztendlich geht es um die Frage, welche und wie viele DRGs werden zukünftig kostendeckend erbracht werden können.[2] Das setzt die Kenntnis der DRG-Erlöse und der krankenhausindividuellen DRG-Kosten voraus.

Die Kostenträgerrechnung dient dabei insbesondere

- der Ermittlung der Kosten und Erlöse je Fall bzw. je DRG (Kostenträgerstückrechnung),
- der Ermittlung der periodenbezogenen Kosten und Erlöse je DRG (Kostenträgerzeitrechnung),
- als Grundlage für externe Krankenhausvergleiche (Benchmark-Projekte),
- als Grundlage für die strategische Leistungsplanung, eine aktive Prozeßsteuerung und Krankenhausführung sowie
- der Weiterentwicklung des G-DRG-Systems.

4.4.4.3 Projektorganisation

Zur Einführung der Kostenträgerrechnung sollten in den Krankenhäusern Projektgruppen gebildet werden, denn die Kostenträgerrechnung ist für das Krankenhaus sehr wichtig und sehr aufwendig.[3] Je höher das Projekt in der Krankenhaushierarchie angeordnet ist, um so erfolgversprechender werden die Ergebnisse sein.

Für die Durchführung der eigentlichen Kalkulation sind nach ersten deutschen Erfahrungen ca. 80 bis 100 Personentage erforderlich.[4] Am aufwendigsten ist die Bereitstellung der benötigten fallbezogenen Leistungsdaten, insbesondere wegen der entsprechenden Überzeugungsarbeit bei den betroffenen Mitarbeitern, da zusätzliche Dokumentationserfordernisse erfahrungsgemäß zunächst auf Ablehnung stoßen.[5] D.h., die Projektgruppe darf nicht nur aus Mitarbeitern des Controllings und der EDV-Abteilung bestehen,

---

1 Vgl. *Larbig, M., Hennke, M.*: a.a.O., S. 798.

2 Vgl. *Möller, W., Borges, P., Schmitz, H.*: DRG-Kalkulation und Kostenträgerrechnung, in: f&w, 3/2002, S. 240.

3 Vgl. *Möller, W., Borges, P., Schmitz, H.*: a.a.O., S. 240.

4 Vgl. *Deutsche Krankenhausgesellschaft (DKG), Spitzenverbände der Krankenkassen (GKV), Verband der privaten Krankenversicherung (PKV)*: Kalkulation von Fallkosten, Handbuch zur Anwendung in Krankenhäusern, Version 2.0, 31. Januar 2002, www.g-drg.de, [im folgenden zitiert als: *Deutsche Krankenhausgesellschaft (DKG), Spitzenverbände der Krankenkassen (GKV), Verband der privaten Krankenversicherung (PKV)*: Version 2.0], S. 166.

5 Vgl. *Larbig, M., Hennke, M.*: a.a.O., S. 796.

sondern sollte sowohl Medizincontroller, Ärzte sowie Pflegekräfte einbeziehen. Für die Dauer des Projektes sollte die Projektgruppe von weiten Teilen des Tagesgeschäftes entlastet werden.[1]

Die Vorgehensweise des Gesamtprojektes zur Kalkulation der Fallkosten sollte aus den folgenden drei Phasen bestehen:[2]

1. Phase: Analyse der Ist-Situation

Zu Beginn des Projektes ist zunächst in einem ersten Schritt die Ist-Situation im Krankenhaus zu analysieren. In Bezug auf die Leistungsdaten und ebenso in Bezug auf die Einzelkosten (Verbrauchsmaterialien) sind hier vor allem die folgenden Fragen zu klären:[3]

- Welche Leistungen/Verbrauchsmaterialien werden wo erfaßt? (Ist-Aufnahme)
- Welches sind die Kriterien für eine notwendige Leistungserfassung/ Erfassung der Verbrauchsmaterialien?
- Welche Leistungen/Verbrauchsmaterialien sind zusätzlich patientenbezogen zu erfassen? (Bezugsgrößen)
- Wie gelangen die Leistungen/Verbrauchsmaterialien kostenmäßig bewertbar in das Krankenhaus-Informationssystem, d.h., die Daten müssen EDV-gestützt der Kostenrechnung zur Verfügung stehen?
- Wie werden die Leistungen bewertet? Über welche Verrechnungsgrößen ist die fallbezogene Kostenzuordnung möglich? (Kalkulationssätze)
- In welchen Punkten weicht die Kostenarten- und Kostenstellenrechnung von der durch das bundeseinheitliche Kalkulationsschema vorgegebenen Struktur ab?

2. Phase: Erstellung einer Soll-Konzeption

Auf Grundlage der Analyseergebnisse der Phase 1 sollte die Projektgruppe die noch nicht vorhandenen Voraussetzungen zur Durchführung des Kalkulationsprojektes schaffen und für die einzelnen Kalkulationsbereiche im Rahmen des Kalkulationsschemas den krankenhausindividuellen Gegebenheiten entsprechende Lösungen erarbeiten.

3. Phase: Projektplan und Projektdurchführung

Bevor sich das Krankenhaus an die operative Umsetzung des Projektes begibt, sollte ein Projektplan erstellt werden. Dieser sollte neben Angaben zu den wesentlichen Schritten auch zeitliche Vorgaben enthalten.

Für die erfolgreiche Projektdurchführung können aufgrund der krankenhausindividuellen Gegebenheiten keine einheitlichen Vorgaben gemacht werden. Es wird jedoch empfohlen, insbesondere die folgenden Punkte zu beachten:

- Ansiedlung des Projekts auf höchster Ebene (Geschäftsführung)

---

[1] Vgl. *Möller, W., Borges, P., Schmitz, H.*: a.a.O., S. 241.

[2] Vgl. *Deutsche Krankenhausgesellschaft (DKG), Spitzenverbände der Krankenkassen (GKV), Verband der privaten Krankenversicherung (PKV)*: Version 2.0, a.a.O., S. 169ff.

[3] Vgl. *Breßlein, S.*: Relativgewichte als Spiegelbild, in: ku, 5/2003, S. 362f.

- Auswahl eines qualifizierten Projektleiters
- Schaffung aller notwendigen Kompetenzen (Entscheidungskompetenz, Weisungsbefugnis, etc.) für den Projektleiter
- Abdeckung aller erforderlichen organisatorischen Bereiche durch die Projektgruppe
- Garantie ausreichender personeller Ressourcen
- Gute Planung des Projektes (Zielformulierung, Problemanalysen, Entwicklung von Lösungsalternativen, etc.)
- Projektmeilensteine definieren und terminieren
- Verteilung und Terminierung von Aufgaben
- Einführung regelmäßiger Projektmeetings
- Umfassende Informationsveranstaltung für alle Krankenhausmitarbeiter zur Sicherung der Kooperationsbereitschaft
- Koordination aller projektorientierten Aktionen
- Plausibilitätskontrollen der Ergebnisse

4.4.4.4 Alternative Lösungen

Grundsätzlich gibt es zwei Ansätze,[1] um die Kosten eines Produktes zu ermitteln: das Bottom-up- und das Top-down-Verfahren. Die folgende Übersicht stellt die beiden Verfahren für das DRG-System dar.

Abbildung 58: Bottom-up- und Top-down-Verfahren der Kostenkalkulation

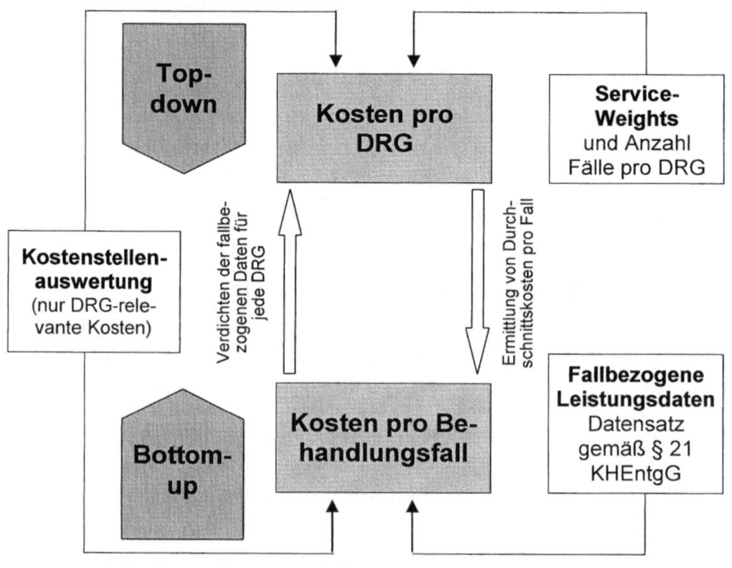

Quelle: In Anlehnung an: Janiszewski, J., Larbig, M.: Das Krankenhaus muss seine Produktionskosten kennen, in: f&w, 3/2002, S. 247.

[1] Vgl. *Janiszewski, J., Larbig, M.*: a.a.O., S. 247.

1. Bottom-up-Verfahren

Beim Bottom-up-Verfahren dient der einzelne Behandlungsfall als Kostenträger. Die auf der Fallebene ermittelten Ergebnisse der Kostenträgerrechnung werden nach erfolgter Fallgruppierung auf der DRG-Ebene verdichtet.

Das oben beschriebene bundeseinheitliche Kalkulationsschema[1] geht nach diesem Verfahren vor, indem der einzelne Behandlungsfall, der unter den Vergütungsumfang des G-DRG-Systems fällt, als Kostenträger kalkuliert wird. In die Kalkulation werden dementsprechend alle Patientendatensätze des in Frage kommenden Betrachtungszeitraums einbezogen. Das Kalkulationshandbuch stellt somit hohe Anforderungen.

Aber nicht in allen Krankenhäusern stehen die Kosten- und Leistungsdaten im erforderlichen Umfang zur Verfügung. Auch fehlen zum Teil die EDV-technischen Voraussetzungen, um die Leistungs- und Kostendaten auf Fallebene zusammenzuführen. In Australien wird den Krankenhäusern ein einheitliches Kalkulationstool zur Verfügung gestellt.

2. Top-down-Verfahren

Beim Top-down-Verfahren dient die DRG, d.h. die Fallgruppe als Kostenträger. Aus den auf DRG-Ebene ermittelten Gesamtkosten lassen sich durch einfache Divisionskalkulation[2] Durchschnittswerte pro Behandlungsfall ermitteln.

In Australien werden den Krankenhäusern für eine große Anzahl von Leistungen Standard-Äquivalenzziffern (sogenannte Service-Weights) angeboten. Dabei handelt es sich um (Sub-)Kostengewichte für verschiedene Leistungsbereiche, die für diese Bereiche die relative Kostenverteilung darstellen. Basis dieser (Sub-)Gewichte sind Daten von anderen Krankenhäusern, die über eine entsprechend detaillierte Datenbasis verfügen. Durch den Einsatz dieser Servicegewichte wird das Fehlen von fallbezogenen Leistungsdaten ausgeglichen und eine annähernd verursachungsgerechte Verrechnung der krankenhausindividuellen Kosten auf die einzelnen DRGs ermöglicht.[3]

Im Rahmen der InEK-Kalkulation gibt es keine derartigen Service-Weights.

---

[1] Siehe Kap. 4.4.4.1 Bundeseinheitliches Kalkulationsschema.

[2] Siehe Kap. 4.4.2.5 Ausgewählte allgemeine Kalkulationsverfahren in der Übersicht.

[3] Vgl. *Hennke, M., Stapf, N., Bunzemeier, H., Lenz, R., Oates, B., Tonn, M.*: Von der Kostenträgerrechnung zum Krankenhausvergleich, in: das Krankenhaus, 5/2002, S. 372.

5 Ausgewählte Kostenrechnungsverfahren

Hier werden weitere Kostenrechnungsverfahren kurz dargestellt, die für den Einsatz im Krankenhaus von Bedeutung sein können.

5.1 Prozeßkostenrechnung

Die Vorgehensweise in der herkömmlichen Kostenrechnung führt zwar in der Regel zu befriedigenden Ergebnissen, birgt allerdings auch die Gefahr in sich, daß die Gemeinkosten zu global verrechnet werden.

Insbesondere in hochtechnologisierten Unternehmen dominieren immer stärker planende, steuernde, überwachende und kontrollierende Tätigkeiten. Diese Aktivitätsverschiebung hat erhebliche Auswirkungen auf die betriebliche Kostenstruktur zur Folge. Das bedeutet im einzelnen, daß die zunehmende Automatisierung und Flexibilisierung in den Unternehmen zu einem Anwachsen des Gemeinkostenblocks und einem Absinken des Anteils der Einzelkosten an den Gesamtkosten führen.[1]

In Dienstleistungsbetrieben mit einem hohen Personalkostenanteil, zu denen auch die Krankenhäuser zählen, sind auch die Gemeinkosten entsprechend hoch. Kostenstellenbezogene Verrechnungen und Umlagen sind damit oft zu ungenau. Mit der Entwicklung von Klinischen Pfaden[2] und mit der Etablierung neuerer Versorgungsformen wie die Integrierte Versorgung[3] gewinnt die Prozeßkostenrechnung für die Krankenhäuser zunehmend an Bedeutung.[4]

Die Prozeßkostenrechnung wurde Mitte der achtziger Jahre entwickelt. Sie weicht vom traditionellen Kostenrechnungssystem ab, indem sie ihr Augenmerk auf die unterschiedliche Beanspruchung von einzelnen Bereichen und Leistungen richtet, also einzelne Ablaufprozesse mit Kosten bewertet.[5] Um die Kostenentstehung transparenter zu machen, werden die Kostenstellen nicht als Ganzes, sondern über einzelne (Teil-)Prozesse verrechnet.[6] Insofern handelt es sich nicht um ein völlig neues Kostenrechnungssystem, denn auch die Prozeßkostenrechnung bedient sich der herkömmlichen Kostenarten-, Kostenstellen- und Kostenträgerrechnung. Davon unabhängig ist jedoch bei der Einführung einer Prozeßkostenrechnung eine Analyse und gegebenenfalls eine Umstrukturierung von Kostenarten und Kostenstellen an-

---

[1] Vgl. *Reichmann, T.*: Controlling mit Kennzahlen und Managementberichten: Grundlagen einer systemgestützten Controlling-Konzeption, 4., überarbeitete und erweiterte Auflage, München 1995, S. 429.

[2] Siehe Kap. 4.4.3.2.5 Patientenbehandlungsleitlinien/Klinische Behandlungspfade.

[3] Siehe Kap. 2.1.2.11 GKV-Gesundheitsreformgesetz 2000; Kap. 2.1.2.16 GKV-Modernisierungsgesetz und Kap. 2.1.2.18 GKV-Wettbewerbsstärkungsgesetz.

[4] Vgl. *Larbig, M., Ackermann, D.*: a.a.O., S. 344; *Strauch, E., Ziegler, S., Westendorf, P., Schmidt, M., Titze, S.*: a.a.O., S. 416.

[5] Vgl. *Ehrmann, H.*: Kostenrechnung, München 1992, S. 128.

[6] Vgl. *Greiling, M.*: Prozeßkostenrechnung im Krankenhaus - Instrumente und Umsetzung zur Kalkulation von DRGs, in: das Krankenhaus, 6/2002, S. 467.

gebracht.[1] Für den Krankenhausbereich sind jedoch auch hier die Vorgaben der Krankenhaus-Buchführungsverordnung zu beachten.

Die Prozeßkostenrechnung ist in der Regel eine Vollkostenrechnung.[2] Daneben gehen neuere Ansätze davon aus, daß eine Prozeßkostenrechnung auch auf Teilkostenbasis möglich ist. Diese könnte gerade im Hinblick auf die Mängel existierender Vollkostenverfahren eine sinnvolle Alternative sein.[3]

Die Anwendung der Prozeßkostenrechnung basiert auf bestimmten Voraussetzungen. Nur wenn die nachfolgend aufgeführten Prämissen zutreffen, ist eine zweckentsprechende Implementierung des Verfahrens sinnvoll.

- Die Prozeßkostenrechnung ist anwendbar im Zusammenhang mit sich wiederholenden Vorgängen und Tätigkeiten.
- Es wird unterstellt, daß zwischen den gemeinkostentreibenden Faktoren und den verursachten Kosten ein proportionaler Zusammenhang besteht.
- Die gemeinkostentreibenden Faktoren sind von den spezifischen Gegebenheiten abhängig. Sie müssen deshalb für jedes Unternehmen individuell ermittelt werden.[4]

Auch bei der Prozeßkostenrechnung sind für die Verrechnung der Kosten auf einzelne Prozesse Kostensätze zu ermitteln. In den folgenden Ausführungen soll schrittweise gezeigt werden, wie die Prozeßkostensätze im Rahmen der Einführung eines Prozeßkostenrechnungssystems ermittelt werden.

1. Tätigkeitsanalyse zur Identifizierung von Prozessen und Bildung einer Prozeßhierarchie

Mit Hilfe von Tätigkeitsanalysen wird für jeden Bereich separat ermittelt, welche Tätigkeiten innerhalb des Untersuchungszeitraums durchgeführt werden, und wie groß der benötigte Zeitbedarf in Prozent der Gesamtkapazität ist. Jeder so ermittelte Teilprozeß wird anschließend auf zweierlei Weise zugeordnet, und zwar zum einen der durchführenden Kostenstelle und zum anderen einem Hauptprozeß, der in der Regel kostenstellenübergreifend ist. Innerhalb der durchführenden Kostenstelle erfolgt eine Untersuchung der Teilprozesse im Hinblick darauf, ob sie sich in Bezug auf das von ihr zu erbringende Leistungsvolumen mengenvariabel (z.B. administrative Aufnahme von Patienten durch Mitarbeiter der Abteilung Patientenverwaltung) verhalten, oder ob sie unabhängig davon mengenfix und generell anfallen (z.B. Leitung der Abteilung Patientenverwaltung).

---

[1] Vgl. *Horvath, P., Mayer, R.*: Prozeßkostenrechnung - Der neue Weg zu mehr Kostentransparenz und wirkungsvolleren Unternehmensstrategien, in: Controlling, Heft 4, Juli 1989, S. 216.

[2] Vgl. *Horvath, P., Mayer, R.*: a.a.O., S. 216.

[3] Vgl. *Haupt, T., Bulling, L., Rosar, G., Burtscheid, H., Brinkmann, G., Helff, G.*: a.a.O., S. 35.

[4] Vgl. *Pfohl, H.-C., Stölzle, W.*: Anwendungsbedingungen, Verfahren und Beurteilung der Prozeßkostenrechnung in industriellen Unternehmen, in: Zeitschrift für Betriebswirtschaft, Heft 11, 1991, S. 1288.

2. Festlegung der Bezugsgrößen und der Planprozeßmengen

In der Tätigkeitsanalyse wird neben der Ermittlung der Teilprozesse festgelegt, welche kostentreibenden Faktoren („**cost drivers**“) als Bezugsgrößen für die auf die entsprechenden leistungsmengeninduzierten Prozesse entfallenden Kostenbeträge geeignet sind (z.B. Patientenaufnahmen). Dabei ist es möglich, daß sich für ein Bereich mehrere „cost drivers“ ergeben. Um diesen Umstand zu berücksichtigen, wird entweder für jeden „cost driver“ eine eigene Kostenstelle definiert, oder aber man verwendet parallel mehrere Bezugsgrößen für eine Kostenstelle. In diesem Fall wird unterstellt, daß es sich um eine Kostenstelle mit heterogener Kostenverursachung handelt.[1] „Die Bezugsgrößen sind so auszuwählen, daß die dazugehörige Prozeßmenge schnell, wirtschaftlich und genau erfaßt werden kann.“[2] Für die leistungsmengenneutralen Prozesse entfällt die Ermittlung einer eigenen Bezugsgrößen.

Die Planprozeßmenge definiert sich durch die erwartete Häufigkeit eines bestimmten, sich wiederholenden Vorgangs innerhalb eines festgelegten Zeitraums (z.B. Anzahl aller Patientenaufnahmen im Betrachtungszeit).

3. Ermittlung der Plankosten je Prozeß und Bildung von Prozeßkostensätzen

In diesem Schritt werden schließlich die Plankosten je Prozeß, also die gesamten auf eine Planprozeßmenge entfallenden Kosten ermittelt[3] (z.B. Gesamtkosten für den Prozeß „Patientenaufnahme“). Grundlage für die Zuordnung kann eine kostenarten- und kostenstellenweise analytische Planung sein. So können durch die Ermittlung der Anzahl der verschiedenen durchzuführenden Tätigkeiten und der erforderlichen Zeitdauer für das Durchführen jeweils einer Tätigkeit in Relation zur Gesamtkapazität und zu den Gesamtkosten einer Kostenstelle Minuten- und somit Prozeßkostensätze ermittelt werden.[4] Um den Arbeitsaufwand so gering wie möglich zu halten, erfolgt jedoch häufig eine Ableitung aus Vorjahres- und/oder Budgetwerten.[5]

Der Prozeßkostensatz gibt die durchschnittlichen Kosten der einmaligen Durchführung eines bestimmten Teilprozesses an (z.B. durchschnittliche Kosten für eine Patientenaufnahme). Er wird als Quotient von Planprozeßkosten und Planprozeßmengen ermittelt.

Neben den Teilprozessen wird häufig auch ein abteilungsübergreifender Hauptprozeß definiert (z.B. Patientenaufenthalt im Krankenhaus von der Aufnahme bis zur Entlassung). Den Prozeßkostensatz des Hauptprozesses erhält man durch Addition der Kostensätze der einzelnen Teilprozesse.

---

1 Vgl. *Pfohl, H.-C., Stölzle, W.*: a.a.O., S. 1290.

2 *Horvath, P., Renner, A.*: Prozeßkostenrechnung - Konzept, Realisationsschritte und erste Erfahrungen, in: FB/IE, 3/1990, S. 103.

3 Vgl. *Pfohl, H.-C., Stölzle, W.*: a.a.O., S. 1290f.

4 Vgl. *Stibbe, R., Juszczak, J., Güsgen, J., Salomon, E.*: a.a.O., S. 41.

5 Vgl. *Götzinger, M., Michael, H.*: KLR 1993, a.a.O., S. 243.

Als generelle Vorteile der Prozeßkostenrechnung gegenüber konventionellen Systemen werden vor allem

- eine verursachungsgerechtere Kalkulation,
- eine effizientere Planung und Kontrolle der Gemeinkosten sowie
- eine erhöhte Kostentransparenz in den Gemeinkostenbereichen

genannt.[1]

Die Prozeßkostenrechnung sollte nicht als Alternative, sondern als Ergänzung bestehender Kostenrechnungssysteme betrachtet werden.

Es können jedoch nicht alle Bereiche durch die Prozeßkostenrechnung erfaßt werden. So können z.B. Bereiche, in denen der Anteil sich wiederholender Aktivitäten sehr gering ist, nicht durch standardisierende Prozesse beschrieben werden. Aus wirtschaftlicher Sicht ist es daher sinnvoll, nur solche Gemeinkostenbereiche in die Prozeßkostenrechnung einzubeziehen, deren Kostenvolumen sehr hoch ist und die gleichzeitig durch eine mangelnde Transparenz der kostenbestimmenden Faktoren gekennzeichnet sind.[2]

Für Krankenhäuser gilt insbesondere im Zusammenhang mit einem DRG-basierten Entgeltsystem, über das komplexe Behandlungsabläufe vergütet werden, die Transparenz des medizinischen Leistungsspektrums deutlich zu erhöhen. Als effektives Mittel hierfür kann besonders eine Prozeßkostenrechnung angesehen werden, da diese am ehesten dazu in der Lage ist, den komplexen Prozeß einer Krankenhausbehandlung abzubilden. Während in den herkömmlichen Kostenrechnungsverfahren Einzelleistungen bewertet, bearbeitet und dokumentiert werden, werden in der Prozeßkostenrechnung ganze Abfolgen von Einzelleistungen, die zusammen einen definierten Prozeß ergeben, bewertet. Je nach Krankenhausstruktur werden wesentliche Teile von Diagnostik und Therapie routinemäßig und standardisiert erbracht. Vielfach sind daraus medizinische Leitlinien oder Klinische Pfade entwickelt worden, die als Prozesse in die Prozeßkostenrechnung übernommen werden können.[3] Die Prozeßkostenrechnung ermöglicht somit eine abteilungsübergreifende Transparenz und Steuerung der Kosten.

Weitere Vorteile der Prozeßkostenrechnung für den Krankenhausbereich können unter anderem sein:[4]

- Verursachungsgerechtere Verrechnung interner Prozesse,
- Verbesserung der Behandlungsqualität aufgrund Klinischer Pfade,
- Schnittstellenoptimierung durch stärkere Prozeßorientierung,

---

[1] Vgl. *Pfohl, H.-C., Stölzle, W.*: a.a.O., S. 1291.

[2] Vgl. *Götzinger, M., Michael, H.*: KLR 1993, a.a.O., S. 246.

[3] Vgl. *Birkner, W., Kothe-Zimmermann, H.*: Die modifizierte Prozeßkostenrechnung, in: f&w, 2/2000, S. 185; *Ziegenbein, R.*: Klinisches Prozeßmanagement, in: *von Eiff, W. (Hrsg.)*: Leistungsorientierte Führung und Organisation im Gesundheitswesen, Band 3, Gütersloh 2001, S. 264.

[4] Vgl. *Köninger, H.*: a.a.O., S. 22; *Bader, J., Thiess, M.*: a.a.O., S. 171f.

- Möglichkeit zur Analyse der Kapazitätsauslastung und des Ressourcenverbrauchs, Wirtschaftlichkeitskontrolle innerbetrieblicher Prozesse,
- Optimierung des Indikationsspektrums im Umfeld eines DRG-basierten Vergütungssystems und
- Entscheidungshilfe zur strategischen Ausrichtung, auch im Hinblick auf neuere Versorgungsformen wie die Integrierte Versorgung[1] oder im Hinblick auf sogenannte Einkaufsmodelle, die für Zeit ab 2009 erwogen werden.[2]

5.2 Target Costing (Zielkostenrechnung)

Mit Target Costing wird ein streng marktorientiertes Kostenmanagement umschrieben, dessen Grundgedanke auf die marktbezogene Koordination von Preis, Gewinn und Kosten abzielt und das in den Leistungsprozeß eingegliedert ist. Es steht nicht - wie im herkömmlichen Sinne - die Frage im Vordergrund, was ein Produkt kosten wird, sondern vielmehr, was ein Produkt kosten darf.[3]

Das traditionelle Kostenrechnungsdenken geht vereinfacht davon aus, daß die Selbstkosten sich aus demjenigen Werteverbrauch ergeben, der notwendig ist, ein bestimmtes Produkt verkaufsfertig herzustellen. Die Selbstkosten werden dann mit dem erzielbaren Preis verglichen, um festzustellen, ob es sich lohnt, das Produkt in das Produktionsprogramm aufzunehmen bzw. es dort zu belassen.

Exakt den umgekehrten Weg schlägt gemäß oben angeführter Fragestellung das Target Costing ein. Ausgehend von einem gegebenen Preis werden nach Abzug eines geplanten Gewinns die vom Markt erlaubten Kosten (Zielkosten[4]) ermittelt. Diese Gesamt-Zielkosten sind bezogen auf das gesamte Produkt und in der Regel zu ungenau definiert sind, so daß es nur schwer möglich ist, die Kosten effektiv zu steuern und gegebenenfalls zu reduzieren. Deshalb erfolgt eine Aufteilung der Gesamt-Zielkosten auf die einzelnen Produktkomponenten.

Sind die ermittelten Zielkosten niedriger als die tatsächlich anfallenden Kosten, sollten Maßnahmen zur Kostendämpfung ergriffen werden. Diese können ganz allgemein

- bei dem Produkt an sich und/oder
- in den einzelnen Funktionsbereichen und Handlungsabläufen

ansetzen.

---

[1] Siehe Kap. 2.1.2.11 GKV-Gesundheitsreformgesetz 2000; Kap. 2.1.2.16 GKV-Modernisierungsgesetz und Kap. 2.1.2.18 GKV-Wettbewerbsstärkungsgesetz.

[2] Siehe Kap. 6 Diskutierte ordnungspolitische Rahmenbedingungen ab 2009.

[3] Vgl. *Seidenschwarz, W.*: Target Costing - Ein japanischer Ansatz für das Kostenmanagement, in: Controlling, Juli/August 1991, [im folgenden zitiert als: *Seidenschwarz, W.*: Target Costing 1991], S. 198f.

[4] Zur genauen Definition des Begriffs „Zielkosten" siehe *Horvath, P., Seidenschwarz, W.*: Zielkostenmanagement, in: Controlling, Mai/Juni 1992, S. 150.

Um fundierte Informationen über Möglichkeiten der Kostenreduktion zu erhalten, wird das Kostenmanagement in zwei Phasen unterteilt:

1. Die erste Phase zielt darauf ab, daß schon während der Entwicklung eines Produktes sowie bei produktionstechnischen Maßnahmen für den Produktionsprozeß nach Verbesserungen gesucht wird.
2. In der zweiten Phase geht es darum, die Ergebnisse der ersten Phase im Produktionsprozeß zu realisieren. Als Maßnahmen der damit verbundenen Kostenanalysen und -kontrollen werden insbesondere Abweichungsanalysen verwendet.[1] Durch die ständige Überwachung der Kosten in allen Phasen des Produktionsprozesses ist es möglich, die entstehenden Kosten frühzeitig einzudämmen und so nur die zulässigen Zielkosten zu produzieren.

Es erfolgt somit eine Verlagerung der Controlling-Aktivitäten in die frühen Phasen der Produktgestaltung.[2]

Mit dem Target Costing werden vor allem die folgenden Ziele verfolgt:

- Marktbezogene Kostengestaltung/Kundenorientierung
- Kostenmanagement in frühen Phasen des Produktlebenszyklusses
- Dynamisierung des Kostenmanagements; Möglichkeit, auf veränderte Markt- und Rahmenbedingungen zeitnah reagieren zu können
- Straffung von Innovationsaktivitäten

Das Einsatzgebiet des Target Costing hat sich in den letzten Jahren auf beinahe alle marktorientierten, technischen und/oder komplexen Produkte ausgeweitet und ist inzwischen auch für Dienstleistungsbetriebe wie Krankenhäuser interessant.

Im Krankenhausbereich werden mit den DRGs Preise extern vorgegeben, so daß die Frage nach den erlaubten Kosten naheliegt. Jedoch sind Kostenreduktionen im Rahmen der Leistungserstellung oder das Herausnehmen der uneffektiven DRGs aus dem Leistungsspektrum den Krankenhäusern aufgrund des Versorgungsauftrages nur sehr begrenzt möglich.

Auch das Target Costing kann als eine Ergänzung der bisherigen Kostenrechnungssysteme betrachtet werden und läßt sich durchaus mit ihnen kombinieren.[3]

---

[1] Vgl. *Seidenschwarz, W.*: Target Costing 1991, a.a.O., S. 201.

[2] Vgl. *Seidenschwarz, W.*: Target Costing, München 1993, S. 277.

[3] Vgl. *Seidenschwarz, W.*: Target Costing 1991, a.a.O., S. 201f.

6 Diskutierte ordnungspolitische Rahmenbedingungen ab 2009

Mit der Einführung des DRG-Fallpauschalensystems im Jahr 2003 wurde die Krankenhausfinanzierung in Deutschland umfassend neu ausgerichtet.[1] Die Angleichung der Krankenhausbudgets an landeseinheitliche Preise, die 2005 begonnen hat, ist grundsätzlich am 01.01.2009 abgeschlossen.[2] Mit dem Ende dieser Konvergenzphase wird die Einführung eines pauschalierenden, diagnosebezogenen Vergütungssystems beendet und eine gesetzliche Neujustierung des ordnungspolitischen Rahmens der Krankenhausfinanzierung ab 2009 notwendig.

Bis Mitte Juni 2008 lag jedoch aus dem Bundesministerium für Gesundheit noch kein Gesetzesentwurf zu den zentralen Punkten dieses ordnungspolitischen Rahmens vor. Lediglich ein „Technik-Arbeitsentwurf für ein Gesetz zum ordnungspolitischen Rahmen der Krankenhausfinanzierung ab dem Jahr 2009 (Krankenhausfinanzierungsrahmengesetz - KHRG)“ mit einer dazu ergangenen Begründung ist den Koalitionsspitzen zugeleitet worden.[3] Dieser Entwurf sieht technische Gesetzesänderungen zur Überleitung in den Regelbetrieb des DRG-Systems vor.

Zur Vorbereitung möglicher Eckpunkte eines Referentenentwurfs hat das Ministerium Ende Februar und Ende Mai 2008 Papiere in Umlauf gebracht, in denen die folgenden Themenkomplexe behandelt werden.[4]

1. Nutzung wettbewerblicher Spielräume durch Einzelverträge zwischen Krankenkassen und Krankenhäusern bei geeigneten planbaren Leistungen (selektive Verträge)

Die Weiterentwicklung der Krankenhausfinanzierung soll vor allem der Stärkung von Qualität und Wirtschaftlichkeit dienen. Dies soll unter anderem durch eine erhöhte wettbewerbliche Ausrichtung der stationären Krankenhausversorgung erreicht werden. Derzeit werden die stationären Leistungen, die Entgelte und die Höhe der Krankenhausbudgets von allen Sozialleistungsträgern gemeinsam und einheitlich mit dem Krankenhaus vereinbart. Aufgrund dieses Kollektivvertrags- und Festpreisprinzips ist ein Preiswettbewerb ausgeschlossen.

In Zukunft sollen auch für bestimmte, in einem Katalog gesetzlich festzulegende planbare (elektive) und hochstandardisierbare Krankenhausleistungen Einzelverträge zwischen Krankenkassen und Krankenhäusern zugelassen

---

[1] Siehe Kap. 2.1.2.11 GKV-Gesundheitsreformgesetz 2000.

[2] Siehe Kap. 2.1.2.17 Zweites Fallpauschalenänderungsgesetz.

[3] Vgl. *Deutsche Krankenhausgesellschaft (DKG)*: Rundschreiben Nr. 143/2008, Technik-Arbeitsentwurf für ein Gesetz zum ordnungspolitischen Rahmen der Krankenhausfinanzierung ab dem Jahr 2009 (Krankenhausfinanzierungsrahmengesetz - KHRG), 04.06.2008, www.dkgev.de.

[4] Vgl. *o.V.*: Ordnungspolitischer Rahmen der Krankenhausfinanzierung ab 2009, in: das Krankenhaus, 4/2008, [im folgenden zitiert als: *o.V.*: Rahmen 2009], S. 316ff.

werden (sogenanntes Einkaufsmodell). Diese Leistungen werden dann aus den gemeinsamen (Preis-)Verhandlungen ausgenommen. Soweit keine Einzelverträge für diese Leistungen geschlossen werden, sollen sie vom Krankenhaus ohne Budgetvereinbarung und damit ohne Mehr- und Mindererlös-Ausgleiche erbracht werden können.

Die allgemeinen gesetzlichen Bestimmungen zur Qualitätssicherung sollen auch für diese einzelvertraglichen Leistungen gelten und dürfen nicht unterlaufen werden. So soll Preisdumping verhindert werden. Darüber hinausgehende Anforderungen an eine qualitativ gute Versorgung sollen einzelvertraglich vereinbart werden können.

Mit einer Gefährdung der flächendeckenden Versorgung rechnet das Bundesministerium für Gesundheit nicht, da das Krankenhausfinanzierungsrecht für Krankenhäuser, die zur Versorgung der Bevölkerung unverzichtbar sind, Sicherstellungszuschläge vorsieht (§ 17 b Abs. 1 Satz 6 KHG).

Durch die Einzelverträge zwischen Krankenkassen und Kliniken soll die Wahlfreiheit der Versicherten, in welchem Krankenhaus sie sich behandeln lassen, nicht eingeschränkt werden. Allerdings sollen gesetzliche Voraussetzungen dafür geschaffen werden, daß Krankenkassen ihren Versicherten positive Anreize bieten können, sich in Vertragskrankenhäusern behandeln zu lassen.

2. Schrittweise Einführung eines Bundes-Basisfallwertes

Die Einführung eines leistungsorientierten Fallpauschalensystems verfolgt das Ziel „gleicher Preis für gleiche Leistung". Mit dem Ende der Konvergenzphase im Jahr 2009 wird die Umsetzung dieses Prinzips auf Landesebene erreicht sein. Zwischen den einzelnen Ländern besteht jedoch - trotzt Annäherung der Landes-Basisfallwerte in den vergangenen Jahren[1] - noch immer ein recht unterschiedliches Preisniveau für stationäre Krankenhausleistungen. Das Bundesministerium für Gesundheit hält daher die schrittweise Einführung eines Bundes-Basisfallwertes für erforderlich. Angesichts oftmals nicht begründbarer Preisunterschiede bei vergleichbaren Leistungen zwischen den Ländern soll innerhalb eines Zeitraums von fünf Jahren eine schrittweise Angleichung der unterschiedlichen Landes-Basisfallwerte erfolgen. Dabei soll eine Bandbreite von 2% um den rechnerisch ermittelten Bundes-Basisfallwert von der Angleichung zunächst ausgenommen werden.

Auch angesichts der Einführung des Gesundheitsfonds mit seinem bundeseinheitlichen Beitragssatz (Einnahmeseite der gesetzlichen Krankenkassen) ab dem Jahr 2009[2] sei diese schrittweise Annäherung der unterschiedlichen Landes-Basisfallwerte (Ausgabenseite der Krankenkassen) angezeigt. Deut-

[1] Siehe 2.5.3.2 Systematik des G-DRG-Systems.
[2] Siehe 2.1.2.18 GKV-Wettbewerbsstärkungsgesetz.

liche Ausgabenunterschiede für Krankenhausleistungen könnten sonst Krankenkassen in einzelnen Ländern vor Finanzierungsprobleme stellen.

3. Sicherung einer angemessenen Investitionsfinanzierung/Einführung einer monistischen Krankenhausfinanzierung

Seit Einführung der dualen Krankenhausfinanzierung im Jahr 1972 soll die wirtschaftliche Sicherung der Krankenhäuser über zwei Kanäle erfolgen.[1] Die laufenden Betriebskosten sollen über die Benutzerentgelte finanziert werden, während die Investitionskosten nach § 9 KHG zunächst von Bund und Ländern, ab 1985 nur noch von den Ländern öffentlich zu fördern sind. Die Länder vergeben Fördermittel im Rahmen der Pauschal- und der Einzelförderung. Da jedoch sowohl die Investitionsquote (Anteil an den Ausgaben für Krankenhausbehandlung) als auch die absolute Höhe der Fördermittel der Länder seit 1993 erheblich zurückgegangen, hat sich im Krankenhausbereich ein Investitionsstau in zweistelliger Milliardenhöhe aufgebaut.

Die sich zunehmend vergrößernde Schere zwischen dem Investitionsbedarf der Krankenhäuser und der tatsächlichen Investitionsförderung durch die Länder gefährdet die wirtschaftliche Sicherung der Krankenhäuser und somit auch die Aufrechterhaltung der notwendigen Krankenhausversorgung. Aus Sicht des Bundesministeriums für Gesundheit kann die wirtschaftliche Sicherung der Krankenhäuser nur durch eine Umstellung von der dualen auf eine monistische Finanzierung gewährleistet werden, bei der der Investitionsbedarf der Krankenhäuser neben deren Betriebskosten aus einer Hand finanziert werden.

Anstelle der Länder-Fördermittel sollen die Krankenhäuser in Zukunft für die Investitionen Zuschläge zu den DRGs erhalten. Diese sind so zu bemessen, daß sie den durchschnittlichen Investitionsbedarf der Krankenhäuser abdecken. Die Krankenkassen sollen für diese zusätzlichen Ausgaben Mittel aus dem Gesundheitsfonds erhalten. Um Beitragserhöhungen in der gesetzlichen Krankenversicherung zu vermeiden, kommt zur Deckung dieser zusätzlichen Mittel nur eine Finanzierung aus Steuermittel in Betracht. Unter festgelegten Rahmenbedingungen sollen die Krankenhäuser weitgehend eigenverantwortlich über den konkreten Einsatz der Investitionsmittel entscheiden.

4. Verbesserte Finanzierung von Tariflohnerhöhungen

Um Beitragssatzerhöhungen zu vermeiden sind derzeit die Landes-Basisfallwerte durch die Zuwachsrate der Einnahmen der gesetzlichen Krankenkassen „gedeckelt“. Bei der Ermittlung der Landes-Basisfallwerte darf die sich bei Anwendung der Veränderungsrate nach § 71 SGB V ergebende Veränderung grundsätzlich nicht überschritten werden.[2]

In Zukunft sollen vertragliche Lösungen die derzeit strikte Grundlohnanbindung ablösen. Zwar solle es keine Rückkehr zum alten Selbstkostendek-

---

[1] Siehe Kap. 2.4 Krankenhausfinanzierung.

[2] Siehe Kap. 2.5.1.3 Beitragssatzstabilität.

kungsprinzip geben mit automatischer und voller Weitergabe von Lohnerhöhungen, jedoch soll ein Anteil der tarifvertraglich vereinbarten Lohn- und Gehaltssteigerungen durch die Krankenkassen refinanziert werden. Die Verbesserung soll ab dem Jahr 2009 gelten und für das Jahr 2009 auch die Auswirkungen der Tariferhöhungen 2008 und 2009 einbeziehen.[1]

5. Förderprogramm zur Verbesserung der Situation des Pflegepersonals in Krankenhäusern

Das Bundesministerium hat erkannt, daß insbesondere die personelle Situation in vielen Krankenhäusern, vor allem beim Pflegepersonal, sehr eng ist. Daher soll ein Förderprogramm zur Neueinstellung von Pflegepersonal in Akutkliniken (ohne Psychiatrien) aus Mitteln der Sozialleistungsträger analog dem Programm zur Förderung innovativer Arbeitszeitmodelle[2] etabliert werden.

Mit den aufgeführten Punkten werden jedoch eine Reihe von Fragen nicht beantwortet. Einige dieser Fragen und ergänzende Anregungen sind im folgenden aufgenommen worden.

- Was konkret unterscheidet einen planbaren (elektiven) Fall von einem Notfall?[3]
- Ist in den Krankenhäusern die Kostenträgerrechnung so ausgereift und den Krankenkassen die DRG-Kalkulation so geläufig, daß beide Seiten in der Lage sind, sachgerechte, differenzierte Preisverhandlungen zu führen?[4]
- Mit Blick auf die Transparenz, die das DRG-System für die Krankenhausleistungen gebracht hat, stellt sich die Frage, ob bei den krankenhausindividuellen Preisverhandlungen auf die einheitliche Leistungsbeschreibung des DRG-Katalogs verzichtet werden soll? Sollen Abweichungen von Höchst- oder Richtpreisen bezogen auf einzelne DRGs (Leistungsbezug) oder vom Landes-Basisfallwert (krankenhausindividuelles Preisniveau) verhandelt werden?[5] Im zweiten Fall könnten mehrere differenzierte Basisfallwerte je Krankenhaus isoliert für bestimmte Leistungsbereiche vorkommen.[6]
- Sollen die Elektivleistungen, die aus den gemeinsamen (Preis-)Verhandlungen ausgenommen werden, auch aus der DRG-Bewertungssystematik herausgenommen werden?[7]

---

[1] Vgl. *o.V.*: Krankenhausfinanzierung: Die Parteien positionieren sich, in: das Krankenhaus, 6/2008, [im folgenden zitiert als: *o.V.*: Die Parteien], S. 566.

[2] Siehe Kap. 2.1.2.12 Fallpauschalengesetz und Kap. 2.1.2.16 GKV-Modernisierungsgesetz.

[3] Vgl. *Mühlnikel, I.*: Krankenhausfinanzierung, Wie gehabt, in: kma Das Gesundheitswirtschaftsmagazin, 12/07, S. 24.

[4] Vgl. *Tuschen, K. H., Rau, F.*: Wettbewerb ist kein Selbstzweck, in: f&w, 4/2006, S. 391.

[5] Vgl. *Tuschen, K. H., Rau, F.*: a.a.O., S. 391.

[6] Vgl. *Tuschen, K. H., Rau, F.*: a.a.O., S. 392.

[7] Vgl. *Baum, G.*: Der ordnungspolitische Rahmen - die Erwartungen der DKG, in: das Krankenhaus, 5/2008, S. 451.

- Wird durch Regelungen zur Qualitätssicherung der Gefahr, daß ein Höchstpreisprinzip die Risikoselektion fördern könnte, ausreichend begegnet?[1]
- Sind in Einkaufsmodellen zu beobachtende sinkende Preise tatsächlich das Ergebnis eines funktionierenden Wettbewerbs oder einer ungleich verteilten Marktmacht?[2]
- Ist die Erhebung von Sicherstellungszuschlägen gemäß § 17 b Abs. 1 Satz 6 KHG ausreichend, um eine flächendeckende Versorgung zu gewährleisten?
- Wie können die Krankenkassen bei individuellen Preisvereinbarungen sicherstellen, daß eine entsprechende Zahl ihrer Versicherten dieses Krankenhaus aufsucht ohne die Wahlfreiheit des Patienten einzuschränken?[3]
- Wie wirkt sich eine Vielzahl individueller Preis- und Leistungsvereinbarungen auf die Verwaltungskosten von Krankenhäusern und Krankenkassen aus?[4]
- Die einzelnen Krankenhäuser haben aufgrund der unterschiedlichen Zuteilung von Fördermitteln im Rahmen der Einzelförderung unterschiedliche Ausgangssituationen. Wie können beim Umstieg auf eine Förderung über einheitliche Pauschalen angesichts unterschiedlicher Bausubstanz und Geräteausstattung Wettbewerbsverzerrungen vermieden werden?[5]
- Sind die vom Bundesministerium veranschlagten Mittel zum Abbau des Investitionsstaus ausreichend?[6]
- Die entscheidende Frage für die Krankenhäuser lautet nicht „monistisch oder dualistisch", sondern zum einen „ausreichend oder nicht" und zum anderen „selbstbestimmt oder nicht".[7]
- Wie sicher ist die Zusage, die Zusatzbelastung der Krankenkassen für Investitionen über Steuermittel zu kompensieren? Sowohl die Deutsche Krankenhausgesellschaft als auch die Krankenkassen sehen die Gefahr, daß die steuerfinanzierten Anteile im Gesundheits-

---

1 Vgl. *Mühlnikel, I.*: a.a.O., S. 24.

2 Vgl. *Siebig, J., Geiser, M., Einwag, M., Heineck, M.*: Ordnungspolitischer Rahmen der Krankenhausfinanzierung, in: das Krankenhaus, 6/2007, S. 523.

3 Vgl. *Tuschen, K. H., Rau, F.*: a.a.O., S. 389.

4 Vgl. *Tuschen, K. H., Rau, F.*: a.a.O., S. 391; *o.V.*: „Zukunft der Krankenhausversorgung", in: das Krankenhaus, 10/2007, [im folgenden zitiert als: *o.V.*: Krankenhausversorgung], S. 929; *Grether, Th.*: Wenn die Kasse das Klinikum auswählt, in: f&w, 3/2008, S. 270.

5 Vgl. *Wersich, D.*: Zukunft der Krankenhausversorgung, in: das Krankenhaus, 7/2007, S. 632; *Neubauer, G.*: Das Ende der Konvergenzphase, in: ku-Special, Nummer 43 - 03/2007, S. 13; *o.V.*: „Modell 21": Regionale Monistik, in: f&w, 4/2007, S. 440; *o.V.*: Krankenhausversorgung, S. 931f.

6 Vgl. *o.V.*: Rahmen 2009, S. 320.

7 Vgl. *Bruckenberger, E.*: Wie wäre es mit einer dualistischen Monistik?, in: ku, 6/2008, S. 18.

fonds am Ende aus fiskalischen Gründen wieder gekürzt werden, wie bereits beim Entzug der Tabaksteuer geschehen.[1]

- Wie detailliert soll in Zukunft die Krankenhausplanung durch die Länder erfolgen? Soll es auch in Zukunft konkrete Vorgaben für einzelne Krankenhäuser geben, oder soll die Krankenhausplanung auf eine regionale Rahmenplanung zurückgeführt werden?[2]
- Ist die ärztliche Weiterbildung in Zukunft gesichert?[3]
- Die bisherigen Überlegungen zum ordnungspolitischen Rahmen sehen keinen wesentlichen Abbau der sektoralen Trennung der ambulanten und stationären Versorgung vor.[4]

Der Zeitplan für ein im Bundesrat zustimmungspflichtiges Gesetzgebungsverfahren zum ordnungspolitischen Rahmen der Krankenhausfinanzierung 2009 ist sehr knapp bemessen. Sofern im Juni 2008 ein (bereits für April angekündigter) Referentenentwurf vorliegen sollte, könnte - mit einer erforderlichen Fristverkürzung - das Gesetz zum 01.01.2009 in Kraft treten.[5] Mitte 2008 mehren sich jedoch die Bedenken, ob dieser Zeitplan noch eingehalten werden kann.

---

[1] Vgl. *Tuschen, K. H., Braun, Th., Rau, F.*: Mehr Wettbewerb, a.a.O., S. 372; *o.V.*: Rahmen 2009, a.a.O., S. 320; *Gerdelmann, W.*: Rahmenbedingungen für die Krankenhausfinanzierung nach der Konvergenzphase, in: Arzt und Krankenhaus, 8/2007, S. 251.

[2] Vgl. *Tuschen, K. H., Braun, Th., Rau, F.*: Mehr Wettbewerb, a.a.O., S. 371; *Broll, G., Broll, H.*: a.a.O., S. 729.

[3] Vgl. *o.V.*: Die Parteien, S. 564.

[4] Vgl. *o.V.*: Krankenhausversorgung, S. 930f.

[5] Vgl. *o.V.*: Die Parteien, S. 572.

Ausblick

Die Skepsis gegenüber der Einführung der DRGs hat sich inzwischen weitgehend gelegt. Das Leistungsgeschehen ist transparenter und damit besser nachvollziehbar geworden.

Die Abbildung der dazu spiegelbildlichen Kostensituation bedeutet nach wie vor eine Herausforderung für die Krankenhausleitung, da bei vorgegebenen Preisen wie die DRGs die Kosten einem Anpassungszwang unterliegen.

Die immer wichtiger werdende Sicherung der finanziellen Bewegungsfähigkeit eines Krankenhauses besteht nach wie vor. Die Kenntnis über die Kostensituation und Kostenstruktur eines Hauses ist dafür eine unabdingbare Voraussetzung.

Die Autoren hoffen, mit dieser Schrift dazu eine geeignete Unterstützung geliefert zu haben.

Literaturverzeichnis

Achner, S.: Das DRG-System kommt: Was ist zu tun?, in: f&w, 2/2002

Adam, D.: Die Bedeutung der gesetzlichen Regelungen für die Rechnungslegung und die Wirtschaftlichkeit im Krankenhaus, in: Der Betriebswirt, 2/1979

Ament-Rambow, Ch., Stark, M.: Prozesse - das richtig Design, in: ku, 5/2008

Appel, D., Ruf, H., Müller, E., Beermann, W.: Clinical Pathways - ein praxisorientiertes Instrument zur wirtschaftlichen Leistungserbringung, in: das Krankenhaus, 5/2007

Asmuth, M., Blum, K., Fack-Asmuth, W. G., Gumbrich, G., Müller, U., Offermanns, M.: Erfahrungen mit der flächendeckenden Anwendung des neuen Rechts, in: f&w, 2/1998

Asmuth, M., Müller, U.: Entwicklung des ambulanten Operierens im Krankenhaus 1993/94, in: das Krankenhaus, 8/1995

Augurzky, B.: Die Krankenhausfinanzierung ist keine heilige Kuh, in: ku, 3/2007

Bader, J., Thiess, M.: Die Kostenträgerrechnung wird überlebenswichtig im DRG-basierten Vergütungssystem, in: f&w, 2/2001

Baugut, G., Schmitz, R. M.: Methodik zur Kalkulation hausindividueller Fallkosten für den Vergleich mit standardisierten Fallpauschalen, in: das Krankenhaus, 4/1993

Baum, G.: Die Krankenhäuser unter dem Zwang zur Anpassung, in: f&w, 2/2000

Baum, G.: Konvergenz kann beginnen, in: f&w, 5/2004

Baum, G.: Der ordnungspolitische Rahmen - die Erwartungen der DKG, in: das Krankenhaus, 5/2008

Baum, G., Tuschen, K. H.: AR-DRG - Die Chance nutzen, in: f&w, 5/2000

Begründung der Fraktionen der SPD und BÜNDNIS 90 / DIE GRÜNEN zum Entwurf eines Gesetzes zur Stärkung der Solidarität in der gesetzlichen Krankenversicherung, Abschnitt A I, abgedruckt in: *Niedersächsische Krankenhausgesellschaft*: NKG-Mitteilung Nr. 236/98, Hannover 12.11.1998

Begründung zum Entwurf eines Gesetzes zur Änderung des Krankenhausfinanzierungsgesetzes und der Bundespflegesatzverordnung (DRG-Systemzuschlags-Gesetz)

Behrens, K.-U., Krauße, S.: Ausgleichsmechanismen und Verschiebebahnhöfe für Erlöse, BPflV-Fallbeispiel für §§ 11 und 12, in: ku, 11/1994

Bergner, H.: Innerbetriebliche Leistungsverrechnung, in: Handwörterbuch der Betriebswirtschaft, Band II, hrsg. von E. Grochla, W. Wittmann, 4. völlig neu gestaltet Auflage, Stuttgart 1975

Beschluss des Gemeinsamen Bundesausschusses über die Höhe des Systemzuschlags vom 22. November 2007

Betge, P.: Primäre und sekundäre Kosten in der Kostenrechnung, in: WiSt, 4/1991

Birkner, W., Kothe-Zimmermann, H.: Die modifizierte Prozeßkostenrechnung, in: f&w, 2/2000

Blum, K., Schilz, P.: S.O.S.: Krankenhäuser benötigen dringend Fördermittel für notwendige Investitionen, in: das Krankenhaus, 2/2006

Böing, W.: Interne Budgetierung im Krankenhaus - Beziehungen zur externen Budgetierung, Gestaltungsformen, Voraussetzungen und Steuerungsmöglichkeiten, Heidelberg 1990

Bölke, G., Schmidt-Rettich, B.: Leistungsrechnung - Leistungsstatistik, in: Handbuch Krankenhaus-Rechnungswesen, Grundlagen - Verfahren - Anwendung, hrsg. von S. Eichhorn, 2., überarbeitete und erweiterte Auflage, Wiesbaden 1988

Boschke, W. L.: BPflV '95 - Der Kompromiß, in: f&w, 4/1994

Braun, Th.: DRG-Optionsmodell 2003: Ersatzvornahme des BMG auf gutem Weg, in: das Krankenhaus, 9/2002

Breitmeier, I., Engelke, H., Knorr, K.-E., Lauterjung, G., Mohr, F. W., Notz, U., Pfeifer, P., Robbers, I., Rippel, W. H., Wagener, A.: Düsseldorfer Kommentar zur BPflV, 3. Auflage, Düsseldorf 2000

Breßlein, S.: Relativgewichte als Spiegelbild, in: ku, 5/2003

Breyer, F.: Die Kalkulation von Preisen im Krankenhauswesen - Ziele, Methoden und Auswirkungen, Heidelberg 1991

Broll, G., Broll, H.: Übergang zur monistischen Finanzierung gefordert, in: das Krankenhaus, 8/2007

Broll, G., Broll, H., Lehr, A.: Selbstverwaltung zerstritten - Politik unter Zugzwang, in: das Krankenhaus, 11/2001

Bruckenberger, E.: Wie wäre es mit einer dualistischen Monistik?, in: ku, 6/2008

Bundesministerium für Gesundheit (Hrsg.): Zusammenfassung der Beratungsergebnisse der „Expertengruppe Entgeltsystem", in: das Krankenhaus, Redaktionsbeilage, 11/1993

Bundesministerium für Gesundheit (Hrsg.): Begründung zur Bundespflegesatzverordnung E., Teil B Einzelbegründung, veröffentlicht in: das Krankenhaus, Redaktionsbeilage 5/1994

Bundesministerium für Gesundheit (Hrsg.): Leitfaden zur Einführung von Fallpauschalen und Sonderentgelten gemäß Bundespflegesatzverordnung 1995, Schriftenreihe des Bundesministeriums für Gesundheit, Bd. 44, Baden-Baden 1995a

Bundesministerium für Gesundheit (Hrsg.): Gutachten Weiterentwicklung der Fallpauschalen und Sonderentgelte nach der Bundespflegesatzverordnung, Schriftenreihe des Bundesministeriums für Gesundheit, Bd. 93, Baden-Baden 1997

Bundesministerium für Gesundheit: Änderung der Bekanntmachung über die auf der Grundlage der vorläufigen Jahresrechnungsergebnisse 1998 festzustellenden durchschnittlichen Veränderungsraten der beitragspflichtigen

Einnahmen je Mitglied 1998 nach dem Artikel 18 des GKV-Solidaritätsstärkungsgesetzes (GKV-SolG) vom 11.03.1999

Bundesministerium für Gesundheit: Bekanntmachung über die auf der Grundlage der vierteljährlichen Rechnungsergebnisse der Krankenkassen festzustellenden durchschnittlichen Veränderungsraten der beitragspflichtigen Einnahmen aller Mitglieder der Krankenkassen je Mitglied nach § 71 Abs. 3 Fünftes Buch Sozialgesetzbuch (SGB V) - Gesetzliche Krankenversicherung - vom 14. September 2002, Bundesanzeiger Nr. 174 vom 14.09.2002

Bundesministerium für Gesundheit: Bekanntmachung nach § 71 Abs. 3 und 3a Fünftes Buch Sozialgesetzbuch (SGB V) - Gesetzliche Krankenversicherung - vom 8. September 2006, www.bmg.bund.de

Bundesministerium für Gesundheit: Bekanntmachung nach § 71 Abs. 3 Fünftes Buch Sozialgesetzbuch (SGB V) - Gesetzliche Krankenversicherung - vom 11. September 2007, www.bmg.bund.de

Bundesministerium für Gesundheit und Soziale Sicherung: Bekanntmachung vom 13.09.2003, www.bmg.bund.de

Bundesministerium für Gesundheit und Soziale Sicherung: Bekanntmachung vom 15.09.2004, www.bmg.bund.de

Bundesministerium für Gesundheit und Soziale Sicherung: Verordnung zur Bestimmung vorläufiger Landes-Basisfallwerte im Fallpauschalensystem für Krankenhäuser für das Jahr 2005 (Fallpauschalenverordnung 2005 - KFPV 2005), Amtliche Begründung zum Referentenentwurf, angepasst an den Verordnungstext vom 12. Mai 2005, www.bmg.bund.de

Bundesministerium für Gesundheit und Soziale Sicherung: Bekanntmachung nach § 71 Abs. 3 Fünftes Buch Sozialgesetzbuch (SGB V) - Gesetzliche Krankenversicherung - vom 14.09.2005, www.bmg.bund.de

Burkhardt, J., Müller, M., Weigang, U., Weißflog, D., Wilkens-Lotis, C., Zehender, M.: Die Bewältigung strategischer und organisatorischer Herausforderungen in einem dynamischen Krankenhausumfeld, in: das Krankenhaus, 5/2006

Clade, H.: Das australische Fallpauschalensystem ist das medizinisch differenzierteste und modernste, in: f&w, 4/2000

Coenenberg, A. G.: Jahresabschluß und Jahresabschlußanalyse: betriebswirtschaftliche, handels- und steuerrechtliche Grundlage, 18. Auflage, Landsberg 2001

Decker, F.: Dienstleistungsbetriebe, in: Handwörterbuch der Betriebswirtschaft, Band I, hrsg. von E. Grochla und W. Wittmann, 4., völlig neu gestaltete Auflage, Stuttgart 1974

Degener-Hencke, U.: Behutsame Öffnung der Krankenhäuser für die ambulante Versorgung, in: f&w, 4/2003

Deutsche Kodierrichtlinien Allgemeine und Spezielle Kodierrichtlinien für die Verschlüsselung von Krankheiten und Prozeduren, Version 2008, Siegburg, 21.09.2007

Deutsche Krankenhausgesellschaft (Hrsg.): Hinweise der DKG zum Rechnungswesen der Krankenhäuser unter besonderer Berücksichtigung der Anpassung des Rechnungswesens der Krankenhäuser in den neuen Bundesländern an die Erfordernisse des Krankenhausfinanzierungsrechts, Düsseldorf 1992

Deutsche Krankenhausgesellschaft (Hrsg.): Hinweise der DKG zu den Budget- und Pflegesatzverhandlungen 1993, in: das Krankenhaus, Redaktionsbeilage, 3/1993

Deutsche Krankenhausgesellschaft (Hrsg.): Konzept der BPflV weiter korrekturbedürftig - Vorläufige Stellungnahme (Eckpunkte) der DKG zum Referentenentwurf der BPflV 1995, in: das Krankenhaus, 3/1994

Deutsche Krankenhausgesellschaft (Hrsg.): Pressemitteilung, in: das Krankenhaus, 3/1996

Deutsche Krankenhausgesellschaft: Veränderungsrate nach § 71 Abs. 3 SGB V für 2002 (neu), 02.10.2001, www.dkgev.de

Deutsche Krankenhausgesellschaft: Gesetz zur Modernisierung der Gesetzlichen Krankenversicherung - GMG, 08.10.2003, www.dkgev.de

Deutsche Krankenhausgesellschaft: Erklärung des Scheiterns der Verhandlungen nach § 17 b Abs. 2 KHG durch die DKG zu Teilbereichen des DRG-Systems 2005, Pressemitteilung vom 24.09.2004, www.dkgev.de

Deutsche Krankenhausgesellschaft: Krankenhausrelevante Inhalte des GKV-Wettbewerbsstärkungsgesetz (GKV-WSG), 09.02.2007, www.dkgev.de

Deutsche Krankenhausgesellschaft: Jedes Jahr fehlen 4 Milliarden Euro in Krankenhäusern, Deutschland droht Spitzenplatz in der Medizin zu verlieren - Bundesweites Sonder-Investitionsprogramm gefordert, Pressemitteilung vom 08.04.2007, www.dkgev.de

Deutsche Krankenhausgesellschaft (DKG): Rundschreiben Nr. 143/2008, Technik-Arbeitsentwurf für ein Gesetz zum ordnungspolitischen Rahmen der Krankenhausfinanzierung ab dem Jahr 2009 (Krankenhausfinanzierungsrahmengesetz - KHRG), 04.06.2008, www.dkgev.de

Deutsche Krankenhausgesellschaft (DKG): Landesbasisfallwerte der Bundesländern (Stand: 09.06.2008), www.dkgev.de

Deutsche Krankenhausgesellschaft, Deutscher Pflegerat e.V.: Pressemitteilung DKG und DPR zum Scheitern der Verhandlungen mit der GKV zu Richtwerten für Ausbildungskosten, 03.11.2005, www.dkgev.de

Deutsche Krankenhausgesellschaft (DKG), Spitzenverbände der Krankenkassen (GKV), Verband der privaten Krankenversicherung (PKV): Kalkulation von Fallkosten, Handbuch zur Anwendung in Krankenhäusern, Version 2.0, 31. Januar 2002, www.g-drg.de

Deutsche Krankenhausgesellschaft (DKG), Spitzenverbände der Krankenkassen (GKV), Verband der privaten Krankenversicherung (PKV): Kalkulation von Fallkosten, Handbuch zur Anwendung in Krankenhäusern, Version 3.0, 10. Juli 2007, www.g-drg.de

Deutsches Institut für medizinische Dokumentation und Information, DIMDI (Hrsg. im Auftrag des Bundesministeriums für Gesundheit unter Beteiligung der Arbeitsgruppe ICD-10 des Kuratoriums für Fragen der Klassifikation im Gesundheitswesen(KKG)): ICD-10-GM Version 2008 Systematisches Verzeichnis, Internationale statistische Klassifikation der Krankheiten und verwandter Gesundheitsprobleme, 10. Revision - German Modification -, Stand: 5. Oktober 2007

Deutsches Institut für medizinische Dokumentation und Information, DIMDI (Hrsg. im Auftrag des Bundesministeriums für Gesundheit unter Beteiligung der Arbeitsgruppe OPS des Kuratoriums für Fragen der Klassifikation im Gesundheitswesen (KKG)): OPS Version 2008, Operationen- und Prozedurenschlüssel Internationale Klassifikation der Prozeduren in der Medizin (OPS), Band 1: Systematisches Verzeichnis, Stand: 25. Oktober 2007, mit Aktualisierung vom 16. November 2007

Deutsches Krankenhausinstitut e.V.: Krankenhaus Barometer, Umfrage 2005, Düsseldorf 2005

Deutsches Krankenhausinstitut (Bearb.), Bertelsmann Stiftung (Hrsg.): Patientenbezogene Leistungs- und Kostenbudgetierung - Leitfaden zur Gestaltung und Handhabung eines entscheidungsorientierten Informations- und Berichtswesens im Krankenhaus, Gütersloh 1987

Dietz, O., Bofinger, W.: Krankenhausfinanzierungsgesetz, Bundespflegesatzverordnung und Folgerecht, Kommentare, 39. Nachlieferung Juli 2007, Wiesbaden 2007

Drösler, S. E.: Übersetzung mit Rotstift: Spezielle Kodierrichtlinien, in: ku, 10/2001

Ehrhard, H.-J., Gliemann, M., Jeschke, H. A.: Zur Novellierung der Krankenhausfinanzierung - Reflexionen aus der Praxis, in: ku, 5/1992

Ehrmann, H.: Kostenrechnung, München 1992

Eichhorn, S.: Krankenhausbetriebslehre - Theorie und Praxis des Krankenhausbetriebes Band I, 3., überarbeitete und erweiterte Auflage, Stuttgart/ Berlin/Köln/Mainz 1975

Eichhorn, S.: Krankenhausbetriebslehre - Theorie und Praxis der Krankenhausleistungsrechnung Band III, Köln/Stuttgart/Berlin/Mainz 1987

Eichhorn, S.: Zur Problematik fallpauschalierter Krankenhausentgelte, in: f&w, 2/1993

Eisele, W.: Technik des betrieblichen Rechnungswesens. Buchführung - Kostenrechnung - Sonderbilanzen, 3. Auflage, München 1988,

Engelke, D. R., Riefenstahl, R.: Die Auswirkungen der Flexibilisierung des Krankenhausbudgets auf die Erlössituation und das Betriebsergebnis des Krankenhauses, in: ku, 5/1985

Entwurf eines Gesetzes zur Stärkung des Wettbewerbs in der Gesetzlichen Krankenversicherung (GKV-Wettbewerbsstärkungsgesetz - GKV-WSG), Bundestags-Drucksache 16/3100, 24.10.2006

Fack-Asmuth, W. G.: Ambulantes Operieren im Krankenhaus - Chancen und Risiken, in: ku, 3/1993

Fahlenbrach, C., Köhler N., Schlottmann, N.: Deutsche Kodierrichtlinien Version 2006, in: das Krankenhaus, 11/2005

Fahlenbrach, C., Wittrich, A., Brändle, G., Schlottmann, N.: Deutsche Kodierrichtlinien Version 2007, in: das Krankenhaus, 12/2006

Fischer, W.: Diagnosis Related Groups (DRG's) und verwandte Patientenklassifikationssysteme, Version 1.2, Z/I/M - Zentrum für Informatik und wirtschaftliche Medizin, CH-Wolfertswil 2000, www.fischer-zim.ch

Freidank, C.-Chr.: Kostenrechnung. Einführung in die begrifflichen, theoretischen, verrechnungstechnischen sowie planungs- und kontrollorientierten Grundlagen des innerbetrieblichen Rechnungswesens, 5. Auflage, München/ Wien 1994

Freymann, H.: Controlling im Krankenhaus - Möglichkeiten und Nutzen für die Betriebsführung, in: *Eichhorn, S., Freymann, H.* (Gesamtverantwortung), Wirtschaftliches Krankenhaus, Beiträge zu Management, Planung, Rechnungswesen, Prüfung, Hrsg.: WIBERA, Wirtschaftsberatung Aktiengesellschaft, Wirtschaftsprüfungsgesellschaft, Steuerberatungsgesellschaft, Düsseldorf, 3., grundlegend neubearbeitete Auflage, Köln 1989

Frühmorgen, O.: Anlagenbuchhaltung und Lagerbuchhaltung, in: Handbuch Krankenhaus Rechnungswesen, hsrg. von S. Eichhorn, 2., überarbeitete und erweiterte Auflage, Wiesbaden 1988

Fuchs, M.: Grundlagen des betrieblichen Rechnungswesens, in: Handbuch Krankenhaus Rechnungswesen, Grundlagen - Verfahren - Anwendungen, hrsg. von S. Eichhorn, 2., überarbeitete und erweiterte Auflage, Wiesbaden 1988

Fünfte Buch Sozialgesetzbuch (SGB V) - Gesetzliche Krankenversicherung -

Gemeinsame Empfehlung gemäß § 22 Absatz 1 BPflV/§ 17 Absatz 1 KHEntgG zur Bemessung der Entgelte für eine Wahlleistung „Unterkunft", in: das Krankenhaus, 9/2002

Gemeinsame Erklärung der DKG, der GKV und der PKV über die Zuschläge zur externen Qualitätssicherung für das Jahr 2008 vom 10.12.2007

Gerdelmann, W.: Rahmenbedingungen für die Krankenhausfinanzierung nach der Konvergenzphase, in: Arzt und Krankenhaus, 8/2007

Gesetz über die Berufe in der Krankenpflege und zur Änderung anderer Gesetze, 16.07.2003

Gesetz über die Entgelte für voll- und teilstationäre Krankenhausleistungen (Krankenhausentgeltgesetz - KHEntgG)

Gesetz zur Änderung der Vorschriften zum diagnose-orientierten Fallpauschalensystem für Krankenhäuser (Fallpauschalenänderungsgesetz - FPÄndG), 20.06.2003

Gesetz zur Änderung des Krankenhausfinanzierungsgesetzes und der Bundespflegesatzverordnung (DRG-Systemzuschlags-Gesetz), 27.04.2001

Gesetz zur Änderung des Vertragsarztrechts und anderer Gesetze (Vertragsarztrechtsänderungsgesetz - VÄndG), 22.12.2006

Gesetz zur Begrenzung der Erlöse für stationäre Krankenhausleistung im Jahr 1999

Gesetz zur Beschleunigung der Umsetzung von Öffentlich Privaten Partnerschaften und zur Verbesserung gesetzlicher Rahmenbedingungen für Öffentlich Private Partnerschaften (ÖPP-Beschleunigungsgesetz), 01.09.2005

Gesetz zur Einführung des diagnose-orientierten Fallpauschalensystems für Krankenhäuser (Fallpauschalengesetz - FPG), 23.04.2002

Gesetz zur Modernisierung der gesetzlichen Krankenversicherung (GKV-Modernisierungsgesetz - GMG), 14.11.2003

Gesetz zur Reform der gesetzlichen Krankenversicherung ab dem Jahr 2000 (GKV-Gesundheitsreformgesetz 2000), 22.12.1999

Gesetz zur Reform des Risikostrukturausgleichs in der gesetzlichen Krankenversicherung, 10.12.2001

Gesetz zur Sicherung der Beitragssatzstabilität in der gesetzlichen Krankenversicherung und in der gesetzlichen Rentenversicherung (Beitragssatzsicherungsgesetz - BSSichG), 23.12.2002

Gesetz zur Sicherung und Strukturverbesserung der gesetzlichen Krankenversicherung (Gesundheitsstrukturgesetz - GSG), 21.12.1992

Gesetz zur Stabilisierung der Krankenhausausgaben 1996 (Stabilisierungsgesetz - StabG), 01.01.1996

Gesetz zur Stärkung der Solidarität in der gesetzlichen Krankenversicherung (Solidaritätsstärkungsgesetz - GKV-SolG), 18.12.1998

Gesetz zur Stärkung des Wettbewerbs in der gesetzlichen Krankenversicherung (GKV-Wettbewerbsstärkungsgesetz - GKV-WSG), 26.03.2007

Gesetz zur wirtschaftlichen Sicherung der Krankenhäuser und zur Regelung der Krankenhauspflegesätze (Krankenhausfinanzierungsgesetz - KHG)

Gesetzes zur Verbesserung der Wirtschaftlichkeit in der Arzneimittelverordnung (AVWG), 26.04.2006

Götzinger, M., Michael, H.: Kosten- und Leistungsrechnung, Eine Einführung, 5., unveränderte Auflage, Heidelberg 1990

Götzinger, M., Michael, H.: Kosten- und Leistungsrechnung - Eine Einführung, 6., überarbeitete und erweiterte Auflage, Heidelberg 1993

Greiling, M.: Prozeßkostenrechnung im Krankenhaus - Instrumente und Umsetzung zur Kalkulation von DRGs, in: das Krankenhaus, 6/2002

Greiling, M., Jücker, C.: Strategisches Management im Krankenhaus, Stuttgart 2003

Grether, Th.: Wenn die Kasse das Klinikum auswählt, in: f&w, 3/2008

Grupp, R.: Gesundheitsstrukturgesetz 1993 - Abschied vom Selbstkostendeckungsprinzip, in: Krankenhaus-Report '93 - Aktuelle Beiträge, Trends, Statistiken, hrsg. von M. Arnold und D. Paffrath, Stuttgart/Jena 1993

Guthardt, E., Sieben, G.: Die betriebswirtschaftliche Beurteilung von Wirtschaftsführung und wirtschaftlichen Verhältnissen nicht erwerbswirtschaftlicher Betriebe unter besonderer Berücksichtigung der Krankenhäuser, Opladen 1979

Haas, H., Fattroth, A., Wahle, L., Weismann, T.: Ressourcen und Aufwand lassen sich exakt ermitteln, in: f&w, 6/2006

Haberstock, L.: Kostenrechnung I, Einführung, 10. unveränderte Auflage, Berlin 1998

Haubrock, M.: Krankenhausfinanzierung, in: Betriebswirtschaft und Management im Krankenhaus, hrsg. von S. Peters und W. Schär, Berlin 1994

Haubrock, M.: Sachgütereinsatz im Krankenhaus, in: Betriebswirtschaft und Management im Krankenhaus, hrsg. von S. Peters und W. Schär, Berlin 1994

Haupt, T., Bulling, L., Rosar, G., Burtscheid, H., Brinkmann, G., Helff, G.: Klinische Behandlungspfade im Bundeswehrkrankenhaus Bad Zwischenahn, in: das Krankenhaus, 1/2007

Heimig, F.: Das G-DRG-System wird zum Präzisionsinstrument, in: f&w, 2/2007

Heimig, F., Bauder, D.: Aktueller Stand der Umsetzung und Weiterentwicklung des G-DRG-Systems im InEK, in: f&w, 4/2003

Heinsen, A., Haupt, T., Burtscheid, H., Bulling, L., Rosar, G., Helff, G.: Der Klinische Pfad - eine gelungene Verbindung von Qualitätsmanagement und Prozesskostenrechnung, in: das Krankenhaus, 1/2006

Held, M., Leber, W.-D., Wolff, J.: Ambulantes Operieren neu geregelt, Dreiseitiger Vertrag im Schiedssamt entschieden, in: f&w, 3/2005

Hennke, M., Stapf, N., Bunzemeier, H., Lenz, R., Oates, B., Tonn, M.: Von der Kostenträgerrechnung zum Krankenhausvergleich, in: das Krankenhaus, 5/2002

Hentze, J., Kehres, E.: Kosten- und Leistungsrechnung in Krankenhäusern, Systematische Einführung, 4., überarbeitete Auflage, Stuttgart/Berlin/Köln 1999

Hessische Krankenhausgesellschaft: Informationsveranstaltung zum Gesundheitsstrukturgesetz 1993, Frankfurt am Main 1992

Hildebrand, R.: Kostenrechnung, in: Handbuch Krankenhaus Rechnungswesen, Grundlagen - Verfahren - Anwendungen, hrsg. von S. Eichhorn, 2., überarbeitete und erweiterte Auflage, Wiesbaden 1988

Hildebrandt, H., Hesselmann, H., Martini, O., Rippmann, K., Seipel, P.: Integrierte Versorgung - bald die Regel?, in: ku, 1/2000

Horvath, P., Mayer, R.: Prozeßkostenrechnung - Der neue Weg zu mehr Kostentransparenz und wirkungsvolleren Unternehmensstrategien, in: Controlling, Heft 4, Juli 1989

Horvath, P., Renner, A.: Prozeßkostenrechnung - Konzept, Realisationsschritte und erste Erfahrungen, in: FB/IE, 3/1990

Horvath, P., Seidenschwarz, W.: Zielkostenmanagement, in: Controlling, Mai/Juni 1992

Hübner, H.: Kostenrechnung im Krankenhaus, Grundlagen - Wirtschaftlichkeitsanalysen - Betriebsvergleich, 2., neubearbeitete Auflage, Stuttgart/Berlin/Köln/Mainz 1980

Hummel, S., Männel, W.: Kostenrechnung, Grundlagen, Aufbau und Anwendung, 4., völlig neu bearbeitete und erweiterte Auflage, Wiesbaden 1986

Imdahl, H.: Wahlleistungen im Krankenhaus, in: Krankenhaus-Report '93 - Aktuelle Beiträge, Trends, Statistiken, hrsg. von M. Arnold und D. Paffrath, Stuttgart/Jena 1993

Innungskrankenkasse Münster (Hrsg.): Das Krankenhausrecht in NRW, Münster 1994

Institut für das Entgeltsystem im Krankenhaus gGmbH (InEK): G-DRG German Diagnosis Related Groups Version 2008, Definitionshandbuch Band 1, www.g-drg.de

Institut für das Entgeltsystem im Krankenhaus gGmbH (InEK): G-DRG German Diagnosis Related Groups Version 2008, Definitionshandbuch Band 5, www.g-drg.de

Janiszewski, J., Larbig, M.: Das Krankenhaus muss seine Produktkosten kennen, in: f&w, 3/2002

Janiszewski, J., Pfaff, M.: Das DRG-Kalkulationsmodell, in: f&w, 3/2001

Jungmann-Ginkel, E., Kober, K.: Krankenhausbetriebslehre für Führungskräfte der Krankenpflege, Lorsch 1993

Kaltenbach, T.: Qualitätsmanagement im Krankenhaus, Qualitäts- und Effizienzsteigerung auf der Grundlage des Total Quality Management, 2. Auflage, Melsungen 1993

Kehr, H.: Leistungsorientierter Krankenhaus-Betriebsvergleich, München/ Mehring 1995

Kehr, H.: Der Krankenhaus-Betriebsvergleich, in: f&w, 3/1998

Keisers, J.: Einführung in die Krankenhausbetriebslehre - Ein Leitfaden für Krankenpflegepersonal, Ärzte und Verwaltungsangestellte, 4., überarbeitete Auflage, Hagen 1993

Keun, F., Prott, R.: Einführung in die krankenhausbetriebliche Kosten- und Leistungsrechnung, in: Der Krankenhausmanager - Praktisches Management für Krankenhäuser und Einrichtungen des Gesundheitswesens, hrsg. von W. v. Eiff, H. Fenger, A. Gillessen, A. Kerres, U. Mis, A. Raem und S. Winter, Berlin/Heidelberg/New York 2003

Kilger, W.: Einführung in die Kostenrechnung, 3., durchgesehene Auflage, Wiesbaden 1992

Kilger, W., Pampel, J., Vikas, K.: Flexible Plankostenrechnung und Deckungsbeitragsrechnung, 11., vollständig überarbeitete Auflage, Wiesbaden 2002

Kloock, J., Sieben, G., Schildbach, T.: Kosten- und Leistungsrechnung, 4., überarbeitete Auflage, Düsseldorf 1987

Knorr, G.: Sind PPP und Fördermittel kompatibel?, in: das Krankenhaus, 8/2007

Koerdt, S., Schmidt, M.: Erlösausgleich bei unterjährigem Umstieg - reine Formsache?, in: das Krankenhaus, 8/2003

Köninger, H.: Studie Zum Handlungsbedarf in den deutschen Krankenhäusern für die Einführung eines pauschalierenden Entgeltssystems nach § 17b KHG, 15.05.2000, www.dkgev.de

Kötter, C., Kämper, D.: Bundespflegesatzverordnung 1995: Chancen und Risiken der Krankenhäuser, in: Die Betriebskrankenkasse, 5/1994

Kröger, J.: Der Krankenhausvergleich - Damoklesschwert oder Segen für die Krankenhäuser?, in: ku, 2/1998

Krusch, A., Siegmund, Th., Huber, P., Kircher, M., Schumm-Draeger, P.-M.: Clinical Pathways und Case-Management als DRG-Managementinstrumente, in: das Krankenhaus, 2/2006

Kuge, A.: Erfahrungsbericht über die Einführung und den Umgang mit Fallpauschalen am Beispiel der Paracelsus-Klinik Hemer, in: Krankenhaus-Report '94, Aktuelle Beiträge, Trends, Statistiken, hrsg. von M. Arnold und D. Paffrath, Stuttgart/Jena 1994

Küttner, T., Rausch, A., Pühse, G., Hertle, L., Roeder, N.: Entwicklung eines klinischen Behandlungspfades für die radikale Prostatektomie, in: das Krankenhaus, 10/2006

Lankers, C. H. R.: Ressourcen im Krankenhaus, in: Krankenhaus-Report '93, Aktuelle Beiträge, Trends, Statistiken, hrsg. von M. Arnold und D. Paffrath, Stuttgart/Jena 1993

Larbig, M., Ackermann, D.: Zukunftsgerichtete Instrumente der Krankenhaussteuerung - ein Plädoyer für die Kostenträgerrechnung, in: das Krankenhaus, 4/2008

Larbig, M., Hennke, M.: Noch Lücken im Datenbestand, in: ku, 9/2003

Lauterbach, K. W., Lüngen, M.: Auswirkungen von DRGs auf die Krankenhausfinanzierung, in: das Krankenhaus, 3/2000

Leititis, J. U.: Stationäre Leistungserbringung unter DRGs, in: das Krankenhaus, 11/2000

Lüngen, M., Wolf-Ostermann, K., Lauterbach, K. W.: Das Thema ist nicht „abgehakt", Krankenhausvergleich - Strategien in Pflegesatzverhandlungen im Vorfeld der DRGs, in: ku, 5/2001

3M Medica Health Information Services Institut: Kalkulation der ersten deutschen Bewertungsrelationen für das G-DRG-System, Band I: Projektbericht, Dezember 2002, www.g-drg.de

Mansky, Th.: Fallgruppensysteme, in: f&w, 3/1997

Martius, G. H.: Die Patientenkalkulation im Krankenhausbetrieb, Diss., Berlin 1989

Meurer, U.: Krankenhausfinanzierung `97 - Regierungsentwurf des 2. GKV-Neuordnungsgesetz (NOG), in: f&w, 6/1996

Ministerium für Arbeit, Gesundheit und Soziales des Landes Nordrhein-Westfalen: Umstellung der Krankenhausinvestitionsförderung, Informationen zur Baupauschale NRW, Düsseldorf, August 2007, www.mags-nrw.de

Mis, U.: Grundlagen der Krankenhausfinanzierung, in: Der Krankenhausmanager - Praktisches Management für Krankenhäuser und Einrichtungen des Gesundheitswesens, hsrg. von W. v. Eiff, H. Fenger, A. Gillessen, A. Kerres, U. Mis, A. Raem und S. Winter, Berlin/Heidelberg/New York 2000

Mißlbeck, A.: Deutsches Fallpauschalensystem steht Pate für China, Beitrag Nr. 140094 vom 10.06.2008, www.lexisnexis.de

Moews, D.: Kosten- und Leistungsrechnung, 5., völlig überarbeitete und erweiterte Auflage, München/Wien 1992

Möhlmann, E.: Neue Wege in der Leistungs- und Kostenrechnung, in: f&w, 2/1992

Mohr, F. W.: Die neue Bescheidenheit: 2. NOG, in: ku, 12/1996

Mohr, F. W.: 2. GKV-Neuordnungsgesetz (NOG), in: ku, 5/1997

Mohr, F. W.: Serie der Deckelungsgesetze wird fortgesetzt, in: ku, 12/1998

Mohr, F. W.: Zu- und Abschläge geregelt, in: ku, 1/2001

Mohr, F. W.: FPG: die 10 wichtigsten Eckpunkte, in: ku, 4/2002

Mohr, F. W., Kröger, J., Globig, K. F.: Praktiker-Handbuch zur BPflV '95 und zur LKA, ku-profi-Reihe, 2., geänderte Auflage, Kulmbach 1995

Möller, W., Borges, P., Schmitz, H.: DRG-Kalkulation und Kostenträgerrechnung, in: f&w, 3/2002

Monka, M.: Entwicklung und Berechnung von Fallpauschalen: Das ökonometrische Modell des WidO, in: Krankenhaus-Report '93, Aktuelle Beiträge, Trends, Statistiken, hrsg. von M. Arnold und D. Paffrath, Stuttgart/Jena 1993

Möws, V.: Ambulantes Operieren, in: das Krankenhaus, 4/2003

Mühlnikel, I.: Krankenhausfinanzierung, Wie gehabt, in: kma Das Gesundheitswirtschaftsmagazin, 12/07

Neubauer, G.: GSG '93 - Auf dem Weg vom Pflegesatz zur Fallpauschale, in: f&w, 1/1993

Neubauer, G.: Das Ende der Konvergenzphase, in: ku-Special, Nummer 43 - 03/2007

Neubauer, G., Demmler, G.: „Patient Management Categories“: Erprobung der Fallklassifikation für Krankenhauspatienten, Ergebnisbericht, in: Schriftenreihe des Bundesministeriums für Gesundheit, Band 8.1, hrsg. vom Bundesministerium für Gesundheit, Baden-Baden 1992

Neubauer, G., Nowy, R.: Wege zur Einführung eines leistungsorientierten und pauschalierenden Vergütungssystems für operative und konservative Krankenhausleistungen in Deutschland, Gutachten im Auftrag der Deutschen Krankenhausgesellschaft, IfG - Institut für Gesundheitsökonomik, München 2000

Niedersächsische Krankenhausgesellschaft: NKG-Mitteilung Nr. 222/98, Hannover, 12.10.1998

Niedersächsische Krankenhausgesellschaft: NKG-Mitteilung Nr. 103/2000, Hannover, 05.04.2000

Nierhoff, G.: Budgetverhandlungen 1998, in: f&w, 1/1998

Norden, G.: Gesundheitsreform 2006, in: Arzt und Krankenhaus, 11/2006

o. V.: Kassen wollen Krankenhausausgaben bremsen, in: FAZ, 21.03.1995 *o. V.*: Gesetzgebung: Perspektiven ab 1997 - BMG legt Entwurf für 2. GKV-Neuordnungsgesetz vor, in: das Krankenhaus, 11/1996

o. V.: Gemeinsame Empfehlung über die Vergütung für vor- und nachstationäre Behandlung, in: das Krankenhaus, 3/97

o. V.: Koalitionsvereinbarungen und aktuelle Gesetzgebungsverfahren, in: f&w, 6/1998

o. V.: Bundesschiedsstelle setzt Ausgleichssätze nach § 11 Abs. 8 BPflV fest, in: das Krankenhaus, 12/1998

o. V.: AR-DRG Australian Refined Diagnosis Related Groups, in: f&w, 6/2000

o. V.: Kassenverbände und DKG vereinbaren Grundstrukturen des neuen Vergütungssystems, in: das Krankenhaus, 7/2000

o. V.: Jetzt geht die Arbeit erst richtig los, in: das Krankenhaus, 8/2000

o. V.: Veränderungsrate der beitragspflichtigen Einnahmen für 2001, in: das Krankenhaus, 10/2000

o. V.: Positionen der DKG zur Weiterentwicklung im Gesundheitswesen, in: das Krankenhaus, 11/2000

o. V.: Auswirkungen zur Finanzierung der Wahlleistungen, in: f&w, 2/2001

o. V.: DRG - Viele Aufgaben müssen noch erledigt werden, in: f&w, 3/2001

o. V.: DKG zur Weiterentwicklung des DRG-Systems im Krankenhaus Selbstverwaltung einigt sich erstmals auf Fallpauschalenkatalog, in: das Krankenhaus, 10/2004

o. V.: Fallpauschalenkatalog 2006 schafft genauere Abbildung der Leistungen im Krankenhaus, in: f&w, 5/2005

o. V.: Selbstverwaltung einigt sich auf Eckpunkte des DRG-Systems 2006, in: das Krankenhaus, 10/2005

o. V.: Blickpunkt Berlin, in: das Krankenhaus, 11/2005

o. V.: Vertragsunterzeichnung: Schweiz will G-DRG-System adaptieren, in: das Krankenhaus, 4/2006

o. V.: Das G-DRG-System 2007 Die Abbildungsqualität ist deutlich gestiegen, in: f&w, 6/2006

o. V.: Das G-DRG-System 2008: leistungsgerechter, nachvollziehbarer und transparenter, in: f&w, 6/2007

o. V.: „Modell 21“: Regionale Monistik, in: f&w, 4/2007

o. V.: „Zukunft der Krankenhausversorgung“, in: das Krankenhaus, 10/2007

o. V.: Aktuelle Situation der Krankenhäuser in Deutschland, in: das Krankenhaus, 1/2008

o. V.: Ordnungspolitischer Rahmen der Krankenhausfinanzierung ab 2009, in: das Krankenhaus, 4/2008

o. V.: Krankenhausfinanzierung: Die Parteien positionieren sich, in: das Krankenhaus, 6/2008

Pfohl, H.-C., Stölzle, W.: Anwendungsbedingungen, Verfahren und Beurteilung der Prozeßkostenrechnung in industriellen Unternehmen, in: Zeitschrift für Betriebswirtschaft, Heft 11, 1991

Pföhler, W.: Entgeltsystem: Welchen Weg schlagen Deutschlands Krankenhäuser ein?, in: das Krankenhaus, 5/2000

Philippi, M.: Pflegesatzrunde 1998: Bestimmungsfaktoren und Strategien, in: f&w, 2/1998

Philippi, M., Schmitz, I.: Fallpauschalen und Sonderentgelte: Mehr als nur ein Einstieg, in: f&w, 6/1993

Polei, G.: Vorhaltung und Sondertatbestände im DRG-System - was ist über Zu- und Abschläge abzubilden?, in: das Krankenhaus, 3/2001

Preißler, P.: Kostenrechnung, in: Kompendium der Betriebswirtschaftslehre, hrsg. von U. Bestmann, 10., völlig überarbeitete und erweiterte Auflage, München/Wien 2001

Preuß, O.: Das Krankenhaus als Betrieb, in: Betriebswirtschaft und Management im Krankenhaus, hrsg. von S. Peters und W. Schär, Berlin 1994

Purzer, K., Haertle, R.: Das Rechnungswesen der Krankenhäuser - Handkommentar, 17. Ergänzung, August 1994, Stuttgart/München/Hannover/Berlin/Weimar/Dresden 1994

Quaas, M., Dietz, O.: Das Fallpauschalengesetz Welches Recht gilt ab welchem Zeitpunkt?, in: f&w, 3/2002

Ralfs, D.: Leistungserfassung als Basis der Kostenträgerrechnung, in: ku, 12/1993

Rathje, E.: Änderungen von Kostenmanagement und Krankenhausorganisation bei Einführung von pauschalierten Sonderentgelten und Fallpauschalen, in: das Krankenhaus, 4/1993

Rau, F.: Arbeitsentwurf zur Einführung des DRG-Fallpauschalensystems vorgelegt, in: das Krankenhaus, 7/2001

Rau, F.: Kabinett bringt Fallpauschalenänderungsgesetz auf den Weg, in: das Krankenhaus, 3/2003

Rau, F.: Ersatzvornahme für das DRG-Fallpauschalensystem 2004, in: das Krankenhaus, 10/2003

Rau, F.: Änderung der Rahmenbedingungen der DRG-Einführung, in: das Krankenhaus, 6/2004

Rau, F.: Start in die Konvergenzphase auf Kompromissweg, in: das Krankenhaus, 12/2004

Rau, F.: Was ändert sich für die Krankenhäuser mit dem GKV-Wettbewerbsstärkungsgesetz?, in: das Krankenhaus, 3/2007

Rau, F., Schnürer, M.: DRG-Systeme: Wer die Wahl hat, hat die Qual, in: f&w, 1/2000

Rechtsabteilung der DKG: Verträge zum ambulanten Operieren gelten vorerst bis zum 31. März 2005 weiter, in: das Krankenhaus, 12/2004

Regelung über Maßstäbe und Grundsätze für den Personalbedarf in der stationären Krankenpflege (Pflege-Personalregelung - PPR)

Regler, K.: Auswirkungen des GSG und Handlungsbedarf der Krankenhausträger, in: das Krankenhaus, 1/1994

Regler, K.: Neue Aufgaben und neue Entgeltsysteme für die Krankenhäuser, in: das Krankenhaus, 4/1994

Regler, K.: Die Zukunft unserer Krankenhäuser unter den restriktiven Rahmenbedingungen der 3. Stufe der Gesundheitsreform, in: das Krankenhaus, 1/1997

Reher, R.: Wendepolitik im Krankenhaus: Abkehr von alten Zöpfen - Aufbruch zu neuen Ufern, in: Krankenhaus-Report '93: Aktuelle Beiträge, Trends, Statistiken, hrsg. von M. Arnold und D. Paffrath, Stuttgart/Jena 1993

Reichmann, T.: Controlling mit Kennzahlen und Managementberichten: Grundlagen einer systemgestützten Controlling-Konzeption, 4., überarbeitete und erweiterte Auflage, München 1995

Ritter, J., Trill, R.: EDV-gestützte Umsetzung der PPR, in: f&w, 5/1993

Robbers, J.: Editorial, in: das Krankenhaus, 7/2002

Rochell, B.: DRG à la francais, in: ku, 3/2000

Rochell, B., Roeder, N.: Starthilfe DRGs, in: das Krankenhaus, Sonderausgabe 2001

Roeder, N., Fiori, W., Bunzemeier, H., Fürstenberg, T., Hensen, P., Loskamp, N., Franz, D., Glocker, S., Wenke, A., Reinecke, H., Irps, S., Rochell, B.: G-DRG-System 2005: Was hat sich geändert? (I), in: das Krankenhaus, 11/2004

Roeder, N., Nowy, R., Achner, S.: Australische DRGs in der Diskussion - Tagungsbericht von der 12. Casemix-Konferenz in Cairns, in: das Krankenhaus, 10/2000

Roeder, N., Rochell, B.: Empirischer Vergleich von Patientenklassifikationssystemen auf der Grundlage von DRGs in der Herzchirurgie, Erste Ergebnisse eines Praxisprojektes an 18 Kliniken, in: das Krankenhaus, 5/2000

Roeder, N., Rochell, B., Müller, M., Stausberg, J., Raskop, A.: Deutschland gruppiert australisch, in: f&w, 5/2000

Roeder, N., Rochell, B., Scheld, H. H.: Sicher in die DRGs - Die notwendigen Vorbereitungen im Krankenhaus, in: das Krankenhaus, 9/2000

Roths, U., Volkmer, F., Korthus, A.: Erbringung und Abrechnung von ambulanten Operationen im Krankenhaus, in: das Krankenhaus, 7/2005

Roths, U., Volkmer, F., Weddehage, I.: Neuer Vertrag zum ambulanten Operieren im Krankenhaus ab dem 1. Oktober 2006, in: das Krankenhaus, 11/2006

Schilz, P., Schmidt, M.: Das Optionsmodell 2003, in: das Krankenhaus, Redaktionsbeilage, 10/2002

Schlaudt, H.-P.: Auf abgesicherten Behandlungswegen zum medizinischen und ökonomischen Erfolg, in: f&w, 6/2000

Schlottmann, N., Fahlenbrach, C., Köhler N., Simon, C.: G-DRG-System 2006: Ein erster Überblick aus medizinischer Sicht, in: das Krankenhaus, 10/2005

Schlottmann, N., Fahlenbrach, C., Brändle, G., Wittrich, A.: G-DRG-System 2007 Abbildungsgenauigkeit deutlich erhöht, in: das Krankenhaus, 11/2006

Schlottmann, N, Fahlenbrach, C., Brändle, G., Köhler, N.: Deutsche Kodierrichtlinien Version 2008, in: das Krankenhaus, 11/2007

Schlottmann, N., Köhler, N., Fahlenbrach, C., Brändle, G.: G-DRG-System 2008, in: das Krankenhaus, 11/2007

Schlottmann, N., Raskop, A.: Deutsche Kodierrichtlinien für Krankenhäuser, in: das Krankenhaus, 10/2001

Schmidt, K.-J., Heuser, U.: Weiterentwicklung der Fallpauschalen zu Patientenbehandlungsleitlinien (PBLs), in: f&w, 3/1994

Schmidt, U.: Die Gesundheitsreform sorgt für umfassende Modernisierung, Pressemitteilung des BMGS vom 17.10.2003, www.bmg.bund.de

Schmidt-Rettig, B., Westphely, K.: Kosten- und Leistungsrechnung im Krankenhaus, in: Handbuch Kostenrechnung, hrsg. von W. Männel, Wiesbaden 1992

Schmitz, H., Steiner, P., Robbers, B., Roths, U.: Die DRGs werden den Alltag im Krankenhaus verändern, in: f&w, 1/2000

Schölkopf, M.: Das Fallpauschalengesetz: Entscheidungsverlauf und zentrale Inhalte, in: das Krankenhaus, 4/2002

Schwarz, K., Schreck, J.-U., Brenske, M., Schlottmann, N., Walger, M.: Ambulante Behandlung im Krankenhaus - Abschluß des dreiseitigen Vertrags nach § 115 b SGB V, in: das Krankenhaus, 8/2003

Schweitzer, M., Küpper, H.-U.: Systeme der Kostenrechnung, 7. Auflage, München 1998

Schwing, C.: Pfadfinder im Aufbruch, in: ku, 11/2006

Schwing, C.: „Warum machen wir das überhaupt?“, Kritische Faktoren des ambulanten Operierens, in: ku, 2/2007

Schwing, C.: Kaufen oder selber stricken, in: ku, 5/2008

Seelos, H.-J.: Medizinische Basisdokumentation, in: Handbuch Krankenhaus-Rechnungswesen, Grundlagen - Verfahren - Anwendung, hrsg. von S. Eichhorn, 2., überarbeitete und erweiterte Auflage, Wiesbaden 1988

Seidenschwarz, W.: Target Costing - Ein japanischer Ansatz für das Kostenmanagement, in: Controlling, Juli/August 1991

Seidenschwarz, W.: Target Costing, München 1993

Siebers, L., Helling, J., Fiori, W., Bunzemeier, H., Roeder, N.: Krankenhausinterne DRG-Erlösverteilung auf der Basis der InEK-Daten - Möglichkeiten und Grenzen, in: das Krankenhaus, 1/2008

Siebig, J., Geiser, M., Einwag, M., Heineck, M.: Ordnungspolitischer Rahmen der Krankenhausfinanzierung, in: das Krankenhaus, 6/2007

Stecher, C., Eberhardt, H., Albrecht, M., Schlüchtermann, J.: Behandlungspfade als Schlüssel zur Erlössicherung, in: f&w, 2/2006

Steiner, P., Bussmann, J., Koerdt, S.: Abrechnung nach der FPV 2005, in: das Krankenhaus, 12/2004

Steiner, P., Bussmann, J., Koerdt, S.: Abrechnung nach der FPV 2006, in: das Krankenhaus, 11/2005

Steiner, P., Bussmann, J., Koerdt, S.: „Vereinbarung zum Fallpauschalensystem für Krankenhäuser (FPV 2007)“ Abrechnung nach der FPV 2007, in: das Krankenhaus, Redaktionsbeilage 1/2007

Steiner, P., Bussmann, J., Koerdt, S.: „Vereinbarung zum Fallpauschalensystem für Krankenhäuser (FPV 2008)“ Abrechnung nach der FPV 2008, in: das Krankenhaus, Redaktionsbeilage, 12/2007

Steiner, P., Jaeger, Ch.: Präzisierung und Konsolidierung G-DRG-System 2008: Die wesentlichen Änderungen, in: ku, 2/2008

Steiner, P., Roths, U.: Kernelemente der KFPV 2004 - Weichenstellung für die Systementwicklung?, in: das Krankenhaus, 11/2003

Stibbe, R., Juszczak, J., Güsgen, J., Salomon, E.: Prozesse ökonomisch bewerten, in: ku-Special, Nummer 35 - 04/2006

Strauch, E., Ziegler, S., Westendorf, P., Schmidt, M., Titze, S.: Prozeßkostenrechnung: Kosten- und Leistungstransparenz an Behandlungspfaden, in: das Krankenhaus, 5/2006

Strohe, C., Lüpke, T., Adler, F., Weber, M.: ÖPP im Krankenhausbereich: Eine Alternative zur klassischen Privatisierung, in: das Krankenhaus, 2/2006

SwissDRG: Die Tarifpartner KVG gründen die SwissDRG AG, Pressemitteilung vom 18.01.2008, www.swissdrg.org

Teichmann, W., Trill, R.: DRG-Coaching Die Umsetzung des neuen Konzeptes erfordert große Anstrengungen, in: ku-Special, Nummer 18 - 3/2001

Theilmann, M.: Der Weg zur Integration ambulanter Leistungen in das Krankenhaus ist frei, in: f&w, 6/2003

Thier, U.: Teilstationäre Krankenhausleistungen, in: das Krankenhaus, 11/2006

Toth, A., Bitsch, A.: Kombinierte Analyse zur Steuerung von Kliniken, in: das Krankenhaus, 4/2008

Tuschen, K. H.: GSG ’93: Die neuen Vergütungsformen und ihre Anforderungen an das Krankenhaus, in: f&w, 1/1993

Tuschen, K. H.: Referentenentwurf zur BPflV 1995, in: f&w, 2/1994

Tuschen, K. H.: Neue wirtschaftliche Rahmenbedingungen für Krankenhäuser, in: f&w, 3/1997

Tuschen, K. H.: Das zustimmungsfreie GKV-Gesundheitsreformgesetz 2000 - Verpflichtendes Qualitätsmanagement, integrierte Versorgung und DRG-orientierte Vergütung, in: f&w, 1/2000

Tuschen, K. H.: BMG setzt Anreize für den Einstieg 2003, in: f&w, 4/2001

Tuschen, K. H.: BMG arbeitet mit aller Kraft an der Ersatzvornahme, in: f&w, 4/2002

Tuschen, K. H.: Das FPÄndG beschleunigt die Einführung des Preissystems und erweitert die Öffnungsklausel, in: f&w, 2/2003

Tuschen, K. H.: Das FPÄndG wird zu weiteren Anpassungen des Krankenhausrechts genutzt, in: f&w, 3/2003

Tuschen, K. H.: Erster deutscher DRG-Fallpauschalen-Katalog gravierend verbessert, in: f&w, 5/2003

Tuschen, K. H., Braun, Th.: Erlösausgleiche nach dem KHEntgG - aus der Sicht des Gesetzgebers, in: das Krankenhaus, 10/2003

Tuschen, K. H., Braun, Th.: Veränderte Rahmenbedingungen für die Konvergenzphase, in: f&w, 1/2005

Tuschen, K. H., Braun, Th., Rau, F.: Erlösausgleiche im Krankenhausbereich: Eine Orientierungshilfe, in: das Krankenhaus, 11/2005

Tuschen, K. H., Braun, Th., Rau, F.: Mehr Wettbewerb, Transparenz und Qualität, in: f&w, 4/2007

Tuschen, K. H., Philippi, M.: Leistungs- und Kalkulationsaufstellung im Entgeltsystem der Krankenhäuser, Grundlagen, Berechnungsbeispiele und Know-how, 2., überarbeitete und erweiterte Auflage, Stuttgart/Berlin/Köln 2000

Tuschen, K. H., Quaas, M.: Bundespflegesatzverordnung, Kommentar mit einer umfassenden Einführung in das Pflegesatzrecht, Stuttgart 1993

Tuschen, K. H., Rau, F.: Wettbewerb ist kein Selbstzweck, in: f&w, 4/2006

Tuschen, K. H., Rau, F., Braun, Th.: Jetzt haben die Krankenhäuser die Wahl, in: f&w, 5/2002

Tuschen, K. H., Trefz, U.: Krankenhausentgeltgesetz, Kommentar mit einer umfassenden Einführung in die Vergütung stationärer Krankenhausleistungen, 1., Auflage, Stuttgart 2004

VdAK/AEV: Landesbasisfallwerte 2005-2008, www.vdak.de

Verband der Krankenhausdirektoren Deutschlands e.V. (VKD) (Hrsg.): Systembruch mit komplizierten Regelungen - VKD-Stellungnahme zum Referentenentwurf der Bundespflegesatzverordnung 1995, in: ku, 4/1994

Vereinbarung des Gemeinsamen Bundesausschusses gemäß § 137 Abs. 1 Satz 3 Nr. 2 SGB V für nach § 108 SGB V zugelassene Krankenhäuser (Mindestmengenvereinbarung), 20.12.2005 in der 1. Neufassung vom 21.03.2006, geändert am 19.12.2006, zuletzt geändert am 22.11.2007, www.g-ba.de

Vereinbarung gemäß § 137 Abs. 1 Satz 3 Nr. 3 SGB V - Mindestmengenvereinbarung -, 03.12.2003

Vereinbarung gemäß § 137 Abs. 1 Satz 3 Nr. 6 SGB V über Inhalt und Umfang eines strukturierten Qualitätsbericht für nach § 108 SGB V zugelassene Krankenhäuser, 03.12.2003

Vereinbarung nach § 17 b Abs. 5 des Krankenhausfinanzierungsgesetzes (KHG) zur Umsetzung des DRG-Systemzuschlags i.d.F. vom 10.05.2001,

02.10.2002 (1. Fortschreibung der Vereinbarung), 24.11.2003, 17.12.2004, 16.12.2005, 29.11.2006 und 03.12.2007

Vereinbarung über die Einführung eines pauschalierenden Entgeltsystems nach § 17 b KHG, 27.06.2000

Vereinbarung über die Regelung für Zu- und Abschläge gemäß § 17 b Absatz 1 Satz 4 KHG

Vereinbarung von Zuschlägen für die Aufnahme von Begleitpersonen nach § 17 b Abs. 1 Satz 4 KHG, 16.09.2004

Vereinbarung vor- und nachstationäre Vergütungspauschalen 2002 in Euro, www.dkgev.de

Vereinbarung zu § 6 Absatz 2 Satz 3 KHEntgG - Neue Untersuchungs- und Behandlungsmethoden - (NUB), 17.12.2004

Vereinbarung zum Fallpauschalensystem für Krankenhäuser für das Jahr 2005 (Fallpauschalenvereinbarung 2005 - FPV 2005), 16.09.2004

Vereinbarung zum Fallpauschalensystem für Krankenhäuser für das Jahr 2006 (Fallpauschalenvereinbarung 2006 - FPV 2006), 13.09.2005

Vereinbarung zum Fallpauschalensystem für Krankenhäuser für das Jahr 2007 (Fallpauschalenvereinbarung 2007 - FPV 2007), 19.09.2006

Vereinbarung zum Fallpauschalensystem für Krankenhäuser für das Jahr 2008 (Fallpauschalenvereinbarung 2008 - FPV 2008), 21.09.2007

Vereinbarung zur Bestimmung von Besonderen Einrichtungen für das Jahr 2006 (VBE 2006), 30.11.2005

Vereinbarung zur Bestimmung von Besonderen Einrichtungen für das Jahr 2007 (VBE 2007), 19.09.2006

Vereinbarung zur Bestimmung von Besonderen Einrichtungen für 2008 (VBE 2008), 29.10.2007

Verordnung über die Abgrenzung der im Pflegesatz nicht zu berücksichtigenden Investitionskosten von den pflegesatzfähigen Kosten der Krankenhäuser (Abgrenzungsverordnung - AbgrV)

Verordnung über die Rechnungs- und Buchführungspflichten von Krankenhäusern (Krankenhaus-Buchführungsverordnung - KHBV)

Verordnung zum Fallpauschalensystem für Krankenhäuser (KFPV), 19.09.2002

Verordnung zum Fallpauschalensystem für Krankenhäuser für das Jahr 2004 (Fallpauschalenverordnung 2004 - KFPV 2004), 18.10.2003

Verordnung zur Bestimmung besonderer Einrichtungen im Fallpauschalensystem für Krankenhäuser für das Jahr 2004 (Fallpauschalenverordnung besondere Einrichtungen 2004 - FPVBE 2004), 19.12.2004

Verordnung zur Bestimmung besonderer Einrichtungen im Fallpauschalensystem für Krankenhäuser für das Jahr 2005 (Fallpauschalenverordnung besondere Einrichtungen 2005 - FPVBE 2005), 12.05.2005

Verordnung zur Bestimmung vorläufiger Landes-Basisfallwerte im Fallpauschalensystem für Krankenhäuser für das Jahr 2005 (Fallpauschalenverordnung 2005 - KFPV 2005), 12.05.2005

Verordnung zur Neuformulierung des Pflegesatzrechts, 29.09.1994

Verordnung zur Regelung der Krankenhauspflegesätze (Bundespflegesatzverordnung - BPflV)

Vertrag nach § 115 b SGB V „Ambulantes Operieren und stationsersetzende Eingriffe im Krankenhaus", 17.08.2006

von Lojewski, U., Thalenhorst, J.: Kostenrechnung, Stuttgart/Berlin/Köln 2001

Vormbaum, H.: Kalkulationsarten und Kalkulationsverfahren, 4. Auflage, Stuttgart 1977

Wahle, O.: Kostenrechnung II für Studium und Praxis - Ist- und Normalkostenrechnung, 3., überarbeitete Auflage, Bad Homburg v.d.H. 1989

Wahn, M., Haupt, T., Helff, G.: Ergebnisse des Prozeßmanagements im Rahmen des Pfadcontrollings, in: das Krankenhaus, 6/2007

Wandschneider, U., Lalanne, S.: So wird ein Krankenhausvergleich zum Führungsinstrument, in: f&w, 1/1999

Wendel, V., Meier, A.: Protonentherapie als Public Private Partnership, in: f&w, 4/2006

Wersich, D.: Zukunft der Krankenhausversorgung, in: das Krankenhaus, 7/2007

Winkler, H. J.: Anwendung des Nettoprinzips nach der BPflV 1995 - Lösung der Überleitungsprobleme am praktischen Beispiel (I), in: das Krankenhaus, 9/1994

Wöhe, G.: Einführung in die Allgemeine Betriebswirtschaftslehre, 21., neubearbeitete Auflage, München 2002

Zehnder, A.: Krankenhausfinanzierung, Entteufelung, in: kma Das Gesundheitswirtschaftsmagazin, 03/08

Ziegenbein, R.: Klinisches Prozeßmanagement, in: Leistungsorientierte Führung und Organisation im Gesundheitswesen, Band 3, hrsg. von W. von Eiff, Gütersloh 2001

Zipperer, M.: Wohin steuert die Gesundheitspolitik? Vorstellungen des BMG zur Weiterentwicklung des Gesundheitswesens und zur politischen Umsetzung, in: das Krankenhaus, 11/1996

Zweites Gesetz zur Änderung der Vorschriften zum diagnose-orientierten Fallpauschalensystem für Krankenhäuser und zur Änderung anderer Vorschriften (Zweites Fallpauschalenänderungsgesetz - 2. FPÄndG), 15.12.2004

Zweites Gesetz zur Neuordnung von Selbstverwaltung und Eigenverantwortung in der gesetzlichen Krankenversicherung (2. GKV-Neuordnungsgesetz - 2. GKV-NOG), 23.06.1997

Stichwortverzeichnis

A

ABC-Analyse 219
Abgrenzungsverordnung 7, 10, 176
Abrechnungsgrundsätze 24, 41, 115, 127
Abschreibung 75, 80, 161, 166, 175, 207, 238
Abweichung 102, 172, 182, 196, 210, 228, 259
Erlösabweichung ..... *Siehe* Ausgleichsregelungen
Adjacent-DRG ..... *Siehe* Basis-DRG
ambulantes Operieren 10, 17, 85, 94, 144, 217, 240
Anästhesie 74, 195, 218, 238, 243
Anbau-/Blockverfahren 201, 241
Änderungsverordnung 9, 89
Angleichungsbetrag 36, 122
Anlagennachweis 8
AP-DRG 20
Äquivalenzziffer 153, 213, 253
AR-DRG 24, 104
Artikelgesetz 7, 14
Arzt im Praktikum 53, 92, 129
Ärztlicher Dienst 96, 99, 220, 237, 243
Aufstellung der Entgelte und Budgetermittlung (AEB) 39, 50, 59, 122, 156
Aufwand 72, 75, 116, 161, 236
Ausbildungsstätte 18, 30, 50, 58, 62, 129, 186, 240
Ausgabe 9, 35, 72, 76
Ausgleichsregelungen 13, 35, 55, 61, 102, 130, 141, 150, 261
Australian Refined Diagnosis Related Group ..... *Siehe* AR-DRG
Auszahlung 72

B

B2-Formular 39, 50, 122
baserate ..... *Siehe* Basisfallwert
Basis-DRG 24, 114, 212
Basisfallwert 25, 32, 37, 44, 57, 62, 120, 138, 150, 156, 261
BAT 13, 88
BAT-Berichtigung 37, 93
Begleitperson 18, 27, 43, 129, 239
Behandlungsleitlinie 140, 174, 188, 213, 226, 257
Beitragssatzsicherungsgesetz 92
Beitragssatzstabilität 10, 37, 89, 262
Belegungstag 114, 117, 144
Benchmark 140, 152, 250
Besondere Einrichtung 42, 129
Bestandsrechnung ..... *Siehe* Bilanz
Betriebsabrechnungsbogen 162, 188, 206
Betriebsmittel 1, 161, 175
Betriebsmittelkreditzinsen 78, 88, 237
Betriebsprozeß 2, 69, 189
Betriebswirtschaftslehre 1, 156
Bewertung 6, 167, 174

Bewertungsrelation 18, 38, 93, 112, 153, 213
Bezugsgröße 183, 199, 215, 245, 256
Bilanz 6, 8, 66
Bottom-up-Verfahren 253
Bruttoprinzip 155
Buchführung 6, 8, 67, 158
Buchhaltung 66, 161, 166, 175, 191, 233
Budget 13, 98, 125
    Abteilungsbudget 182, 207
    Erlösbudget 32, 38, 120
    flexibles 88, 100
    Globalbudget 16
    medizinisch leistungsgerechtes 30, 87, 92, 151
    prospektives 39, 81, 138, 182
    Restbudget 100, 207
    vereinbartes 100, 206
Budgetdeckelung 13, 88, 103, 262
budgetneutral 19, 32, 34, 120
Budgetverhandlung 13, 44, 92, 104, 141, 154, 182, 206, 224, 249, 260
Bundespflegesatzverordnung 7, 8, 33, 204, 218

C

Casemix 119, 150
Casemix-Index 120, 135, 150
Clinical Pathways .... *Siehe* Behandlungsleitlinie
Comorbidity or Complication 19, 114
Controlling 222, 239, 250, 259
cost drivers 256

D

Datenübermittlung 39, 60
Deckungsbeitrag 248
Deutsche Krankenhausgesellschaft 14, 53, 89, 96, 143
Diagnose 11, 18, 96, 113, 139, 216, 224
Diagnosestatistik 70, 155, 218, 225
Diagnosis Related Group 18, 32, 41, 81, 104, 105, 115, 157, 209, 225
Dialyse 96, 127, 141, 243
Dienstleistung 1, 72, 158, 162
Dienstleistungsbetrieb 1, 254
DIMDI 11
Disease-Management-Programm 11, 51, 92
DKG-NT 195, 218, 232
Dokumentation 24, 65, 116, 139, 150, 219, 228, 241, 250
DRG-Erlösvolumen 35, 122
DRG-Fallpauschale .... *Siehe* Diagnosis Related Group
DRG-Institut 26, 41, 56, 105, 209, 248
DRG-System 19, 41, 107, 139, 152, 187, 209, 234, 250, 260
DRG-Systemzuschlag 25, 59, 102, 130
duale Finanzierung .... *Siehe* Krankenhausfinanzierung
Durchschnittsprinzip 215, 253

E

EDV ... 105, 116, 139, 203, 250
Effektivgewicht ... 116
Einheitlicher Bewertungsmaßstab ... 145, 245
Einkaufsmodell ... 211, 258, 261, 264
Einnahme ... 15, 72, 85
Einzahlung ... 72
Einzelfallprüfung ... 30, 63
Einzelvertrag ... 260
Endoskopie ... 74, 244
Entgelt, krankenhausindividuelles ... 34, 56, 127, 154
Entgeltsystem ... 8, 18, 32, 87, 93, 104, 116, 139, 204, 216, 257, 260
Erfolgsrechnung ... 66, 69, 208
Ergebnisrechnung ... *Siehe* Gewinn- und Verlustrechnung
Erlösabzug ... 15, 26, 99, 101, 240
Erlösausgleich ... *Siehe* Ausgleichsregelungen
Erlöse ... 73, 101, 158, 185, 208, 250
Mehr-/Mindererlöse ... 35, 36, 55, 61, 102, 130, 150
Ersatzvornahme ... 32, 41, 52, 105
Ertrag ... 72, 166
evidenzbasierte Leitlinien ... 52, 228

F

Fallgruppen ... 18, 24, 105, 217, 222
Fallpauschale ... 93, 96, 104, 157, 209
Fallpauschalenänderungsgesetz ... 9, 10, 28, 50, 53
Fallpauschalengesetz ... 8, 28
Fallpauschalen-Katalog ... 14, 32, 41, 96, 107, 116, 223
Fallpauschalenverordnung/-vereinbarung ... 40, 107
Fehlbelegung ... 33, 146
Fehler-DRGs ... 113
FIFO-Verfahren ... *Siehe* Verbrauchsfolgeverfahren
Fördermittel ... 82, 87, 175, 262, 264
Forschung und Lehre ... 77, 186, 207, 240
Fort- und Weiterbildung ... 88, 185
Frühumsteiger ... 32, 107
Führung ... 1, 140, 154, 250
Funktionsbereich ... 184, 197, 237, 258
Funktionsdienst ... 96, 99, 220, 243

G

G-DRG ... 32, 41, 105, 107, 127, 209, 234
Gebührenordnung für Ärzte ... 93, 147, 195, 218, 232, 245
Gemeinsamer Bundesausschuß ... 29, 52, 63, 130
German Diagnosis Related Group ... *Siehe* G-DRG
Gesamtbetrag ... 13, 34, 38, 150
Gesamtkostenverfahren ... 208
Gesundheitsfonds ... 64, 261
Gesundheitsstrukturgesetz ... 7, 76, 87, 142, 151, 157, 182, 204
Gewinn ... 73, 157, 207, 258
Gewinn- und Verlustrechnung ... 8, 66, 236

GKV-Gesundheitsreformgesetz 2000 ... 9, 16, 145
GKV-Modernisierungsgesetz ... 51, 61, 92
GKV-Neuordnungsgesetz ... 9, 14
GKV-Wettbewerbsstärkungsgesetz ... 52, 60
Gleichungsverfahren ... 203, 241
Grenzverweildauer ... 116, 129
Grouper ... 60, 105, 108
Grouping ... 19, 105, 112, 139
grundlohnorientiert ... 13, 56, 89, 262
Grundsätze ordnungsmäßiger Buchführung ... 6
Güter ... 2, 10, 77, 158, 161, 171, 244
Güterentstehung ... 66, 77
Güterverzehr ... 66, 69, 74, 78, 162

H

Handelsrecht ... 6, 66, 167, 176
HIFO-Verfahren ... *Siehe* Verbrauchsfolgeverfahren

I

ICD-Schlüssel ... 11, 43, 106, 224, 236
InEK ... *Siehe* DRG-Institut
Infrastruktur ... 150, 238
Instandhaltung ... 14, 80, 96, 99, 219
Instandhaltungspauschale ... 14, 30, 82
Integrierte Versorgung ... 17, 51, 61, 254, 258
Intensivmedizin ... 97, 184, 197, 232, 243
Inventar ... 6
Inventur ... 172
Investition ... 5, 87, 157, 175, 207
  Rationalisierungsinvestition ... 92
Investitionsstau ... 83, 86, 262, 264
Iterationsverfahren ... 203

J

Jahresabschluß ... 6, 66, 234

K

Kalkulation ... 69, 78, 101, 162, 195, 208, 234, 257
  Äquivalenzziffernkalkulation ... 213
  Divisionskalkulation ... 182, 205, 212, 253
  G-DRG-Kalkulation ... 25, 106, 153, 166, 209, 234, 263
  Nach-/Istkalkulation ... 157, 210
  Vor-/Plankalkulation ... 210
  Zuschlagskalkulation ... 213
Kalkulationssatz ... 189, 203, 245
Kalkulationsschema ... 106, 153, 214, 234, 251
Kapitalfluß- und Investitionsrechnung ... 71
Katalogeffekt ... 108
Klinisches Verteilungsmodell ... 244
Kodiereffekt ... 35, 131
Kodierrichtlinien ... 24, 43, 106, 116, 153, 236

Kollektivvertrag ... 260
Kommunalrecht ... 6, 66
Kompressionseffekt ... 107
Kontengruppe ... 67, 166, 186
Kontenklasse ... 67, 166
Kontenplan ... 67, 166
Kontenrahmen ... 8, 67, 153, 166, 169, 236
Konto ... 66, 166, 236
Konvergenzphase ... 24, 32, 35, 53, 120, 130, 151, 156, 260
Kosten ... 69, 74, 158, 181, 208, 258
  Anderskosten ... 75
  Anschaffungskosten ... 166, 176, 244
  Basiskosten ... 100, 187, 205, 240
  Betriebskosten ... 5, 8, 81, 262
  direkte ... 162, 186, 190
  DRG-relevante ... 76, 144, 156, 234
  Durchschnittskosten ... 31, 101, 154, 212, 244, 256
  Einzelkosten ... 159, 162, 182, 190, 202, 214, 244, 251
  fixe ... 102, 163, 211, 215, 222
  Gemeinkosten ... 96, 160, 162, 182, 190, 202, 214, 219, 245, 254
  Gesamtkosten ... 102, 161, 168, 187, 195, 208
  Grundkosten ... 73, 161
  Herstellkosten ... 210, 214
  Herstellungskosten ... 166, 176
  indirekte ... 162
  Instandhaltungskosten ... 77, 88, 205
  Investitionskosten ... 10, 76, 81, 175, 238, 262
  Istkosten ... 25, 151, 182, 204, 211, 234
  kalkulatorische ... 69, 75, 166, 207
  Materialkosten ... 162, 174, 189, 214
  nicht pflegesatzfähige ... 99, 144, 155, 175, 205
  Normalkosten ... 195, 211, 223
  pagatorische ... 76
  Personalkosten ... 33, 53, 96, 162, 169, 204, 236
  pflegesatzfähige ... 9, 76, 78, 87, 149, 205, 237
  Plankosten ... 151, 182, 211, 256
  primäre ... 162, 194, 198
  Prozeßkosten ... 254
  Sachkosten ... 35, 96, 131, 170, 191, 219, 243
  sekundäre ... 162, 194, 196, 199
  Selbstkosten ... 8, 87, 149, 182, 210, 214, 258
  Sollkosten ... 151, 204
  Stückkosten ... 208, 212
  Teilkosten ... 97, 210, 218, 255
  variable ... 102, 163, 211, 222
  Vollkosten ... 96, 189, 210, 218, 234, 255
  Wagniskosten ... 75, 162, 177
  Wiederbeschaffungskosten ... 75, 176
  Zielkosten ... 258
  Zusatzkosten ... 75
Kosten- und Leistungsnachweis ... 76, 195, 220
Kosten- und Leistungsrechnung ... 8, 69, 149, 158

Kostenart 76, 77, 152, 158, 168, 190, 204, 212, 236, 254
Kostenartengruppe 100, 206, 209, 213, 243
Kostenartenrechnung 69, 158, 161, 236
Kostenartenverfahren 202
Kostenausgliederung 26, 101, 186, 237
Kostenerfassung 159, 167, 214, 232
Kostenrechnung 9, 69, 75, 158, 181, 207, 254
Kostenstelle 151, 158, 172, 181, 198, 236, 254
Kostenstellenausgleichsverfahren 202
Kostenstellengruppe 209, 243
Kostenstellenplan 236
Kostenstellenrahmen 8, 158, 185, 204
Kostenstellenrechnung 69, 158, 181, 204, 236
Kostenstellenumlageverfahren 198
Kostenstruktur 168, 199, 247
Kostenträger 159, 172, 182, 190, 203, 215, 222, 234
Kostenträgerrechnung 69, 141, 159, 183, 207, 221, 243, 263
Kostenträgerverfahren 203
Kostenverteilung 159, 182, 191, 240, 253
Kostenzuordnungsprinzip 159
Krankenhausbehandlung
  ambulante 2, 10, 24, 51, 144, 155, 186, 207, 240
  nachstationäre 2, 10, 85, 94, 128, 142, 155, 207, 237
  teilstationäre 2, 10, 42, 94, 128, 141, 155, 237
  vollstationäre 2, 10, 18, 28, 77, 104, 142, 145, 155, 237, 260
  vorstationäre 2, 10, 85, 94, 142, 155, 207, 237
Krankenhaus-Buchführungsverordnung 7, 66, 149, 166, 175, 185, 206, 220, 234, 255
Krankenhausentgeltgesetz 10, 28, 34, 81, 142
Krankenhausfinanzierung 81, 260
  duale Finanzierung 5, 8, 81, 262
  monistische Finanzierung 5, 14, 207, 262
Krankenhausfinanzierungsgesetz 7, 8, 30, 175
Krankenhaus-Informationssystem 139, 203, 232, 251
Krankenhausleistung, allgemeine 4, 73, 87, 147, 214, 237
Krankenhausstatistik-Verordnung 70
Krankenpflegegesetz 31
Kurzzeitpflege 86, 95, 240

L

Laboratoriumsdiagnostik 74, 140, 162, 184, 195, 218, 232, 244
Lagebericht 66
Leistung 3, 9, 69, 73, 157, 181
  ärztliche und pflegerische 2, 73, 99, 116, 151, 204, 216, 226
  Basisleistung 97, 186, 228
  belegärztliche 99
  der Wirtschafts-, Verwaltungs- und Versorgungsbereiche 74, 216, 220
  Einzelleistung 4, 74, 151, 212, 219, 222, 257
  elektive 29, 260, 263
  für Dritte 86, 155, 218, 240
  innerbetriebliche 162, 188, 197, 207, 215
  Marktleistung 1, 188, 216
  operative 97, 116, 218

Primärleistung ... 4, 150, 216
Sekundärleistung ... 4, 150, 195, 216, 232
Leistungs- und Kalkulationsaufstellung ... 39, 76, 99, 149, 155, 166, 194, 204, 217
Leistungsbewertung ... 70, 195, 217, 251
Leistungserfassung ... 11, 70, 150, 195, 210, 221, 231, 236, 251
Leistungserstellung ... 1, 69, 73, 151, 158, 194, 217
Leistungsprozeß ... 3, 158, 167, 194, 257
Leistungsstatistik ... 71, 195, 205, 217, 239
Leistungsverrechnung ... 70, 170, 187, 194, 197, 217, 240
LIFO-Verfahren ... *Siehe* Verbrauchsfolgeverfahren
Liquidität ... 72
LOFO-Verfahren ... *Siehe* Verbrauchsfolgeverfahren

M

Major Diagnostic Category ... 113, 119, 139
Mapping ... 106
Medizincontrolling ... 139, 238, 251
Medizinische Institutionen ... 74, 184, 194, 207, 217, 226, 243
Medizinischer Bedarf ... 96, 164, 191, 205, 219, 233, 243
Medizinischer Dienst der Krankenkassen ... 30, 33, 63
Medizinisch-technischer Dienst ... 96, 99, 205, 220, 243
Mengenkomponente ... 167, 171, 203, 220
Mindestmengen ... 29
Multimorbidität ... 20, 223, 225

N

Nettoprinzip ... 155
neue Untersuchungs- und Behandlungsmethoden ... 28, 37, 56, 128
Notfallversorgung ... 18, 27, 56, 124
Nutzungsdauer ... 10, 77, 176

O

Öffentlich Private Partnerschaft ... 86
Öffnungsklausel ... 36, 56, 127
Operationenschlüssel ... 11, 43, 106, 219, 236
Operationsstatistik ... 218, 224
Optionsmodell ... 32, 40
Organisation ... 1, 139, 187, 250

P

Partition ... 114
Patient Clinical Complexity Level ... 114
Patient Management Category ... 217, 225
Patientenklassifikationssystem ... 19, 105, 223
Pflegeaufwand ... 11, 163, 191, 228
Pflegedienst ... 11, 96, 99, 163, 220, 243, 263
Pflegefallwert ... 12
Pflegegrundwert ... 12
Pflegekategorien ... 12, 163, 232
Pflegeminuten ... 12, 228, 245
Pflege-Personalregelung ... 7, 11, 228

Pflegesätze
  Abteilungspflegesätze 81, 94, 98, 154, 187, 194, 204
  Basispflegesatz 81, 94, 100, 154, 187, 205
  Ermittlung der 76, 144, 204
  geminderte 97
  tagesgleiche 98, 153, 182, 212
  teilstationäre 99, 142
Pflegetag 4, 205, 216, 221, 245, 248
Physikalische Therapie 74, 195, 218, 232, 244
Plankostenrechnung 152, 182, 211, 256
Planung 14, 71, 92, 150, 160, 209, 250, 256
Portfolio 248
Prä-DRGs 113
Preise 156, 168, 174, 195, 209, 216, 223, 258, 260
Produktionsfaktor 1, 69, 150, 165, 194
Prozeßkostenrechnung 141, 230, 254
Punktwert 93, 96, 195, 218, 233

Q

Qualität 18, 29, 51, 151, 223, 241, 260
Qualitätsbericht 30, 156
Qualitätsmanagement 16, 139, 238
Qualitätssicherung 11, 16, 29, 87, 130, 261

R

Rechnungslegung 5, 24, 66, 73
Rechnungswesen 1, 65, 71, 101, 149, 222, 232
  externes 5, 66
  internes 5, 69
Relativgewicht 18, 25, 116, 234
Ressourcenverbrauch 19, 105, 212, 223, 226, 241, 258

S

Sanierungsbeitrag 60
Schiedsstelle 15, 57, 104, 132, 150
Schweregrad 20, 24, 105, 114, 212, 225
Selbstkostendeckungsgarantie 8, 76, 87, 157, 263
Selbstverwaltung 9, 14, 30, 40, 64, 78, 96, 100, 141, 234
Service-Weights 253
Sicherstellungszuschläge 18, 27, 36, 44, 133, 157, 261, 264
Solidaritätsstärkungsgesetz 9, 15, 90
Sonderentgelt 93, 97, 101, 104, 157, 209
Sozialgesetzbuch Fünftes Buch 7, 10, 17, 89
Spitzenverband Bund der Krankenkassen 64
Stabilisierungsgesetz 9, 13
stationsersetzender Eingriff 17, 145
Statistik 70, 195, 217
Steuerrecht 6, 66, 167, 176
Steuerung 1, 18, 149, 154, 160, 240
Stichprobenprüfung 33, 63
Strahlendiagnostik 74, 195, 217, 232, 244

strukturierter Dialog ... 107
Stufenleiter-/Treppenverfahren ... 201, 241
SwissDRG ... 49
Systemzuschlag, G-BA- od. IQWiG-Zuschlag ... 53, 130

T

Tagesklinik/Nachtklinik ... 141
Target Costing ... 258
Technischer Dienst ... 100, 204
Teilkostenrechnung ... 97, 211, 218, 255
Top-down-Verfahren ... 253
Tragfähigkeitsprinzip ... 215
Transplantation ... 13, 55, 87, 127, 131
TVöD-Berichtigung ... *Siehe* BAT-Berichtigung

U

Umlage ... 27, 194, 196, 240, 254
Umsatzkostenverfahren ... 208
Unterkunft ... 27, 73, 116, 129, 141, 148

V

Veränderungsrate ... 15, 37, 55, 89, 100, 124, 262
Verbesserung der Arbeitszeitbedingungen ... 33, 53, 129, 263
Verbrauchsfolgeverfahren ... 175
Vergleich ... 33, 71, 99, 153, 182, 195, 209, 250
Vergütungssystem ... *Siehe* Entgeltsystem
Verlegung ... 33, 118, 140, 233
Versorgungsauftrag ... 30, 38, 92, 150, 157, 209, 259
Versorgungszentrum ... 51
Vertragsarztrechtsänderungsgesetz ... 52, 61
Verursachungsprinzip ... 215, 243, 256
Verweildauer ... 19, 41, 105, 116, 150, 232
  Verweildauerkürzung ... 29, 95, 98, 140, 229
Vollkostenrechnung ... 96, 189, 211, 218, 234, 255
Vorhaltung ... 27, 36, 157

W

Wahlleistung ... 74, 85, 99, 147, 207, 215, 237
Werteverzehr ... 72, 166, 175, 258
Wertezugang ... 72
Wertkomponente ... 168, 203, 220
Wettbewerb ... 94, 229, 250, 260
Wiederaufnahme ... 42, 119
Wirtschaftlichkeit ... 52, 69, 151, 182, 248, 257, 260

Z

Zentren und Schwerpunkte ... 128
Zielkostenrechnung ... Siehe Target Costing
Zielwert ... 36, 58
Zinsen ... 75, 80, 161, 170, 207, 237
Zusatzentgelt ... 31, 34, 55, 127, 131, 156